Reaktionen

»Wijnand Jongen ist heute einer der maßgeblichen Meinungs-
führer im Bereich E-Commerce. Dieses Buch sollten Sie gelesen
haben!«

Brian McBride, CEO Asos.com (Großbritannien)

»Ein fantastisches Buch für alle, die sich einen Einblick in den
Wandel im E-Commerce und die Zukunft der Branche verschaffen wollen.«

Yasui Yoshiki, Gründer und CEO von Origami.com (Japan)

»Wijnand Jongens Buch vermittelt einen einzigartigen und fas-
zinierenden Überblick über künftige Entwicklungen in der spannenden Welt des Handels. Sehr empfehlenswert!«

*Xavier Court, Mitbegründer und Gesellschafter der Vente-Privee-Grup-
pe (Frankreich)*

DAS ENDE DES ONLINE-HANDELS

Die Zukunft des Einzelhandels in einer vernetzten Welt

Vorwort des Herausgebers

Ein chinesisches Sprichwort sagt: »Wenn der Wind der Veränderung weht, bauen die einen Mauern und die anderen Windmühlen.« Mit Blick auf den Handel könnte dieses Zitat kaum treffender sein. Denn in den vergangenen Jahren haben die Umbrüche in der stationären und digitalen Wirtschaft dazu geführt, dass der Wettbewerbsdruck stetig angestiegen ist.

Häufig fühlen sich traditionsreiche Unternehmen überschwemmt von den Wellen der Digitalisierung, die regelmäßig über die Branchen hinweg rollen. Ein striktes Festhalten an klassischen Handelskonzepten und Mauern gegen neue Online-Möglichkeiten trieben zahlreiche Unternehmen ins Abseits. Andere hingegen nutzten die neuen Potenziale, die sich ihnen öffneten, tauchten tief in den E-Commerce ein und konnten von den gigantischen Erfolgen profitieren, die der Online-Handel in dem vergangenen Jahrzehnt feierte.

Als größter Onlinehandelsverband Europas war der Händlerbund mittendrin in diesem Umbruch. Wir waren dabei, als Händler erste Schritte im E-Commerce unternahmen und später nicht nur national, sondern auch international expandierten; als viele noch nicht wussten, was Multichannel eigentlich ist und sich die Kanäle immer weiter miteinander verknüpfen; als Unternehmen wie WhatsApp, Instagram, AboutYou, Uber oder HelloFresh das Licht der Welt erblickten und sich zu Global Playern entwickelten. Wir haben miterlebt, wie die gesamte Branche immer wieder von spannenden Innovationen aufgewirbelt, quasi erschüttert wurde.

Aber die Veränderungen und Umbrüche, die den Handel zu etwas vollkommen Neuem transformieren, sind noch längst nicht vorbei. Ganz im Gegenteil. Wir stehen noch immer erst am Anfang. In den kommenden Jahren werden neue Technologien, Services und Möglichkeiten Händler immer wieder vor neue Herausforderungen, aber auch vor Chancen stellen. Diese gilt es, zu ergreifen.

Mit seinem Buch Das Ende des Online-Handels gelingt Wijnand Jongen ein Rundumschlag: Darin beleuchtet er die vielfältigen Bereiche, die die Digitalisierung mit sich bringt und vorantreiben – ob künstliche Intelligenz oder Big Data, nachhaltige Geschäftskonzepte oder Plattformwirtschaft, neue Kundenbedürfnisse oder innovative Services. Sie alle werden in ihrem Zusammenspiel den Handel weiter grundlegend verändern und ich freue mich darauf, zu erleben, welche neuen Wege wir dabei gehen werden.

– Tim Arlt, COO Händlerbund

Über den Herausgeber

Als Chief Operating Officer des Händlerbundes verantwortet Tim Arlt die Bereiche Marketing und E-Commerce. Bereits seit zehn Jahren widmet er sich der Weiterentwicklung der gesamten Branche und treibt seither zahlreiche Projekte zu Professionalisierung von Online-Händlern voran. Gemeinsam mit einem Team aus mehr als 200 Mitarbeitern in Leipzig, Berlin und Hamburg verfolgt er das Ziel, den Online-Handel ständig zu verbessern.

Über den Verlag

Das 360° E-Commerce-Netzwerk des Händlerbundes zählt heute mehr als 80.000 Mitglieder und Service-Partner in ganz Europa. Die Unterstützung von Händlern durch deren rechtliche Absicherung und Beratung wird durch professionelle Hilfe im Kundenservice, im Marketing und Verkauf, beim Fulfillment und mit einem breiten Angebot an Weiterbildungen, Events, News u.v.m. ergänzt. Aufgrund der rasanten Entwicklung des E-Commerce wurde der Händlerbund in kürzester Zeit zu Europas größtem Onlinehandelsverband.

Dieses Buch ist Beverly R. Cosby, dem Gründer von Camp Kum-Ba-Yah, gewidmet. Er war es, der mich dazu motivierte, eine inklusive vernetzte Gesellschaft in die Praxis umzusetzen.

Originaltitel: The End of Online Shopping, herausgegeben von Nubiz
Copyright © 2019 by Wijnand Jongen
Alle Rechte vorbehalten. Diese Übersetzung wurde unter der Lizenz von W.A.M. Jongen Beheer BV veröffentlicht.

Übersetzung: Christian Alkemper
Autorenfoto: Fjodor Buis
Lektorat: Dagmar Köhnlein
Verlag: Händlerbund Management AG, Torgauer Straße 233, 04347 Leipzig

ISBN: 978-3-9821074-0-0
1. Auflage

Inhalt

Wenn wir wissen, wo wir suchen müssen, können wir das Neue sehen.

Martin Luther King
Baptistenpastor und Bürgerrechtler

Einleitung

Gegenwärtig zeichnet sich ein neues Wirtschaftsparadigma ab – eine Form des Handels, die Online und Offline zusammenführt: der Onlife-Handel. Der Onlife-Handel fußt auf vier neuen und sich gegenseitig verstärkenden Entwicklungen, die jeweils eine eigene Dynamik haben: die Smart Economy, die Sharing Economy, die Circular Economy und die Platform Economy. Es ist die Synergie dieser verschiedenen »Bewegungen«, die zu enormen sozialen und wirtschaftlichen Veränderungen führen wird.

In den letzten Jahrzehnten haben wir zahllose Neuerungen mit offenen Armen willkommen geheißen, darunter etwa das World Wide Web, E-Mail, Social Media oder Big Data, um nur einige zu nennen. Wir haben uns mit Begeisterung auf das mobile Internet, Smartphones, die Cloud und Online-Shopping eingelassen – gerade Letzteres ist zum täglichen Zeitvertreib von Millionen Menschen auf der ganzen Welt geworden. Die Auswirkungen der Technologie auf den Handel sind beispiellos, und der Verkauf von Konsumgütern und Dienstleistungen hat sich nachhaltig verändert.[1]

Praktisch jedes Geschäftsfeld in der westlichen Welt steht am Beginn einer Transformation, die von der alten Wirtschaftsordnung wegführt und neue Realitäten schafft. Natürlich bleibt nichts und niemand von den Auswirkungen der Digitalisierung von Wirtschaft und Gesellschaft verschont.

Ich beobachte die Entfaltung des Online-Shoppings bereits seit Mitte der 90er Jahre – zunächst aus der Sicht eines Unternehmers, später dann als E-Commerce-Referent in den Niederlanden, Europa und der ganzen Welt.

Und von Anfang an habe ich die Skepsis traditionsbewusster Unternehmer und das Zögern von Regierungen und weiteren Interessengruppen erlebt. Gleichzeitig gab es immer viele zumeist junge Unternehmer, die Euphorie verbreiteten und einfach dafür brannten, über ihre Ideen für neue Projekte und Geschäftsmodelle zu sprechen.

Seither wurden politische und andere maßgebliche Entscheidungsträger durch den Transformationsprozess und dessen Auswirkungen auf die Handelsbranche aufgeschreckt. Überall auf der Welt versuchen Regierungen tapfer, den Umbruch mittels verschiedenster Initiativen in den Griff zu bekommen. Schließlich sollten Regierungen, Händler, Reiseveranstalter, Banken und Versicherungen in der Lage sein, sich den sich rasant verändernden Bedürfnissen der Verbraucher anzupassen. Und zwar nicht nächstes Jahr oder nächste Woche, sondern möglichst hier und jetzt.

Im vorliegenden Buch spreche ich darüber, wie die Handelsbranche derzeit umgekrempelt wird – als Teil der Gesellschaft und als Teil der Wirtschaft. Kapitel 1 bildet die Grundlage dieser Beschreibung: Hier skizziere ich die Onlification der Gesellschaft. In den Kapiteln 2 bis 5 werde ich die vier neuen Wirtschaftsformen beleuchten und verschiedene Chancen und Risiken behandeln, die sich daraus ergeben. Danach wenden wir uns dem neuen Onlife-Kunden und der neuen Customer Journey mit ihren Merkmalen zu, die unser gegenwärtiges Vorstellungsvermögen häufig sprengen. Händler wie Dienstleister müssen sich neu erfinden – durch den Einsatz neuer Geschäftsmodelle und Organisationsstrukturen. Im letzten Kapitel werde ich schließlich einen Überblick über die vernetzte Gesellschaft geben und aufzeigen, welche unendlichen Chancen sich dem Handel in der aufstrebenden Onlife-Welt bieten.

Machen wir uns an die Arbeit!

„Der reine E-Commerce wird zum traditionellen Geschäft gestutzt und durch das Konzept des New Retail ersetzt: die Integration von Online, Offline, Logistik und Daten im Rahmen einer einzigen Wertschöpfungskette."

Jack Ma, Gründer von Alibaba[1]

———

KAPITEL EINS

———

Die Onlification der Gesellschaft

Ich erinnere mich noch genau an die erste E-Mail überhaupt, die ich verschickt habe, und an den Stolz, den ich jedes Mal empfand, wenn ich mir das neueste Nokia-Modell gekauft hatte. Als Apple das iPhone und später das iPad auf den Markt brachte, gehörte ich zu den Ersten, die sich dafür anstellten. Heute dagegen müssen Sie nur einen flüchtigen Blick in die Zeitung werfen, um zu erkennen, wie viele tief greifende Veränderungen uns noch bevorstehen.

In diesem Buch werde ich die Entwicklungen beschreiben, die auf den Einzelhandel zukommen. Sie sind – nebenbei bemerkt – Teil eines wesentlich breiter angelegten Musters: einer Transformation, die die gesamte Gesellschaft betrifft. Die überwältigende Akzeptanz und die flächendeckende Nutzung des Internets haben dazu geführt, dass das Leben der Menschen mehr denn je online stattfindet.[2] In diesem Buch werde ich für dieses Phänomen den Begriff »onlife« verwenden.

Was also ist onlife?
Der Begriff wurde durch den italienischen Philosophen Luciano Floridi geprägt. 2012 machte die Europäische Kommission ihn zum Vorsitzenden eines europäischen Think Tanks, der sich mit den Auswirkungen der digitalen Revolution auf unsere Denkweise befassen sollte.[3] In *The Onlife Manifesto* stellten Floridi und sein Team fest, dass die Unterscheidung zwischen

Online- und realem Leben immer undeutlicher und irgendwann wohl ganz verschwinden wird.[4] Das *Hier* (analog, offline) und das *Dort* (digital, online) werden zu einem einzigen *Onlife-Erlebnis* verschmelzen.[5]

Onlification

In den letzten Jahren hat praktisch jeder sein Festnetz- oder Mobiltelefon durch ein Smartphone ersetzt, wenn wir Auto fahren, nutzen wir GPS-Navigationssysteme, um uns zurechtzufinden, Wikipedia hat nach und nach die Enzyklopädie abgelöst und Atlanten sind dank Google Earth obsolet. Bankgeschäfte erledigen wir per App, und ellenlange Texte übersetzen wir mit Google Translate, statt uns mit einem Wörterbuch daran abzuarbeiten. E-Reader und Tablets haben auf unserem Schoß ein bequemes Zuhause gefunden, und Musik, Filme und Fernsehsendungen streamen wir einfach *auf Abruf*, wann immer wir Lust dazu haben.

Aber in Wirklichkeit ist das erst der Anfang. In den letzten zehn Jahren haben wir unser soziales Leben völlig neu definiert. Wir nutzen neue Wege, um zu lernen, Probleme zu lösen, einander zu helfen oder Entscheidungen zu treffen.[6] Die simple Tatsache, dass so viele Marken als Verben Eingang in die Sprache gehalten haben, ist ein Hinweis darauf, wie viel sich verändert hat.[7] Beispiele gefällig? Tweeten, Skypen, Snapchatten, WhatsAppen oder Instagrammen sind als umgangssprachliche Ausdrücke allgegenwärtig. Sogar meine Schwiegermutter – und sie ist mittlerweile 90 Jahre alt – weiß, wie man googelt, per Tablet mit den Kindern und Enkeln kommuniziert und Bankgeschäfte online erledigt. Jüngste Forschungen in den USA haben ergeben, dass Menschen, die online aktiv sind, länger leben.[8] Das liegt nicht nur daran, dass sich ein aktives soziales Leben positiv auf den gesundheitlichen Allgemeinzustand auswirkt, sondern es hat sich auch gezeigt, dass Menschen, die mehr Freundschaftsanfragen stellen, noch länger leben.[9]

Soziale Netzwerke stellen offenbar eine Kommunikationsmöglichkeit dar, die den sehr menschlichen Drang befriedigt, sich zu präsentieren und Spuren zu hinterlassen.[10] Der Soziologe Barry Wellman bezeichnet dies als *vernetzten Individualismus*: »Auch wenn wir unabhängiger denn je sind und immer stärker zum

Individualismus neigen, wollen wir dennoch Teil einer Gemeinschaft sein.[11] Menschen sind nicht süchtig nach dem Internet oder nach Gadgets, sondern nach anderen Menschen und der Erfüllung ihrer sozialen Bedürfnisse – hier und jetzt.«[12]

Online-Generationen

Für *Millennials* – die auch als Generation Y bezeichnet werden, also die zwischen 1980 und 1995 Geborenen – ist das Onlife-Erleben etwas mehr oder minder Alltägliches. Sie sind mit Computern, Handys, iPods und Videospielen aufgewachsen und waren die Ersten, für die es normal war, online einzukaufen.

Die Angehörigen der Generation Z – d. h. die Jahrgänge nach 1995, die manchmal auch als »iGeneration« bezeichnet werden – sind schon einen Schritt weiter. Als »Verbraucher von morgen« können sie sich eine Welt ohne Internet nicht einmal vorstellen. Sie sind mit sozialen Netzwerken ebenso groß geworden wie mit den Spielen ihrer Kindheit, bei denen sie sich mit anderen Menschen auf der ganzen Welt vernetzt haben. Millennials und die Generation Z sind die Early Adopters neuer Technologien und Möglichkeiten. Sie verwenden Wörter wie »online« oder »Internet« kaum. Für sie ist es selbstverständlich, rund um die Uhr im Netz zu sein.

Die Generation X (die 35- bis 50-Jährigen) verbringt ebenso wie die Babyboomer (zwischen 45 und 65) mehr Zeit online als je zuvor, und auch die jetzige Rentnergeneration (über 65 Jahre) ist dabei. Viele dieser Menschen, die mit Schreibmaschinen, Desktop-Computern, quälend langsamen Internetverbindungen per DFÜ und gar nicht smarten Mobiltelefonen aufgewachsen sind, haben sich den geänderten Umständen und Möglichkeiten angepasst – und tun dies schneller als je zuvor.

Technologie wartet auf niemanden. Ohne sich groß Gedanken zu machen, fangen die Leute einfach an, neue Maschinen und Geräte im Alltag einzusetzen. Veraltete Thermostate werden gegen »smarte« Geräte getauscht, mit denen sich der Energieverbrauch aus der Ferne regeln lässt.

Alte Waschmaschinen müssen Platz für neue machen: Geräte, die quasi instinktiv wissen, wann die beste – weil kostengünstigste – Zeit zum Wäschewaschen ist. Altmodische Fernseher werden durch interaktive Smart-TVs ersetzt, mit denen sich online Filme und Musik streamen lassen und die Zugang zu den sozialen Netzwerken und Möglichkeiten zur Kommunikation untereinander bieten.

All diese Technologien sind über das Internet vernetzt: mit den Menschen – also mit uns –, aber auch untereinander, mit *anderen* Technologien, anderen Geräten, elektronischen Gadgets und Heimgeräten wie etwa Smart Home-Lautsprechern. Dies sind die ersten Anwendungen des Internets der Dinge (Internet of Things, IoT) in unseren Wohnungen. Für sie alle gilt, dass sie das Leben der Menschen einfacher, komfortabler und besser für den Geldbeutel machen.

Künstliche Intelligenz (KI) wird das nächste große Ding sein. Sie wird unsere Zukunft gestalten und uns in vielen Situationen ein deutliches Mehr an kontextbezogener Personalisierung ermöglichen. Wir werden erleben, dass Verbesserungen in den Bereichen KI, Machine Learning und Deep Learning in unserer Welt für erhebliche Unruhe sorgen werden.[13] Im Handel werden die Kunden dank KI eine beispiellose Einkaufsqualität erleben, denn die KI trifft Vorhersagen über unser Verhalten und weiß schon vorher, welche Filme uns gefallen. Sie errät sogar, welches Essen wir nächste Woche auf dem Tisch haben wollen. Der Handel ist nur eine von vielen Branchen, die von der KI beeinflusst werden: Sie wird die Gesellschaft, wie wir sie kennen, vollkommen umkrempeln.[14]

In Zukunft werden wir vielleicht nicht mehr zwischen persönlichen Gesprächen und digitalen Interaktionen unterscheiden, da wir unsere Erfahrungen mit unserem freundlichen Assistenzroboter austauschen können. Wir können die neueste Mode in einer virtuellen Umkleide anprobieren, uns von neuen, als Augmented Reality generierten Informationsebenen auf unserem Smartphone oder Tablet begeistern lassen, unsere Autos fahren selbst, und wir verwenden Kryptowährungen genauso selbstverständlich zum Bezahlen wie reguläre Zahlungsmittel.

Die virtuelle Einkaufsstadt Macropolis

1997 wurde Macropolis im berühmten Theater am Leidseplein in Amsterdam eröffnet. Der Raum war bis auf den letzten Platz gefüllt, und das Publikum, das aus Händlern, Partnern und Medienvertretern bestand, staunte nicht schlecht, als wir unsere computergestützte Einkaufsstadt Macropolis auf der Großleinwand des Theaters präsentierten. Ich startete Macropolis damals als Jungunternehmer gemeinsam mit meinem Partner Niek Vrielink. Wir beschrieben das Projekt als *virtuelles Shoppen in einer Einkaufsstadt im Computer* und vertrieben Macropolis auf CD-ROM über die teilnehmenden Ladengeschäfte.

In der virtuellen Welt von Macropolis konnte man in einem gelben Taxi durch die virtuellen Einkaufsstraßen fahren. Man konnte aber auch in Form eines *Avatars* über die Einkaufsboulevards schlendern (die übrigens ansonsten leer waren). Die Möglichkeit, ein Produkt gezielt zu suchen, war eine weitere Menüoption. Kam man zu einem Geschäft, wurden festgelegte Produktinformationen von der CD-ROM in die Schaufenster »geladen«. Über 50 niederländische Läden und Supermärkte ließen sich dazu bewegen, mitzumachen. Es gab nur wenige Geschäfte, in denen man auf die Artikel in den Schaufenstern klicken konnte. Dann begann das Modem zu stottern, zu pfeifen und zu rattern, nur um kurz darauf abrupt in Stille zu verfallen, und sich herausstellte, dass es im Internet eigentlich noch fast nichts zu kaufen gab.

Bald schon stellten wir fest, dass Menschen und Computer noch nicht für Einkaufserlebnisse in einer virtuellen Welt bereit waren, und beschlossen im darauffolgenden Jahr, Macropolis in eine Website umzuwandeln. Im Sommer 1999 ging dann die Funktion Smart Shopping auf Macropolis online – mit über 5.000 (Web-)Stores! Die Internetblase war noch nicht geplatzt.

Es sind fünf Paradigmenwechsel, die die *Onlification* vorantreiben:[15]

1. Die Grenzen zwischen Online und Offline werden in unserem Alltag aufgehoben. Es besteht schlicht keine Notwendigkeit mehr, dazwischen zu unterscheiden. Online und Offline verschmelzen zu Onlife.

2. Was in unserem Leben real und was virtuell oder augmentiert ist, ist immer weniger deutlich. Wie gelingt es uns, auch in Zukunft zwischen dem, was real ist, und dem, was nicht real ist, zu unterscheiden?

3. Was natürlich und was künstlich ist, lässt sich immer schwieriger definieren. 20 Jahre nach dem Schlaganfall, der bei der Amerikanerin Cathy Hutchinson zu einer fast vollständigen Lähmung ihres Körpers führte, ist sie heute in der Lage, über ihre Gehirnströme einen Roboterarm zu steuern.[16] Wenn wir in der Lage sind, Organe zu replizieren oder zu verbessern und sie in den Körper zu implantieren, sind wir dann wirklich noch natürlich? Und spielt das überhaupt eine Rolle?

4. Auch die formalen Dimensionen werden immer unbestimmter. In Zukunft werden 4D-Drucker in der Lage sein, – ganz ohne menschliches Zutun oder Eingreifen – Objekte herzustellen, die unter bestimmten Umständen ihre Form ändern können, etwa bei Temperaturanstieg oder -abfall.

5. Schließlich werden auch Zeit und Raum immer weniger definierbar. VR, AR und neue Hologrammtechnologien können uns weismachen, dass wir an einem anderen Ort als dem sind, an dem wir uns physisch befinden. Zeit und Raum scheinen eins zu werden.

Auswirkungen auf die Gesellschaft

Auch in sozialen und politischen Fragen und Diskursen hat das Internet mehr Einfluss denn je. Hunderte Millionen von Menschen nutzen die sozialen Medien als Kommunikationsmittel, um ihre Meinungen darzulegen, auf die Beiträge anderer Menschen zu antworten und Mitteilungen anderer zu teilen. Manche rufen zur Teilnahme an Wahlen auf oder greifen Themen auf, vergeben *Likes* an Politiker oder tun sich mit Gleichgesinnten zusammen.[17] Der Einfluss des *Onlife-Engagements* wächst dabei in Zeiten globaler Katastrophen, nationaler Krisen oder auch lokal begrenzter Ereignisse. Der Arabische Frühling im Jahr 2011 wird oft als »Facebook-Revolution« bezeichnet. Die sozialen Medien spielen auch in Flüchtlingskrisen eine wichtige Rolle: Die online geteilten Tweets, Fotos und Videos sind wichtige emotionale und tatsächliche Bezugspunkte für Geflüchtete und Bürger wie auch für Politiker und Journalisten. Der amerikanische Präsident Donald Trump nutzt Twitter als bevorzugten Kommunikationskanal zur Reaktion auf (Fake-)News.

Work-Life-Balance

Angesichts der Tatsache, dass Online und Offline immer stärker zusammenwachsen, haben viele Menschen zunehmend Schwierigkeiten, strikte Grenzen zwischen dem Arbeitsleben und der Freizeit zu setzen. Der Wunsch von Arbeitnehmern nach flexiblen Arbeitszeiten führt ebenfalls zu Veränderungen des Verhältnisses von Berufs- und Privatleben. Abends oder am Wochenende noch eben schnell ein paar Aufgaben abzuschließen: Das ist mittlerweile eigentlich eine Selbstverständlichkeit. Umgekehrt haben wir allerdings auch immer weniger Hemmungen, persönliche Angelegenheiten während der Bürozeiten zu erledigen. Zu Hause, unterwegs oder »jederzeit und überall« arbeiten zu können, sind Aspekte unseres Alltags, die mit neuen Arbeitsweisen einhergehen.

Die neue industrielle Revolution

Die Ökonomen Jeremy Rifkin und Klaus Schwab glauben, dass wir am Beginn einer neuen industriellen Revolution stehen. In seinem Buch *Die dritte industrielle Revolution*[18] hat Rifkin – Bestsellerautor und gern gesehener Berater von Staatsoberhäuptern auf der ganzen Welt – den Aufstieg des Internets und den Zugang zu neuen Energiequellen als Schlüsselfaktoren für die Transformation beschrieben. Schließlich hätten frühere industrielle Revolutionen bereits gezeigt, dass neue Kommunikationstechnologien (Bücher, Zeitungen und das Telegramm, gefolgt von Telefon, Radio und Fernsehen) *und* neue Energiequellen (erst die Dampfmaschine, dann Elektrizität und Öl) als Katalysatoren für einen immensen sozialen Wandel wirkten. Heute ist es der Aufstieg des Internets, verbunden mit erneuerbaren und nachhaltigen Energien wie Sonne, Wasser und Wind. All dies wird zu einer »mächtigen neuen Infrastruktur führen, die die Welt verändern wird«.[19]

Millionen Menschen werden in den nächsten Jahrzehnten mithilfe internetbasierter Technologien selbst Energie produzieren können (»Energie-Internet«). Und: Sie werden diese Energie nicht nur erzeugen, sondern sie selbst nutzen, wiederverwenden und teilen. Gleichzeitig ermöglicht das Internet uns die Kommunikation über eine Vielzahl von Medien (»Kommunikationsinternet«) und hilft uns dabei, unaufhörlich Produkte und Dienstleistungen zu transportieren (»Logistikinternet«). Rifkin glaubt, dass unsere Gesellschaft der Zukunft diese drei Systeme zum effektiven Handeln braucht. Zudem sind die drei unauflöslich miteinander verbunden.

Schwab, der Gründer des Weltwirtschaftsforums (WWF), vertritt sogar die Ansicht, dass wir nach der digitalen oder technologischen Revolution, die von den 1970er bis 1990er Jahren stattgefunden hat, besser von einer »vierten industriellen Revolution« sprechen sollten.[20] Er meint, dass diese vierte Revolution gegenwärtig über uns hinwegbraust und dabei eine beispiellose Geschwindigkeit sowie Wirkungstiefe und -breite aufweist. Gewaltige technische Entwicklungen wie Robotisierung, 3D-Druck, selbstfahrende Fahrzeuge und Nanotechnologie sind ausgesprochen reale Herausforderungen für nahezu jede einzelne Branche in jedem Land, das man sich vorstellen kann. Was wir jetzt brauchen, sind neue wirtschaftliche Strukturen und Organisationen, was nach Ansicht Schwabs bedeutet, dass sich Anbieter und Verbraucher völlig neu erfinden müssen.

Die verschwimmenden Grenzen zwischen virtuellem und echtem Leben, zwischen Offline und Online, zwischen Berufs- und Privatleben machen den gesamten Alltag zum Onlife-Erlebnis. Die Art und Weise, wie wir arbeiten, lernen, unsere Beziehungen pflegen, uns um andere kümmern, als Politiker im Dienste unseres Landes agieren und sogar Kriege führen: All das ändert sich grundlegend. Ganz zu schweigen davon, dass die Onlification der Gesellschaft sich auf unser Einkaufsverhalten auswirkt. Der Handel verändert sich – langsam, aber stetig. Analog wird digital, vertikal wird horizontal, zentralisiert wird lokal, Top-down wird Bottom-up und Bürokratien werden durch Netzwerke ersetzt. All dies sind Ausdrucksformen dafür, wie sich die Struktur des Handels – und gleichzeitig auch die Machtverhältnisse im Handel – grundlegend ändern.

Das Ende des Online-Shoppings

Innerhalb des nächsten Jahrzehnts werden Einzelhandel und Dienstleistungen von einer neuen Wirtschaftsordnung geschluckt werden, die ich gerne als *Onlife-*

Retail bezeichne. Das Einkaufen wird für den Verbraucher zu einem ausgewachsenen Onlife-Erlebnis werden, bei dem das Vorhandensein von Online- und Offline-Vertriebskanälen überhaupt keine Rolle mehr spielt. Aus Sicht der Unternehmen werden Online- und Offline-Kanäle sich miteinander verschränken und die Grenzen zwischen Branchen und Geschäftsfeldern werden dem erheblichen Druck nachgeben. Alle Akteure im Handel – Hersteller, Händler und Verbraucher – werden dazu angeregt, in neue Rollen zu schlüpfen.

Wesentlich sind fünf bedeutende Entwicklungen, die dem Online-Shopping, wie wir es heute kennen, den Garaus machen werden.

1. Online und Offline werden eins

Im Laufe des nächsten Jahrzehnts werden viele Millionen Handelshäuser und Dienstleistungsbetriebe traditionelle Geschäftsmodelle aufgeben und als *Connected Stores* Inspirations-, Erlebnis- und Präsentationsorte sowie Servicezentren werden. Neue 24/7-Ladenkonzepte und intelligente Apps werden es den Verbrauchern erlauben, alles, was ihnen im Alltag begegnet, zu scannen und zu kaufen. Der Sofortkunde kann das Kauferlebnis, das er online – etwa zu Hause oder unterwegs – begonnen hat, wahlweise in der Einkaufsstraße oder *online im Laden* abschließen. Damit steht das Ende des Online-Shoppings in der Tat vor der Tür.

Wir können mit einem deutlichen Aufwärtstrend interaktiver Technologien rechnen, die Online- und Offline-Handel zusammenführen – sogenannte *All-in-One-Apps* sind Vorzeigebeispiele für den Onlife-Handel. Da wäre etwa die chinesische Super-App WeChat, mit der sich bereits so gut wie alles regeln lässt: Urlaubsziel finden und buchen, online und im Laden bezahlen, Konten verwalten, getrennt im Restaurant bezahlen, einen Termin beim Friseur vereinbaren und Online-Bewertungen schreiben. Apps wie WeChat führen Online und Offline zusammen. Heute können sich mehr als eine Milliarde Chinesen ein Leben ohne WeChat nicht mehr vorstellen.[21]

New Retail in China

New Retail – der »neue Handel« – ist die Strategie, mit der Alibaba ein nahtloses Zusammenspiel zwischen der Online- und der Offline-Welt ermöglichen und den Handel so neu definieren will. Es geht darum, das Beste der im Geschäft und online gemachten Erfahrungen zu vereinen. Mit dem Verweis darauf, dass die Zukunft des Handels keine Frage von Online vs. Offline sein wird, präsentierte Alibaba-Gründer Jack Ma das New-Retail-Konzept, das den Schwerpunkt auf die Erfüllung der persönlichen Bedürfnisse jedes Kunden in einer Welt legt, in der die Grenzen zwischen Online- und Offline-Handel aufgehoben sind.[22]

Es gibt zig E-Commerce-Akronyme – und in China ist vor einiger Zeit ein weiteres entstanden: »O2O« (englisch ausgesprochen »O-two-O«). Es bedeutet *online to offline*. Die Idee dahinter ist, mithilfe von Online-Kanälen das Offline-Shopping zu stärken. Waren und Dienstleistungen werden in einer App, einem Online-Shop oder auf einer Plattform eingekauft und bezahlt. Das eigentliche Produkt kann dann in einem Geschäft vor Ort abgeholt oder die Leistung eines Unternehmens vor Ort in Anspruch genommen werden. Wesentlich ist hier das Zusammenspiel von Online- und Offline-Verbraucherdaten, mit deren Hilfe sich das gesamte Kundenerlebnis optimieren lässt.

Der chinesische E-Commerce-Gigant Alibaba hat mit der Elektronikkette Suning Commerce Group einen Deal über 4,6 Milliarden US-Dollar abgeschlossen und setzt New Retail und O2O seitdem in der Praxis um. Mit dem Kauf mehrerer Discounter im Jahr 2016, einer Kaufhauskette 2017 und einem Online-Essenslieferdienst 2018 hat Alibaba diesen Trend fortgesetzt.[23] Die strategische Zusammenarbeit mit der BAILAN-Gruppe, einer Handelskette mit 4.700 Filialen in zweihundert Städten, ist ein weiteres Paradebeispiel. Übernahmen und strategische Partnerschaften helfen dem Unternehmen nicht nur dabei, sein Angebot an Elektronik- und sonstigen Gütern rasant zu erweitern, sondern auch beim Ausbau des Serviceniveaus im Logistikbereich.[24] Dass die bestellte Ware innerhalb von zwei Stunden geliefert werden kann – und zwar ganz gleich, in welchem der 2.800 Bezirke Chinas der Kunde sich gerade befindet – macht dies zu einer Win-Win-Situation für alle Beteiligten.[25] Auf der anderen Seite können Offline-Shops auf Alibabas Marktplatz Tmall.com in die Online-Welt expandieren – auch das gehört zur New-Retail-Strategie des Konzerns. So können die Unternehmen ihre Reichweite ausbauen und sich die erfolgreiche Plattform zunutze machen, denn hier werden die Transaktionen für sie abgewickelt.[26]

Im Zuge der Neuerfindung des Handelskonzepts eröffnet Alibaba seit 2015 in rasantem Tempo Hema-Lebensmittelgeschäfte und Taobao-Cafés. Das Rückgrat der Hema-Shops bildet die vollständige Integration von Online-Bestellung, Filialabwicklung und schneller Lieferung (mit einem E-Bike). So ist garantiert, dass Bestellungen in einem Radius von drei Kilometern innerhalb von 30 Minuten ausgeliefert werden können.[27]

Die Strategie von Alibaba besteht letztendlich darin, den Handel auf der Grundlage einer Integration von Online und Offline, Logistik und Daten zu verändern. »Wir wollen eine neue Wirtschaft schaffen, in der die Online-Welt mit der physischen Welt kompatibel ist«, erklärt Ma. »Wir entwickeln eine wirtschaftliche Einheit – eine virtuelle Wirtschaft im Internet.«[28]

2. Vom Online-Store zum Offline-Laden

Warum eigentlich sollten große Online-Händler keine eigenen Läden aufmachen? Das Interesse vor allem aufseiten von Kommunalverwaltungen und Bauträgern wäre sicherlich riesig. Allerdings lässt sich das Geschäftsmodell von Online-Shops jedoch nicht über Nacht in ein Bricks-&-Clicks-Angebot umwandeln. Sicherlich werden wir in naher Zukunft immer häufiger sehen, wie Internetunternehmen eigene Läden eröffnen, doch ist die Wahrscheinlichkeit, dass sich der Leerstand in vielen Innenstädten auf diese Weise bekämpfen ließe, eher gering. Auch müsste das ja gar nicht im großen Stil passieren. Für den einen oder anderen Online-Händler wäre ein Ladengeschäft strategisch vorteilhaft in einer großen, landesweit bekannten Einkaufsstraße gelegen, sicherlich ausreichend. Andere werden ihrem Standort treu bleiben und einen Schauraum mit Verkauf im eigenen Vertriebszentrum oder am Unternehmenssitz eröffnen oder Pop-up-Stores in sorgfältig ausgewählten Städten einrichten.

In den USA hat die angesagte New Yorker Brillenmarke Warby Parker den Übergang zum echten Laden erfolgreich vollzogen. Die Marke hatte sich eine Online-Fangemeinde erworben, was es ihr ermöglichte, mit kleineren Räumlichkeiten wie Ausstellungsräumen, Shops-in-Shops und Pop-up-Shops zu experimentieren. Sogar ein alter Schulbus wurde umgestaltet: Hier können Kunden die Brillenfassungen anprobieren, bevor sie sie online kaufen.[29] Mittlerweile betreibt das Unternehmen in New York einen – wenn auch recht kleinen – Flagship-Store sowie mehrere weitere Niederlassungen an der US-Westküste, um authentische Kundenbeziehungen aufzubauen.

Auch der Online-Händler Amazon wird voraussichtlich weitere (Buch-)Läden und Tausende kassenloser Convenience Stores eröffnen, um seinen Kunden ein neues Einkaufserlebnis zu vermitteln.[30] Der wesentliche Beweggrund für diese neuen und revolutionären Ladenkonzepte besteht darin, Amazon-Kunden eine nahtlose und individuelle Customer Journey zu ermöglichen. Die Übernahme der amerikanischen Supermarktkette Whole Foods mit rund 460 Biosupermärkten in den USA, im Vereinigten Königreich und Kanada ermöglicht es Amazon, die bestehenden digitalen Dienstleistungen in die physische Welt zu integrieren.[31]

Der (mittlerweile von Walmart übernommene) Online-Bekleidungshändler Bonobos eröffnet seit einiger Zeit sogenannte »Guideshops«, denn man vertritt in dem Unternehmen die Ansicht, dass das Sehen, Berühren und Anprobieren von Produkten Faktoren sind, die den Ausschlag bei der Kaufentscheidung geben. Der eigentliche Nutzen für Bonobos: digital erfasste Informationen, im persönlichen Gespräch geknüpfte Beziehungen und die Senkung hoher Rücksendekosten.

In China orientiert sich JD.com am New-Retail-Trend von Alibaba, durch den physische Geschäfte und Online-Shopping vernetzt werden.[32] JD.com, Chinas zweitgrößtes E-Commerce-Unternehmen, erweitert seinen Online-Store nun zum Offline-Laden: Unter dem Motto »Digital First« entstehen nun im ganzen Land Filialen des Lebensmitteleinzelhändlers 7Fresh mit – wie es JD.com bewirbt – *grenzenlosem* Retail-Service. In den kommenden Jahren sollen tausend neue Convenience Stores eröffnet werden. Die Integration von Kundenprofilen, Datenanalyse, Blockchain-Technologie und kassenlosem Bezahlen soll dabei für ein personalisiertes und nahtloses Einkaufserlebnis sorgen.[33]

Die deutsche Modeplattform Zalando hat im Rahmen ihres *Connected Retail*-Programms Outlet-Stores eröffnet, die Online und Offline zusammenführen sollen.[34] Es ist sogar geplant, Flagship-Stores in London, Paris und Berlin zu eröffnen, damit die Fans in einen Dialog mit der Marke Zalando treten können.[35] All dies soll dazu beitragen, Zalando in eine Handelsplattform nach dem Vorbild von Amazon zu verwandeln.[36]

Die Eröffnung von Flagship-Stores in bester Lage in verschiedenen wichtigen Städten ist eine beliebte Option für verschiedene Online-Händler und wird in Zukunft wohl immer häufiger anzutreffen sein. Das Branding ist in der Tat der wesentliche Zweck des Betreibens von Flagship- oder Markenstores. Hinzu kommen Marketing, Service und Kundenpflege. Mit diesen Stores erhalten die Unternehmen ein Mittel, um sich vom Wettbewerb zu unterscheiden, den Webshop als echte Marke zu präsentieren und dem Verbraucher ein individuelleres Einkaufserlebnis zu bieten. Trotzdem ist die Zahl der Webshops, die es sich leisten, einen Flagship-Stores zu betreiben, nach wie vor sehr gering.

Online-Händler interessieren sich zusehends auch für andere flexible und zum Teil nur zeitweilige Formen des Einzelhandels. Pop-up-Stores werden hauptsächlich zu Branding- und Marketingzwecken genutzt, während ein Shop-im-Shop durchaus eine nützliche Verkaufsstelle ist. Amazon eröffnet in den USA und Europa regelmäßig neue Pop-up-Stores[37], und Zalando experimentiert mit solchen Stores in verschiedenen europäischen Geschäften und Städten. Ein weiteres neues und insbesondere bei Großveranstaltungen immer beliebteres Phänomen im Handel sind On-Wheels-Shops. Was diese flexiblen Formate gemeinsam haben, ist ein Überraschungsmoment gepaart mit einem stetigen Besucherstrom in die Filialen.

Aufgepasst: Hier kommt Amazon!

Amazon hat das Konzept der Treasure Trucks eingeführt. Die Treasure Trucks fahren durch die Straßen großer Städte in den USA und Großbritannien und verbinden Online- und Offline-Shopping so auf perfekte Art und Weise. Die zugehörige App sendet treuen Kunden, die sich in der Nähe eines solchen Trucks befinden, Sonderangebote vom saftigen Schnitzel bis hin zur Videokamera zu. Nach der Übernahme von Whole Foods rollten die Laster zwischen den Filialen der Kette – eine Maßnahme zur Integration der nun miteinander verbundenen Unternehmen.[38] So gelingt es Amazon, seine Kunden zu Impulskäufen aller Art zu verführen – mit etwas, das im Grunde genommen nichts anderes ist als ein mobiler Supermarkt!

3. Kontinuierliche Erweiterung des Sortiments

Dass Unternehmen ihren Absatz von Waren und Dienstleistungen nicht mehr auf die traditionellen Geschäftsfelder beschränken, ist ein Trend, der schon seit einiger Zeit in aller Munde ist. Händler bieten neuerdings auch Dienstleistungen an, und umgekehrt scheuen auch Dienstleister nicht mehr davor zurück, Waren zu verkaufen. Eine solche Diversifizierung ist übrigens gar nichts Neues. Seit Jahren verkaufen Supermärkte sowohl Lebensmittel als auch Non-Food-Produkte – ein Phänomen, das in Anlehnung an einen deutschen Discounter manchmal als »Aldifizierung« bezeichnet wird.

Tatsächlich war es die Firma Aldi, die ihren Kunden in Deutschland mit dem neuen Service Aldi Life unbegrenzten Zugang zur Musikbibliothek der US-Marke Napster gewährte. Es gibt zahllose weitere Beispiele: LIDL-Reisen ist ein bekanntes Konzept in Deutschland: Der Discounter bietet auf seiner Website Pauschalreisen an. Der Buchhändler Barnes & Noble hat sein Sortiment um Drogerieartikel erweitert, die britische Supermarktkette Morrisons verkauft heute online Mode, LEGO produziert jetzt Computerspiele und Filme, der Elektronikriese Media Markt bot zeitweilig seinen eigenen Streamingdienst Juke an, Versicherungsgesellschaften haben mit dem Verkauf von Einbruchschutzsystemen begonnen, Zalando verkauft mittlerweile auch Schönheits- und Kosmetikprodukte und Amazon plant, Gesundheitsprodukte und (Versicherungs-)Dienstleistungen in die Angebotspalette aufzunehmen.[39]

Aber auch online findet Diversifizierung statt. Mitte der 90er Jahre hat eBay mit der Erweiterung seines Angebots auf alle erdenklichen Waren und Dienstleistungen die Weichen gestellt. Alibaba verkauft seit der Gründung des Unternehmens im Jahr 1997 alle Arten von Waren und Dienstleistungen. Amazon verwandelte sich schnell vom Online-Buchhändler in ein *Mädchen für alles* mit einem schier unendlichen Warenangebot.

Wenn Diversifizierung alltäglich wird, schafft sie Raum und Chancen für neue Marktteilnehmer. Diese tauchen oft in unerwarteten Nischen auf. Häufig erwischen sie etablierte Konkurrenten damit kalt. Aber oft bleibt ihnen auch gar nichts anderes übrig. In China hat die zweitgrößte Regierungsbank des Landes, die Industrial and Commercial Bank of China (ICBC), einen Marktplatz für den Direktverkauf von Waren an Endverbraucher eingerichtet. Dies war die einzige Möglichkeit, sich zu retten, da die Bank jeden Tag Millionen von Transaktionen an Alibabas Alipay verlor.

4. Zusammenströmende Kanäle

Die gängige Unterscheidung zwischen Business-to-Consumer (B2C) und Business-to-Business (B2B) wird sich in den kommenden Jahren voraussichtlich auflösen. Künftig wird jeder an jeden verkaufen. Die Sharing Economy beispielsweise hat neue Kanäle erschlossen, darunter auch Consumer-to-Consumer (C2C) und Consumer-to-Business (C2B).

Der Handel konzentriert sich nicht mehr nur auf die Verbraucher. Webshops sind heute gleichermaßen bereit, an Unternehmen zu verkaufen, und richten zu diesem Zweck häufig eigene B2B-Online-Shops ein. Langsam aber sicher strecken auch Unternehmen, die sich bislang ausschließlich dem Verkauf von Waren und Dienstleistungen an andere Unternehmen gewidmet haben, ihre Fühler aus und verlagern den Fokus auf den Verbrauchermarkt. Diese Vorgehensweise beschränkt sich nicht auf die großen Marken – selbst der Großhandel vollzieht diesen Wandel. Denn mal im Ernst: Warum sollte man darauf verzichten, seine Waren oder Dienstleistungen direkt an die Verbraucher zu verkaufen?

Dass Verbraucher an andere Verbraucher verkaufen, ist seit Jahren Normalität. Auf Online-Marktplätzen wie eBay und Alibabas Taobao finden Tag für Tag Millionen von Transaktionen statt. Man weiß auch, dass Endverbraucher ihrerseits Waren an Unternehmen verkaufen – über Online-Marktplätze, Plattformen oder Auktionen. Webshops haben eBay und dergleichen für sich entdeckt, denn hierüber können sie große Restposten an Verbraucher oder andere Unternehmen abstoßen. Selbst traditionelle Geschäfte haben festgestellt, dass dies ein profitabler Kanal ist, um überschüssige Ware loszuwerden und mit neuen Produkten oder Dienstleistungen zu experimentieren.

Die Marktplätze der chinesischen E-Commerce-Supermacht Alibaba haben die Trennung zwischen verschiedenen Kanälen und Geschäftsfeldern im Grunde genommen sogar aufgehoben. Möchte man wirklich ein passendes Modell definieren, dann müsste dies ein B2B2C2C2C2B-Modell sein. Mit anderen Worten: Alle Kanäle strömen zusammen und werden eins. Und das ist nur eine Vorahnung dessen, wie die Einzelhandelswelt in einigen Jahren aussehen wird.

5. Integration weiterer Rollen aus der Wertschöpfungskette

Diversifizierung ist die eine Sache. Fakt ist jedoch, dass viele Unternehmen neue Rollen übernehmen müssen – und zwar solche, die bisher von anderen Teilnehmern der Wertschöpfungskette im Handel gespielt wurden.

Giganten wie Amazon und Alibaba haben eine lange Tradition darin, Handel, Technologie, Logistik und Dienstleistungen zusammenzubringen. Dabei haben sie alle möglichen Rollen innerhalb der Wertschöpfungskette selbst übernommen und bieten mittlerweile Fulfillment-Leistungen wie Lagerung, *Kommissionierung* und Verpackung von Waren für externe Händler an. Sie vermitteln logistische Unterstützung für Dritte, stellen Webhosting für Unternehmen in der Cloud bereit usw. Noch bis vor Kurzem wurden alle diese Rollen von spezialisierten Unternehmen besetzt und ausgefüllt.

Auch Hersteller stellen sich neuen Aufgaben. Marken wie Adidas, Miele, Nike, Philips und Sony haben sich vorgenommen, ihre Waren direkt an Verbraucher zu verkaufen. Allerdings geschieht dies oft mit angezogener Handbremse – in der Sorge, dass die traditionellen Vertriebskanäle ausgehöhlt werden könnten. Doch immer häufiger werden die Skrupel einfach beiseitegeschoben. Hersteller wie Unilever haben inzwischen damit begonnen, erfolgreiche Online-Händler wie den Dollar Shave Club zu akquirieren, nur um einen direkten Vertriebskanal zum Verbraucher zu finden. Fraglos kostet das eine ganze Stange Geld.[40]

Eine ebenso interessante Veränderung vollzieht sich gerade im Luftverkehr. Auch hier übernehmen Unternehmen neue Rollen: Delta Airlines hat eine Ölraffinerie erworben, und zwar nicht nur, um eine ausreichende Versorgung mit günstigem Kerosin zu gewährleisten, sondern tatsächlich mit dem Ziel, Ölhandel zu betreiben. AirAsia bietet jetzt eine eigene Kreditkarte an, mit der Kunden sehr viel mehr machen können, als nur AirAsia-bezogene Artikel zu kaufen. Die norwegische Fluggesellschaft Wideroe hat ein neues Standbein im Versicherungsgeschäft, und die deutsche Lufthansa Technik ist zu einem angesehenen Softwareanbieter geworden.

2015 war ich in Tokio und traf mich mit Yasui Yoshiki, dem jungen Gründer und CEO von Origami, einem japanischen Portal für Lifestyleprodukte. Erwartet hatte ich ein Gespräch mit einem jungen und ambitionierten Einzelhändler. Ich hätte kaum weiter daneben liegen können: Yoshiki informierte mich kurzerhand, dass sein Hauptziel darin bestehe, eine Online-Plattform für Mobile Payment einzuführen. Verbraucher können damit (schon jetzt) Online-Zahlungen durchführen und auch offline 1-Klick-Zahlungen auf dem Smartphone leisten. Als ich ihn nach seiner Vision und seinen langfristigen Zielen fragte, meinte er, sein größter Wunsch sei es, eine echte Bank zu werden.[41]

In Kenia hat der Telekommunikationsanbieter Safaricom sein Portfolio in einem Land ohne große Bankeninfrastruktur um Finanzdienstleistungen erweitert. Verbraucher in über zehn Ländern können auf seiner M-PESA-Plattform Geld überweisen, Sparkonten anlegen, Kleinkredite aufnehmen oder Geld weltweit versenden und empfangen. Mittlerweile nutzen mehr als 20 Millionen Menschen – die meisten davon ohne Bankkonto – M-PESA auf ihrem Smartphone.[42] Als ich 2017 nach Kenia reiste, war ich erstaunt zu sehen, wie durch die Übernahme einer neuen Rolle in der Wertschöpfungskette eines der erfolgreichsten Zahlungssysteme der Welt entstanden war, das Verbrauchern, die (sehr) wenig Geld haben, dabei hilft, (sehr) kleine Händler für Waren und Warendienstleistungen des täglichen Bedarfs zu bezahlen.

Ausgehend vom Kunden muss man sich rückwärts zur Technologie vorarbeiten.

Steve Jobs
Mitbegründer und ehemaliger CEO von Apple

KAPITEL 2

——

Onlife-Retail in der Smart Economy

Traditionelle Wirtschaft	Smart Economy
Analog	Digital
Automation	Robotisierung
»Beam mich hoch, Scotty!«	Hologramm
Auto	Selbstfahrendes Fahrzeug
Katalog	Virtuelle Realität
Stadt	Smart City
Daten	Big Data
Enzyklopädie	Sprachgesteuerte Smart Speakers
Wohnung	Vernetztes Heim
Menschliche Intelligenz	Künstliche Intelligenz (KI)
Internet	Internet of Things (IoT)
Lichtschalter	Gebäudeautomation
Lineares Wachstum	Exponentielles Wachstum
Paketbote	Drohnenlieferung
Massenproduktion	Maßgeschneiderte Fertigung

Druckerei	3D-Druckerei
Wirklichkeit	Augmented Reality
Ladendiebstahl	Cyberdiebstahl
Angebot	Nachfrage
Telefon	Smartphone
Zweidimensional	Dreidimensional
Programmierung	Machine Learning/Deep Learning

Neue Technologien waren schon immer der Katalysator für epochale soziale und wirtschaftliche Veränderungen. Während der ersten beiden industriellen Revolutionen brachten neue Energiequellen, Technologien und Kommunikationsmittel wirkliche Umwälzungen für Gesellschaft, Wirtschaft und den einzelnen Menschen mit sich. Zudem bewirkten sie tief greifende Veränderungen in Handel und Verbraucherverhalten. Im 20. Jahrhundert trug der Aufstieg von Massenmedien, Telefon, Radio und Fernsehen dazu bei, die Distanz zwischen Handelsunternehmen und Verbrauchern zu verringern.

Seit den 90er Jahren haben das Internet und die Digitalisierung für technologische Durchbrüche gesorgt. Das neue Wirtschaftsparadigma der »Smart Economy« bildet die Grundlage für den Onlife-Retail.

Heute erleben wir den Beginn einer neuen technologischen Welle. Man kann mit Fug und Recht von einer »neuen industriellen Revolution« oder einer »Zeitenwende« sprechen. Die neue Smart Economy hat beispiellose Auswirkungen. Diese sind gleichermaßen spannend und beängstigend.

In diesem Kapitel werde ich über sieben neue Technologien sprechen. In Kombination werden sie in der Handelsbranche zu einem regelrechten Erdrutsch führen. Was bieten diese Technologien dem Handel, und was bedeuten sie für den Menschen und die Gesellschaft im Allgemeinen? Bei allen Unterschieden haben diese technologischen Entwicklungen doch eines gemeinsam: Sie basieren auf der uneingeschränkten Verfügbarkeit von Big Data. Dass sie das Leben der Menschen einfacher, unkomplizierter und angenehmer machen, ist nicht von der Hand zu weisen. Auf der anderen Seite werden wir immer stärker von der Technologie abhängig. Unsere Privatsphäre ist dabei einer der zentralen Aspekte. Aus diesem Grund werde ich mich zum Ende des Kapitels mit den Auswirkungen der Smart Economy auf die Privatsphäre von Onlife-Verbrauchern befassen.

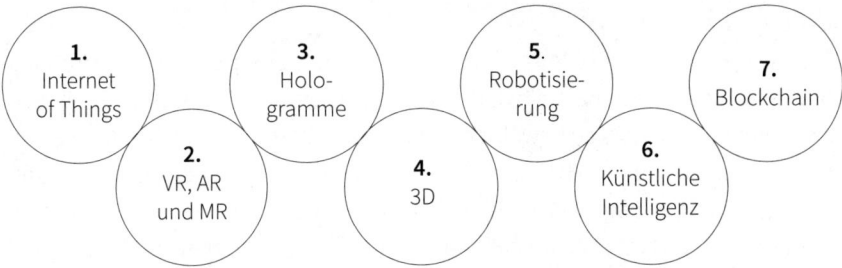

Aber zuerst möchte ich mit der Grundlage aller neuen Technologien beginnen: Big Data.

Big Data

Bei Big Data geht es nicht einfach nur um die Erfassung gigantischer Datenmengen. Von zentraler Bedeutung sind neben der schieren Anzahl vor allem Wert und Relevanz dieser Daten. Der Wissenschaftler Viktor Mayer-Schönberger und der Journalist Kenneth Cukier, der als Fachmann für Datenverarbeitung für den *Economist* schreibt, behaupten, dass Big Data »unsere immer stärker ausgeprägte Fähigkeit beschreibt, riesige Informationssammlungen aufzuschlüsseln, sie direkt zu analysieren und manchmal ausgesprochen überraschende Schlussfolgerungen daraus zu ziehen«.[1] Sie vergleichen dies mit einem Foto. Wenn man ein Foto macht und dabei nur einen einzigen Gegenstand in den Fokus nimmt, dann ähnelt dies dem Erfassen einer Stichprobe mit Zufallsdaten. Im Gegensatz dazu bietet ein digitales Foto, bei dem alles scharfgestellt ist, die Möglichkeit, sich nachträglich zu entscheiden, was man in den Vordergrund stellt und was auf dem Foto nach hinten rücken muss. Genauso verhält es sich mit Big Data.

Es gibt Gurus, die glauben, dass Big Data ein absoluter Segen für die Menschheit ist: Big Data wird zur Betrugsbekämpfung beitragen, beim Aufspüren von Terroristen helfen, die Verbreitung von Kinderpornographie vereiteln und sogar Epidemien vorhersagen und verhindern. Auch dem Handel bietet Big Data erhebliche Vorteile. Die Hersteller könnten Big Data für die Analyse ihrer Produktionsmethoden nutzen, während der Handel von verbesserten Möglichkeiten profitiert, seine Kunden zu bedienen.

Andere Menschen vertreten dagegen die Ansicht, dass Big Data eine Bedrohung für unsere Lebensweise darstellt und wir dagegen kämpfen sollten, um unsere neu gewonnenen Freiheiten zu bewahren. Mit Big Data lassen sich digitale Profile von uns allen erstellen, die ein besseres Verständnis unseres gegenwärtigen und künftigen Verhaltens ermöglichen. »*Sie wissen alles*«, schrieb die deutsche Unternehmerin Yvonne Hofstetter in ihrem Bestseller und bezog sich damit auf Regierungen und auf die Geschäftsmodelle großer Technologieunternehmen.[2] Kritiker befürchten, dass Big Data am Ende dazu benutzt werden könnte, Menschen, Geschäftsmodelle und ganze Gesellschaften zu bevormunden und zu manipulieren. Es war Thomas Jefferson, Gründungsvater der USA und späterer Präsident, der sagte:»Information ist die Währung der Demokratie«. Das Problem besteht heutzutage darin, dass eine immense Datenmenge – das neue Kapital – in den Händen sehr weniger Menschen liegt.

Laut Gartner haben wir mittlerweile ein Stadium erreicht, in dem Big Data eine große Verbreitung gefunden hat.[3] Im (Web-)Handel, in der Versicherungs- und der Reisebranche sowie im Bankwesen gibt es zunehmend intelligente Algorithmen zum Verbraucherverhalten, die Big Data nutzen und die individuellen Präferenzen der Verbraucher in ein Waren- und Dienstleistungsangebot übersetzen. Sowohl anhand von Persönlichkeitsmerkmalen als auch aktueller Kaufgewohnheiten lässt sich prognostizieren, wofür sich ein Verbraucher möglicherweise in Kürze interessieren wird. Dies geschieht bereits jetzt mithilfe von Machine Learning und Deep Learning – Techniken, die der Funktionsweise des menschlichen Gehirns nachempfunden sind. Google nutzt solche Technologien, um seine Anzeigen perfekt zu platzieren. Bei Amazon kommt ein entsprechender Algorithmus zum Einsatz, um Kunden relevante Waren anzuzeigen, Booking.com empfiehlt Hotelzimmer und Spotify verwendet die gleiche Technik für Musikvorschläge. Die internationale Dating-Website eHarmony nutzt diese Algorithmen sogar, um Menschen einander zuzuordnen. Der *Economist* bezeichnete erstmals Big Data als »digitales Erdöl«: »Daten sind für dieses Jahrhundert das, was Öl für das vorhergehende war: Triebfeder für Wachstum und Wandel.«[4]

In Zukunft werden derartige Technologien in der Lage sein, Analyse und Interpretation selbst komplexester Probleme zu optimieren. Verfahren auf Basis von Big Data werden dabei helfen, Fragen wie etwa die folgende zu beantworten: »Beabsichtigt diese Person, ihren Kredit zurückzuzahlen?« Auch Verbraucher werden von Big Data profitieren können. Dass sie Handelsunternehmen persönliche Informationen preisgeben, ist gar keine so neue Idee: Auch früher haben Kaufleute sich personenbezogene Daten (Name, Adresse usw.) zu ihren Kunden notiert, um ihr Warenangebot zu optimieren. Heute nutzen sie die Informationen, um das (vorgehaltene) Angebot an das tatsächliche Kaufverhalten anzupassen. Die ultimative Stärke des Einsatzes von Big Data im Handel besteht darin, die Analyse von Verbraucherdaten dafür einzusetzen, dass der einzelne Kunde direkt davon profitiert.

Die intelligente Einkaufsstadt

In den kommenden Jahren werden viele Städte zu Smart Citys werden. Schon heute macht smarte Technologie das Leben in der Stadt gesünder, sauberer und sicherer. Laut Gartner wird die Zahl der in Smart Citys *vernetzten Geräte* von knapp über 2,7 Milliarden (Stand 2017) auf beeindruckende 9,7 Milliarden im Jahr 2020 steigen.[5] In den Städten der Zukunft werden alle Handelsteilnehmer gemeinsam daran arbeiten, das Einkaufen in den Stadt- und Einkaufszentren kurzweiliger zu machen und ihm einen höheren Stellenwert zu verleihen. Ob Kommunalverwaltungen, Einzelhändler, Dienstleister oder Gastronomen: Sie alle investieren in die Entwicklung lebendiger Innenstädte und einen besseren Service für den Verbraucher. Innovative Technologien helfen ihnen dabei.

Dennoch herrscht keine ungeteilte Begeisterung für Smart Citys. Sie lassen sich recht leicht hacken, wodurch die Algorithmen, mit denen die Stadt gesteuert wird, außer Kontrolle geraten könnten. Einige Forscher glauben, dass das sehr reale Risiko besteht, dass eine Smart City ihre Bevölkerung nicht mehr als Bürger betrachtet und sie stattdessen auf bloße Verbraucher reduziert. Es bleibt abzuwarten, ob finanziell angeschlagene Städte dem Drang widerstehen können, Einkaufsdaten von Verbrauchern an Technologieunternehmen zu verkaufen.

Das Einkaufen in einer Smart City erfolgt unter einer einfachen Voraussetzung: Es müssen *Beacons* in den Einkaufsstraßen vorhanden sein. Beacons sind Sensoren, die über Bluetooth eine Verbindung mit den Smartphones der Käufer herstellen. Die Überwachung ihres Verhaltens ist ausgesprochen unkompliziert. Kunden, die ein maßgeschneidertes Einkaufserlebnis bevorzugen, laden sich einfach eine App herunter (und zwar eine für jede Straße, jedes Einkaufszentrum oder jeden Laden). Nun kann die intelligente Einkaufsstraße Einfluss auf das Verhalten des Verbrauchers nehmen.[6]

Die Regent Street in London ist eine der ersten Straßen der Welt, in der mehr als 130 Geschäfte direkt mit Passanten kommunizieren können. Die Geschäfte verwenden Apps, um Kunden in den Laden zu locken. In der App kann der Nutzer vorab festlegen, was für Informationen er erhalten (oder auch nicht erhalten) möchte.[7] Befürchtungen, dass man dann mit allen möglichen Werbeangeboten bombardiert wird, sind unbegründet, denn es bleibt dem Verbraucher überlassen, ob er die App herunterlädt oder nicht. Tut er dies, dann kann er auch entscheiden, welche Teile der App er nutzen möchte.[8]

Ich persönlich fände es fürchterlich, wenn mein Handy mich vor jedem einzelnen Geschäft anpiepen würde, um mich hineinzulotsen. Was mir aber gefällt, sind Apps wie die von Starbucks, mit denen ich einen Kaffee bereits bestellen und bezahlen kann, bevor ich überhaupt in den Laden komme. Nach meinem Eintreffen kann ich die Warteschlange dann links liegen lassen, direkt zum Barista gehen und dort meinen Latte Macchiato mit meinem Namen darauf abholen. Der Bezahlvorgang vor Ort entfällt, und meine Treuepunkte werden meinem Starbucks-Konto automatisch gutgeschrieben. Wenn ein Geschäft mir einen Rabatt von 10 % gewährt oder kostenlos einen Kaffee anbietet, ohne dass ich mich dafür anstellen müsste, dann könnte ich schon dazu tendieren, mir die entsprechende App herunterzuladen.

Der Aufstieg von Smart Citys und intelligenten Einkaufsstraßen ist unabwendbar. Sie bieten ungemein praktische Vorteile, die sich nicht nur auf den Handel beschränken: Denken Sie etwa an kostenloses WLAN (Kansas City), Apps, die Sie zum nächsten Parkplatz geleiten (Boston), eine Energiespar-App (Barcelona) oder eine App, die Ihnen dabei hilft, Staus zu umfahren (Amsterdam).

Connected Stores

In Zukunft werden buchstäblich alle Geschäfte samt und sonders vernetzt sein: von Super- bis Baumärkten, von Reisebüros bis Banken, von Bäckereien bis Metzgereien. Sie werden alle möglichen Wege finden, um den Verbraucher auf der Customer Journey anzuleiten – ob zu Hause oder im Geschäft. Bestellmöglichkeiten werden über Mobilgeräte, Internetterminals im Laden oder andere Geräte angeboten. Jede denkbare Digitaltechnologie wird in Connected Stores eingesetzt werden, um den Kundenservice zu verbessern.

Traditionelle Handelsunternehmen übernehmen diese neuen Möglichkeiten nur langsam und widerwillig. Im Laden kann sich der Kunde bei jedem Besuch aktiv für oder gegen die Installation oder das Einschalten der App entscheiden. Verschiedene US-Kaufhäuser – etwa Macy's, Target und Walmart – setzen Beacons in der großen Hoffnung ein, dass die Erfassung des Kundenverhaltens in Ladengeschäften künftig breitere Akzeptanz findet.[9] Kunden, die eine persönliche Beratung schätzen, können auf ihren Smartphones den Empfang individueller Nachrichten unter Berücksichtigung des Aufenthaltsorts im Laden, des Verhaltens und des Einkaufsprofils aktivieren. Dank *Visible Light Communications* (VLC), einer auf Bluetooth, Licht und LED-Lampen basierenden Kommunikationstechnologie, müssen Kunden keine App mehr installieren. Nach der erstmaligen Genehmigung durch den Kunden wird dessen Standort auf zehn Zentimeter genau eingegrenzt, und Parameter wie die Gehrichtung, die Position im Warengang, das nächstgelegene Display usw. werden erfasst.

In den vernetzten Läden der Zukunft wird die Technologie mit Touchscreen-Panels zum Auffinden und Kombinieren von Waren, virtuellen Umkleidekabinen und für verschiedene Kundenszenarios optimierter Augmented Reality das Einkaufen interaktiver machen. Händler mit solchen vernetzten Läden werden Kunden erkennen, sobald diese das Geschäft betreten, und die Mitarbeiter erhalten sofort Informationen darüber, wer diese Kunden sind, wie sie einkaufen, was sie sich online angesehen haben usw.[10]

Ob die digitale Identifikation im Lieblingsladen, exklusive In-Store-Angebote, Gutscheine und Rabatte das Gefühl kompensieren, auf Schritt und Tritt verfolgt zu werden, bleibt abzuwarten.

Volldigitalisierte Ladenlokale

In den Ladengeschäften kommen bereits alle möglichen digitalen Technologien zum Einsatz, um Kunden auf Waren und Dienstleistungen aufmerksam zu machen.[11] In immer mehr Geschäften können Sie relevante Produktinformationen durch Scannen eines Bar- oder QR-Codes auf Ihrem Smartphone abrufen. IKEA beispielsweise verfolgt diesen Ansatz. Andere wie etwa die amerikanische Handelskette Target bieten spezielle Apps an, die dem Einkaufen im Laden durch das Angebot von Rabatten einen Mehrwert verleihen. Wieder andere stellen Tablets oder Terminals bereit, mit denen der Kunde im Laden einfacher online einkaufen kann (Timberland) [12], oder nutzen *digitale PoS-Tools*, beispielsweise Bildschirme oder Feedback-Terminals, um die Reaktionen von Kunden zu erfassen und zu analysieren (Intersport).[13]

Smarte Minibildschirme an Kleiderbügeln können dynamische Produkt- und Preisinformationen präsentieren und sogar anzeigen, wie beliebt ein Artikel ist (etwa anhand der Anzahl der Likes auf Facebook) und wie viel Stück davon auf Lager sind.

Die norwegische Firma Thinfilm bietet *Smart Labels* an, die mit Computerchips ausgestattet sind und in Supermärkten oder anderen Geschäften verwendet werden können, um zu tracken, wie frisch die Milch ist. Kunden können sich dann per App informieren lassen, sodass sie keine Ware kaufen, deren Verfallsdatum in Kürze erreicht ist. Bald wird Ihr Smartphone auch in der Lage sein, Ihnen einen Wein zu empfehlen, der optimal zu den Speisen in Ihrem Einkaufswagen passt.

Diese und weitere neue intelligente Technologien bieten den Kunden ein ganz neuartiges Einkaufserlebnis auf der Straße, im Geschäft und online. Trotzdem bleibt es eine Kunst, den Kunden zu verführen. Und was gibt es sonst noch Neues?

Das Internet of Things

Nach Meinung vieler ist dies die Spitzentechnologie der Zukunft: Milliarden von Maschinen, die Daten miteinander und mit Menschen vernetzen und teilen. Das Inter-

die sie zu Hause selbst entworfen haben.[37] Bereits in wenigen Jahren werden Optiker über 3D-Drucker im Geschäft verfügen, um nach dem üblichen Augenscan sofort auf den individuellen Kunden zugeschnittene Brillen zu fertigen. Die britische Supermarktkette Tesco erwartet, dass Kunden bald mit dem Druck von Ersatzteilen für Haushaltswaren beginnen werden, beispielsweise einem Ersatzschlauch für den Staubsauger.[38] Zalando setzt große Hoffnungen in Kleidung aus dem 3D-Drucker – ein passender Service für kleine und mittlere Bekleidungsmarken.[39]

In Zukunft werden auf 3D-Druck spezialisierte Webshops nicht mehr nur Schmuck, Spielfiguren und Handyhüllen fertigen, sondern auch Haushaltswaren wie Lampen, Bilderrahmen und Stühle anbieten. Und was ist mit Kunstgegenständen oder Modeartikeln? Diese neuen Online-Shops zeichnen sich durch zwei wesentliche Eigenschaften aus: Sie bieten kleine und erschwingliche Auflagen und ermöglichen eine sehr starke Personalisierung ihrer Produkte. Die vielleicht größte Revolution des 3D-Drucks ist nicht die Technologie, sondern die Möglichkeit, die Produktion mit Attributen wie »aus der Region stammend« oder »aus heimischer Herstellung« zu versehen. Die Auswirkungen auf den Welthandel werden schon bald überwältigend sein. Der niederländische Finanzdienstleister ING prognostiziert, dass gedruckte Waren bereits im Jahr 2040 40 % der weltweiten Importe überflüssig machen werden. 2060 wird, sofern das Investitionswachstum bei den 3D-Druckern so weitergeht, das Welthandelsvolumen um 23 % niedriger liegen als jetzt.[40]

Robotisierung

Die Roboter kommen. Links-rechts-links, rollen sie das Feld in der gesamten Handelsbranche auf.[41] Vertriebs- und Fulfillment-Center großer Warenhäuser, (Web-) Shops und Paketdienste sind die wesentlichen Einsatzgebiete für Roboter. Autonom schlängeln sie sich zwischen den Warenstapeln hindurch, holen den richtigen Artikel und benötigen keine Hilfe beim Verpacken für die Lieferung. Beim deutschen Verlagslogistiker Sigloch gibt es sogenannte »Toru Cubes«: Kommissionierroboter, die Bücher aus dem Lagerbereich zu den Packtischen bringen. Quit Logistics – ein US-amerikanisches Fulfillment-Unternehmen, das unter anderem für Zara tätig ist – setzt verschiedene Roboter ein, um zu verhindern, dass Mitarbeiter zwischen Lagerregalen und Packtischen hin- und herwandern müssen. Auch Sicherheitsroboter werden in diesen Vertriebs- und Fulfillment-Zentren verwendet, um fehlende Paletten in den Lagern zu erkennen oder mithilfe von Wärmebildkameras nachts nach möglichen Eindringlingen zu suchen.

Amazon bringt in seinen Vertriebszentren in aller Welt mehr als 100.000 Roboter zum Einsatz.[42] Nach eigenen Berechnungen reduziert dies die Betriebskosten um ein Fünftel: Jeder einzelne Auftrag wird durch den Einsatz von Robotern um 20 bis 40 % günstiger. Bei Amazon werden immer häufiger kleine und flexible Roboter eingesetzt, die ganze Regale auf einmal anheben und zum Packtisch fahren können. Lagerarbeiter müssen jetzt nicht mehr laufen. Auch Supermärkte führen ihre Kunden an Roboter heran. Bewegliche Roboter wie der Simbe Tally fahren die Warenregale ab und können alle Barcodes im Ladengeschäft in weniger als einer Stunde scannen.[43] Roboter können auch leere Regale auffüllen und als vollautomatische Kassen Personal einsparen. Ein Roboter namens Bossa Nova durchstreift nun die Gänge in 50 Walmart-Märkten in den USA. Er ist in der Lage, verschiedenste Aufgaben auszuführen. So ermittelt er Artikel, die nicht auf Lager sind, findet fehlerhafte Preise und erkennt falsche oder fehlende Etiketten.[44] Der Elektrofachmarkt Media Markt Saturn setzt in seinen deutschen und schweizerischen Filialen Roboter sogar ein, um das Kundenerlebnis im Geschäft zu verbessern. Service-Roboter Paul begrüßt Kunden, beantwortet einfache Fragen und begleitet sie zum richtigen Gang (mehr zu diesem Thema in Kapitel 12).

Es wird nicht mehr lange dauern, bis Roboter uns bei der täglichen Hausarbeit helfen werden. Roboter wie der LG CLOi, der Kuri von Mayfield Robotics und der Buddy von Blue Frog sind im Begriff, eine zentrale Rolle im Haushalt zu übernehmen.

Künstliche Intelligenz

Künstliche Intelligenz (KI) dringt allmählich in alle Bereiche des täglichen Lebens vor. Außerdem ist KI natürlich das Buzzword aus dem Technologiesektor. Ihre Grundpfeiler bestehen in Machine Learning und Deep Learning. Während das Vorbild für Machine Learning nach wie vor der menschliche Verstand ist, übernimmt beim Deep Learning der selbstlernende Computer die bisher von Mensch und Maschine geleistete Arbeit. Intelligente Software und flexible Algorithmen schicken sich an, uns bei unseren täglichen Aufgaben zu unterstützen, uns einen Teil unserer Arbeit abzunehmen und so – im Endeffekt – unser Leben einfacher zu machen. So hilft KI im Handel beispielsweise dabei, routinemäßige und vorhersehbare Fragen an Callcenter-Mitarbeiter ganz unkompliziert von einem Computer bearbeiten zu lassen. Dank KI werden auch Chatbots in neuen *Customer-Care-Centern* immer häufiger eingesetzt. Digitale Berater sind durchaus in der Lage, die meisten einfachen Anfragen zu bewältigen. Für komplexere Themen werden immer noch Menschen benötigt – wenn auch nicht mehr so viele wie bislang. Zudem werden die Programme von Tag zu Tag immer intelligenter. Durch KI wird sich die Qualität im Handel erheblich verbessern. Das betrifft nicht nur Kundenservice und Kundenbindung, sondern auch wichtige Leistungsindikatoren wie Marketing, Lieferzeiten, Fulfillment und Analysekosten, um nur einige zu nennen.

Der amerikanische Büromittelanbieter Staples testet mittlerweile KI: Kunden werden gebeten, Bestellungen mündlich aufzugeben, und die KI beantwortet dabei einfache Fragen.[45] Bereits in nicht allzu ferner Zukunft wird sie Fragen beantworten können, die die Kunden noch gar nicht gestellt haben. Der Sportausrüster Under Armour bietet den Kunden eine App an, die ihnen aussagekräftige Erkenntnisse zu ihrem Schlaf, ihrer Fitness, ihren Aktivitäten und ihrer Ernährung vermittelt. Bei der Planung von Trainingsprogrammen fragen Tools mit KI-Funktionalität die Wettervorhersage ab und berücksichtigen Faktoren wie voraussichtliche Temperatur und Regenwahrscheinlichkeit.[46]

Alle Technologieriesen entwickeln KI, denn sie verfolgen das Ziel, sich in unserem Haushalt unentbehrlich zu machen – zumindest mit ihren Smart Speakern. Amazon Echo, Apple HomePod und Google Home werden sicherlich einen prominenten Platz in der Customer Journey beanspruchen. Dies ist Teil einer neuen und revolutionären Verlagerung des Verbraucherverhaltens – weg vom Text, hin zur Stimme. »Gesprochene Sprache ist das Next Big Thing«, erklärt Werner Vogels, CTO von Amazon. »Sie ist natürlicher als eine Tastatur und bei der Eingabe bis zu viermal schneller – das macht den Zugang zur Technik niederschwelliger.«[47] Sprachgesteuerte Smart Speaker in der Wohnung und digitale Assistenten auf dem Smartphone weisen mühelos den Weg zum besten Restaurant oder zum

Lieblingsladen, denn schließlich kennen sie alle Vorlieben und Abneigungen aus dem Effeff. Sie könnten sogar Freunde einladen, diesen eine Wegbeschreibung zum Restaurant senden und das Datum im Kalender notieren, alles in einem Aufwasch.[48] Diese Geräte werden zum persönlichen Assistenten, denn KI lernt aus dem jeweiligen Verhalten und kümmert sich ganz individuell und kontextbezogen um einen.

Wer immer die Oberfläche kontrolliert, verfügt über den Kunden.
Wer über den Kunden verfügt, der besitzt die Daten.
Und wer die Daten besitzt, dem gehört die Zukunft.[49]

Die Entwicklungen im Bereich KI sind ein besonders heikles Thema. Manche Menschen glauben, dass die Intelligenz von Robotern und Computerprogrammen eines Tages der menschlichen Intelligenz gleichkommen oder sie sogar übertreffen wird. Ray Kurzweil, Googles hauseigener Zukunftsforscher, glaubt, dass Computer bald nicht nur genauso viel können werden wie Menschen, sondern besser.[50] Er erwartet, dass schon bald die meisten Online-Suchen durchgeführt werden können, ohne dass wir überhaupt eine Frage stellen müssten. Der Zeitpunkt, an dem nichtbiologische Intelligenz die Intelligenz des Menschen übertrifft, wird auch als *technologische Singularität* bezeichnet.[51] Dies ruft bei vielen Menschen alle möglichen Schreckensszenarien hervor. Wenn ich mich auf die Auswirkungen der KI auf den Onlife-Retail beschränken würde, dann würde ich mir eine Welt vorstellen, in der sich die Menschen völlig von Maschinen und Computern abhängig gemacht haben und wir auf Gedeih und Verderb dem Wohlwollen einer sehr kleinen Zahl technologischer Supermächte ausgeliefert sind.

Werden wir irgendwann an den Punkt kommen, an dem Fertigung und Wartung nur noch wenig oder gar kein menschliches Zutun mehr erfordern? Im Silicon Valley ist häufig davon die Rede, dass Software *die Welt frisst*. Kann der Mensch diese Entwicklung überhaupt noch stoppen? Oder sollten wir uns besser mit der Humanisierung der Technologie befassen und versuchen, Menschen und Technologie in einer für beide Seiten vorteilhaften und leistungssteigernden Beziehung zusammenarbeiten zu lassen?

Die dunkle Seite der KI

2015 warnte eine Gruppe von über tausend hochkarätigen Experten, führenden Wissenschaftlern und Unternehmern – darunter Tesla-Gründer Elon Musk, Apple-Mitgründer Steve Wozniak und der Autor Erik Brynjolfsson – vor den Schattenseiten der KI. Sie stellten die Frage, was passieren würde, wenn Algorithmen auf Big Data-Basis und KI in die falschen Hände gerieten. Was machen wir, wenn Algorithmen intelligenter werden als Menschen? Musk und seine Kollegen vertreten die Ansicht, dass Roboter nur das tun sollten, wofür sie vorgesehen sind. Ein Roboter ist so konzipiert, dass er den Menschen dient, und das sollte sich nie ändern.[52] KI sollte weiterentwickelt werden, um vielfältigen sozialen Interessen zu dienen, aber wir müssen darauf achten, dass sie nicht in die Fänge der falschen Menschen oder einer Handvoll marktbeherrschender Unternehmen gelangt.

Im Jahr 2016 gründeten Amazon, Facebook, Google, IBM und Microsoft die Partnerschaft für KI. Ihr Versprechen: die Entwicklungen in der KI im Auge zu behalten.[53] Ihr Ziel: gemeinsam zu forschen und entsprechende Empfehlungen auszusprechen. Die Gruppe weist jeden Verdacht zurück, dass sie selbst vorhaben könnte, KI ohne jegliche staatliche Beteiligung zu kontrollieren.[54]

Die Blockchain

Die Blockchain ist die – noch lange nicht perfekte – Technologie hinter digitalen Währungen wie Bitcoin und Ethereum. Es ist recht wahrscheinlich, dass die Blockchain einen enormen Einfluss auf die Welt des Onlife-Retail haben wird. Die Blockchain ist ein Mechanismus, der automatisch die Authentizität und Integrität von Transaktionen garantiert. Dies geschieht über ein offenes Netzwerk (welches sich am besten mit dem Internet vergleichen lässt) in der Cloud. Dieses ist zugänglich für alle, und, genau wie beim Internet, ist niemand dafür verantwortlich oder kann Eigentum daran beanspruchen.

Bei genauerem Hinsehen stellen wir jedoch fest, dass die Blockchain eigentlich eine fortschrittliche digitale Datenstruktur ist, die aus Millionen zusammenhängender Informationsblöcke besteht. Stellen Sie sich Millionen von Blockchain-Konfigurationen vor, die jeweils mit einer eigenen Datenverifikationsmethode und Betriebsweise ausgestattet sind.[55] Im Onlife-Retail wird diese Technologie beispielsweise beim Austausch von Informationen und Dokumenten im Zusammenhang mit Verträgen oder Finanztransaktionen angewendet.

Ähnlich wie im Internet steht es jedem Nutzer frei, neue Informationen in die Blockchain aufzunehmen. Dabei sorgt leistungsstarke Kryptografie dafür, dass alles sicher abläuft. Die entscheidende Stärke und Einzigartigkeit der Blockchain (die sie auch vom Internet unterscheidet) besteht darin, dass sie nur neue Daten zu bestehenden Datenblöcken hinzufügen kann. Mit anderen Worten: Daten, die in bestehende und zusammenhängende Datenblöcke eingefügt wurden, können nicht geändert oder gelöscht werden. Aus diesem Grund – so zumindest die Theorie – ist es nahezu unmöglich, die Blockchain zu hacken und zu manipulieren. Bei jedem derartigen Versuch würden bei tausenden Teilnehmern sofort alle roten Lichter angehen. Denn: Sie haben die ältere Blockchain. Man könnte es mit der Wikipedia oder Linux vergleichen: Auch dort gibt es Menschen, die fortlaufend die Richtigkeit und Nachprüfbarkeit neuer Informationen überwachen und überprüfen.

Die Blockchain von Hema und 7Fresh

2018 reiste ich mehrmals nach China, um die großen Internetunternehmen des Landes zu besuchen und die Auswirkungen neuer Technologien wie der Blockchain auf den Handel in Augenschein zu nehmen. Es war beeindruckend zu erleben, wie sowohl Alibabas Hema als auch 7Fresh von JD.com es den Kunden ermöglichen, Ursprung und Entwicklungsprozess von Produkten und Lebensmitteln, die sie kaufen, zu verfolgen. Kunden können sich den Lebenszyklus von tausenden Frischprodukten wie Fisch, Fleisch und Gemüse über mobile Apps und auf In-Store-TV-Bildschirmen ansehen. Zu den *Farm-to-Store Data* (also Daten, die den Weg vom Erzeuger bis ins Waren- oder Kühlregal beschreiben) gehören Fotos, Videos, Lizenzen und Zertifikate über Gesundheit und Lebensmittelsicherheit mit offiziellen amtlichen Stempeln.[56]

Im Onlife-Retail bietet die Blockchain vor allem rationalisierte Abläufe wie Smart Contracts, Abrechnungstransaktionen, die Nachverfolgung von Warenbewegungen, die Authentifizierung von Zertifizierungen und den Austausch absolut zuverlässiger Informationen in der Lieferkette von Waren und Dienstleistungen. Wenn sich die Technologie wie vorgesehen weiterentwickelt, gehören Datenschutzbedenken der Vergangenheit an, und wir werden in der Lage sein, uns gegenseitig Geld zu überweisen – ganz ohne Bank! Auf diese Weise stellt die Blockchain nicht nur eine echte Bedrohung für traditionelle Knotenpunkte wie etwa Banken dar, sondern es stellt sich auch die Frage, welchen Mehrwert Unternehmen wie Airbnb und Uber noch bieten, wenn eine Plattform auf Blockchain-Basis es Kunden ermöglicht, direkt mit einem Wohnungsvermieter oder einem Taxifahrer in Kontakt zu treten.[57] Marc Andreessen, Mitbegründer von Netscape, dem ersten kommerziellen Internetbrowser, glaubt, dass die Blockchain »das dezentrale vertrauenswürdige Netzwerk ist, das das Internet immer gebraucht, aber nie bekommen hat.[58] Jetzt müssen die Händler nur noch die potenziellen betrieblichen Vorteile nutzen und mit der Nutzung der Blockchain beginnen, um ihren Kunden so einen noch besseren individuellen Service und unbegrenzte Sicherheitsgarantien zu bieten.[59]

Datenschutz

Alle diese neuen Technologien der Smart Economy haben eines gemeinsam: Sie generieren unvorstellbare Datenmengen. Viele Menschen haben große Vorbehalte gegenüber der Idee, dass derart viele Informationen gesammelt, korreliert und analysiert werden – alles vorgeblich im Namen der nationalen Sicherheit, der Wissenschaft oder des Handels. Ob es um die Praktiken der amerikanischen Spionagebehörde NSA, den Facebook/Cambridge Analytica-Datenskandal, die Überwachung der Bürger Chinas durch die Regierung mit dem Ziel, ihre Vertrauenswürdigkeit zu bewerten, oder – vielleicht der wichtigste Aspekt – den unstillbaren Datenhunger der Technologieunternehmen geht: Viele Menschen empfinden all dies als abschreckend. Sie betrachten Privatsphäre als allgemeines Menschenrecht, das nicht auf die leichte Schulter genommen werden darf.[60]

Die Schwierigkeit besteht nun darin, dass die Bürger zwar ihre Privatsphäre schätzen, gleichzeitig aber auch erwarten, vor Terroristen und Computerhackern geschützt zu werden. Verbraucher wollen online einkaufen, ohne ständig ihre Daten eingeben zu müssen, und sie wollen Apps herunterladen, die für sie von unmittelbarer Relevanz sind. Die meisten Menschen sind damit einverstanden, im Gegenzug etwas Privatsphäre aufzugeben, denn sie glauben, dass sie ohnehin nichts zu verbergen hätten. Am Ende sind wir allerdings durchaus bereit, so ziemlich alles in den sozialen Medien zu teilen. Wir gewähren anderen – oft ohne es überhaupt zu merken – Zugriff auf unsere persönlichen Profile und akzeptieren die sich ständig ändernden Nutzungsbedingungen der großen Technologieunternehmen, ohne sie zu lesen.

Sicher, es ist ein hartes Unterfangen: Nimmt man Cookies an, verbessert sich möglicherweise das Nutzererlebnis. Es kann aber ebenso gut sein, dass Tracking *Cookies* einem nun wochenlang im Nacken sitzen. Die meisten Verbraucher verzichten mittlerweile auf die Möglichkeit, die Annahme von Cookies abzulehnen.

Wie also hängen Big Data, Big Business und Big Brother nun zusammen? Vergleicht man Europa beispielsweise mit den Vereinigten Staaten, dann ergeben sich zu diesem Thema völlig unterschiedliche Meinungen. In Europa drängen Aktivisten mit Erfolg darauf, dass der Gesetzgeber sich anstrengt, die Angelegenheit mit Gesetzen zu Cookies, Datenschutz usw. in den Griff zu bekommen. Bis zur Verabschiedung neuer und strengerer EU-Datenschutzgesetze war das Thema europaweit eher stiefmütterlich behandelt worden – eine Tatsache, die vor allem die amerikanischen Technologieriesen hocherfreut zur Kenntnis genommen hatten. Mit den umfassend reformierten Datenschutzbestimmungen (DSGVO) in Europa jedoch, die seit 2018 in Kraft sind, haben die Menschen das in der EU einheitliche Recht erhalten, ihre Daten einzusehen, falsche Informationen zu korrigieren, die Verarbeitung von Daten zu untersagen und sogar das Recht in Anspruch zu nehmen, vollständig »vergessen« zu werden.[61] Dieses Gesetz hat tief greifende Auswirkungen auf amerikanische und chinesische Unternehmen, die in Europa aktiv sind, denn nun ist unter anderem vorgesehen, eine ausdrückliche Zustimmung zur Nutzung von Daten für Werbezwecke einzuholen.[62]

In den Vereinigten Staaten dagegen sind die Menschen in dieser Hinsicht pragmatischer und entspannter. Man geht dort davon aus, dass E-Commerce einen freien Datenaustausch braucht, um erfolgreich zu sein. Die US-amerikanische Federal Trade Commission (FTC) hat sich jedoch entschieden gegen Unternehmen positioniert, die in ihren Online-Datenschutzerklärungen in irreführender Weise darüber informieren, was sie mit Verbraucherdaten zu tun gedenken. Google und Facebook haben das ausgesprochen schmerzhaft erfahren müssen.[63] Das Beunruhigende ist, dass wir keine Ahnung haben, was Unternehmen in Zukunft mit den Daten machen werden, die wir ihnen heute zur Verfügung stellen.

Big Data und Privatsphäre werden kontrovers diskutiert, und auch die Handelsbranche ist hier gefragt. Den Schutz von Verbraucherdaten zu garantieren: Dies könnte ein neues Alleinstellungsmerkmal für Unternehmen sein. Schließlich bieten gigantische Mengen bereits jetzt aufgelaufener Daten noch genügend Potenzial, um auch anonymen Kunden relevante Vorschläge und Angebote zu machen – rechtlich wasserdicht und dennoch ebenso effektiv.

Indem sie das Prinzip des »eingebauten Datenschutzes« (engl. *Privacy by Design*) verfolgen, können Unternehmen sich bewusst dafür entscheiden, die Daten ihrer Kunden in allen Abläufen zu schützen. Allerdings macht dies von Anfang an die Integration von Maßnahmen zum Schutz personenbezogener Daten in die eigenen Dienste erforderlich. Ein Unternehmen könnte dann ein spezielles Siegel für seine Datenschutzerklärung erhalten, um den Verbrauchern zu zeigen, dass sie die Wahl haben.[64]

Auf der anderen Seite stellen Verbraucher bei ihrer Bank sicherlich höhere Erwartungen an den Datenschutz als beim Supermarkt um die Ecke, der Kundenkarten ausstellt. Sie erwarten auch, dass ihr bevorzugter Webshop sie regelmäßig mit maßgeschneiderten Angeboten beglückt. Deswegen sollten sie entscheiden dürfen, ob und wie oft sie personalisierte kommerzielle Dienstleistungen in (Web-)Shops und Reisebüros, bei Banken und Versicherungen nutzen wollen.

Target trifft ins Schwarze

2012 tauchte in der Nähe von Minneapolis ein zorniger Vater in einem Markt der Kette Target auf und verlangte, den Filialleiter zu sprechen.[65] Warum bitteschön man denn seiner Tochter im Teenageralter Werbung für Babybodys und Babywiegen schicken würde? Der Manager war um eine

Antwort verlegen und hatte keine andere Wahl, als sich tausendfach zu entschuldigen.

Nun führt Target für das Marketing eine Menge unterschiedlicher Daten zusammen: Sozialversicherungsnummer des Kunden, Name, E-Mail-Adresse und Angaben zu früheren Einkäufen.[66] Mit diesen Daten kann das System dann bestimmte Vorhersagen treffen. Kauft eine junge Frau im März eine sehr große Flasche Körperlotion, einen Beutel, aus dem sich leicht eine Windeltasche machen lässt, und Nahrungsergänzungsmittel mit viel Kalzium, Magnesium und Eisen, dann besteht eine vergleichsweise hohe Wahrscheinlichkeit, dass sie im August ein Baby erwartet.

Ein paar Tage nach dem Vorfall kontaktierte der Filialleiter die Familie erneut, um sich noch einmal zu entschuldigen. Und jetzt stellen Sie sich seine Überraschung vor, als der Vater ihm mitteilte, dass seine Tochter ihm reinen Wein eingeschenkt hatte: Sie war tatsächlich schwanger!

Interpretation

Algorithmen können manchmal Tatsachen über uns ableiten, von denen selbst unsere nächsten Angehörigen nichts wissen (siehe Kasten auf den Seiten 57/58). Skeptiker beharren hingegen darauf, dass Big Data immer interpretiert werden muss – vor allem im Zusammenhang mit ethischen Fragen. Sie vertreten die Ansicht, solche Daten seien »ein Instrument, um leichter Antworten zu finden, das solange gut genug ist, bis wir bessere Methoden finden und noch bessere Antworten erhalten«.[67] Wissenschaftler und Statistiker weisen nachdrücklich darauf hin, dass die durch Big Data nachgewiesenen Zusammenhänge sehr weit von Ursache-Wirkung-Mustern entfernt sind. Zudem betonen sie stets, dass übermäßig genutzte oder nachlässig erfasste Daten zu schwerwiegenden Fehlern führen können.[68]

Big Data als Phänomen käme insofern nicht um den klassischen *Hype-Zyklus* herum. Die Befürworter dagegen sind überzeugt, dass Big Data die Lösung für praktisch jedes Problem in der Welt sein könnte. Allerdings ist es unwahrscheinlich, dass die eine wie die andere Vorhersage uneingeschränkt eintrifft. Big Data gibt es in allen Formen und Größenordnungen, und nicht alle Daten sind gute Daten.[69]

SIE entscheiden

Die Suche nach Antworten auf die großen Fragen hat begonnen, wie etwa die Folgenden: Wem gehört Big Data – dem Verbraucher, der die Informationen bereitstellt, oder dem Unternehmen, das sie speichert? Und wem gehören die daraus gewonnenen Informationen?[70] Bereits 2006 hatte das *TIME Magazine* genau den richtigen Riecher: Es benannte SIE als Person des Jahres[71] und prognostizierte, dass es vor allem der Verbraucher sei, der am Ende massiv von der Smart Economy profitiert. Big Data zieht ein Onlife-Erlebnis nach sich, das immer stärker personalisiert wird. Intelligente Algorithmen erkennen unser Verhalten und machen uns zur richtigen Zeit genau das passende Angebot.[72] Es gibt viel zu gewinnen, auch wenn in naher Zukunft eine ernsthafte Debatte über den Einfluss von Big Data auf die Privatsphäre geführt werden muss. »Der Datenschutz mag sich mit Big Data befassen, aber Big Data wird der Datenschutz oft herzlich egal sein.«[73]

„Teilen steht zum Eigentum im gleichen Verhältnis wie der iPod zum Achtspurtonband und das Solarmodul zur Kohlemine. Teilen ist neu, frisch, urban, postmodern. Eigentum ist langweilig, egoistisch, ängstlich, rückständig."

Mark Levine, Dichter und Autor[1]

KAPITEL DREI

—

Verbraucher in der Sharing Economy

Herkömmliche Wirtschaft	Sharing Economy
Kaufen	Gemeinsam nutzen
Verbraucher	Prosument
Enzyklopädie	Wikipedia
Fakten	Vertrauen
Familie und Freunde	Die Crowd
Individualismus	Gemeinschaftssinn
Internet	Internet of Things (IoT)
Darlehen	Crowdfunding
Matching-Plattform	Kooperationsplattform
Offline-Reputation	Online-Reputation
Eigenes Netzwerk	Crowdsourcing
Besitz	Nutzung
Anteil der Ertragsmarge	Grenzkosten von Null
Empfehlung	Überprüfung und Verifizierung
Referenzen	Testberichte

Geheimhaltung	Offenheit
Feste Anstellung	Flexible Tätigkeit
Wegwerfen	Wiederverwenden
Websites	Peer-to-Peer-Plattformen

Keine Lust zu kochen? Bestellen Sie doch einfach ein leckeres Essen beim Feinschmecker in der Nachbarschaft oder laden Sie einen Spitzenkoch nach Hause ein. Oder brauchen Sie für ein paar Stunden oder Tage ein Auto oder Fahrrad? Das können wir machen. Oder umgekehrt: Wie wäre es, wenn Sie Ihr Auto an Tagen, an denen es ohnehin nur herumstehen würde, an jemand anderes verleihen? Das bekommen wir auch hin. Toilette verstopft? Herbstlaub im Garten? *Kein Problem.* Möchten Sie vielleicht einmal für ein paar Wochen die Wohnung mit einer Familie in Frankreich tauschen? Brauchen Sie finanzielle Mittel für ein besonderes Projekt oder ein neues Unternehmen? Das alles bietet eine Wirtschaftsform, die als *Sharing Economy*, *Platform Economy* oder *Collaborative Economy* bezeichnet wird.

In diesem Kapitel beschreibe ich den Aufstieg der Sharing Economy und ihre Auswirkungen auf Staat, Handel und Verbraucher. Manche Leute vertreten die Ansicht, dass die Sharing Economy eine Art soziale Revolution anstoßen wird. Das läge vor allem an den Impulsen, die sie Beziehungen zwischen Menschen und Unternehmen vor Ort geben könne. Andere können ihre Skepsis gegenüber den Auswirkungen der Sharing Economy kaum verhehlen. Sie stellen das Geschäftsmodell infrage und bezweifeln, dass sich damit tatsächlich Geld verdienen lässt. Ich werde in diesem Kapitel auf die Chancen und Risiken der Collaborative Economy für den Handel eingehen. Außerdem: Wie kann durch die Sharing Economy eine »sozialere« Gesellschaft entstehen, in der Handelsunternehmen und Verbraucher an einen Tisch kommen?

Die Sharing Economy: Wirklich eine neue Idee?

Die Sharing Economy lässt sich am besten als sozioökonomisches System beschreiben, in dessen Zentrum Austausch und gemeinsame Nutzung stehen: (vorübergehende) gemeinsame Nutzung ungenutzter Potenziale, Güter, (Arbeits-) Räume, Gelder und Dienstleistungen. Das Prinzip ist uralt:

» Staatliche und kommunale Institutionen sind sozusagen Early Adopters in diesem Bereich. Dies haben sie beispielsweise durch den Bau von Schienennetzen oder den ÖPNV unter Beweis gestellt. Staatsregierungen riefen Energieversorgungsunternehmen ins Leben, während Kommunalverwaltungen die Aufstellung von Telefonzellen an stark frequentierten Orten im städtischen Bereich beauftragten.

» Auch Unternehmen legten – motiviert durch die Aussicht auf Gewinne – den Schwerpunkt auf das Teilen und Wiederverwenden. Beispiele sind Hotels, Bäder, Waschsalons und chemische Reinigungen. Das gleiche Konzept gilt für Autovermietungen, den Smokingverleih usw.

» Die Menschen haben schon immer gerne Waren, Zeit und Talente geteilt und wiederverwendet – nicht zuletzt, weil sich hierdurch unkompliziert etwas Geld sparen lässt.

Die Sharing Economy hat es eigentlich schon immer gegeben

In den 50er und 60er Jahren des vergangenen Jahrhunderts wurde die Sharing Economy durch Warenknappheit angeheizt. Die Leute teilten sich bei Bedarf einen Telefonapparat, und wenn ein Ereignis von nationaler Tragweite stattfand, ging man zum Nachbarn, um gemeinsam fernzusehen oder Radio zu hören. Kleidung wurde getragen, geflickt und wieder getragen, bis sie auseinanderfiel. Generationen von Kindern wuchsen in den abgelegten Kleidern ihrer älteren Geschwister auf. Die gegenseitige Hilfe unter Nachbarn war etwas so Normales, dass niemand dies weiter erwähnenswert fand. Man unterstützte sich einfach. Das vorübergehende Tauschen der Wohnung mit entfernten Verwandten oder Freunden hätte kaum üblicher sein können.

Der Aufstieg der Sharing Economy im Web

Heutzutage wird die Sharing Economy durch die Möglichkeiten befeuert, die moderne Technologien bieten. Dank mobiler Geräte mit GPS, sozialer Medien, Sensoren und 3D-Druck können Menschen und Organisationen Fähigkeiten, Dinge, Räume und Dienstleistungen teilen – einfach so.

Bereits 1995 entstanden die ersten nennenswerten Beispiele für die Sharing Economy im Internet: das Werbenetzwerk Craigslist und die Auktionsplattform eBay. 1999 bot die US-amerikanische Musiktauschbörse Napster den Menschen die Möglichkeit, Musik kostenlos zu hören – von der *New York Times* treffend beschrieben als »Kostenloswirtschaft«.[2]

Der amerikanische Ökonom Jeffrey Rifkin prognostizierte im Jahr 2000, dass durch die neuen digitalen Optionen eine Gesellschaft entstehen würde, in der der Besitz von Waren bald durch den *Zugang* zu Waren und Dienstleistungen ersetzt würde.[3]

Die Finanzkrise 2008 hat die Sharing Economy in den westlichen Ländern weiter beflügelt. Die anschließende Rezession führte dazu, dass das Vertrauen (der Verbraucher) in traditionelle Geschäftspraktiken zu schwinden begann. Gleichzeitig stiegen die Arbeitslosenzahlen an, sodass die Menschen ihre Rechnungen nicht mehr bezahlen konnten. So entstand Widerwille, ja sogar Ekel, vor unreflektiertem Konsum. Heute stellen viele Verbraucher ihren Lebensstil und den Wert ihres Besitzes noch einmal auf den Prüfstand, besonders, was Gegenstände angeht, die sie selten benutzen. Warum bitteschön sollte man sich eine brandneue Bohrmaschine für 90 Euro zulegen, wenn man sie insgesamt höchstens 13 Minuten lang braucht?

Außerdem sind viele Menschen bestrebt, ihr Leben umweltfreundlicher zu gestalten.[4] Untersuchungen zufolge erwarten 75 Prozent aller Verbraucher, dass die Sharing Economy zu Müllvermeidung führt.[5] Vor allem gilt dies jedoch für Konsumgüter und Autos.[6]

Der wichtigste Aspekt besteht allerdings offenbar darin, dass es Menschen glücklicher macht, ihren Besitz zu teilen. Schließlich verursacht zu viel Besitz Stress und Depressionen und kann sogar tödlich wirken. Das meint zumindest der britische Trendexperte James Wallman. Seiner Meinung nach sollten Verbraucher aufhören, ständig ihre Nachbarn übertrumpfen zu wollen.[7]

Die soziale Revolution

Zwar mag es seine wirtschaftlichen und ökologischen Vorzüge haben, zu teilen. Doch gibt es viele Verbraucher, die andere Beweggründe haben. Sie lassen sich vor allem davon begeistern, einen neuen und modernen Gemeinsinn zu schaffen: alles eine Nummer kleiner, eine Rückkehr zu menschlichen Maßstäben. Andere betrachten den sozialen Nutzen dagegen nur als netten Nebeneffekt.

In ihrem Buch *What's Mine Is Yours* bezeichnen Rachel Botsman und Roo Rogers diesen neuen Gemeinsinn als »kooperativen Konsum«. Sie sprechen von einer neuen und großen sozioökonomischen Idee, dem Vorläufer einer Revolution des Konsumverhaltens.[8] 2011 führte das *TIME Magazine* den kooperativen Konsum als eine von zehn Ideen auf, die die Welt verändern werden.[9] Und tatsächlich verändert der Aufstieg der Sharing Economy das Verhalten der Verbraucher.[10] Denn wer hätte noch vor ein paar Jahren gedacht, dass wir zu einem völlig Fremden ins Auto steigen würden (Uber, Lyft, BlaBlaCar, Didi Chuxing)? Oder dass wir unsere Dach- und Gästezimmer an Menschen vermieten, die wir gar nicht kennen (Airbnb)? Wir bieten unsere Dienste als Handwerker an (TaskRabbit, Helpling) und sind gleichzeitig dazu bereit, Boot (Boatbound, Barqo), Haus (HomeAway, VRBO, FlipKey), Auto (Car2Go, Turo, Zipcar) und sogar Bohrmaschine (Peerby) zu vermieten. Unsere wertvollsten Güter, unsere persönlichen Erfahrungen und unser Leben vertrauen wir Menschen an, denen wir niemals zuvor begegnet sind.

Ein wesentlicher Erfolgsfaktor in der Sharing Economy ist die Online-Reputation der Teilnehmer. Bewertungen, Vorabüberprüfungen und Nachweise machen das Verhalten aller an der Sharing Economy Beteiligten transparent und nachvollziehbar. So entsteht ein belastbares gegenseitiges Vertrauensverhältnis. Wir schreiben eine Kritik zu dem Menschen, der uns eine Wohnung vermietet, bewerten den Taxifahrer und belohnen Verbraucher, denen wir Geld leihen oder deren Werkzeug wir borgen, je nachdem mit Likes oder Dislikes.

Manche Menschen, die sich am Sharing beteiligen, erwarten eine sofortige Gegenleistung. Ebenso verbreitet ist jedoch auch die asynchrone Gegenseitigkeit: Wer etwas bekommt, neigt häufiger dazu, anderen zu einem späteren Zeitpunkt zu helfen. Menschen, die ihr Auto verleihen, nutzen oft auch andere Waren und Dienstleistungen mit anderen gemeinsam. Sie leihen sich häufiger Fahrräder und nutzen öffentliche Verkehrsmittel stärker als früher. Insofern bewirkt die Sharing Economy also nicht nur einen wirtschaftlichen Durchbruch, sondern auch einen sozialen Wandel.

Werden Sie Teil der Crowd

Das wahrscheinlich beste Beispiel weltweit für den Austausch unter Menschen mit gemeinsamen Interessen ist Wikipedia. Diese freie Online-Enzyklopädie wird von Freiwilligen betrieben und durch Spenden von Privatpersonen und Unternehmen finanziert. Die vielen tausend Plattformen für alternative Energien, Gesundheitsversorgung oder Crowdfunding sind weitere gute Beispiele für zivilgesellschaftliche Initiativen von unternehmerisch denkenden Bürgern, von »Prosumenten«, die auf Co-Kreation setzen und Onlife-Verbrauchergruppen, die an einem Strang ziehen. Beim offenen Softwaresystem Linux arbeiten IT-Entwickler daran, flächendeckend kostenlose Betriebssysteme für Computer bereitzustellen. Übrigens ist Google mit über 100.000 Servern der größte Linux-Nutzer der Welt.

Verbindungen vor Ort

Übersehen wird oftmals der soziale Aspekt als Motor der Sharing Economy.[11] Einpersonenhaushalte – und das werden ja nun immer mehr – werden ihre Nachbarn und angeschlossene Gemeinschaften mehr denn je brauchen. Unsere sehr reale Sehnsucht nach menschlicher Nähe sorgt dabei dafür, dass sich die Beteiligung an der Sharing Economy auch gut anfühlt. Die Menschen wünschen sich ein Gefühl der Zugehörigkeit, Gutes für andere zu tun und zu einer Gemeinschaft zu gehören, die voller sozialer Interaktion ist. Die zahllosen privaten Online-Marktplätze, die wie Pilze aus dem Boden schießen, die Sharing-Plattformen und die sozialen Netze: Sie alle sind Wege, um dieses Bedürfnis nach Gemeinschaft zu stillen. Das Aufhängen einer Notiz im Supermarkt oder in der Bücherei wurde inzwischen durch einen Algorithmus ersetzt. Eigenverantwortlich zu handeln, ist ein weiterer Wunsch, den die Sharing Economy erfüllen kann. Kooperativer Konsum ist – ebenso wie der nachhaltige Umgang mit knappen Ressourcen – eine bewusste Entscheidung für die Menschen. Die Menschen sehnen sich am meisten danach, sich vor Ort miteinander zu vernetzen: in ihrer Straße, in der Nachbarschaft oder im Stadtviertel. Sie wollen mit anderen Menschen innerhalb ihrer eigenen lokalen Gemeinschaft in Beziehung treten. Das Teilen, Tauschen und Wiederverwenden von Waren, Dienstleistungen und Talenten – mal kostenlos, mal gegen einen Obolus – ist die Grundlage für diese neuen Verbindungen.

Geschäftsmodelle

In *What's Mine Is Yours* haben Botsman und Rogers drei verschiedene Systeme definiert:[12]

» *Product-Service-Systeme (PSS)*: Die Verbraucher zahlen für die Nutzung bestimmter Produkte, müssen sie also nicht selbst kaufen. Dieses Modell eignet sich gleichermaßen für Unternehmen (Waschsalons) und Verbraucher (man leiht sich gegen eine geringe Gebühr das Auto des Nachbarn). Dienstleistungen, die die Lebensdauer von Gütern verbessern – zum Beispiel Reparatur und Wartung –, sind ebenfalls Teil dieses Modells. Die Vorteile liegen auf der Hand: Produkte können maximal genutzt werden, ohne dass der Nutzer (oder Weiternutzer) ein teures Gerät selbst kaufen, warten, reparieren oder versichern müsste.

» *Second-Hand-Märkte*: Soziale Netzwerke, die Unterstützung bei der Suche nach einem neuen Eigentümer für gebrauchte Güter bieten. Manchmal werden diese Güter verschenkt (Freecycle), manchmal müssen sie bezahlt werden (eBay), und manchmal ist auch beides möglich (Quoka). Manchmal werden Waren einfach gegeneinander eingetauscht. Ihre Nutzer halten es für Verschwendung, das Zeug einfach wegzuwerfen, wenn es noch brauchbar ist – und zwar auch dann, wenn sich die Art der Nutzung ändert. Wiederverwendung und Neuerfindung, Konzeption neuer Produktanwendungen – dies ist die Schnittmenge von Sharing Economy und Circular Economy. Wir werden im nächsten Kapitel darauf eingehen.

» *Shared Lifestyle*: Dies ist ein System für Menschen, die immaterielle Dinge teilen möchten – etwa Zeit, Raum, Begabungen oder auch Geld. Derartige

Systeme sind tendenziell lokaler Natur, zum Beispiel bei der gemeinsamen Nutzung von Werkstätten, Parkplätzen oder Gelegenheitsjobs. Aber auch hier gibt es globale Entsprechungen – als Paradebeispiel sei nur *Couchsurfing* (couchsurfing.com) genannt. Es handelt sich dabei um ein Netzwerk für Menschen, die Übernachtungsmöglichkeiten suchen und bei Fremden auch finden – sei es auf dem Boden, auf dem Sofa oder wo auch immer.[13] In gewisser Weise könnte sogar Airbnb als Teil des Shared Lifestyle betrachtet werden.

Online-Marktplätze, Plattformen und Netzwerke sind die wichtigsten Geschäftsmodelle der Sharing Economy. Sie nutzen die Ressourcen anderer, um Geld zu verdienen. Airbnb ist auf leere Wohnungen und Häuser angewiesen. Uber braucht Fahrer mit Freizeit und macht sich die Tatsache zunutze, dass Autos die meiste Zeit ungenutzt herumstehen. Peerby und Poshmark zählen darauf, dass Menschen ihren Besitz anderen gerne zur Verfügung stellen. Statt sich beim Zusammenbau des neuen Etagenbetts von IKEA einen Hexenschuss zu holen, kann man bei eBay ein Schnäppchen machen – und vielleicht findet sich online sogar ein Heimwerker mit tollen Bewertungen im Internet, der einem zur Hand geht.

Welches ist nun der gemeinsame Nenner? Ganz klar: den Kunden zu erlauben, den vorgezeichneten und ausgetretenen Pfad der Customer Journey zu verlassen. Plötzlich sind Teilen, Tauschen und Wiederverwenden echte Alternativen zum Kauf von Waren und Dienstleistungen.

Bedrohliche Aussichten

Nicht umsonst empfinden viele Branchen die neuen Geschäftsmodelle der Sharing Economy als ausgesprochen beunruhigend:

» Das Musikbusiness wurde um die Jahrhundertwende kalt erwischt, als Downloads möglich wurden. Von einem Tag auf den anderen war der Markt mit zahllosen (illegalen) Websites überschwemmt, auf denen sich die Leute Musik kostenlos herunterladen konnten. Apple iTunes (2001 gestartet, heute auf fast 1 Milliarde Nutzer weltweit angewachsen) und Spotify (seit 2006 dabei und derzeit mit über 170 Millionen Nutzern) sind legale Optionen, die aber Geld kosten.[14][15] Die Musikindustrie hat fast 20 Jahre gebraucht, um auch nur ansatzweise eine angemessene Reaktion auf diese Entwicklungen zu zeigen. Im Jahr 2015 überstieg der Umsatz der Anbieter digitaler Musik erstmals das Volumen des Verkaufs physischer Tonträger.[16]

» Der 2009 gegründete Vermittlungsdienst Uber bringt zwecks Personenbeförderung Fahrgäste und Fahrer über eine App zusammen. An jeder einzelnen Transaktion verdient Uber eine Provision. Nun wird dieses Unternehmen mit einer atemberaubenden Marktbewertung von bis zu zehn Milliarden US-Dollar weltweit mit Klagen und Forderungen überhäuft – wohl nicht zuletzt wegen seiner disruptiven Wirkung.[17] Die etablierte Taxi-Branche bettelt um staatlichen Schutz, anstatt selbst nach innovativen und neuartigen Geschäftsmodellen zu suchen.

» Seit seiner Gründung 2008 hat Airbnb die Beherbergungsindustrie wirklich auf den Kopf gestellt. Dabei handelt es sich um einen Marktplatz für Übernachtungsmöglichkeiten für Kurzaufenthalte – und alles ist möglich, vom Einzelzimmer bis zum Appartement, vom Haus bis hin zu einem echten Schloss. Mit seinen über 150 Millionen Nutzern und über 4 Millionen Übernachtungsmöglichkeiten in mehr als 200 Ländern stellt Airbnb eine sehr reale Bedrohung für Hotels, Jugendherbergen und Motels dar.[18] Mittlerweile gibt es Dutzende von Startups, die ein eigenes Stück vom Kuchen abhaben wollen – etwa Wimdu, Roomorama oder 9flats.

» Auch die Automobilbranche war für Carsharing mit all seinen Möglichkeiten vollkommen blind. Die Zahl von gemeinsam genutzten Fahrzeugen (Car2Go, DriveNow), Parkplätzen (JustPark) und Ladestationen für Elektroautos (PlugShare) ist rapide in die Höhe geschnellt. Und eine Sache ist sowieso nicht totzukriegen: Fahrgemeinschaften (BlaBlaCar). Untersuchungen in den USA haben gezeigt, dass der Einsatz eines einzigen Carsharing-Fahrzeugs dazu führt, dass 32 Neuwagen weniger verkauft werden.[19] PricewaterhouseCoopers (PwC) erwartet, dass der Umsatz in dieser Branche im Jahr 2020 die Marke von 10 Milliarden US-Dollar überschreiten wird. Andere glauben, dass diese Zahl eher im Bereich mehrerer Billionen liegen wird. Die Anzahl der Nutzer weltweit wird von 7 Millionen im Jahr 2015 auf voraussichtlich 36 Millionen im Jahr 2025 steigen.[20]

Geschäfte, Reiseveranstalter, Banken und Versicherungen müssen sich am Riemen reißen und die Möglichkeiten nutzen, die die Sharing Economy zu bieten hat. Das bedeutet auch, dass sie sich offen für neue Geschäftsmodelle zeigen und sich diese aneignen müssen. Indem sie die Prinzipien des Teilens und Tauschens in die Wertschöpfungskette integrieren, könnten sie sich auf das neue Verhalten der Kunden einstellen. Aus genau diesem Grund stieg das schwedische Möbelhaus IKEA mit der Übernahme der Heimwerker-Website TaskRabbit 2017 in die *Gig Economy* ein. TaskRabbit bringt auf seinem Online-Marktplatz 60.000 Freiberufler oder »Tasker« mit Menschen zusammen, die jemanden beispielsweise für das Zusammenbauen von Möbeln suchen. Jetzt können IKEA-Kunden einen erfahrenen Handwerker mit »IKEA-Montagekompetenz« direkt auf der IKEA-Website buchen.[21]

Der Outdoor-Ausstatter Patagonia hat diesen Schritt bereits vollzogen. Gemeinsam mit eBay hat das Unternehmen einen Marktplatz für den Vertrieb gebrauchter Jacken, Schuhe, Pullover und Geräte aufgebaut. H&M und ASOS haben bei eBay eigene Marktplätze eröffnet und damit einen enormen Zuwachs an neuen und treuen Kunden erzielt.[22] In New York gibt es einen Online-Shop namens Rent the Runway, bei dem man Designer-Outfits und Accessoires ausleihen kann. Zunächst trat das Unternehmen nur als Webstore in Erscheinung. Heute hat es mehrere Ladengeschäfte in New York, Las Vegas und Chicago eröffnet und betreibt außerdem eine große In-Store-Einheit im Luxuskaufhaus Neiman Marcus in San Francisco. Der ehemalige deutsche Versandhändler OTTO ist mittlerweile Eigentümer einer Vermietungsplattform für Haushaltsgeräte. Deutsche Verbraucher können bei OTTO NOW jetzt Artikel für jeweils mindestens drei Monate mieten. Die Online-Plattform richtet sich vor allem an Studierende, junge Familien und Early Adopters, die gerne neue Konzepte ausprobieren.

Im Automobilsektor hat die Autovermietung Avis eine halbe Milliarde Dollar für den Erwerb der Carsharing-Website Zipcar bezahlt, BMW hat einen eigenen Carsharing-Service eingerichtet, und Daimler experimentiert in China mit einem Autovermietungs- und Car Sharing-Programm. Dabei können Nutzer mit einer App die Verfügbarkeit von Pkw und Lkw überprüfen und die Türen des Fahrzeugs sogar mit ihrem Smartphone öffnen.[23] General Motors, Google und Mercedes beschäftigen sich intensiv mit Modellen für das Sharing selbstfahrender Autos. Dies sind nur eine Handvoll Beispiele dafür, dass auch die Geschäftswelt begonnen hat, die Sharing Economy für sich zu entdecken. Die größten Investoren sind dabei etablierte Unternehmen: Sie befeuern die Sharing Economy durch ihre Unterstützung von Startups und mittels Förderprogrammen.

Konsumenten werden Produzenten

Bereits 1980 prägte der Zukunftsforscher Alvin Toffler den Begriff *Prosumer* (auf Deutsch auch »Prosument«), der auf das Verschwimmen der Grenzen zwischen Produzenten und Konsumenten anspielt.[24] Verbraucher produzieren ihren Strom mit Solarmodulen auf dem Dach mittlerweile selbst oder bauen Gemüse im Kleingarten an. Dank 3D-Druck sind Verbraucher und kleine Unternehmen nun auch in der Lage, mithilfe quelloffener Software bei Bedarf zu Hause eigene Produkte zu entwickeln.

Der Autor und Unternehmer Chris Anderson prognostiziert, dass sich die sogenannte »DIY-Fertigung« im großen Stil durchsetzen wird: Jeder Entwickler oder begeisterte Amateur kann mit entsprechender Software und einem 3D-Drucker Produkte herstellen, die bislang nur in maschinellen Industrieanlagen gefertigt werden konnten. Anderson ist davon überzeugt, dass dies die Fertigungsindustrie vollständig auf den Kopf stellen und zu einem stärkeren Wirtschaftswachstum führen wird.[25]

Prosumenten können sich zu Genossenschaften zusammenschließen und/oder sich für die Zusammenarbeit mit bereits bestehenden Unternehmen entscheiden. Besser als die meisten anderen können sie Probleme *in der Cloud* leicht lösen, Produktbewertungen schreiben oder Dienstleistungen bewerten sowie innovative Ideen für neue Produkte und Dienstleistungen entwickeln. Prosumer werden schon bald wichtige Partner für Online-Marktplätze, Plattformen und Netzwerke sein – ganz zu schweigen davon, dass sie perfekte Partner für kühne Unternehmen, Händler und Marken sind, die den Mut aufbringen, ihre Geschäftsmodelle für Beiträge von Prosumern zu öffnen.

Der Aufstieg der grenzkostenlosen Gesellschaft

Jeremy Rifkin glaubt, dass die Sharing Economy und das, was er als *Collaborative Commons* (dt. etwa »kooperative Gemeinschaftsgüter«) bezeichnet, bereits Teil einer neuen industriellen Revolution sind. Seiner Meinung nach handelt es sich um ein neues »Wirtschaftsökosystem«.[26] Es gibt mehrere Hundert Millionen Menschen auf der ganzen Welt, die in allen Bereichen der Gesellschaft zusammenarbeiten. Sie haben sich zu Millionen kleiner selbstverwalteter Genossenschaften, ziviler Initiativen, Organisationen, Clubs und Verbänden zusammengeschlossen, sind teils aber auch als kommerzielle Sozialunternehmen (»Social Businesses«) organisiert. Das Internet of Things betrachtet Rifkin als *Seelenverwandten* der Sharing Economy.[27] Über diese Netzwerke und Plattformen, die ganz bewusst nicht zentral organisiert sind, sind Menschen aus allen Bereichen der Gesellschaft miteinander verbunden. Das bedeutet, dass Menschen auf der ganzen Welt die Möglichkeit haben, nachhaltig zu arbeiten und Waren und Dienstleistungen zu teilen und wiederzuverwenden.

Schon vor langer Zeit – vor Jahrhunderten, um genau zu sein – haben es sich Unternehmen zur Aufgabe gemacht, Waren und Dienstleistungen immer effizienter zu machen. Schließlich könnte auch die geringfügigste Reduzierung der Grenzkosten den entscheidenden Vorteil im Wettlauf gegen die Konkurrenz bringen. Rifkin glaubt, dass wir jetzt den Beginn eines neuen Zeitalters erleben, in dem Waren und Dienstleistungen – sofern man die Produktionsfixkosten außer Acht lässt – praktisch ohne Grenzkosten erstellt werden können. Es gibt Beispiele dafür, zum Beispiel Airbnb. Aufwand und Kosten gehen bei der Aufnahme einer neuen Wohnung ins Online-Portfolio gegen Null. Die eigentliche Arbeit hat der Wohnungseigentümer – unentgeltlich, versteht sich. Vergleichen Sie dieses Modell einmal mit traditionellen Hotelketten, die erhebliche Investitionen tätigen müssen, um etwa die Zahl der Hotelzimmer zu erhöhen. Betreiber von Auktionswebsites, Marktplätzen und Plattformen haben ähnlich leichtes Spiel: Das Hinzufügen neuer Waren oder Services und sogar neuer Hersteller erfolgt praktisch aufwandslos.

Rifkin ist davon überzeugt, dass die grenzkostenlose Gesellschaft für alle Akteure in der Handelsbranche gleichermaßen alternativlos wie dramatisch sein wird.

Die Produktion von Waren und Dienstleistungen bei immer geringeren Einnahmen bis hin zum Unterschreiten des Grenzertrags stellt sicherlich eine Sackgasse dar. Dabei wird es praktisch unmöglich, Gewinne zu erzielen. Auch können die Fixkosten für Gebäudemiete und Personal nicht mehr aufgefangen werden. Langfristig – also in vielleicht 50 Jahren – wird nach Ansicht Rifkins der Kapitalismus nicht mehr das dominierende Wirtschaftssystem sein. So weit sind wir noch nicht, aber die kollaborative Wirtschaft scheint eine unumkehrbare Tatsache zu sein.

Skepsis

Aber ist die Sharing Economy wirklich ein neues sozioökonomisches Modell? Wird sie unser Verbraucherverhalten tatsächlich revolutionieren?[28][29] Dass es so kommen wird, ist alles andere als Konsens. Zunächst einmal müssen wir uns fragen, ob die selbsternannten Verfechter der Sharing Economy – Airbnb, TaskRabbit und dergleichen – tatsächlich im Sharing-Geschäft tätig sind. Sie sammeln Häuser, verwaiste Zimmer, leere Autos, untätige Heimwerker und alle möglichen Güter und machen sich die entstehenden Daten zunutze. Sie erledigen so ziemlich alles – nur das Geld, das sie damit verdienen, behalten sie für sich. Es gibt eine wachsende Zahl von Menschen, die dies als gesellschaftliches Problem betrachtet: die Tatsache, dass eine kleine Elite die erzeugten Daten, die damit einhergehende Macht und die erzielten Gewinne besitzt.

Skeptiker glauben, dass der Aufschwung der Sharing Economy eigentlich das Ergebnis wachsender Lebenshaltungskosten ist, also Folge der jüngsten Wirtschaftskrise. Viele Menschen haben sich der Sharing Economy zugewandt, um ihr Einkommen aufzustocken. Kritiker behaupten, dass die Sharing Economy wenig mehr tut, als schlecht bezahlte freiberufliche Tätigkeiten – beispielsweise als Uber-Fahrer – zu ermöglichen.[30] Verstärkt wird die Ironie des Ansatzes dadurch, dass ein Unternehmen wie Uber seinen Fahrern ausbeuterische *Leasingoptionen* aufzwingt und das Arbeitsumfeld von Skandalen geprägt ist.[31]

Die Online-Kolumnistin Susie Cagle hat die Sharing Economy als eine Art Katastrophenkapitalismus beschrieben.[32] Etwas weniger drastisch ausgedrückt kann man sagen, dass der Profit in diesem Wirtschaftszweig zulasten der jetzigen Arbeitskräfte geht. Soll ein Aufbegehren gegen diese Arbeitsbedingungen erfolgversprechend sein, dann werden sie nicht umhinkommen, sich zu organisieren.[33]

Es gibt auch eine Vielzahl von Verbrauchern, die alles andere als bereit sind, Dinge zu teilen. Warum sollte man sich die Mühe machen, eine Bohrmaschine online zu suchen, sie abzuholen und wieder wegzubringen und dafür noch 10 Euro pro Tag zu zahlen, wenn man eine neue Bohrmaschine für 30 Euro online bestellen kann, die morgen frei Haus geliefert wird? Der Durchschnittsverbraucher wird wohl nur dann irgendwann auf den Zug der Sharing Economy aufspringen, wenn das Teilen von Dingen wesentlich günstiger als das Besitzen, das Wiederverwenden von Waren erschwinglicher als das Wegwerfen und Ersetzen ist. Unternehmen, die in der Sharing Economy tätig sind, erkennen mittlerweile, dass sie einen Mehrwert bieten müssen. Bei Peerby bekommt man eine Bohrmaschine für einen Zehner pro Tag – einschließlich Suche, Lieferung und Abholung.

Herausforderungen in der Sharing Economy

Die Sharing Economy wird sich in absehbarer Zeit mit vielen Herausforderungen konfrontiert sehen. Gelingt es, genügend Vertrauen zwischen Menschen und Unternehmen zu schaffen, damit das gemeinsame Wirtschaften der Zukunft sein Potenzial ausschöpfen kann? Wie können wir die Qualität innerhalb der Sharing Economy sicherstellen? Welche positiven Auswirkungen wird sie auf Arbeitskräfte und Arbeitsverhältnisse im Allgemeinen haben? Können wir beweisen, dass die Sharing Economy mehr Vorteile als Nachteile hat? Wie schnell und in welchem Umfang springen traditionelle Unternehmen auf die neuen Geschäftsmodelle der Sharing Economy auf? Nicht zu vergessen: Welche Ansätze verfolgt der Gesetzgeber beim Umgang mit der Sharing Economy?

Risikofaktor 1: Misstrauen

Herausforderungen und Risiken schütteln die Sharing Economy gehörig durch. Es ist durchaus möglich, dass das Vertrauen sich als Erfolgsfaktor Nummer eins erweisen könnte. Es gibt wohl kaum etwas Ärgerlicheres, als wenn man Auto, Wohnung oder Bohrmaschine verleiht oder vermietet und am Ende alles verkratzt, schmutzig oder kaputt ist. Wir haben bereits festgestellt, dass Transparenz seitens der beteiligten Personen unerlässlich ist. Möglichkeiten zur persönlichen Bewertung und Beurteilung sind unabdingbar, um festzuhalten, ob sich das Gegenüber anständig benommen hat. Das klingt jetzt viel schroffer, als es in Wirklichkeit ist – denn mal im Ernst: Heutzutage führen wir doch alle erst einmal eine schnelle Google-Suche durch, bevor wir uns mit jemandem geschäftlich einlassen, oder etwa nicht? Auch die Suche auf XING oder LinkedIn stellt eine Möglichkeit dar, sich vor zweifelhaften Geschäftspartnern zu schützen. Die online einsehbare Reputation hat zu mehr Transparenz geführt und kann für Nutzer ein maßgeblicher Grund dafür sein, sich an einer Plattform zu beteiligen.

Zusätzlich zu Bewertungssystemen haben Sharing-Economy-Unternehmen weitere Maßnahmen ergriffen, um das gegenseitige Vertrauen zu stärken. Beispielsweise bietet Airbnb den Gastgebern jetzt eine Versicherung gegen Schäden während der Mietdauer an. Befeuert durch die weltweit aktive Sharing-Website Peerby sind die Versicherer dazu übergegangen, auch Aspekte wie das Verleihen und Vermieten in die klassischen Hausratversicherungen aufzunehmen. Wenn man bei Peerby Go etwas mietet, ist die Versicherung schon inklusive. In den kommenden Jahren werden spezialisierte Plattformen, Netzwerke und Unternehmen aufkommen, die sich der Qualitätskontrolle widmen.

Natürlich kann man online recherchieren, Identitätsprüfungen vornehmen oder sich in den sozialen Medien einen Eindruck davon verschaffen, ob man jemanden als Partner fürs Teilen oder Verleihen für geeignet hält. Onlife-Verbraucher könnten etwa mithilfe einer *Vertrauens-ID* nachweisen, dass sie zuverlässige Teilnehmer an der Sharing Economy sind. So würden Online-Plattformen, Marktplätze und Netzwerke sicherer, denn man weiß, mit wem man geschäftlich zu tun hat und mit wem man sicher zusammenarbeiten kann.[34] Und für den Fall des Falles könnten spezialisierte Versicherungsunternehmen Produkte anbieten, die auf derartigen Kennzeichnungen basieren.

Wird es der Sharing Economy tatsächlich gelingen, das Vertrauen der Verbraucher zu gewinnen und zu behalten, ohne dass eine staatliche Regulierung erforderlich wäre? David Brooks, Kolumnist der *New York Times*, glaubt, dass es aufgrund der Entwicklung neuer Mechanismen zur Bewertung der Zuverlässigkeit tatsächlich dazu kommen wird, dass weniger staatlicher Einfluss auf die Sharing Economy erforderlich sein wird.[35]

Risikofaktor 2: Arbeitsbedingungen

Eines der größten Versprechen der Sharing Economy ist, dass sie Hunderttausende von Jobs schaffen und aus Menschen, die in traditionellen Unternehmen nicht vorangekommen sind, erfolgreiche Unternehmer machen wird. Die Erschließung ungenutzter Potenziale von Menschen, die zu niedrigeren Kosten arbeiten können, wird sicherlich zu einer gesteigerten Nachfrage nach solchen Arbeitskräften führen – und damit auch zu mehr Jobs.[36]

Allerdings werden sich dann umgehend die Skeptiker zu Wort melden, um auf die Kehrseite der Auswirkungen auf die Arbeitswelt hinzuweisen.[37] Geht mit der Schaffung neuer und unsicherer Stellen nicht eine Bedrohung traditioneller und sicherer Arbeitsplätze einher? Werden Verantwortung und Risiken des Big Business so nicht einfach auf die – schwächeren – Schultern der Selbstständigen, Prosumer und Kleinunternehmer geladen? Um ein Beispiel zu nennen: Was, wenn ein Airbnb-Gast eine Wohnung während der Vermietungsdauer als Bordell nutzen würde?[38]

Solo-Selbstständige – auch *Mikrounternehmer* genannt – werden sich mit einem immer breiter gefächerten Portfolio zunehmend an der Sharing Economy beteiligen. Vielleicht fahren sie morgens Taxi für Uber und Lyft und erledigen dann nachmittags ein wenig Gartenarbeit, die durch TaskRabbit vermittelt wurde. Abends fahren sie dann Lebensmittel für Amazon aus und stellen auf dem Heimweg noch ein paar Pakete für MyWays zu.[39] Man wird von solchen Leuten erwarten, dass sie schnell, flexibel und verfügbar sind, wann immer jemand an Computer, Tablet oder Smartphone nach einem geeigneten Dienstleister sucht. Sollte ein *unabhängiger Auftragnehmer* mit einem solchen Berufsbild nicht faktisch als Arbeitnehmer betrachtet werden?[40] Die Experten sind sich noch uneins darüber.

Der Aufstieg der Sharing Economy wird den Trend zu mehr Flexibilität und zum Mikrounternehmertum verstärken. Unternehmen sehen darin die beste Möglichkeit, sich an künftige wirtschaftliche Veränderungen anzupassen.[41] Die Teilnehmer der Sharing Economy können sich aus einem unbefriedigenden Beschäftigungsverhältnis lösen. Allen Beteiligten stehen Möglichkeiten offen, die einzigartigen und besonderen Begabungen verschiedener Menschen optimal zu nutzen. Dabei darf aber im Hinblick auf den einer solchen Tätigkeit innenwohnenden Wert und auf ihre finanziellen und rechtlichen Rahmenbedingungen nicht auf ausreichende Garantien verzichtet werden. Andernfalls nämlich wird es der Sharing Economy nicht gelingen, alle relevanten Parteien einzubinden, und sie wird niemals wirklich Fahrt aufnehmen.

Vor- und Nachteile hinsichtlich der Arbeitsbedingungen[42]

Vorteile	Nachteile
Flexible Arbeitszeit/Teilzeitarbeit	Keine festen Arbeitsstunden, keine Einkommensgarantie
Vielfältige Arbeitsmöglichkeiten	Kein Schutz, keine formalen Arbeitsbedingungen
Unternehmertum	Pflicht zur eigenständigen Abführung von Einkommens- und Umsatzsteuer
Potenziell regelmäßige Tätigkeit	Häufig keine Kontrolle über die Entgelte

Risikofaktor 3: Staatliche Regulierung

Ein weiteres wichtiges Problem, das es zu lösen gilt, ist die Integration der verschiedenen neuen Geschäftsmodelle in bestehende Strukturen. Nach ihren bahnbrechenden Erfolgen gelangten Airbnb und Uber in kürzester Zeit ins Visier staatlicher Stellen. Diese wandten sich ganz klar gegen diese Newcomer im Gastgewerbe und in der Personenbeförderung und führten staatliche Regulierung als scharfes Schwert gegen sie. Dabei handelt es sich um nichts anderes als einen uralten Reflex. Staatliche Einrichtungen und etablierte Institutionen sind immer bestrebt, bestehende Unternehmen und Branchen zu schützen. Es ist stets das gleiche Lied: Der Ruf nach Wettbewerbsgleichheit erschallt, Käufer und Anbieter müssen geschützt werden[43], und es ist unbedingt zu verhindern, dass Startups den Markt monopolisieren. Das in den Niederlanden ansässige Rathenau Instituut vertritt die

Ansicht, dass Sharing-Plattformen wie Airbnb und Uber eingehegt werden müssen, bevor sie unbesiegbar werden.[44] Überall auf der Welt werden Airbnb und Uber mit Klagen überzogen: Klagen wegen der illegalen Vermietung von Wohnungen zu Übernachtungszwecken, Klagen aufgrund von Verstößen gegen Verordnungen im Taxigewerbe usw. Sogar TaskRabbit haben die Behörden schon auf die Finger geklopft, wenn auch deswegen, weil es sich bei dem Unternehmen um einen verdeckten Arbeitgeber handeln soll.

Nun sind diese *disruptiven Akteure* ganz gewiss keine Engel: Oftmals treffen sie die bewusste geschäftliche Entscheidung, Beschränkungen durch das Gesetz und Regeln ethischer Geschäftsführung zu umgehen oder ganz bewusst Schlupflöcher zu nutzen.[45] Natürlich gibt es auch in der Sharing Economy Menschen und Unternehmen, denen die Welt wirklich wichtig ist. Oft kommen diese auf Ideen, die zum Nachdenken anregen, und gewinnen im Handumdrehen die Herzen der Menschen. Auf der anderen Seite sind da aber auch viele, die zu allererst Geld verdienen wollen – was ja in jeder Wirtschaftsform gang und gäbe ist –, oder die zumindest für ihre Bemühungen entschädigt werden wollen. Sie sind immer auf der Suche nach dem Netzwerkeffekt von Online-Marktplätzen, Peer-to-Peer-Netzwerken und Crowdsourcing-Plattformen. Aber bedeutet das auch, dass Staatsregierungen präventiv Vorschriften erlassen sollten? Warum zeigen sie sich neuen Unternehmen und Geschäftsmodellen gegenüber nicht offen, ohne sich gleichzeitig vor den schwierigen Fragen zu drücken oder sie zu vermeiden?

Genau diesen Schritt ist die Europäische Kommission gegangen, indem sie beschloss, Gesetze und Vorschriften für die Sharing Economy in Europa zu liberalisieren.[46] Die Kommission hat die Mitgliedstaaten ausdrücklich darauf hingewiesen, dass eine Ächtung von Aktivitäten neuer Unternehmen nur das allerletzte Mittel sein dürfe.[47] Natürlich stehen auch andere Interessen auf dem Spiel – etwa die vielen Milliarden Euro, die die Sharing Economy zum gesamten europäischen Wirtschaftswachstum beiträgt. Wären die Vorschriften zu streng, dann könnten sich etablierte Unternehmen wie auch Startups möglicherweise dazu veranlasst fühlen, in die Vereinigten Staaten umzuziehen. Die Kommission steht in ihrem Glauben, dass viel zu gewinnen ist, keineswegs allein da: Weltweit wurden bereits über 25 Milliarden US-Dollar in Startups aus der Sharing Economy investiert.[48]

Das Wachstum der Sharing Economy

Nach Angaben von Juniper Research setzte die Sharing Economy im Jahr 2015 etwa 6,5 Milliarden US-Dollar um. Das Forschungsunternehmen prognostiziert bis 2020 ein Wachstum auf 20,4 Milliarden Dollar.[49] Bereits 2016 schätzte PwC, dass die Einnahmen der Unternehmen in der globalen Sharing Economy bis 2025 sogar auf 335 Milliarden Dollar steigen würden. Dies entspräche mehr als dem Zwanzigfachen der derzeitigen Größe – und auch dem aktuellen Volumen des traditionellen Verleihmarkts.[50]

Risikofaktor 4: Abgeschwächtes Wirtschaftswachstum

Manchmal schaffen neue Geschäftsmodelle tatsächlich einen Mehrwert für die Wirtschaft, da neue wirtschaftliche Aktivitäten entstehen. Häufiger jedoch kommt es nur zu einer Verschiebung der geschäftlichen Tätigkeiten: Eine Aktivität wird einfach durch eine andere ersetzt. In der Sharing Economy kommt es häufig vor, dass neue Ideen auf Kosten der etablierten gedeihen: Das Teilen von Informationen, Nachrichten, Unterhaltung, Musik, Autos, Häusern, Kleidung und Ökoenergie führt zu Umsatzrückgängen in traditionellen Wirtschaftszweigen. Das liegt daran, dass Verbraucher tendenziell versuchen werden, ihre Ausgaben zu senken.

Fahrradverleihdienste gewinnen vor allem in China und in den großen Städten der Welt rasant an Beliebtheit, was sich auf die Umsätze der Fahrradhersteller auswirkt. Wenn wir anderen Menschen gestatten, in unserer Hauseinfahrt oder auf unserem privaten Parkplatz zu parken, dann werden Parkhäuser weniger Kunden haben.[51] Jedes Fahrzeug, das in den Carsharing-Betrieb geht, senkt die Nachfrage nach Neuwagen. Wenn wir unsere Eltern selbst pflegen, verringert sich der Bedarf an Neubauten von Senioren- und Pflegeheimen – und damit auch an Baufinanzierungen. In Manhattan organisieren sich zehntausende Gäste eine Unterkunft auf Airbnb und meiden die unverschämt teuren Hotels im *Big Apple*. Wir sollten nicht allzu überrascht sein, wenn die Sharing Economy in den kommenden Jahren tatsächlich zu einem Rückgang des Wirtschaftswachstums führt.

Viele Startups in der Sharing Economy suchen nach Möglichkeiten, ihre idealistischen Startup-Prinzipien mit der Notwendigkeit zu verbinden, Geld zu verdienen, um genau diese Prinzipien zu verwirklichen.[52] Menschen, die sich an ihren Aktivitäten beteiligen, erfahren Befriedigung durch das Wissen, dass sie auf eigene Weise zum Wohle der Allgemeinheit beitragen, die Gesellschaft zu einem lebenswerteren Ort machen und gemeinsam mit Gleichgesinnten Positives bewirken. Warum sollte es dafür keinen finanziellen Ausgleich geben? Angesichts der Kontroverse um überhöhte Gehälter, Boni, Aktienoptionen, Gewinne und Vermögen müssen wir uns darüber im Klaren sein, dass künftige Generationen selbst entscheiden müssen, was einen angemessenen und verantwortungsvollen Gewinn ausmacht.

Wie geht es weiter?

Die Triebfedern für die Sharing Economy sind derzeit das Internet, die sozialen Medien und GPS. Neue Technologien und Apps werden sie auf die nächste Stufe heben. Unternehmen, die heute noch selbst auf dem Markt für Unruhe sorgen, werden dann ihrerseits Disruption erfahren. Warum brauchen wir Mittelsleute wie Airbnb und Uber, wenn wir doch eigentlich selbst direkt mit Anbietern in Kontakt treten könnten? Die Entwicklung der Blockchain-Technologie kann durchaus dazu beitragen, dass wir uns von Plattformen und Netzwerken, die riesige Gewinne einstreichen, endgültig verabschieden können.

Wäre es nicht fabelhaft, wenn alle Einnahmen der Sharing Economy den eigentlichen Teilnehmern vorbehalten blieben? Dies geschieht in geringerem Umfang bereits auf sogenannten *kooperativen Plattformen* wie Stocksy (Stockfotografie) und Coopify (Handwerker und Reinigungskräfte). Sie stellen sich aus Protest den Big Playern, die mit ihren unlauteren Geschäftspraktiken entgegen dazu neigen, ihre Nutzer bis zu einem gewissen Grad auszubeuten.

Schon bald wird die Sharing Economy einen erheblichen Einfluss auf das Wirtschaftssystem haben. Konsumenten werden zu Prosumenten, und dadurch haucht die Sharing Economy dem abgenutzten Modell des *Homo oeconomicus* neues Leben ein. In der Sharing Economy ist die ideale Person ein hochmotivierter Mikrounternehmer, der bereit ist, seine gesamte Zeit, sein Geld, seine Begabungen und seinen Besitz zum Geldverdienen zu nutzen.[53] Auch in der Sharing

Economy geht es also darum, Geld zu verdienen. Oder zumindest darum, ein angemessenes Entgelt für erbrachte Leistungen zu erhalten.

Wir müssen einfach abwarten, ob die Sharing Economy das Potenzial hat, die Wirtschaftsordnung aus den Angeln zu heben und sie zur Schaffung einer sozialeren und gerechteren Gesellschaft zu bewegen: einer Gesellschaft, in der das Teilen, das Tauschen und das (Wieder-)Verwenden von unmittelbarem Vorteil für kooperative Bürger und gleichgesinnte Onlife-Verbraucher sind.

,,

Wer heute ein großartiges Unternehmen sein will, muss auch ein gutes Unternehmen sein.

Jeffrey R. Immelt
CEO General Electric[1]

KAPITEL VIER

___

Nachhaltiges Einkaufen in der Kreislaufwirtschaft

Traditionelle Wirtschaft	Kreislaufwirtschaft
Kaufen	Nutzen
Eingeschränkte Nutzung	Optimierte Nutzung
Lineare Geschäftsmodelle	Zyklische Geschäftsmodelle
Herstellung	Reparatur und Upcycling (Cradle-to-Cradle)
Massenproduktion	Einzelfertigung
Abfall	Ressourcen
Viel Ausschuss	nachhaltig

Wir stehen gegenwärtig am Anfang eines immensen Wandels, der sich in den nächsten Jahren und Jahrzehnten langsam entfalten wird: Die lineare Ökonomie wird zum Kreislauf. Nach Jahren des grenzenlosen Konsums und der daraus resultierenden schädlichen Emissionen steht die Gesellschaft nun vor schwierigen Fragen. Einige fangen vielleicht an, die zunehmende Ressourcenknappheit und Umweltschäden als Aufforderung zum Handeln zu betrachten. Andere sind möglicherweise mehr an den unzähligen Möglichkeiten interessiert. Händler schließlich stehen in der Kreislaufwirtschaft vor ganz neuen Aufgaben: Sie können neue Geschäftsmodelle entwickeln, um als Vermittler zwischen Erzeugern und Verbrauchern zu agieren.

Gegenwärtig erzielen Händler ihren Gewinn auf Grundlage des Verkaufs vieler verschiedener Waren. Langfristig kann sich das ändern, und neuartige Dienstleistungen anzubieten, wäre ertragreich. Langsam aber stetig zeigen immer mehr Hersteller, Geschäfte (auch und gerade Webstores) und Verbraucher die Bereitschaft, Verantwortung für eine nachhaltigere Gesellschaft zu übernehmen.

In diesem Kapitel werde ich die Konzepte »Kreislaufwirtschaft« und »Nachhaltigkeit« behandeln, die oft als untrennbar miteinander verbunden angesehen werden. Dabei werde ich den Schwerpunkt auf die Unterschiede bei der Ressourcennutzung in der linearen Wirtschaft legen sowie darauf, wie wichtig es für Händler ist, zur Gestaltung eines Kreislaufwirtschaftsmodells beizutragen. Grundlage meiner Beschreibung wird das Modell der zehn Rs sein. Darüber hinaus möchte ich auf den verstärkten Einsatz von Verpackungen, die immer länger werdenden Transportstrecken und deren Auswirkungen auf Emissionen und Energieverbrauch eingehen. Danach werde ich meine Aufmerksamkeit auf die sich verändernden Rollen von Erzeugern und Verbrauchern, Läden und Online-Shops in der Kreislaufwirtschaft richten. Am Ende des Kapitels werde ich dann das von mir so bezeichnete *Paradox des Kreislaufhandels* unter die Lupe nehmen. Aber warum um alles in der Welt sollten sich Handelsunternehmen eigentlich dazu bereit erklären, an einer Kreislaufwirtschaft mitzuwirken, in der Onlife-Verbraucher vor allem darauf bedacht sind, weniger zu konsumieren? Sie – also die Händler – brauchen doch Visionen, Investitionen und eine immense Portion Beharrlichkeit. Was wäre notwendig, damit die gegenwärtige, eher ruhige und allmähliche Transformation Fahrt aufnimmt – bis hin zu einem deutlich radikaleren Übergangsprozess?

Kreislauf und Nachhaltigkeit

Die Wörter Kreislauf und Nachhaltigkeit lassen sich schlichtweg nicht voneinander trennen. Man könnte die Kreislaufwirtschaft durchaus als Geschäftsmodell beschreiben, mit dem sich eine nachhaltige Unternehmensführung bilden ließe. Dies gilt jedoch nicht immer. Das Ziel könnte darin bestehen, Ressourcen für den Kreislauf zu schonen, und trotzdem werden Transport, Zerlegung und Zusammenbau der Materialien Folgen auch für die Umwelt haben. Gerade aus diesem Grund jedoch können wir Kreislaufwirtschaft und Nachhaltigkeit nicht als identisch betrachten.

Unter »nachhaltigem Handel« versteht man »Möglichkeiten für den Verbraucher, im Hinblick auf alle Aspekte des Herstellungsprozesses sozialverträglich und umweltbewusst einzukaufen«. Auf der anderen Seite ist der »Kreislaufhandel« geeignet, »den Wert von Gütern sowie Teilen davon und benötigte Ressourcen durch eine effiziente Nutzung und erleichterte und geförderte Wiederverwendung zu bewahren«. Im nachhaltigen Handel kann die soziale und technisch-ökologische Wirkung eines Unternehmens manchmal höher zu gewichten sein als die Interessen der Verbraucher. Im stationären Einzelhandel kommt es vor allem darauf an, den Zyklus ins Werk zu setzen. Beide Konzepte sind jedoch untrennbar miteinander verbunden und dürften in den kommenden Jahrzehnten enorme Auswirkungen haben – und jeder einzelne Teil der Wertschöpfungskette im Handel wird diese Auswirkungen zu spüren bekommen.

In der Kreislaufwirtschaft dreht sich eigentlich alles um den Erzeuger und die Art und Weise, wie er alternative Konstruktionen und Ressourcen nutzt. Der Handel dagegen hat sich mit allen Beteiligten vernetzt: Behörden, Erzeugern, Verbrauchern, Abfallverwertern und – ganz gewiss – den Online-Shops.

Ressourcennutzung in der linearen Ökonomie

Im Moment basiert unsere Wirtschaft auf einem linearen System: Wir nehmen Ressourcen unseres Planeten und machen daraus Waren, die am Ende ihres Lebenszyklus zerstört werden. Fast 80 Prozent aller Waren werden innerhalb der ersten sechs Monate weggeworfen. In dieser sogenannten *Take-Make-Waste-Wirtschaft* wird alles Wertvolle am Ende der Kette systematisch zerstört.

In *Wertschöpfung statt Verschwendung*[2] unterscheiden Peter Lacy und Jakob Rutqvist vier Arten von Abfällen in der linearen Wirtschaft:

1. Ressourcenverschwendung: Dies sind nicht erneuerbare Ressourcen und Energien, die nach dem Verbrauch unwiderruflich verloren sind (z. B. Kohle oder Gas).
2. Verschwendete Lebensdauer: Waren mit einer kurzen Lebensdauer, die entsorgt werden, obwohl sie noch genutzt werden könnten. Denken Sie etwa an Mobiltelefone, die erst wenige Jahre alt sind, oder Kleidung und Möbel, die aus der Mode gekommen sind.
3. Verschwendete Kapazität: Bezeichnet eine ineffiziente Nutzung. Bestes Beispiel sind Autos, die 23 von 24 Stunden lang stillstehen[3], oder Lieferwagen und Lagereinrichtungen, die nur zur Hälfte ihrer Kapazität genutzt werden.
4. Verschwendete Binnenwerte: Dies sind Elemente, Materialien und Energien, die aus stillgelegten oder aufgegebenen Gütern stammen, die nicht wiederverwendet werden. Ein Beispiel hierfür sind Verpackungen, die aus neuen Ressourcen hergestellt wurden.

Das Hauptproblem der heutigen linearen Wirtschaft besteht darin, dass künftige Generationen sich mit ihren Folgen auseinandersetzen müssen werden. Unsere eigenen Kinder und Enkel sind es, denen wir verschmutzte Böden, vermüllte Ozeane und dreckige Luft hinterlassen. Gleichzeitig zeichnet sich für die Zukunft eine Ressourcenkrise ab.[4] Nach Schätzungen der Vereinten Nationen wird die Weltbevölkerung von 7,4 Milliarden (2016) auf 8,5 Milliarden im Jahr 2030 und 9,6 Milliarden im Jahr 2050 zunehmen.[5] Setzen wir unseren gegenwärtigen Verbrauch unverändert fort, dann werden wir bis 2030 anderthalb Planeten benötigen, wenn jeder Mensch über ausreichende Ressourcen verfügen soll.

Hilfe! Uns gehen die Ressourcen aus!

Seit Jahrhunderten bereits diskutieren Ökonomen oft und gerne über eine drohende Ressourcenkrise. Schon 1865 erklärte der britische Ökonom William Stanley Jevons, dass England bald keine Kohle mehr haben würde. Er befürchtete allen Ernstes eine riesige Wirtschaftskrise – ein Umstand, der zur Entstehung des Jevons-Paradoxes führte. Dieses Paradox sollte seine eigene Gültigkeit in den nachfolgenden Jahrhunderten vielfach beweisen.

Sobald nämlich die Energieerzeugung effizienter gestaltet wird, führt dies zu einem Anstieg des Verbrauchs – und nicht zu einem Rückgang.

Nur sehr wenige Ökonomen glauben, dass es einen absoluten Mangel an Ressourcen gibt. Sie vertreten die Ansicht, dass die Menschheit immer wieder neue Ressourcen oder brauchbare Ersatzstoffe erschließen wird.[6] Es gibt noch so viel zu entdecken, so viele Quellen zu finden.

Ressourceneinsatz im Handel

Natürlich versucht der Handel immer wieder, effizienter zu werden. Herkömmliche Ladengeschäfte setzen eher auf diese Strategie als schnell wachsende Online-Shops, denn diese werden oft von ihrem eigenen Tempo überrumpelt und vergessen dabei etwa, die geeignetste Verpackungsmethode für ihre Waren zu wählen. Im Allgemeinen streben die Händler an, möglichst wenig »Luft« zu verpacken, d. h., Verpackungen sollten nicht zu groß sein und überhaupt auf das notwendige Maß beschränkt werden. Ein weiterer Wunsch ist maximale Effizienz beim Transport, denn dies reduziert einerseits Schadstoffemissionen, andererseits lassen sich so möglichst viele Lieferungen mit möglichst wenig Kilometerleistung erledigen. Auch die verwendeten IT-Systeme tragen zum Energieverbrauch bei.

10 × R

Das lineare Modell der Wertschöpfungskette endet abrupt beim Verbraucher, während die Kreislaufwirtschaft buchstäblich weiterläuft: Die Wiederverwendung von Ressourcen und Gütern wird optimiert und maximiert, der Wertverlust minimiert. Der erste Schritt besteht in einer intelligenteren Konstruktion gepaart mit einer längeren Produktlebensdauer. Der letzte Schritt ist die Wiederverwendung von Komponenten und Materialien. Das optimale Kreislaufmodell verfügt über Ressourcen, die endlos verwendet und wiederverwendet werden können. So bleibt ihr Wert erhalten. Waren, die im derzeitigen System abgeschrieben würden, werden repariert, zerlegt, es werden neue Dimensionen geschaffen, Neues entsteht.

IKEA testet die Vermietung von Möbeln im Rahmen eines Umweltverträglichkeitsplans, der darauf abzielt, die Nachfrage der Kunden nach einem nachhaltigeren Geschäftsmodell zu erfüllen.[7] Kunden dürfen ihre alten Matratzen bereits 365 Tage lang wieder in den Laden zurückbringen. IKEA hat nämlich einen Recyclingpartner gefunden, der fast 90 Prozent davon zurücknimmt und daraus neue Produkte fertigt. Der Matratzenschaum wird als Dämmstoff oder als untere Schicht von Teppichen und Judomatten verwendet. Holzfasern können als sekundäre Brennstoffquelle genutzt werden, während Wolle und Baumwolle zu Reinigungstüchern verarbeitet werden. Das amerikanische Re-Commerce-Unternehmen thredUP hat sich auf den Verkauf gebrauchter Designerkleidung spezialisiert: Es reinigt und bessert sie aus und veräußert sie dann auf dem unternehmenseigenen Marktplatz. Die niederländische Marke Leapp hat mit der Generalüberholung von Apple-Produkten ein erfolgreiches Geschäftsmodell entwickelt.

In seinem Buch *Circulaire economie* beschreibt José Potting die »zehn Rs«. Dabei handelt es sich um Möglichkeiten des sorgsameren Umgangs mit Ressourcen, abgestuft von 0 bis 9.[8] Die nachfolgende Tabelle gibt einen Überblick über diese Methoden. Damit Händler die Relevanz erkennen, habe ich eine zusätzliche Spalte mit praxisorientierten Anwendungsvorschlägen für sie eingefügt.[9]

Die zehn Rs der Kreislaufwirtschaft

Anwendung		Beschreibung
Intelligentere Produktion und Nutzung	R0: Refuse (Verweigerung)	Produkte überflüssig machen durch Verweigerung ihrer Nutzung oder Bereitstellung einer Alternative, die keine Rohstoffe benötigt.
	R1: Rethink (Umdenken)	Nutzungsintensivierung für Produkte, z. B. durch gemeinsame Verwendung.
	R2: Reduce (Verringern)	Verbesserung der Produktionseffizienz.
Verlängerung der Lebensdauer des Produkts und seiner Teile	R3: Reuse (Wiederverwendung)	Wiederverwendung gebrauchter, aber noch funktionierender Güter zum selben Zweck, aber durch einen anderen Nutzer.
	R4: Repair (Reparatur)	Reparatur und Wartung defekter Güter für den erneuten Gebrauch zu ihrem ursprünglichen Zweck.
	R5: Refurbish (Instandsetzung)	Überholung oder Recycling eines Altprodukts.
	R6: Remanufacture (Aufarbeitung)	Verwendung von Teilen eines entsorgten Produkts zur Herstellung eines neuen Produkts für den gleichen Zweck.
	R7: Repurpose (Umfunktionierung)	Teilweise oder vollständige Verwendung eines ausgedienten Produkts als neues Produkt und/oder zu einem anderen Zweck.
Sinnvolle Einsatzmöglichkeiten für Materialien finden	R8: Recycling	Recycling von Materialien zu Waren ähnlicher oder geringerer Qualität.
	R9: Recover (Rückgewinnung)	Verbrennung von Materialien zur Energiegewinnung.

Verpackungen

Jeden Tag werden Milliarden von Paketen jeder Größe, die man sich vorstellen kann, in Verteil- und Fulfillment-Zentren gepackt und an Verbraucher verschickt. Waren, die bereits eine eigene Verpackung haben, werden dann noch einmal in einen Karton oder einen versiegelten Plastikbeutel gepackt, die häufig auch die Funktion einer zusätzlichen Polsterung erfüllen. Niemand weiß genau, wie hoch der Abfallberg ist, der durch Verpackungen im E-Commerce entsteht. Was wir jedoch wissen, ist, dass es sich offensichtlich um ein ganz erhebliches Problem handelt.

Immer mehr Verbraucher erkennen, dass im elektronischen Handel Veränderungen hinsichtlich der Verpackungsfrage notwendig sind. Die ersten lehnen bereits Waren ab, die zweimal verpackt wurden, und haben überhaupt kein Verständnis dafür, dass immer wieder kleine Artikel in großen Kartons verschickt werden. In manchen Ländern haben Händler und Hersteller keinen echten finanziellen Anreiz, passende Kartons mit weniger Luft zu verwenden, da die Lieferung nach Gewicht statt nach Volumen berechnet wird. In anderen Ländern hingegen fördert eine *formabhängige Preisgestaltung*, die auf dem Verhältnis von Gewicht zu Volumen basiert, den Einsatz effizienterer Verpackungs- und Vertriebsvarianten.[10]

Facilitator-Rolle	Effizienter Einsatz »eigener« Rohstoffe
Der Einzelhandel kann eine digitale Plattform anbieten, um den Einsatz von Rohstoffen zu vermeiden. Dank Spotify etwa gehören riesige CD-Sammlungen weitgehend der Vergangenheit an.	Wegfall der Verpackung (so weit wie möglich)
Der Handel kann eine Sharing-Plattform bereitstellen.	Zusammenarbeit mit Wettbewerbern in der Logistik.
Der Handel kann effizientere Waren anbieten oder vorab auswählen.	Platzsparende Verpackung von Artikeln.
Der Handel könnte eine Plattform für die Wiederverwendung von Waren und Materialien anbieten.	Anbieten abgeschriebenen Inventars zur Weiterverwendung.
Der Handel könnte Reparaturdienstleistungen anbieten oder diese durch die Kooperation mit einem Reparaturdienst oder dem Hersteller erleichtern. Er könnte die Verbraucher darüber informieren, wie man Reparaturen selbst durchführt, und/oder die erforderlichen Ersatzteile liefern.	Reparieren statt Ersetzen.
Der Handel könnte als Informationsquelle und Vermittler für Verbraucher auftreten, die Materialien entsorgen möchten. Zudem könnten die Handelsunternehmen selbst Ersatzteile aufkaufen und in Altprodukten wiederverwenden.	Verwendung ausgemusterten Inventars zur Aufarbeitung.
	Restmaterialien (einschließlich Verpackung) werden zum Recycling angeboten.

Neben der Luft in den Paketen wird auch Platz in Zustellfahrzeugen verschwendet. Die Verwendung standardisierter Verpackungsabmessungen könnte zu einer höheren Effizienz beim Stapeln von Verpackungen führen. Das Ergebnis: weniger überflüssige Luft. Für Hersteller und Handel stellen Kundenbeschwerden einen erheblichen Anreiz dar, ihre Verpackungsstrategie zu optimieren. Darüber hinaus sind kleinere Verpackungen, Kartons und auf Maß geschnittene Versandtaschen weitere Möglichkeiten, Kosten zu senken und die Gesamteffizienz zu erhöhen.

Vor Kurzem hat Amazon das Programm *Small and Light* gestartet. Ab sofort werden kleine Artikel-Aufkleber, Displayschutz, USB-Kabel usw. – in einem Umschlag statt als Paket versandt.[11] Seit 2014 hat das Green Box Project von LEGO, das gezielt entwickelt wurde, um LEGO-Produkte in immer kleineren Verpackungen zu versenden, eine Verringerung des Verpackungsaufkommens um bis zu 7.000 Tonnen ermöglicht. Es geht also.

Eines der Hauptprobleme besteht darin, dass praktisch alle Verpackungen noch für die Präsentation in Ladengeschäften entworfen werden. Die Kartons sind deswegen meist nicht robust genug für Versand und Lieferung. Perfekt wäre mithin ein Verpackungsansatz vonseiten der Hersteller, der sowohl den Verkauf im Laden als auch online erlauben würde.

Neuartige Verpackungsmaterialien, Verpackungslösungen mit möglichst geringem Platzbedarf, Wiederverwendung und Recycling – all das sind mögliche Lösungen für die Zukunft. Bislang gibt es keinen Allround-Ansatz für die Umverpackung online gekaufter Waren, der auch nachhaltig wäre. Jedes Unternehmen wählt ein eigenes Verfahren – oft abhängig von der Anzahl der Sendungen und der Art der verkauften Waren.

Alles gut verpackt

Vor einigen Jahren wurde ich Opfer eines Kreditkartenbetrugs: Ein riesiges Paket aus dem Londoner Kaufhaus Harrods wurde zu mir nach Hause geliefert. Ich fragte mich, was da wohl drin war, und begann damit, den Karton im Kreise meiner Familie auszupacken. Im Inneren des großen Kartons befand sich eine kleinere, stabile Harrods-Box aus Karton, die in Luftpolsterfolie eingewickelt war. Das Design dieser Box war atemberaubend, und sie verströmte einen Duft, den ich nie und nimmer mit Pappkartons in Verbindung gebracht hätte. In dieser Harrods-Box befand sich bergeweise Papierkonfetti, aus dem ich einen weiteren Karton ausgrub – diesmal einen Valentino-Schuhkarton. Darin, sorgfältig in Seidenpapier eingeschlagen, befand sich ein Paar farbenfroher und ausgesprochen extravaganter Valentino-Sneakers. Ich packte alles wieder ein: das Seidenpapier, das Konfetti, die Luftpolsterfolie und die drei Kartons. Und dann zurück nach London damit!

Transport

Häufig ist die Logistik das Bindeglied zwischen allen Akteuren der Wertschöpfungskette im Handel. Das explosionsartige Wachstum des Online-Shoppings hat die logistischen Abläufe enorm komplex und anspruchsvoll gemacht. Jeder einzelne Verbraucher hat seine eigenen Vorlieben. Das Ergebnis: ein wahres Logistikgewirr, das sich von Herstellern und Zwischenhändlern über Vertriebs- und Fulfillment-Center bis hin zur Endlieferung (meist) an die Haustür des Verbrauchers erstreckt. In den kommenden Jahren wird, wenn der Online-Handel so weiterwächst, die Zahl der einzelnen Transportvorgänge proportional zu diesem Wachstum steigen. Und wenn niemand eingreift, ist die Effizienz der Lieferung irgendwann dahin.

Vom Standpunkt der Nachhaltigkeit aus werde ich häufig mit der Frage konfrontiert, was besser ist: sich Sachen nach Hause liefern zu lassen, sie an einer Abholstelle (die auch ein Ladengeschäft sein kann) einzusammeln oder gleich in einem richtigen Laden einzukaufen. Es gibt buchstäblich Dutzende von Faktoren, die diesen Prozess beeinflussen. Natürlich trägt jeder Liefervorgang zur Belastung der Umwelt mit schädlichen Abgasen und Partikeln bei. Allerdings verursacht ein Transportwagen, der nur mit ein paar wenigen Paketen unterwegs ist, einen vergleichsweise (also auf das einzelne Paket bezogen) größeren Schaden als ein bis unter die Decke gefülltes Fahrzeug. Und wenn man extra in die Stadt fährt, um einen Artikel abzuholen, dann ist die Belastung ebenfalls höher, als wenn man auf dem Weg von der Arbeit nach Hause einen kleinen Umweg zur Abholstelle macht. Variablen wie der Standort der Verteilzentren, der Wirkungsgrad der Lieferwagen, die Anzahl der zurückgeschickten Pakete und die Zahl der Zustellversuche bis zur endgültigen Auslieferung des Pakets – sie alle fließen in die Bilanz ein. Dies beantwortet immer noch nicht die Frage, ob Online-Shopping besser oder schlechter für die Umwelt ist als der Einkauf im Geschäft.

In den nächsten Jahren wird es deswegen notwendig sein, die Verlagerungseffekte in Logistik und Vertrieb innerhalb der Wertschöpfungskette des Einzelhandels zu untersuchen. Erforderlich ist ein grundlegendes Verständnis aller Aspekte des Logistikbetriebs. Die eigentliche Unbekannte ist jedoch das Verhalten des Onlife-Verbrauchers. Der Wunsch, Bestellungen innerhalb von 24 Stunden, am selben Tag oder sogar innerhalb weniger Stunden zu erhalten, steht in völligem Einklang mit ihrer Onlife-Existenz. Gleichzeitig habe ich festgestellt, dass Onlife-Verbraucher manchmal bewusst die günstigere (oder sogar kostenlose) Option wählen, auch wenn die Bestellung in diesem Fall etwas – womöglich aber auch deutlich – später geliefert wird.

ERDERWÄRMUNG

Das Carbon Disclosure Project geht davon aus, dass die Temperatur auf der Erde in Zukunft um vier Grad Celsius steigen wird, wenn wir jetzt nicht handeln. 100 Unternehmen weltweit verursachen 71 Prozent der globalen CO_2-Emissionen, wobei die Kohleindustrie die Rolle des größten Umweltverschmutzers einnimmt.[12]

Der amerikanische Präsident Donald Trump hält auch nicht viel vom Klimawandel. Obwohl 13 US-Regierungsbehörden bestätigen, dass der Klimawandel real ist und menschliches Handeln einen Einfluss auf die Erwärmung des Planeten hat, hört Trump nicht auf, die Existenz des Klimawandels zu bezweifeln.[13]

Mit dem Wachstum des Online-Handels nehmen auch die Auswirkungen auf unsere Energieversorgung zu. Schließlich braucht jede einzelne Websuche eine bestimmte Menge an Energie. Wenn wir eine E-Mail öffnen – ob zu Hause oder am Arbeitsplatz –, werden irgendwo auf der Welt IT-Kapazitäten genutzt, und die brauchen Strom. In der Summe stößt die IT heutzutage mehr CO_2 aus als der globale Flugverkehr. Geht es nach den pessimistischsten Prognosen, dann brauchen wir in einigen Jahren – etwa ab 2024 – die gesamte erzeugte Energie für Datenverkehr und Datenspeicherung.

Das exponentielle Wachstum des Datenkonsums stellt Behörden, Unternehmen und Händler – ob groß oder klein – vor immense Herausforderungen. Im Durchschnitt verbraucht ein Rechenzentrum genauso viel Energie wie 900.000 Wohnungen. Rechenzentren, die von Unternehmen genutzt werden, werden in den kommenden Jahren energieeffizienter werden müssen.

Viele Handelsunternehmen haben bereits damit begonnen, die Ökobilanz ihrer Ladengeschäfte und Vertriebsnetze zu verbessern, aber nur wenige haben untersucht, inwieweit Entwicklungen im E-Commerce ihren CO_2-Fußabdruck beeinflussen. Wenn ein Verbraucher Waren online kauft, sind die wesentlichen Faktoren, die sich auf die CO_2-Gesamtemission auswirken – nämlich die Zustellung am Zielort und die Verpackung –, schwieriger zu messen.

Die Walmart-Studie

Walmart untersuchte die Emissionen der eigenen Warenhäuser im Vergleich zum E-Commerce-Kanal, um auf diese Weise die relative Wirkung einzelner Märkte sowohl im Schnitt als auch bezogen auf bestimmte Arten von Einkäufen zu erfassen. Dabei wurde festgestellt, dass der Kauf im Laden im Schnitt weniger belastend für die Umwelt ist. Wenn aber Kunden nur wenige Artikel kaufen wollen und gegebenenfalls extra deswegen zum Markt fahren würden, ist Walmart.com in ökologischer Hinsicht die bessere Wahl.[14]

Mit dem bevorstehenden Siegeszug des Internet of Things (IoT), das wir bereits in Kapitel 2 behandelt haben, wird sicherlich eine noch größere Zunahme der Datennutzung einhergehen. Der Handel wird die Fähigkeit entwickeln müssen, immer komplexere Verbindungen zwischen Systemen bereitzustellen, die alle kostspielige Energie brauchen. Auf der anderen Seite bedeutet das IoT, dass IT-Systeme effizienter werden könnten, was die Verschwendung reduzieren würde.

Ein erster Schritt zur Senkung des Energieverbrauchs besteht in der realistischen Erfassung des Strombedarfs von Online-Handelsdienstleistungen, die dann in ein Green-IT-System überführt werden können.

Die IT muss die Energie nicht nur effizient nutzen, sondern diese Nutzung muss auch nachhaltig sein. Ich glaube, dass das IoT und Big Data bei der Steigerung des Energiebewusstseins eine wichtige Rolle spielen müssen. Immer mehr Energieunternehmen verlagern ihren Fokus auf erneuerbare Energien, lokale Energieerzeugung und -verteilung. Auf der ganzen Welt sehen wir Initiativen, mit denen die Energieerzeugung mithilfe von Sonne, Wind und Wasser vor Ort Unternehmen und Bürgern zugänglich gemacht werden soll. Dank ihrer immensen Kaufkraft können Global Player im Technologiebereich, Plattformen und Marktplätze, (Online-)Kaufhäuser und Web-Shops auf niedrigeren Preisen bestehen. Diese Macht könnte genauso gut genutzt werden, um erneuerbare Energien zum Mainstream zu machen.

Neue Rollen in der Kreislaufwirtschaft

Für die moderne Wirtschaft lassen sich aus Sicht des Händlers meiner Ansicht nach folgende Akteure in der Wertschöpfungskette des Handels definieren: Erzeuger, Verbraucher und Ladengeschäfte (einschließlich Online-Shops). Am Ende des Kapitels werden wir auch die Rolle von Behörden genauer unter die Lupe nehmen. Es gibt aber auch neue Akteure, die auf der Bildfläche erscheinen, wie zum Beispiel Unternehmen aus dem Bereich Mineralaufbereitung. Diese werden in den kommenden Jahrzehnten eine Schlüsselposition einnehmen, weil sie in der Lage sind, Abfälle in Rohmaterialien für die Fertigung umzuwandeln.

Eines ist jedenfalls sicher: Die Wertschöpfungskette wird komplexer denn je. Die Rollenverteilung entlang der Kette wird sich vollständig verändern: Verbraucher werden zu Erzeugern und möglicherweise sogar zu Abfallverwertern, und Erzeuger werden zu Händlern. Es stellt sich die Frage, ob es überhaupt noch eine feste Rollenverteilung geben oder jedes Segment der Handelskette sein eigenes Drehbuch schreiben wird.

Aus Erzeugern werden Dienstleister

Zu den ersten, die die Auswirkungen der Kreislaufwirtschaft auf die Wertschöpfungskette antizipieren werden, gehören die Erzeuger. Sie werden sich neuen und zyklischen Geschäftsmodellen öffnen müssen. Ebenfalls von entscheidender Bedeutung ist es, eine direkte Beziehung zum Endnutzer aufzubauen. Philips bietet seinen Kunden seit einiger Zeit die Möglichkeit, Lampen zu leasen – *Light-as-a-Service* sozusagen. Das Unternehmen nimmt außerdem alte Leuchtmittel zurück, um diesen ein zweites Leben zu ermöglichen. Andere Hersteller sind dazu übergegangen, gebrauchte Artikel am Ende der Produktlebensdauer zurückzukaufen.

In den Geschäftsmodellen der Kreislaufwirtschaft geben Hersteller und Erzeuger niemals das Eigentum an ihren Waren auf: Sie bleiben Eigentümer ihrer Produkte, und die Verbraucher zahlen einfach für deren Nutzung. Dies ist nur einer von vielen Fällen, in denen die Kreislaufwirtschaft und die Sharing Economy zusammenlaufen.

In den vergangenen Jahren habe ich unter anderem Peking und Shanghai besucht – und jedes Mal konnte man die Tausenden (inzwischen vielen Millionen) farbenfroher Fahrräder schlichtweg nicht übersehen, die von chinesischen Startups in den Städten angeboten werden. Sie lassen sich kostengünstig per Smartphone mieten. Ofo (mit Alibaba im Rücken) und Mobike (unterstützt von Tencent) sind die bisher erfolgreichsten Bike-Sharing-Firmen. Fahrten kosten nur 15 Cent die halbe Stunde. Die Benutzer können die Fahrräder abstellen, wo sie wollen – sie müssen nicht nach bestimmten Stationen suchen.[15] Die Popularität des Bike-Sharings ist in den großen Städten Chinas allerdings nach hinten losgegangen, da die Branche zu schnell gewachsen ist: Inzwischen verstopfen herrenlose und ungenutzte Fahrräder die Bürgersteige und türmen sich zu großen Haufen auf.[16]

In der Kreislaufwirtschaft werden Waren so entworfen und produziert, dass sie sich am Ende ihrer Lebensdauer ganz unkompliziert auseinandernehmen lassen. Das Ziel besteht darin, einen möglichst großen Teil davon ohne Qualitätsverlust wiederzuverwenden. Zerlegbare Produkte ermöglichen es, einzelne Materialien zurückzugewinnen oder sie in reinerer Form wiederzuverwenden. Verbrauchsgüter wie Zahnpasta oder Waschmittel sollten uneingeschränkt biologisch abbaubar sein.

Die Leistungsfähigkeit eines Produkts bestimmt seinen künftigen Erfolg. Dadurch kommt der Produktqualität eine sehr viel höhere Bedeutung zu. Auch deshalb ist die Zerlegbarkeit von Waren ein wesentlicher Bestandteil der Produktgestaltung. So lassen sich Teile ganz einfach erneuern oder ersetzen, und auch dies führt wiederum zu einer Verlängerung der Lebensdauer. Google hat sich mit dem Startup Phoneblock zusammengetan, um den Austausch von Kamera, Akku und Prozessor seiner Android-Handys zu erleichtern.[17]

Chancen für die Verbraucher: Käufer vs. Nutzer
Es gibt viele Verbraucher, die Papier, Glas, Textilien und Kunststoffe recyceln. Sie stillen auf diese Weise ihr Bedürfnis, zum Erhalt des Planeten beizutragen. Altes und Kaputtes bringen sie brav zum Wertstoffhof vor Ort. Auch ich empfinde immer ein Gefühl der Erfüllung, wenn ich Woche für Woche Papier, Glas und Plastik zum Recycling gebe und alte Klamotten zum Secondhandladen gebracht habe. Seit Jahren verkaufen die Menschen alte Kleidung, Bücher und Haushaltswaren auf privaten oder kommerziellen Flohmärkten. Manchem Möbelstück wird über einen Gebrauchtwarenladen ein zweites Leben geschenkt. In unserem digitalen Zeitalter werden die oben beschriebenen Prinzipien nun auch auf die Online-Welt übertragen. Online-Marktplätze wie eBay oder Plattformen, auf denen man Sachen verschenken kann – man denke etwa an Freecycle.org –, machen die Wiederverwendung einfacher denn je.

In der Kreislaufwirtschaft ändert sich die Rolle des Onlife-Verbrauchers grundlegend. In der linearen Wirtschaft war man es als Verbraucher gewohnt, am Ende der Kette zu stehen, die ein Produkt durchläuft. Stattdessen können sie nun gleich zwischen drei neuen zusätzlichen Produkt-Service-Systemen wählen.[18] Alle diese neuartigen Formen von »Eigentum« sind Möglichkeiten, wie Rohstoffe wiedergewonnen werden können.

1. Pay-per-Use
Was würde passieren, wenn die Menschen damit beginnen würden, den Zugang zu und die Nutzung von Gebrauchsgütern dem Eigentum daran vorzuziehen? Dies könnte einen radikalen Umbruch in der Gesellschaft bewirken und der Kreislauf- und Sharing-Wirtschaft einen unglaublichen Schub geben. Viele junge Menschen sind bereits durch ihre Smartphone-Verträge an das *Pay-per-Use*-Prinzip gewöhnt. Auch Unternehmen experimentieren damit oder haben sogar schon konkrete

Pläne gefasst, und die niederländischen Unternehmen MUD Jeans und Bundles setzen Pay-per-Use bereits in die Praxis um. Bei MUD Jeans können Verbraucher eine Jeans für 7,50 Euro pro Monat mieten. Das Unternehmen bleibt Eigentümer und nimmt die Hose nach einem Jahr zurück, um sie wiederzuverwenden oder als »Vintage-Jeans« auf der eigenen Website zu verkaufen. Beim Pay-per-Use-Modell bezahlt der Verbraucher (hier besser: der Nutzer) einen bestimmten Betrag oder eine monatliche Gebühr für den Gebrauch des Produkts. Der Hersteller behält das Eigentum am genutzten Gegenstand und ist für Wartung und Reparatur sowie am Ende auch für die Wiederverwendung der Ware verantwortlich.

Oder betrachten Sie das »Waschmaschine-as-a-Service-Modell« von Bundles: Das Unternehmen stellt bei den Nutzern eine hochwertige Waschmaschine auf, und diese zahlen dann für jede Ladung per App. Die Maschine verbleibt im Eigentum von Bundles und kann bei Bedarf zur Inspektion oder für ein Upgrade an das Werk zurückgeschickt werden. Bundles analysiert die Daten der Nutzer und unterstützt diese dann dabei, effizienter zu waschen, Energie und Waschmittel zu sparen und den Verschleiß der Maschine zu verringern.

Ähnliche Angebote in den Bereichen Kleidung, Heimwerkerartikel, elektronische Geräte usw. sind sicherlich vorstellbar. Warum sollte ein Produkt nicht durch eine Dienstleistung ersetzt werden können? Dieser Ansatz bietet offensichtliche Vorteile: maximale Nutzung des Produkts, wobei für den Nutzer keine Kosten für Anschaffung, Reparatur, Wartung oder Versicherung des Gegenstands anfallen und er gleichzeitig dazu beiträgt, die Gesellschaft nachhaltiger zu machen.

2. Kauf und Rückkauf

Eine weitere interessante Option für Verbraucher besteht im Rückkauf eigener Produkte durch die Hersteller oder Anbieter, nachdem eine bestimmte Nutzungsdauer verstrichen ist. Dieser Nutzungszeitraum beginnt mit dem Abschluss des Kaufvertrags. Danach kann der Anbieter oder Hersteller sein Produkt wiederverkaufen, überholen oder seine Bestandteile zur Herstellung neuer Waren verwenden.

3. Kauf und Weiterverkauf

Eine dritte Möglichkeit besteht darin, die Waren nach ihrer Verwendung an einen Abfallverwerter zu verkaufen. Dies geschieht natürlich vor allem dann, wenn Waren nicht mehr brauchbar sind oder niemandem mehr einen Nutzen bringen können. Die Verbraucher können sich darauf verlassen, dass Bestandteile und Materialien einer neuen Verwendung zugeführt werden. Und: Sie bekommen noch etwas dafür.

Läden und Online-Shops

Ladengeschäfte werden auch weiterhin als Bindeglied zwischen Erzeuger und Verbraucher fungieren, auch wenn die Kreislaufwirtschaft sie auf die Rolle des »Mädchens für alles« reduziert, dessen Aufgabe darin besteht, die Verbraucher von ihren Sorgen zu befreien. Langsam aber sicher beobachten wir eine immer stärkere Verschiebung weg vom Verkauf und hin zur Nutzung. Läden und Online-Shops vermitteln den Nutzern Serviceverträge, die von den Herstellern angeboten werden. Natürlich können sie diese Vereinbarungen mit eigenen Leistungen wie Einbau, Reparatur, Abholung und Verwertung ergänzen, wenn die Waren das Ende ihres Lebenszyklus erreicht haben.

Der Handel hat die Aufgabe, die Kreislaufwirtschaft anzukurbeln. Kunden großer Anbieter und Online-Shops können Erzeuger und Lieferanten zwingen, ihre Fertigungsmethoden zu überdenken und nachhaltiger zu werden. H&M etwa wird bis 2030 seine Produkte ausschließlich aus recycelten oder umweltfreundlichen Materialien herstellen.[19] Der schwedische Modehändler bringt bereits seit einiger Zeit jedes Jahr die Conscious Exclusive-Kollektion heraus, die nachhaltige Kleidung umfasst.[20] Die von IKEA unter der Bezeichnung »People & Planet Positive« verfolgte Strategie konzentriert sich darauf, Kunden Inspiration für ein nachhaltigeres und gesünderes Leben zu Hause zu vermitteln. Zudem wird eine Geschäftspraxis ohne Abhängigkeit von Ressourcen angestrebt.[21] Walmart hat angekündigt, bis zum Jahr 2025 50 Prozent seiner Energie aus erneuerbaren Quellen beziehen zu wollen.[22]

Eine weitere Möglichkeit besteht darin, Waren, die am Ende ihres Lebenszyklus zurückgekauft werden, tatsächlich als zusätzliches Betriebskapital zu betrachten. Infolgedessen müssen (Online-)Kaufhäuser, Erzeuger und Verbraucher in der Tat am Ende womöglich weniger ausgeben. Für alle Beteiligten ist es interessant, zu sehen, ob bestehende Waren oder Teile davon repariert oder wiederverwendet werden können.

Neue Geschäftsmodelle

Lacy und Rutqvist beschreiben fünf neue Geschäftsmodelle:[23]

1. Circular-Supply-Chain. Diese Modelle legen den Schwerpunkt auf die Herstellung von Waren durch Einsatz nachwachsender und/oder biologisch abbaubarer Rohstoffe. Am Ende wird sich zeigen, dass solche Waren günstiger sind als Dinge, die aus traditionellen Materialien hergestellt werden. Zudem werden die Erzeuger feststellen, dass ihre Abhängigkeit von Materialien aus dem Ausland sinkt. Online-Händler können den Verkauf solcher Waren fördern, indem sie die Auswahlkriterien für die Suche nach ihrem Sortiment um den Begriff »Nachhaltigkeit« erweitern.

2. Wiederverwertung und Recycling. Dieses Modell beschäftigt sich mit der Herstellung von Waren durch Recycling oder Upcycling von Abfällen. Recycling ist die Gewinnung von Rohstoffen aus Abfallmaterial, aus denen dann etwas Neues produziert werden kann. Unter Upcycling versteht man die Wiederverwendung eines Objekts oder seines Materials ohne vorherige Zerlegung. Beim Recycling wird tendenziell mehr Energie verbraucht als beim Upcycling. Beide Methoden werden hauptsächlich von Akteuren angewandt, bei denen große Abfallmengen anfallen. Der Handel könnte dafür sorgen, dass Alt- und Gebrauchtwaren stets bei solchen Verwertern landen.

3. Lebenszyklusverlängerung. Es gibt verschiedene Möglichkeiten, die Lebensdauer von Gütern zu verlängern: Reparatur, Verbesserung oder Aufarbeitung oder sogar der einfache Weiterverkauf. Den Händlern fällt dabei die Aufgabe zu, als Vermittler zu fungieren: Sie bieten Ersatzteile an und stellen online umfangreiche Produktinformationen zu Kleinreparaturen zur Verfügung, sodass die Endverbraucher diese Reparaturen selbst durchführen können.

4. Kollaborationsplattformen. In diesem Bereich geht es um Möglichkeiten zur optimalen Nutzung von Waren – durch gemeinsame Verwendung, Vermietung oder Weiterverkauf. Dieser Ansatz ist besonders interessant für Händler, die bereits eine Online-Plattform betreiben und damit mehr Geld verdienen möchten.

5. Product-as-a-Service. In diesem Fall behält der Hersteller das Eigentum an der Ware und bietet sie den Verbrauchern stattdessen als Dienstleistung an. In diesem Modell schließen die Händler Verträge mit den Verbrauchern oder verkaufen diese weiter, oder sie bieten den Verbrauchern ein Umfeld für die Nutzung solcher Services an.

Das Paradox der Kreislaufwirtschaft

Das Paradox der Kreislaufwirtschaft ist einerseits – aufgrund der Materialknappheit – eine Notwendigkeit, andererseits aber auch eine Chance, denn es bringt neue Geschäftsmodelle hervor und schafft Arbeitsplätze. Nach Schätzungen von McKinsey kann eine Verlagerung auf die Kreislaufwirtschaft der globalen Ökonomie bereits 2025 einen zusätzlichen Gewinn von einer Milliarde US-Dollar einbringen.[24] In Europa könnte die verarbeitende Industrie von den Einsparungen bei Rohstoffen profitieren, die sich 2025 auf 630 Milliarden Dollar aufsummieren könnten. Laut dem Aktionsplan zur Kreislaufwirtschaft wird die EU von einer besseren Handelsbilanz in einer Größenordnung von 90 Millionen Pfund profitieren. Neue Jobs werden entstehen: Makler, bei denen die Verbraucher ihre gebrauchten Waren loswerden, Entwickler einfach zu zerlegender Produkte, Techniker, die in der Lage sind, langlebige Waren zu reparieren oder sie auf Wiederverwendung oder Demontage vorzubereiten, und Verwaltungsfachleute, die eine Bestandsaufnahme der Rohstoffe durchführen können. McKinsey erwartet, dass in den nächsten fünf Jahren in den USA 100.000 und in der EU 160.000 neue Arbeitsplätze entstehen werden.[25] Dies sind ernst zu nehmende Zahlen, die die Bedeutung und das Potenzial der Kreislaufwirtschaft weiter unterstreichen.

Das ist im Übrigen auch gut so, denn die Rohstoffnutzung hat sich zwischen 1980 und 2020 verdoppelt und wird sich von 2020 bis 2050 noch einmal verdreifachen, wenn wir das aktuelle Wachstum fortschreiben. Mit steigendem Wohlstand wird auch der Rohstoffbedarf zunehmen. Das lineare System ist dann irgendwann vollständig ausgereizt. Im Jahr 2012 hatten 32 Prozent aller kleinen und mittleren Unternehmen Schwierigkeiten bei der Rohstoffversorgung, und 40 Prozent gehen davon aus, dass dies langfristig zu einem ernsthaften Problem werden wird.[26]

Zwar sind die Möglichkeiten beträchtlich und es gibt ja auch einen offensichtlichen Veränderungsbedarf, aber alle an der Wertschöpfungskette Beteiligten müssen dazu eine Reihe von Hindernissen überwinden.

Das Paradox für Unternehmen

Die meisten Händler sind naheliegenderweise nicht begeistert von der Idee, sich auf ein nachhaltiges Geschäft einzulassen. Sie neigen eher zum Zaudern und handeln nicht proaktiv, sondern wollen sich vielmehr erst einmal genau ansehen, wie sich innovatives (und oft staatlich subventioniertes) Handeln bei Startups in der Kreislaufwirtschaft entwickelt. Es gibt keine Geschäftsmodelle, die ihnen kurzfristig Profit bringen. Deswegen sehen sie sich erst einmal an, woher der Wind weht. Vor allem bleibt abzuwarten, wo die Unternehmen ihre Rolle zwischen Erzeugern und Konsumenten finden werden.

Kurz- wie langfristig trägt die Kreislaufwirtschaft den direkten finanziellen Interessen von Unternehmern und Aktionären nicht unbedingt Rechnung. Vielmehr ist das Gegenteil der Fall. Wichtige Prinzipien der Kreislaufwirtschaft – wie das gemeinsame Verwenden von Waren oder die Erhöhung ihrer Lebensdauer – stehen in direktem Widerspruch zu den linearen Prinzipien der Umsatz- und Gewinnsteigerung. Außerdem kostet Recycling immer noch Geld, zumal es nicht möglich ist, 100 Prozent der Rohstoffe zurückzugewinnen. Wie aber kann ein Händler Geld verdienen, wenn er versucht, dafür zu sorgen, dass Produkte eine möglichst lange Lebensdauer aufweisen?

Grundlage des traditionellen Handels ist der Verkauf von Waren, die dem Kunden als Ersatz für nicht mehr brauchbare Waren dienen. Und genau dieser Bedarf verschiebt sich dank neuer Materialien und verbesserter Fertigungsmethoden immer weiter nach hinten. Fragen Sie einfach mal einen Autohändler oder einen Elektrofachverkäufer. Es war die Politik und nicht die Industrie, die beschloss, herkömmliche Glühbirnen zu verbieten, weswegen wir alle auf Energiesparlampen umsteigen mussten.

Wenn es um die Entwicklung neuer Geschäftsmodelle geht, mit denen sich Kosten senken lassen und den Verbrauchern ein Mehrwert geboten werden kann, müssen die Unternehmen einfach kreativ werden. Solange der Druck fehlt und sich auf traditionellem Wege noch genügend Gewinne erzielen lassen, werden die Unternehmen nicht auf den Zug aufspringen. Es sind die großen Firmen, die bei dem Paradigmenwechsel von der linearen zur Kreislaufwirtschaft die Speerspitze bilden müssen – Technologieunternehmen wie Amazon, Apple, Facebook, Google, Microsoft und Alibaba. Amazon ist derzeit sehr daran interessiert, das gesamte Thema Nachhaltigkeit auszublenden.[27] Der Technologieriese hat mit Problemen in den Bereichen Mitarbeiterführung und Recycling zu kämpfen, und Zahlen zur Nachhaltigkeit liegen noch nicht einmal vor. Organisationen wie Greenpeace und Climate Counts haben jedoch festgestellt, dass es nur eine Frage der Zeit ist, bis die Verbraucher damit beginnen, das Unternehmen am Umgang mit diesen Fragen zu messen.[28]

Apple, Google und Microsoft dagegen haben nachhaltiges Denken zu einem Bestandteil ihres täglichen Geschäfts gemacht. Mit dem Slogan »Unser Planet verdient unser Bestes« hat Apple schon vor Jahren die Vorreiterrolle übernommen. Der Demontageroboter Liam zerlegt 1,2 Millionen iPhones im Jahr, 93 Prozent aller Fertigungsstätten nutzen erneuerbare Energien, und Apple ist der Nachweis gelungen, dass die Verwendung umweltfreundlicher Materialien tatsächlich möglich ist.[29] Das Unternehmen hat sogar angekündigt, darauf hinzuarbeiten, dass alle seine Produkte aus recyceltem Material und wiederverwendeten Waren hergestellt werden.[30] Google hat in saubere Rechenzentren investiert und durch die Erfassung von Daten aus Google Earth, Google Forest Watch und dem Sunroof Project einen Beitrag dazu geleistet, unseren Planeten sauberer zu machen. Auch Microsoft gilt allgemein als Vorreiter für nachhaltiges Wirtschaften. Das Unternehmen verbraucht jährlich mehr als 2,5 Milliarden Kilowattstunden an erneuerbaren Energien. Der Anteil der Erneuerbaren in den US-amerikanischen Einrichtungen beträgt sage und schreibe 100 Prozent. Damit handelt Microsoft noch ökologischer als Apple und Google.[31]

Das Paradox für die Staaten

Für die Regierungen der einzelnen Länder besteht das Paradox in der Notwendigkeit, gemeinsam auf die Kreislaufwirtschaft hinzuarbeiten. Ihr Einfluss beschränkt sich jedoch weitgehend auf Politik, Pläne, Vorschriften und Maßnahmen auf der nationalen Ebene. In Europa ist die uneinheitliche Umsetzung der EU-Vorschriften zur Rücknahme von Haushaltsgroßgeräten durch Online-Shops für die Verbraucher ausgesprochen frustrierend. Noch immer müssen Online-Shops in Ländern, die die Einhaltung dieser Vorschriften überwachen, mit jenen in Staaten konkurrieren, in denen sich die Umsetzung erheblich verzögert hat. Außerdem ist ein beträchtlicher Teil der nationalen Regierungen nicht in der Lage, die Präsenz ausländischer Unternehmen in ihrem Heimatmarkt angemessen zu beaufsichtigen.

Die Rolle der nationalen Regierungen darf sich jedoch nicht mehr auf das eigene Land beschränken. Der einzige wirkliche Impuls für die Kreislaufwirtschaft lässt sich durch eine Zusammenarbeit der Länder erzeugen. In einer globalen Wirtschaft (mehr dazu in Kapitel 5) werden die Regierungen zunehmend gezwungen sein, über den Tellerrand zu schauen und gemeinsam mit anderen Ländern Vereinbarungen zu treffen und Politik zu machen. Die Ergebnisse der Pariser Klimakonferenz 2016 geben trotz der Kündigung des Klimaschutzabkommens durch die USA Anlass zur Hoffnung: Erstmals zeigten sich die Staaten dazu fähig, einen internationalen Konsens über die CO_2-Emissionen zu erzielen.

Der Ausbau einer globalen Kreislaufwirtschaft erfordert die Unterstützung aller beteiligten nationalen Regierungen. Sie können den entscheidenden Impuls geben – durch die Weitergabe von Informationen und die Sensibilisierung für das Thema. Sie können mithilfe von Gesetzen und Vorschriften die Abfallproduktion eindämmen und Anreize für Hersteller schaffen, Waren zu produzieren, die sich leichter reparieren, wiederverwenden, neuen Zwecken zuführen oder zerlegen lassen. So könnten Unternehmen beispielsweise in den Genuss von Steuervergünstigungen kommen, wenn sie die ökologischen Folgen ihres Handelns abfedern und die Kreislaufwirtschaft anregen würden. Nicht zuletzt kann die Regierung bei der Vernetzung ein verlässlicher Partner sein und alle relevanten Akteure zusammenbringen.

Die Vereinten Nationen haben sich im Jahr 2015 17 Ziele für eine nachhaltige globale Entwicklung gesetzt. Diese sollen bis 2030 umgesetzt werden. Regierungen und Unternehmen auf der ganzen Welt können sich bei der Entwicklung nachhaltiger Strategien und Wege zur Unternehmensführung an diesen Zielen orientieren.[32] Die Angelegenheit hat ja schon Fahrt aufgenommen: China hat die CACE gegründet, eine von der Regierung unterstützte Vereinigung zur Stimulierung des zirkulären Wachstums. Schottland hat einen eigenen Plan für die Kreislaufwirtschaft vorgelegt, und die Europäische Kommission hat in ihren Rahmenbedingungen für die Kreislaufwirtschaft neue und höhere Ziele für alle 27

Mitgliedstaaten festgelegt. EU-Kommissar Frans Timmermans, verantwortlich für das europäische Programm für Kreislaufwirtschaftspakete, will Unternehmen davon überzeugen, in diese Wirtschaftsform zu investieren.[33]

Das Paradox für die Verbraucher

Für die meisten Menschen ist Nachhaltigkeit wichtig, aber wenn es hart auf hart kommt, mangelt es ihnen oft an Geld, Zeit oder gutem Willen, sich zu beteiligen. Sie würden gerne Biolebensmittel essen und trinken, nur nicht jeden Tag. Ihnen ist klar, dass die Bestellung eines Kleidungsstücks in drei verschiedenen Größen nicht besonders verantwortlich ist, denn sie müssen ja zwei zurückgeben, aber trotzdem bestellen sie sie, weil es so einfach ist. Natürlich möchten sie gerne weniger Plastiktüten benutzen, aber wenn sie sich auf den Weg zum Einkauf machen, vergessen sie meistens, eine Tasche einzustecken. Sie trennen gewissenhaft ihren Müll und nehmen auch mal das Fahrrad – nur eben nicht jeden Tag. Vielleicht überlegen sie auch, sich Solarmodule, Ökostrom oder ein energieeffizienteres Auto zuzulegen, aber oft werden solche Pläne dann einfach nicht in die Tat umgesetzt. Außerdem sind viele Verbraucher bei diesem Thema ausgesprochen skeptisch: Kann ich sicher sein, dass mein Strom wirklich öko ist, meine Lebensmittel tatsächlich bio sind?

Trotzdem ist zu erkennen, wie sich die Mentalität der Menschen ändert, wenn auch sehr langsam. Aufgrund der größeren Transparenz rund um alle Aspekte der Wertschöpfungskette im Handel sind die Menschen heute besser dafür gerüstet, fundierte Entscheidungen zu treffen. Dank Internet sind alle Informationen dazu, woher die Materialien kommen und wie die von ihnen gekauften Waren hergestellt wurden, nur einen Klick entfernt. Second-Hand-Märkte, Sharing-Plattformen und Online-Marktplätze sind nicht nur deswegen so beliebt, weil man dort bares Geld sparen kann. Früher waren Besitztümer Zeichen von Erfolg und sozialem Status, heute glauben Onlife-Konsumenten dagegen, dass es genügt, sie zu nutzen.

Wie geht es weiter?

Ungeachtet der jahrzehntelangen Forderungen der Zivilgesellschaft nach Maßnahmen hat sich bislang niemand hervorgetan – auf internationaler Ebene schon gar nicht.[34] Bisher waren die Investitionen in Nachhaltigkeit überschaubar – egal, ob auf Prinzipien begründet oder kommerziellem Streben geschuldet. Der Nachhaltigkeitsarchitekt Thomas Rau sagt, dass der Übergang zur Kreislaufwirtschaft vor allem eines erfordert: ein Umdenken.[35] Dieses könnte durchaus durch ein Ereignis verursacht werden, das die Notwendigkeit von Veränderung signalisiert – und zwar schleunigst. Große Katastrophen oder schreckliche geopolitische Verschiebungen könnten uns leicht dazu bringen, unseren Kurs radikal zu ändern. So hat die Atomkatastrophe von Fukushima im Jahr 2011 der ganzen Welt deutlich gezeigt, wie anfällig unsere Gesellschaft und unsere Wirtschaft sind.[36] Die Annexion der Krimhalbinsel durch Russland und die nachfolgenden Wirtschaftssanktionen westlicher Länder haben uns dazu gebracht, über unsere Abhängigkeit von russischem Gas nachzudenken.[37] Eine kurze Zeit lang schien der Westen tatsächlich bereit, die Heizung im Winter herunterzudrehen. Wer weiß – vielleicht werden Donald Trumps Leugnen des Klimawandels, der Rückzug der Vereinigten Staaten aus dem Pariser Klimaabkommen und die Entscheidung der US-Regierung, Millionen von Arbeitsplätzen im Bereich fossiler Brennstoffe zu schaffen, sich noch als Weckruf für Länder, Unternehmen und Bürger erweisen.[38]

Die Umwälzung von der linearen zur Kreislaufwirtschaft wird nicht kommen, weil uns die Umwelt so wichtig ist: Am Ende geht es doch um Kostenvorteile, eine unkomplizierte Nutzung und vor allem um das Gefühl, einfach das Richtige zu tun. Wenn es uns gelingt, diese Schlüsselfaktoren für Veränderungen im Verhalten der Gesellschaft zusammenzuführen, dann wird Nachhaltigkeit zur neuen Normalität.

„Das Internet ist wie eine Naturgewalt. Es hat vier sehr starke Eigenschaften, die zu seinem endgültigen Triumph beitragen werden: Dezentralisierung, Globalisierung, Harmonisierung und Stärkung."

Nicholas Negroponte,
Professor für Technologie am MIT[1]

—

KAPITEL FÜNF

In der Plattformwirtschaft gilt: The Winner Takes It All

Traditionelle Wirtschaft	Plattformwirtschaft
Anzeigen	Metasuchmaschine
Warenhäuser	Marktplätze
Freihandel	Protektionismus
Globalisierung	(De-)Globalisierung
Lokaler Handel	Globaler Handel
Lokale Geschäfte	Weltweite Einkaufsökosysteme
Monopol	Monopson
Volkswirtschaft	Weltwirtschaft
Geschäfte/Online-Shops	Plattformen
Speichern	Omnichannel
Einigkeit macht stark	Amerika zuerst
Dorfbewohner	Weltbürger
Dörfer, Städte	Das globale Dorf

Auf der Welt ist so weit alles in Ordnung. Nach dem vom Legatum Institute jährlich veröffentlichten Prosperitätsindex, der unabhängig ist und unter anderem Reichtum, Wirtschaftswachstum, Bildungsgrad, Gesundheit, persönliches Wohlbefinden und Lebensqualität misst, stand die Welt nie so gut da wie heute.[2] Neue Arzneien verschaffen mehr Menschen ein längeres und gesünderes Leben als je zuvor. Bildung erlaubt es vielen Menschen in den Schwellenländern, sich allmählich aus der dort herrschenden extremen Armut zu befreien. Verbesserte Informations- und Kommunikationstechnologien haben uns zu Weltbürgern gemacht, und der Rest dieser Welt ist nur einen Mausklick entfernt. Bis 2020 werden voraussichtlich fast fünf Milliarden Menschen über das Internet vernetzt sein – ein wahrhaft globales Dorf.[3] In den letzten Jahrzehnten hat die technologische Entwicklung die Globalisierung enorm vorangetrieben. Folge war ein weltweiter Freihandel mit Waren, Dienstleistungen, Kapital und Arbeit. Ähnlich wie bei früheren Industrialisierungsschüben wurden hierdurch neue Märkte erschlossen, und die Entwicklung hat zu einer immensen Produktivitätssteigerung geführt und Milliarden von Menschen die Möglichkeit gegeben, ein besseres Leben zu führen.[4] Aber alles hat auch eine Kehrseite. Die großen Technologieunternehmen haben uns zwar die Welt ins Haus gebracht. Aber viele Bürger und Politiker sind besorgt über das Ausmaß ihrer wachsenden Macht und unsere starke Abhängigkeit von ihnen.

Aller Wohlstand kann nicht darüber hinwegtäuschen, dass die Welt immer noch unter der Bedrohung und den Auswirkungen von Krieg und Terror leidet. Die nationalen Regierungen knicken unter dem Druck neuer politischer Bewegungen und Gruppen ein. Ihr gemeinsamer Nenner: die Geringschätzung des politischen und wirtschaftlichen Establishments und seines endlosen Drangs nach Globalisierung.

Rechte Politiker glauben, in ihren jeweiligen nationalen Grenzen wieder für Recht und Ordnung sorgen zu müssen. Eine Deglobalisierung wird heute ernsthaft diskutiert. Dieser Drang spiegelt sich zunehmend auch im Wahlverhalten wider – die Wahl von Donald Trump hat dies sehr deutlich gemacht. In Europa hat der beträchtliche Zuzug von Geflüchteten in Kombination mit einer unberechenbaren Wirtschaft eine frustrierte und misstrauische Wählerschaft geschaffen, deren Einkommenssituation seit Jahren stagniert.[5] Die daraus resultierende Unzufriedenheit war ein wesentlicher Faktor für das unerwartete Ergebnis der Brexit-Abstimmung 2016.[6] Die negativen Auswirkungen der Globalisierung – veranschaulicht am

Beispiel strenger Steuergesetze und -vorschriften, struktureller Wirtschaftsreformen und einer massiven Staatsverschuldung – haben in vielen Menschen ein tiefes Gefühl des Unbehagens geweckt: Sie glauben, dass die Globalisierung insgesamt nicht zum Wohle der Menschheit ist.[7][8]

Aber auch auf der linken Seite des Spektrums sind Politiker enttäuscht – vom wachsenden Wohlstandsgefälle und der enormen Konzentration von Reichtum in den Händen einiger weniger Unternehmen und Einzelpersonen.[9] Und dies angesichts der Tatsache, dass die wirtschaftliche Entwicklung in der westlichen Hemisphäre und in Südostasien eigentlich auf dem Weg der Besserung zu sein scheint. Nach Schätzungen im Global Wealth Report verfügt ein Prozent der Weltbevölkerung über fast die Hälfte des gesamten Eigentums und Vermögens.[10] Die Softwareriesen aus dem Silicon Valley und ihre CEOs sind so zur Blaupause für eine extreme Verdichtung von Macht und Reichtum geworden.

Viele Politiker sind der Meinung, dass nicht nur diese Ungleichheit, sondern auch neue Unternehmen und technologische Entwicklungen destabilisierend wirken. Sie fürchten einen massiven Arbeitsplatzabbau in den kommenden Jahren und machen sich nicht zu Unrecht Sorgen um entstehende soziale Spannungen, die Folge von Robotisierung, künstlicher Intelligenz und maschinellem Lernen sein können. Das Gefühl von Unsicherheit und Misstrauen ist allgegenwärtig, und es richtet sich gegen das politische und wirtschaftliche Establishment.

In diesem Kapitel geht es um die »glokale« Plattformwirtschaft, die zwischen der globalen Welt und lokalen Gliederungen (zum Beispiel einem Stadtviertel) oszilliert. Diese Wirtschaftsform stellt Handel und Staat vor folgenschwere Probleme und nie dagewesene Herausforderungen. Gleichzeitig verlangt sie von ihnen in rabiater Weise, über den eigenen Tellerrand hinauszusehen.

Im ersten Teil des Kapitels werde ich auf aktuelle und neue Global Player im Handel eingehen. Sofern die Entwicklung sich fortsetzt, werden sie ihre Positionen auf dem Weltmarkt in den kommenden Jahren ausbauen und ungeahnte Machtmonopole bilden. Während sich die Onlife-Konsumenten begeistert zeigen, stellen sie für den Handel eine große Herausforderung dar – und für die nationalen Regierungen einen ständigen Grund zur Sorge.

Im zweiten Teil werde ich mich mit dem sogenannten Gefangenendilemma befassen, vor dem die lokalen Unternehmen stehen. Versuchen sie, im von den

Technologieriesen angestoßenen Konkurrenzkampf zu bestehen, oder verspricht es mehr Erfolg, stattdessen mithilfe traditioneller Ansätze aus dem Einzelhandel, bei denen der Kunde mit persönlichem Service verwöhnt wurde, eine starke Marktpräsenz vor Ort aufzubauen?

Im dritten Teil widme ich mich den verschiedenen Optionen der nationalen und europäischen Regierungsgremien, um die glokale Plattformwirtschaft in den Griff zu bekommen, da diese sich langsam, aber stetig zu einer Winner-Takes-It-All-Wirtschaft entwickelt.

Der Aufstieg der Einkaufsökosysteme

Im Laufe zweier Jahrzehnte haben wir immer wieder Unternehmen gesehen, die die Klaviatur des Internets virtuos zu ihrem Vorteil spielten und weltweit bahnbrechende Erfolge feierten. Viele von ihnen hatten ganz bescheiden als Startups in Garagen und Studentenwohnheimen begonnen: Die Gründer hatten sich einfach Möglichkeiten zur Wertschöpfung in bestehenden und auch neuen Märkten und Geschäftsbereichen zunutze gemacht. Mittlerweile sind diese frühen Online-Pioniere zu globalen Marktplätzen und Plattformen (Amazon, Alibaba, eBay), Suchmaschinen (Google), Technologieunternehmen (Apple, Microsoft, Samsung) und Einkaufsplattformen mit Fokus auf starken Binnenmärkten (Tencent/WeChat und JD.com in China, Rakuten in Japan und Südostasien) herangewachsen. Neue internationale Akteure sind in den letzten Jahren hinzugekommen, etwa Social Media-Giganten (Facebook, Instagram, Snapchat und Telegram), Sharing-Plattformen (Airbnb, Etsy, Uber) und Nischenplattformen für Mode (Zalando), Reisen (Expedia) und Hotels (Priceline/Booking.com oder Ctrip in China). Innerhalb von nur zwei Jahrzehnten haben sich diese Unternehmen zu den Platzhirschen in ihren jeweiligen Marktsegmenten entwickelt. Dank riesiger Binnenmärkte – China, Japan und den Vereinigten Staaten – entwickelten sie sich mit unglaublicher Geschwindigkeit und schufen dabei atemberaubende Zuwächse. Diese Unternehmen erwischten den perfekten Zeitpunkt für den Markteintritt, denn sie schöpften die Vorteile des Internets und der Digitalisierung voll aus. Ihr unglaubliches Geschick, die neue Wirklichkeit nach ihren eigenen Vorstellungen zu gestalten, ist fast erstaunlich.

Europa verpasst den Anschluss
Von den hundert größten Marktplätzen und Plattformen weltweit kommen 70 aus den USA, 25 aus China und nur 5 aus Europa. Es gibt kein europäisches Google, Facebook oder WeChat. Tatsächlich sind nur Booking.com, Spotify und Zalando Beispiele für den Versuch von Europäern, auf den Zug aufzuspringen.

Die Frage, ob die neuen Unternehmen sich auf dem Weg an die Spitze an die Regeln der Fairness gehalten haben, wird nur selten diskutiert. Schließlich haben sie die Vorteile von Pionieren in neuen wie bestehenden Märkten einfach optimal ausgenutzt. Unfassbar erfolgreiche Börsengänge und Jahresumsätze in einer Größenordnung von zig hundert Milliarden Dollar, Euro, Yuan und Yen haben diese Unternehmen an die Weltspitze katapultiert. Alphabet (Google), Amazon, Apple, Facebook, Microsoft (die »Big Five«) sowie Alibaba und Tencent (die »Seven Sisters«) heimsen immer mehr Marktanteile, Gewinn und Kapital ein. Ihre Profit- und Wachstumsraten überraschen Marktanalysten noch immer, und die Zahlen traditioneller Handelsmärkte wirken dagegen bestenfalls unbedeutend. Unübertroffene Renditen an der Börse und eine boomende Liquidität erlauben es ihnen, enorme Übernahmen zu tätigen und ihre globale Marktposition weiter auszubauen und zu stärken. Das Eindringen in benachbarte Märkte – denken Sie etwa an Automobilbranche, Biotechnologie, Unterhaltung, Finanzdienstleistungen, Gesundheitswesen, Medien und nicht zuletzt den Handel – ist selbstverständlich.

Ihr gemeinsames Merkmal besteht darin, dass es sich praktisch ausschließlich um Technologieunternehmen handelt. »Amazon ist ein Technologieunternehmen. Wir sind nur zufällig im Handel tätig«, lautet ein oft zitierter Satz von Amazon-Gründer und CEO Jeff Bezos. Milliarden Verbraucher nehmen die Leistungen dieser Plattformen ausgesprochen gerne in Anspruch, denn sie stellen den Kunden an die erste Stelle, bieten ihm jede Menge Vorteile und halten stets ihre Versprechen. Onlife-Verbraucher sind den Innovationen solcher Unternehmen gegenüber aufgeschlossen und spüren keine Nachteile des angeblichen Monopols, das diese Unternehmen in manchen Ländern haben sollen.

Diese Supermächte fungieren als Vermittler, die Verbraucher aus verschiedenen Bereichen zusammenbringen. Auch beim Eintritt in neue Märkte haben sie das Zeug zum Erfolg.

Weil sie an praktisch jedem einzelnen Schritt der Customer Journey beteiligt sind (siehe Tabelle »Globale Einkaufsökosysteme«), haben sie Zugriff auf jeden noch so kleinen Datenschnipsel der Endverbraucher.

Die nie dagewesene Betriebsgröße, der gigantische Einfluss und der stets verfügbare Cashflow führen dazu, dass diese Unternehmen die Infrastruktur und die Wertschöpfungskette im Handel nach ihrem eigenen Ermessen formen und gestalten können. Sie expandieren in Shopping-Portale und -Plattformen, erschließen sich Marktplätze und erweitern ihre Websites und Apps um Kaufoptionen. In den kommenden Jahren werden sich diese globalen Plattformen zu richtigen Einkaufsökosystemen entwickeln.

Globale Einkaufsökosysteme

	Alibaba	Amazon	Apple
Eigene Marke	JinglingX1	Kindle, Fire, Pinzon, AmazonBasics, Amazon Echo, Amazon Dash	iPhone, iMac, iWatch, Mac, iPod, Homepod
Lieferservice	Alibaba Logistics, Cainiao	Prime Now, FBA, Amazon Flex, Amazon Prime Air, Amazon Fresh, Instant Delivery, Amazon Shipping	-
Cloud-/ Web-Computing	Alibaba Cloud Computing	Amazon Web Services (AWS), Amazon Drive	iCloud
E-Mail-Service	-	Amazon Simple Email Service (SES)	iCloud
Shopping	Alibaba.com, Taobao TMall Global, 1688.com, Juhuasuan	Amazon.com, Amazon MarketPlace, Amazon Business, Amazon Go	Apple.com
Film/Serie/TV/ Video/Strea-ming-Service	TMall Box Office (TBO)	Amazon Video, Amazon Video Direct, Twitch	Apple TV
Musik/Streaming-Service	Alibaba Planet, Xioami Music	Prime Music	Apple Music
Fotoservice	Photo Bank	Prime Photos, Shutterfly (Fotodruck), Amazon Prints	Apple Photos
App Store	9Apps	Amazon App Store	Apple App Store
Nachrichtenservice	UC News	-	Apple News
Werbenetzwerk	Taobao, Tmall, Alimama	Amazon Advertising	Search Ads
Zahlungssystem	AliPay	Amazon Pay	Apple Pay
Betriebssystem	Yun OS	Fire OS	iOS, Mac OS X
Chatservice	Laiwang, AliWang-Wang, DingDing	Anytime	iMessage
TV-/Film-/Game-produktion	Alibaba Pictures Group	Amazon Studios	-
Treueprogramm	-	Amazon Prime	iPhone Upgrade
Heimlautsprecher	Genie	Echo	HomePod

Solche Einkaufsökosysteme sind nichts anderes als globale, miteinander verschaltete technologische Netzwerke, die in der Lage sind, Menschen und Unternehmen eine perfekte und nie endende Customer Journey zu bieten, bei der die gewünschten Waren und Dienstleistungen immer zur Verfügung stehen. Alles aus einer Hand anzubieten, gehört zu ihrem Erfolgsrezept: Onlife-Verbraucher finden dort so ziemlich alles, was sie brauchen. Die Einkaufsinfrastruktur wurde bis ins kleinste Detail personalisiert. Hersteller von Marken, Warenhäuser und Online-Shops finden hier alle erforderlichen Dienstleistungen der Wertschöpfungskette des Handels: Auftragsabwicklung, Zahlungsoptionen, Cloudservices oder ausgefuchste Liefer- und Treueprogramme, die alle Bestandteil des Ökosystems sind.

Facebook	Google	Microsoft	Tencent/Wechat
Oculus	Pixel, Nexus, Plus, Chrome, Google Home, Google Glass Enterprise, Nest	Xbox, Office, Windows Phone, Invoke Speaker	Weibow
-	Google Express	-	Ele.me
-	Google Cloud, Google Drive	Microsoft Cloud, Azure, OneDrive	Tencent Cloud
-	Gmail	Outlook	QQ Mail
Facebook Marketplace, Messenger	Google Shopping	MicrosoftStore.com	WeChat
Facebook Live, Instagram Live, Facebook TV	YouTube, YouTube Live Streaming, YouTube Gaming	Azure Media Service, Mixer	sv.qq.com, Penguins Esports, Now Live, Tencent Video
Facebook Music Stories	Google Play Music	Groove Music	QQ Music, Qzone, Kuguo
Facebook Moments, Instagram	Google Photos, Google Photo Books	Microsoft Photos	WeChat, Qzone
App Center, Gameroom	Google Play	Windows Store	WeChat Game, Ying Yong Bao
Facebook News	Google News	Microsoft News, News Pro	QQ.com, Tencent News
Facebook for Business, Facebook Ads	Adwords, AdSense, Analytics	Microsoft Advertising, Bing Ads	Tencent Social Ads, Tencent Open Platform
Messenger Payments	Google Pay	Microsoft Wallet	Tenpay, WeChat Pay, QQ Wallet
-	Android	Windows, Windows Mobile	TOS+
WhatsApp, Messenger	Google Hangouts	LinkedIn, Microsoft Teams	WeChat, QQ
-	-	Microsoft Studios	Tencent Penguin Pictures
-	-	Bing Rewards	-
-	Home	Cortana	Xiaowei

Die globalen Einkaufsökosysteme sind unübertroffen in der Nutzung der Plattform- und Netzwerkökonomie wie auch der Skalierungsmöglichkeiten zum eigenen Vorteil. Sie haben sich bewusst dafür entschieden, ihre ganz eigenen Dienstleistungen in exzellenter Qualität zu erbringen, und genau damit bauen sie ihre Marktposition – und damit auch ihre Macht – immer weiter aus. Auch (und vor allem) Verbraucher und kleinere Einzelhändler können sich diese Vorteile des Systems zunutze machen, auch wenn Letztere scheinbar mit dem monopsonartigen Verhalten der Einkaufsökosysteme zu kämpfen haben.

Monopsonartiges Verhalten?

Ein Monopson kann als Markt beschrieben werden, auf dem es nur einen einzigen Käufer gibt: den Monopsonisten. Er ist in der Tat der einzige Kunde, das Bindeglied für alle anderen Bestandteile der Wertschöpfungskette. Dadurch verfügt der Käufer über eine so starke Marktposition, dass er den Preis dessen, was er kaufen möchte, bestimmen kann. Da die einzelnen Verkäufer in der Wertschöpfungskette aufgrund ihrer schwachen Position nicht mehr in der Lage sind, ihre eigenen Preise zu beeinflussen, gibt es keinen echten Wettbewerb.[11]

Monopsone sind selten. Tatsächlich sind Staaten und Behörden die einzigen echten Monopsone, die wir kennen – beispielsweise sind sie alleinige Käufer etwa von Straßenneubauten. In einer Demokratie übt das Parlament die Kontrolle aus, um zu verhindern, dass die Regierung ihre Machtposition missbraucht. In der Wirtschaft liegt diese Kontrolle in den Händen von Aufsichtsgremien und Politikern.

In einem Monopol sind die Endnutzer – also im Zweifelsfall die Verbraucher – die potenziellen Verlierer, denn sie müssen sich gegebenenfalls mit einer ungerechten Preisinflation auseinandersetzen. In einem Monopson hingegen sind es die Unternehmen, die zu leiden haben. Die zunehmende Macht der Einkaufsökosysteme führt dazu, dass Einzelhändler immer mehr von diesen globalen Supermächten abhängig werden, ohne deren Vorhandensein sie jedoch keinerlei Hoffnung haben können, eine annähernd so große Anzahl von Kunden zu erreichen.

„Manche sagen, dass Google Gott sei; andere sagen, es sei Satan. Aber wenn Sie glauben, dass Google zu mächtig ist, dann machen Sie sich klar, dass – anders als bei anderen Unternehmen – nur ein Klick notwendig ist, und schon ist man bei einer anderen Suchmaschine gelandet."

Sergey Brin, Mitbegründer von Google[12]

Eines ist sicher: Google hat ganz gewiss den Ehrgeiz, sich zu einem globalen Einkaufsökosystem zu entwickeln. Als Eric Schmidt – CEO der Muttergesellschaft Alphabet – Amsterdam besuchte, habe ich mit mehreren Führungskräften des Konzerns gesprochen. Zum ersten Mal gaben sie zu, dass sie einen Punkt erreicht hatten, an dem es kein Zurück mehr gibt: In den kommenden Jahren wird Google ein Handelsunternehmen beispielloser Größe werden. Dafür, dass dies Wirklichkeit wird, sind die Tochtergesellschaften von Alphabet zuständig: Android (Mobiltelefone), Google Search (Suchmaschinen), YouTube (Videoservices), Google Home (Sprachassistenten für zu Hause), Google Apps, Google Maps, Google AdWords (Anzeigen) und natürlich nicht zuletzt Google Shopping.

Einkaufen per Google

Google Shopping ist die Handelsplattform des Unternehmens – und sie wird immer beliebter. Während Google Flights (Flugtickets) und Google Hotel Finder (Hotelbuchungen) noch in den Kinderschuhen stecken, hat sich Google Shopping bereits als die Einstiegsplattform für den Einzelhandel etabliert. Das Werbebanner oben auf der Seite über den Suchergebnissen ist unübersehbar. Zwar mag es im Kleingedruckten Hinweise darauf geben, dass das Banner von Google Shopping gesponsert wird, aber Layout und Inhalt überstrahlen die weiter unten auf der Seite angeordneten normalen Suchergebnisse ohne Probleme. Dem Handel dagegen steht die Möglichkeit, solche Werbebanner mit optisch ansprechenden Produktfotos selbst zu kaufen, gar nicht zur Verfügung. In den Suchergebnissen von Google Shopping gelistet zu werden, ist eine Sache, für die Unternehmen bereit sind, tief in die Tasche zu greifen. Das dahinterstehende Auktionssystem treibt den Preis noch einmal auf ein höheres Niveau, wofür Google allerdings im Gegenzug zumindest einige Optimierungswerkzeuge anbietet. Noch wichtiger ist die Tatsache, dass ein Online-Shop bei Geschäften mit Google Shopping dazu verpflichtet ist, alle Daten, die gesammelt wurden, an Google weiterzugeben. Die Suchmaschine erhält somit die besten (Produkt-)Informationen der Welt frei Haus und kann sie uneingeschränkt nutzen. Google kickt den Ball sozusagen selbst aus dem Spiel – und hat auch keine Hemmungen, am Ende seinen eigenen Webshop zu eröffnen und die erhaltenen Produktinformationen vollständig in diesen Shop zu integrieren. Zahlungen würden dann über Google Pay abgewickelt und Waren anschließend per Google Express geliefert. 2017 verhängte die Europäische Kommission gegen Google wegen Machtmissbrauchs eine Geldstrafe von 2,7 Milliarden US-Dollar, denn das Unternehmen hatte das eigene Google Shopping in den Suchmaschinenergebnissen oberhalb anderer Vergleichsseiten gelistet.[13]

Hinter den Entwicklungen bei Google Shopping (siehe Kasten), Google Flights und Google Hotel Finder steckt keine Zauberei. Ob durch den Erwerb von Nest (intelligente Thermostate), die Entwicklung eines selbstfahrenden Autos, der Zurverfügungstellung eines eigenen Webbrowsers (Google Chrome) an die Nutzer und eigene Zahlungsoptionen (Google Pay), das Hinzufügen von bezahlten Kanälen zu YouTube, um zu Netflix in Konkurrenz zu treten, das Anbieten von Tausenden von E-Books über Google Play, den Rollout einer eigenen Tablet-Produktlinie (Nexus) oder das Aufstellen von Google Home in unseren Küchen und Wohnzimmern: Der Onlife-Verbraucher stolpert einfach überall über Google.

Fügen Sie jetzt noch die Daten von Milliarden Suchmaschinenbenutzern und über zwei Milliarden Android-Usern hinzu, dann wird offenbar, dass Händler – insbesondere solche aus Europa – nicht um Google Shopping herumkommen. Googles Marktanteil von über 90 Prozent in fast allen der 31 europäischen Länder sowie in den afrikanischen und asiatischen Ländern (außer China)[14] legt die Frage nahe: Kann ein Händler irgendwo auf der Welt noch ohne Google als primäre Suchmaschine auskommen?[15]

Da Google andere Einkaufsökosysteme im Nacken sitzen, ist der eingeschlagene Weg zum Handelsunternehmen womöglich unvermeidlich. Amazon etwa sichert sich allmählich einen immer größeren Anteil am Suchmaschinenkuchen – Googles Kerngeschäft. In jedem Land, in dem Amazon sein erfolgreiches Kundenbindungsprogramm Prime eingeführt hat, hat Google in der Folge erheblich an Marktanteilen verloren. Treue Amazon-Kunden rufen bei der erstmaligen Suche nach Waren und Dienstleistungen nicht mehr Google auf, sondern ihr Weg führt direkt zu Amazon.[16] Der Name »Amazon« ist – zumindest in den USA – auf Google sogar zum meistgesuchten Begriff im Bereich Handel geworden.[17] Auch in Deutschland hat sich Amazon zur führenden Suchmaschine im Handel entwickelt.

Amazon ist der Laden, der alles hat. Und der sich den Handel weltweit einverleiben will.

Eugene Wei
Amazon-Stratege von 1997 – 2004[18]

In den letzten zwei Jahrzehnten hat sich Amazon von einer Online-Buchhandlung zu einem globalen Einkaufsökosystem entwickelt, das seinesgleichen sucht. Und das sicher nicht zu Unrecht: Rund eine Milliarde Artikel hat das Unternehmen auf Lager – und darf sich deswegen mit Fug und Recht mit dem Etikett *Allrounder* schmücken. Alle Verkäufe werden über die eigenen Lager und den Amazon Marketplace abgewickelt. Das Unternehmen ist in über 200 Ländern aktiv, verfügt über mehr als 300 Millionen aktive Kundenkonten und ist in fast allen westlichen Ländern ungeschlagener Marktführer.[19] Amazon hat einen Anteil von fast 50 Prozent am Online-Handel in den Vereinigten Staaten.[20] In Großbritannien, Frankreich und Deutschland liegen die Zahlen zwischen 20 und 30 Prozent. In China dagegen mit seinem staatlich geschützten Markt wurde Amazon ein Höchstanteil von 2 Prozent verordnet.[21] Seit 1997 an der Börse, verzeichnet das Unternehmen seither Jahr für Jahr ein Rekordumsatzwachstum gegenüber dem jeweiligen Vorjahr und ist damit nach Walmart das größte Handelsunternehmen der westlichen Welt.[22] Das Amazon-Lager und der Marketplace wachsen jährlich um 20 bis 30 Prozent.[23] Möglicherweise noch bedeutsamer ist die Tatsache, dass seit einigen Jahren rund 50 Prozent der Wachstumsrate bei den Ausgaben der Verbraucher im Online-Shopping auf das nach wie vor profitable Geschäftsmodell von Amazon zurückzuführen sind.[24]

Viel wurde in den letzten Jahren über den angeblichen Machtmissbrauch durch Amazon gesagt und geschrieben. Eindeutig ist, dass das Unternehmen den Druck auf Partner und Unternehmen, die am Marketplace teilnehmen, langsam erhöht. Seit Jahren besteht Amazon auf dem Recht, selbst den niedrigsten Preis anzubieten.[25] Folglich müssen die Händler niedrigere Gewinnmargen akzeptieren. Es ist nicht ungewöhnlich, dass Amazons Abwicklungsservices (Fulfillment by Amazon, FBA) seine Provision für die Handelsspanne der Waren von jetzt auf gleich ohne Ankündigung verdoppelt oder verdreifacht – beispielsweise in der Vorweihnachtszeit![26]

Ähnlich wie bei Google vergibt Amazon den besten Platz – d. h. den ersten sichtbaren Platz auf dem Amazon Marketplace – an den Meistbietenden. Weltweit geben Einzelhändler jedes Jahr mehr als 10 Milliarden Dollar für Provisionen und Vergütungen aus. Viele Händler vertreten die Ansicht, dass dies eine unerbittliche Abwärtsspirale ist. Am Ende wird es nur einen einzigen klaren Gewinner geben: Amazon.

Die Konkurrenz für die Online-Shops und Marken auf dem Amazon Marketplace durch den unternehmenseigenen Superstore im Web ist schon seit Langem offensichtlich. Verkauft sich ein Produkt auf dem Marketplace gut, dann dürfen Wetten darauf abgeschlossen werden, dass es alsbald bei Amazon selbst zu haben und auch auf Lager ist. Und dies selbstverständlich zu einem niedrigeren Preis.[27] Auch hat der Technologieriese keine Bedenken, eigene Marken auf den Markt zu bringen, um mit Händlern zu konkurrieren, die sich dafür entscheiden, das Amazon-Ökosystem zu verlassen. Eigenmarken für Haushaltsgeräte (Pinzon), Tablets (Kindle), Computerzubehör (Amazon Basics), Mode (Society New York, Lark and Ro, Franklin and Freeman), Kaffee (Happy Belly) und Babynahrung (Mama Bear) sind Beispiele dafür, dass Amazon seine Produktpalette immer weiter ergänzt: mit Schuhen, Schmuck, Uhren und nicht zuletzt Lebensmitteln.[28]

Amazons Whole Foods-Deal

Für viele Lebensmittelhändler hat die Nachricht, dass Amazon die Whole Foods-Märkte gekauft hat, den schon längst fälligen Ausschlag gegeben, sich endlich mit dem Gedanken zu befassen, wie man die physische Einkaufswelt wiederbeleben könnte. Abgesehen davon, dass Amazon im Lebensmittellieferbereich vorankommen und weitere Premium-Lebensmittelanbieter gewinnen will, bietet diese Maßnahme dem Unternehmen auch die Möglichkeit, seine Innovations- und Integrationskarte auszuspielen. Amazon kann Online- und Offline-Welt wahrhaftig verknüpfen und eine Reihe seiner Produkte zusammenführen. Erstens erhält der Online-Händler auf diese Weise Zugang zu Immobilien mit viel Laufkundschaft und zudem eine Wissensgrundlage dafür, wie man ein derart stark frequentiertes Geschäft betreibt. Zweitens besitzt Amazon dadurch Orte, an denen Amazon Go implementiert werden kann, denn dies bildet die Grundlage dieser Technologie. Drittens wird eine Basis für den Ausbau der bestehenden Lebensmitteloptionen Amazon Pantry und Amazon Fresh geschaffen, die exklusiv Prime-Mitgliedern zugänglich sind. Viertens wird hierdurch die Attraktivität von Amazons Alexa und Echo Dot als wesentliche Elemente des

»Speak & Spend-Prozesses« gesteigert, denn Amazon will sich mit seinen Smart Home-Lautsprechern einen Platz in jeder Küche sichern.[29] Fünftens schließlich liegt der große Gewinn für Amazon in der Kombination aller gesammelten Daten von Online- und Offline-Kunden.

Bedenken

Die großen Technologieunternehmen selbst sind lautstark dabei, jede Art von Monopol oder Monopson zu leugnen. Schließlich bieten sie den Verbrauchern die besten Informationen, eine beispiellose Versorgung zu perfekten Verkaufsbedingungen und den besten Preis an. Zwar gibt es in der Tat (noch) keine Anzeichen dafür, dass die Verbraucher unter überhöhten Preisen zu leiden hätten – dies wäre ein wesentliches Merkmal eines jeden Monopols. Gleichermaßen nachdrücklich weisen die Unternehmen den Vorwurf des Machtmissbrauchs zurück, dessen sie von den US-Marktaufsichtsbehörden und der Europäischen Kommission beschuldigt wurden. Schließlich zwingt doch niemand Einzelhändler oder Marken dazu, mit ihnen Geschäfte zu machen, oder etwa doch?

Sie neigen dazu, die Denkweise des venezolanischen Ökonomen Moises Naím zu übernehmen, der argumentiert, dass es einfach eine Frage der Zeit sei, bis es neuen Unternehmen und Startups gelingt, die Macht der derzeit so mächtigen Unternehmen zu beschneiden und selbst vermeintlich legitime Machtansprüche zu stellen.[30] Naím ist davon überzeugt, dass es nie einfacher als heute war, ohne große Investitionen in das eigene Unternehmen eine Milliarde Verbraucher anzusprechen. Auch der Wettbewerb mit den mächtigen Global Playern war noch nie so einfach, denn jede Firma kann sich von Anfang an als global agierendes Unternehmen aufstellen.[31] Insofern sei es einfach nur eine Frage der Zeit, bis jemand einen neuen Suchmaschinenalgorithmus, eine 3D-Social-Media-Umgebung, ein neues virtuelles Kaufhaus, ein neuartiges Konzept für einen intuitiven Marktplatz oder eine neue Blockchain-Anwendung entdeckt und die aktuellen Global Player damit direkt aus dem Weg fegt.

Es bleibt jedoch abzuwarten, ob sich diese Hypothese in einem Markt bewähren wird, in dem die Platzhirsche dazu neigen, die Zukunft der Startups zu bestimmen. Können Neueinsteiger wirklich mit der Innovationsfähigkeit, Größe und Reichweite dieser Plattformen mithalten – von den Budgets ganz zu schweigen? Wenn es den Technologieriesen nicht gelingt, die Startups in Schach zu halten, können sie sie immer noch einfach aufkaufen (und das ist ja nun in den letzten Jahren weiß Gott oft genug vorgekommen). Wie zum Beweis gelangte Naíms Buch erst zwei Jahre nach seinem Erscheinen in den Fokus der Öffentlichkeit, nachdem Mark Zuckerberg es ganz oben auf seine Leseliste gesetzt hatte.

Die tatsächlichen Bedrohungen für den offenen Markt und den Freihandel sind in der Tat nicht die Monopole der globalen Einkaufsökosysteme. Die wahre Gefahr geht vielmehr von Monopsonen innerhalb der Wertschöpfungskette des Handels aus. Das Wesen von Monopsonen besteht nämlich darin, dass sie andere in eine *Position der Abhängigkeit* zwingen: Ein Händler, der gefunden werden oder weltweit Geschäfte machen möchte, hat keine Möglichkeit, diese Plattformen zu umgehen. Natürlich sollte diese Abhängigkeit allen bewusst sein, allein: Sie ist bislang nur wenigen Regierungen, Händlern und Verbrauchern aufgefallen, geschweige denn, dass diese Maßnahmen dagegen ergriffen hätten.

Händler im Gefangenendilemma

Sollte der Handel die Einkaufsökosysteme nun als Bedrohung oder als Chance begreifen? Leider ist diese Frage schwerer zu beantworten, als es auf den ersten Blick den Anschein hat. Auf der ganzen Welt buhlen Millionen nationaler, regionaler und lokaler Geschäfte in Einkaufszentren, Einkaufsstraßen und im Internet um die Aufmerksamkeit der Onlife-Shopper. Die überwiegende Mehrheit entscheidet sich bei der Geschäftsabwicklung für Plattformen wie Amazon, Alibaba oder Google, obwohl sie durch das Mitwirken auf diesen Plattformen womöglich ihr eigenes Unternehmen in Gefahr bringen. Dieses Risiko müssen sie eingehen, denn es gibt einfach keine andere Möglichkeit, eine derart große Anzahl nationaler und internationaler Kunden zu erreichen. Überall gilt: Händler, die die Gewinnschwelle erreichen wollen, müssen sich vergrößern. Tendenziell betrachten sie die hohen Kosten für Werbung auf Google oder die Aufwendungen für Amazon und Alibaba als unvermeidliche Investition.

Viele von ihnen finden den Preis am Ende aber zu hoch. Trotz aller Erfolgsge-schichten von Unternehmen, die auf diesen Plattformen erfolgreich Geschäfte machen, gibt es unzählige Händler, deren Erfahrungen ganz anders aussehen: Die hohen Provisionen und Vergütungen, die sie zahlen müssen, haben ihr Geschäft zerstört, und die strengen Auflagen schränken sowohl ihren Handlungsspielraum als auch ihren Unternehmergeist ein. Jeder Online- und Offline-Händler, der über Amazon verkauft, weiß, dass er nicht nur mit anderen Einzelhändlern im Wettbe-werb steht, sondern auch mit Amazon selbst und seinem ständig wachsenden Portfolio an Eigenmarken. Für den Bekleidungshändler BareBones WorkWear, der seit 2004 bei Amazon verkauft, und auch für viele andere war dies Grund genug, praktisch alle Artikel von Amazon zu entfernen.[32]

Der Ausstieg stellt für die meisten Händler jedoch schlicht keine Option dar. Es ist praktisch undenkbar, dass es einen alternativen Business Case für Läden und Online-Shops geben könnte, der sich als globales Erfolgsmodell entpuppen würde.

Die großen Ketten gehen eigene Wege

Seitens traditioneller Warenhäuser, Handelsketten und Reisebüros sehen wir gegenwärtig alle möglichen verzweifelten Versuche, mit eigenen Omnichannel-Optionen (d. h. über alle erdenklichen Vertriebskanäle) die Verbraucherhaushal-te anzusprechen. Die Einrichtung eigener globaler oder auch nur nationaler On-line-Shopping-Plattformen ist für die meisten dieser ehemaligen Handelsriesen leider praktisch unerreichbar. Es gibt nur wenige große Warenhäuser, darunter etwa Walmart in den Vereinigten Staaten, denen es gelingt, ihre Kunden weltweit erfolgreich zu bedienen.

Selbst globale Ketten in etablierten Branchen wie Mode (H&M), Haushalts-waren (IKEA) und Abholmärkte (Metro) finden nur stark eingeschränkte Möglich-keiten vor. Ihre einzige wirkliche Alternative besteht darin, sich zu spezialisierten Portalen oder Plattformen zu entwickeln. Darüber hinaus müssen sie sich jedoch weiterhin auf die Inlandsmärkte konzentrieren, wo sie mit einem für das jeweili-ge Land maßgeschneiderten Angebot ihre Bestandskunden ansprechen können.

Dabei könnten sie sich bei Unternehmen wie Apple und Samsung eine Scheibe abschneiden, die erfolgreich Einkaufsökosysteme um ihre eigenen Marken herum aufgebaut haben. Als etablierte Omnichannel-Händler, kombiniert mit unzähligen

Anwendungen (Siri, Bixby), Diensten (iTunes, iCloud, Samsung Music) und einer eigenen Zahlungsinfrastruktur (Apple Pay, Samsung Pay), gehören diese Unternehmen zu den Vorreitern einer neuen Generation von Marken, die sich entschlossen und bedingungslos als Einkaufsökosystem positionieren werden.

Der deutsche Händler Zalando hat ähnlich hoch gesteckte Ambitionen. Zunächst einmal möchte man sich dort zu einer europäischen Handelsplattform für Online- und Offline-Modehändler entwickeln. Letztendlich jedoch schwebt dem Unternehmen vor, das Ökosystem für den Modeeinkauf in Europa zu werden. Bekleidungshersteller, Modemarken, Modehäuser, Zulieferer von Offline- und Online-Shops und Modestylisten: Sie alle sollen sich auf Zalando treffen, um Empfehlungen auszutauschen. Im Gegenzug hofft Zalando, Geld zu verdienen, indem die Plattform zwischen Kunden und Händlern vermittelt, Unternehmen bei der Feinabstimmung ihrer digitalen Strategie unterstützt und Lieferungen abwickelt. Zwar wird man sich mit einer geringeren Marge bei den Modeverkäufen begnügen müssen, hat aber auch niedrigere Kosten und geringere Lagerbestände vor Ort. Ein weiterer Vorteil besteht darin, dass die Kosten für den (relativ hohen) Retourenanteil dann von den jeweiligen Händlern und nicht von Zalando selbst getragen werden müssen.

Geschäfte vor Ort leben von der Nostalgie

Teil des Trends – d. h. des Widerstreits zwischen Globalisierung und Deglobalisierung – ist es, dass manche Menschen ihr Augenmerk wieder auf das Vertraute richten: auf lokale, regionale oder nationale Werte und Waren. Ungeachtet der Vorteile der Globalisierung suchen sie bei Geschäften und Marken, denen sie sich verbunden fühlen, nach echter menschlicher Aufmerksamkeit und Begegnung.

Aufgrund dessen werden sich lokale und regionale Firmen auch im nächsten Jahrzehnt in der Handelslandschaft behaupten. Ihre Kompetenz besteht in persönlicher Betreuung und Kundenbindung, und sie sind in der Lage, ausgezeichnete und einzigartige Produkte anzubieten – ganz zu schweigen von erstklassigem Service. In den kleinen Orten und innerhalb von Stadtvierteln trifft man sich im Supermarkt oder beim alteingesessenen Metzger, Bäcker, Gemüsehändler oder Käseladen, und dort werden überall lokal produzierte Waren angeboten.[33] Neue digitale Anwendungen unterstützen diesen Prozess. So können sich beispielsweise Menschen mittels einer App über Sonderangebote um die Ecke informieren oder herausfinden, welcher Laden ihnen die Einkäufe nach Hause liefert. Modernste lokale Genossenschaften und Online-Marktplätze schaffen es, Händler und Menschen aus der Nachbarschaft zusammenzubringen und das Gemeinschaftsgefühl zu stärken.

Dorfläden, die alle möglichen Dienstleistungen anbieten (und oft von ehrenamtlichen Mitarbeitern betrieben werden), sorgen dafür, dass auch kleine Gemeinden am Leben erhalten werden. Kommerzielle Buchhandlungen, die in kleinen und mittleren Städten oft Schwierigkeiten haben, werden zunehmend in Genossenschaften umgewandelt, die von Freiwilligen geleitet werden. Ich etwa habe ein Auge auf die kleine Dorfbuchhandlung in unserem Ort geworfen und werde sie gemeinsam mit anderen Freiwilligen übernehmen und betreiben, wenn der jetzige Besitzer in den Ruhestand geht, denn wir wollen, dass sie zum Wohle unserer Gemeinde geöffnet bleibt.

Auch in Großstädten sind Kauf- und Warenhäuser, Supermärkte, Reisebüros und kleine Einzelhandelsgeschäfte zu neuen gesellschaftlichen Zentren geworden. Dies gilt insbesondere für diejenigen unter ihnen, die die Möglichkeit bieten, online zu kaufen, Bestellungen noch am selben Tag abzuholen und eine Tasse Kaffee zu genießen oder etwas zu Essen zu holen. Das physische Ladengeschäft wird so zum ultimativen Ort, wo Kundenbindung entsteht – einem Ort, wo man auf persönlicher Ebene und ohne Vermittler kommunizieren und interagieren kann.

Concept Stores, bei denen sich alles um Staunen, Entdecken und Inspiration dreht, sind ebenfalls neu. Solche Geschäfte kombinieren – oft und gerne auch sektorenübergreifend – eine Vielzahl von Waren aus Bereichen wie Mode, Innenausstattung, Tiere und Kunst, bei denen der Schwerpunkt oft auf dem Lebensstil ihrer Zielgruppe oder des Ladenbesitzers liegt. Concept Stores gelingt es, sich eine eigene Nische zu schaffen, indem sie ihr Angebot auf einen bestimmten Lifestyle, ein bestimmtes Publikum oder die Leidenschaften und Visionen der Eigentümer ausrichten.

Neu hinzugekommen sind auch sogenannte Monostores, deren konzeptionelle Grundlage ein bestimmtes Thema bildet. Denken Sie etwa an Städtekurzreisen (alles von der Auswahl der Stadt bis zum Fotoalbum nach Ihrer Rückkehr) oder

Hochzeitsfeierlichkeiten, für die solche Läden ein Rundumsortiment vom Braut-
kleid über die Trauung bis zu den abschließenden Flitterwochen bereithalten.

Die Wiedergeburt der Einkaufsmeile

Neuartige Technologien wie Virtual Reality, Augmented Reality und Hologramme
(mehr dazu in den Kapiteln 2 und 7) tragen dazu bei, dass ein Besuch in der Innenstadt zu einer Zukunftserfahrung erster Klasse wird. Mit diesen Technologien können Kundenerlebnisse realisiert werden, deren Umsetzung in Geschäften andernfalls unmöglich wäre. Dennoch wird die Zahl der echten Geschäfte (jeder Form
und Größe), Reisebüros und Banken weiter sinken.[34] Dies ist der unaufhaltsame
globale Trend. Für die westliche Welt wird es in gewisser Weise eine Rückkehr in
die 1950er Jahre sein: Der Handel spielt sich in großen (oder auch mittelgroßen)
Städten ab, wo man als Käufer dann nebenbei noch den Blick auf ein paar Se-
henswürdigkeiten wie etwa ein historisches Stadtbild mitnimmt. Die Geschichte
wiederholt sich, denn damals mussten unzählige kleine Unternehmen Warenhäusern Platz machen, Discounter und Tante-Emma-Läden wurden von Supermärkten und Einkaufszentren verdrängt. Heute dagegen sind es diese Geschäfte,
die Gefahr laufen, von der Landkarte zu verschwinden. Heutzutage haben Menschen, die in Dörfern und mittelgroßen Städten leben, die Kataloge früherer Tage
durch Online-Shops, Marktplätze und Einkaufsplattformen ersetzt, die ihnen alles
liefern, was das Herz begehrt.

Unternehmer aus bestimmten Geschäftsbereichen haben die leeren Ladenlokale bezogen, etwa Hofläden, Reformhäuser, Physiotherapiepraxen, Fitness-
studios und Baumärkte. Sie werden in Zukunft vermehrt in unseren Innenstädten präsent sein. Filialen großer Warenhausketten, die sich heute noch meist am
Stadtrand oder im Industriegebiet befinden, werden zusätzlich Filialen in den
Stadtzentren öffnen, um ihrer Kundschaft näher zu sein. IKEA experimentiert mit
einem solchen Konzept bereits heute in Deutschland, Großbritannien, Kanada
und Australien. Namhafte Handelsunternehmen und Automarken eröffnen in den
Toplagen der Städte Flagship-Stores und virtuelle Showrooms.

Technologische Entwicklungen führen aber auch zu neuen Handelskonzepten. Mit den neuen 3D-Druckereien hat die Fertigung wieder Einzug in die lokale
Ebene gehalten, sei es als Produktionsstätte oder in Form eines Ladengeschäfts.

Kleinere Einzelhändler setzen heute zum Erhalt ihrer physischen Präsenz auf moderne Konzepte wie Pop-up-Stores oder Shop-in-Shop.

Erfolgreiche Online-Shops nutzen Lokale, um Treffpunkte anzubieten, Workshops oder Schulungen durchzuführen oder den Kunden ganz einfach die Möglichkeit zu bieten, Fragen persönlich zu stellen. Diese Filialen zielen weniger auf Umsatz ab und verstehen sich vielmehr als Service- und Kompetenzzentren.

Trotzdem sagt einem natürlich jeder Händler, dass auch die Einkaufsmeile nicht gegen den Wettbewerb durch die globalen Shoppingplattformen gefeit ist, zumal diese in den kommenden Jahren selbst physische Geschäfte eröffnen werden. Apple und Samsung konzentrieren sich auf den weltweiten Ausbau ihrer Netze mit sogenannten Experience Stores (natürlich nur in sorgfältig ausgewählten Lagen). Apple plant, seine Geschäfte in allgemeine Treffpunkte für die Menschen umzugestalten. Samsung hat in New York seinen Samsung 837 Store eröffnet: einen »digitalen Spielplatz«, kombiniert mit Modenschauen und Kochvorführungen. Google dagegen begeistert sich für seine Flagship-Stores, virtuellen Showrooms und Pop-up-Stores, wo selbstfahrende Autos, die neuesten VR-Brillen und Nest-Thermostate präsentiert werden.

Amazon plant, noch mehr eigene (Buch-)Läden, Pop-up-Stores und Supermärkte zu eröffnen.[35] Der bargeldlose Amazon Go-Supermarkt hat den Status des Pilotprojekts hinter sich gelassen und wird nun öffentlich umgesetzt.[36] Bei Amazon wird jetzt sogar über kleine Supermärkte mit Drive-In nachgedacht. Alle Amazon Go-Konzepte werden sicherlich in den Betrieb der kürzlich erworbenen Supermarktkette Whole Foods integriert werden. Amazon wird dann in den USA und Großbritannien nicht nur Lebensmittel und Getränke, sondern auch alle möglichen anderen Waren innerhalb weniger Stunden liefern oder Abholstellen eröffnen.

Trump: Glück im Unglück für den weltweiten Handel?
Die Wahl von Donald Trump zum Präsidenten der Vereinigten Staaten kann sich zumindest vorübergehend als sehr vorteilhaft für den Handel in aller Welt erweisen. Nationale Regierungen, die Europäische Union und ähnliche Institutionen werden gezwungen sein, ihre Position unter den geänderten wirtschaftlichen Gegebenheiten neu zu bewerten. Sie können es sich ange-

sichts einer protektionistischen Handels- und Arbeitspolitik und vor allem aufgrund der hohen Einfuhrbesteuerung wohl kaum leisten, nichts zu tun. Trumps Wirtschaftspolitik könnte für Händler, Einkaufsmeilen und On-line-Shops tatsächlich ein Segen sein, denn sie gewährt ihnen wertvolle Zeit und die Chance, sich doch noch neu zu erfinden.[37]

Die Winner-Takes-It-All-Wirtschaft

Ohne die Visionen und den Unternehmergeist der Internetriesen wäre die Welt heute sicherlich ein anderer Ort. Ihnen verdanken wir, dass wir unbegrenzten Zugang zu Informationen und Kommunikation haben und überall dort einkaufen können, wo wir wollen. Sie haben uns die Welt zu Füßen gelegt. Ihnen ist es zu verdanken, dass sie heute wirklich ein globales Dorf ist.

Andererseits hat ihr Erfolg oft den Niedergang der lokalen Wirtschaft zur Folge. Spätestens jetzt, da wir kurz davorstehen, den konventionellen Einzelhandel in den Onlife-Handel zu überführen, sollten die nationalen Regierungen den Drang zum Handeln verspüren, um die glokale Wirtschaft dorthin zu lenken, wo sie hingehört. Der amerikanische Ökonom und Nobelpreisträger Paul Krugman glaubt, dass es gar nicht so wichtig ist, ob die Monopsone ihren Platz in der Gesellschaft auf ehrliche Weise gewonnen haben, sondern dass es nur darauf ankommt, ob sie ihre immense Macht missbrauchen. Und daran besteht laut Krugman kein Zweifel.[38]

Auf globaler Ebene gewinnt das Bedürfnis an Zugkraft, gegen die mächtigen globalen Technologieunternehmen vorzugehen. Dies entspricht den aktuellen politischen Entwicklungen, bei denen nationale Interessen neuerdings wieder zunehmend im Mittelpunkt stehen. Bedenken werden von der Legislative wie von Wettbewerbs- und Aufsichtsbehörden gleichermaßen geäußert.

In den USA hat es über zwanzig Jahre gedauert, bis der Gesetzgeber Amazon dazu zwang, lokale Umsatz- und Mehrwertsteuer zu entrichten.[39] Die japanischen Kartellbehörden haben Amazon wegen des Vorwurfs verklagt, Händler dazu gezwungen zu haben, Waren auf der Amazon-Website günstiger anzubieten als anderswo. Noch ein Beispiel: TripAdvisor, Expedia und Booking.com verboten Hoteliers, Zimmer auf ihren eigenen Websites zu einem niedrigeren Preis anzubieten. Sieben europäische Länder führten daraufhin Untersuchungen wegen Marktbeeinflussung durch. Erst hierdurch wurde Booking.com dazu gezwungen, seine »Tiefstpreisklausel« in verschiedenen Ländern anzupassen.

Europäische Sorgen

Vor allem in Europa sehen sich die internationalen Technologieriesen mit beträchtlichen Hindernissen aufgrund veränderter politischer Beziehungen und einer antiglobalistischen Stimmung konfrontiert. Von den europäischen Regulierungsbehörden wurde gegen Google, das mit dem Bündeln von Android-Apps gegen Kartellbestimmungen verstoßen hatte, eine Rekordstrafe in Höhe von fünf Milliarden US-Dollar verhängt.[40] Auch Amazon sieht sich mit einer Klage der französischen Regierung wegen unlauterer Handelspraktiken konfrontiert. Angeblich schränkt der Konzern Anbieter auf dem eigenen Marktplatz in erheblichem Maße ein.[41] Österreichische Handelsunternehmen reichten bei ihrer nationalen Wettbewerbsbehörde eine Beschwerde gegen Amazon wegen der Doppelrolle des E-Commerce-Riesen als Händler und Marktplatz ein.[42] Gleichzeitig denkt die britische Regierung über die Einführung einer sogenannten »Amazon-Steuer« nach, um die angeschlagenen lokalen Online-Händler dabei zu unterstützen, faire Wettbewerbsbedingungen im Handel wiederherzustellen.[43] Facebook wurde von der Europäischen Kommission wegen unrichtiger und irreführender Informationen zur Übernahme von WhatsApp mit einer Geldstrafe belegt. Zum Zeitpunkt der Übernahme hatte sich Mark Zuckerberg verpflichtet, personenbezogene Daten »keinesfalls« zwischen Facebook und WhatsApp auszutauschen. Trotz dieses falschen Versprechens und einer Geldstrafe von 122 Millionen Dollar lässt die Europäische Kommission den Datenaustausch zwischen den beiden Diensten nach wie vor zu.[44] Darüber hinaus beschweren sich die EU-Mitgliedstaaten lautstark und fortwährend darüber, dass die starken E-Commerce-Unternehmen endlich eine angemessene Steuerlast tragen sollten. Aus diesem Grund steht in der EU eine neue Steuergesetzgebung, die sogenannte Digitalsteuer, zur Diskussion, die auch für außereuropäische Unternehmen gelten soll.[45] Eine weitere Sorge der EU ist das ausländische Interesse an Unternehmen aus Branchen wie Automobil,

Biotechnologie, Unterhaltung, Finanzdienstleistungen, Medien, IKT und Handel. Sie fürchten eine zunehmende Marktbeherrschung.

Die Vereinigten Staaten liegen allerdings nicht falsch, wenn sie der EU vorwerfen, die Regeln während des Spiels zu ändern, zum Beispiel im Hinblick auf die steuerliche Veranlagung von Apple, die eine Schuld von 14 Milliarden US-Dollar für 2016 ergeben hat. Die Amerikaner vertreten die Ansicht, dass die gegenwärtige Situation eindeutig auf endlose Meinungsverschiedenheiten und mangelnde Harmonisierung und Stimmigkeit europäischer Gesetze und Vorschriften zurückzuführen sei. Man könne den Global Playern wirklich nicht vorwerfen, dass sie diese Situation jahrelang ausgenutzt hätten.

Im Jahr 2014 verabschiedete das Europäische Parlament einen Beschluss, demzufolge Internetunternehmen in marktbeherrschender Stellung zerschlagen und die Suchmaschinen vom Rest des betreffenden Unternehmens getrennt werden sollten. Die Androhung der Unternehmenszerschlagung hat sich schon in der Vergangenheit als erfolgreiche Strategie erwiesen – Microsoft dürfte keine allzu guten Erinnerungen an die ersten Jahre des neuen Jahrtausends haben. Es bleibt jedoch abzuwarten, ob das in der heutigen Welt genauso effektiv ist. Die Aufspaltung von Hightech-Großkonzernen wie Google und Amazon könnte für die anderen Vertreter dieser Gattung durchaus von Vorteil sein. Amazon konnte beispielsweise seinerseits beträchtlich davon profitieren, dass der Oberste Gerichtshof der Vereinigten Staaten 2015 feststellte, dass Apple sich aktiv an einer Absprache beteiligt hatte, die Verlage dazu zwang, höhere Preise für E-Books zu verlangen.[46]

Weil die amerikanische Politik und die Wirtschaft viel zu eng miteinander verstrickt sind und die chinesischen Technologieunternehmen ihr rasantes Wachstum zu einem Großteil der harten Hand des chinesischen Politik- und Wirtschaftssystems zu verdanken haben, wird es Europa sein müssen, das uns vor den großen Technologieunternehmen schützt – diese Ansicht vertritt zumindest der indische Berater und Autor Sangeet Paul Choudary: »Der Wandel muss von Europa ausgehen.« Europa hat nichts zu verlieren: Hier gibt es nur wenige Plattformen, und deswegen kann hier der Standard für die Plattformregulierung gesetzt werden.[47]

Trendwende

Die Regierungen wären gut beraten, verbindliche Bedingungen für den Eintritt in neue Geschäftsfelder festzulegen, um einen gewissen Schutz für die Wertschöpfungskette in diesem speziellen Markt zu bieten. Hierdurch könnte die Entstehung monopolistischer und monopsonistischer Praktiken an anderer Stelle verhindert werden. Zu erwarten, dass die Staaten strenge Bußgelder und Strafen für den Missbrauch der Marktmacht verhängen, ist eigentlich eine Selbstverständlichkeit. Folglich muss die Politik ihren Spielraum erweitern: Nicht nur die Nutzer brauchen Schutz, sondern auch Unternehmen in Märkten, die von Dritten abhängig sind. Floriert die Wirtschaft in einem Land nicht, dann wird die Volkswirtschaft dort in den kommenden Jahren an Substanz einbüßen, und sie wird auf Gedeih und Verderb den globalen Einkaufsökosystemen ausgeliefert sein.

Im Moment befindet sich die glokale Plattformökonomie am Wendepunkt zwischen global und lokal. Nationale Regierungen auf der ganzen Welt müssen den offenen Markt mit Freihandel einerseits und nationalistische protektionistische Politik andererseits unter einen Hut bringen. Dann – und nur dann – werden sie verhindern, dass sich die Glokalwirtschaft in eine Winner-Takes-It-All-Wirtschaft verwandelt.

„Der Grund, warum es den Anschein hat, der Preis sei alles, was Ihren Kunden wichtig ist? Nun, Sie haben ihnen ja auch nichts anderes gegeben, was ihnen wichtig sein könnte."

Seth Godin,
Autor und Unternehmer

KAPITEL SECHS

—

Mehr Einfluss für die Onlife-Verbraucher

Die Technologie entwickelt sich in einem beispiellosen Tempo, und ebenso schnell werden neue Möglichkeiten von den Verbrauchern übernommen. Zum ersten Mal in der Geschichte haben Unternehmen Schwierigkeiten, mit dem neuen Konsumverhalten Schritt zu halten. Ein paar Beispiele gefällig? Die Verbraucher haben darauf gewartet, dass sich Websites automatisch an das gerade benutzte Gerät anpassen – egal, ob PC, Tablet oder Smartphone. Und warum zum Teufel dauert es so lange, bis wir alle endlich ein schnelles 5G-Mobilfunknetz nutzen können, um unentwegt fernzusehen oder Netflix-Serien zu genießen, wo immer wir gerade sind? Warum bietet mein Handy immer noch keine fortschrittlichen Optionen für Augmented und Virtual Reality an? Und natürlich fände ich es schlichtweg fantastisch, wenn ich auf meinem Smartphone einen etwas ambitionierteren Personal Assistant hätte, der mehr kann, als nur gute Restaurants vorzuschlagen oder Termine für mich zu vereinbaren.

Was die derzeitige Revolution im Handel von ihren Vorgängern unterscheidet, ist, dass die Leute zum ersten Mal selbst alle Hebel in der Hand haben. Umwälzend sind nicht die neuartigen Technologien, sondern das durch sie ausgelöste Verhalten, das als Grundlage für die Revolution im Handel betrachtet werden kann. Ob Bürger, Kunde, Klient oder Patient: Alle sind sich einig, dass sie mehr, besseren und schnelleren Service wollen. Gibt es da draußen noch Verbraucher, die kein Einkaufserlebnis haben wollen, das einfacher, billiger, intuitiver, stärker personalisiert und zuverlässiger ist sowie besseren Service bietet?

In diesem Kapitel beschreibe ich den »neuen Verbraucher« entlang der Trennlinien von Digital Natives, Digital Immigrants und Digital Analphabets. Der zweite Teil des Kapitels beschäftigt sich mit den Triebfedern für Verhaltensänderungen und vier verschiedenen Typen von Onlife-Käufern. Im dritten Abschnitt werde ich erläutern, warum neue Technologien die Loyalität von Verbrauchern ganz wesentlich steigern. Big Data und der Informationskrieg zwischen Verbrauchern und Händlern ist Gegenstand des vierten Teils. Danach möchte ich zeigen, dass Normalverbraucher dank eines neuen Bewusstseins und einer veränderten Denkweise ihrerseits zu den mächtigen Verbrauchern der Zukunft aufsteigen. Am Ende werde ich den nächsten Kapiteln etwas vorgreifen, indem ich die einzelnen Schritte beschreibe, die die neue Customer Journey umfasst.

Beschreibung der Nachkriegsgenerationen

Nachkriegs-generationen	Alter	Ära	Eigenschaften
Digital Natives	*0-35 Jahre alt*	*Nach 1980 geboren*	*Verbraucher von morgen. Aufgewachsen mit Smartphones, Tablets, Wearables usw.*
NEU! Onlife-Generation, Plattform-generation	0-10 Jahre alt	Nach 2007 geboren	Verbraucher von morgen. Aufgewachsen mit Smartphones, Tablets, Wearables, Virtual und Augmented Reality usw.
iGeneration, Generation Z	10-20 Jahre alt	Nach 1995 geboren	Aufgewachsen mit WhatsApp, sozialen Netzwerken, Network Gaming. Fühlen sich global und sozial vernetzt. Extrem visuell orientiert. Sie arbeiten, um zu leben. Extrem interaktiv: früher Einsatz neuer Technologien.
Millennials, Generation Y	20-35 Jahre alt	Geboren zw. 1980 und 2000	Angehende Verbraucher. Aufgewachsen mit SMS, Chat, Videospielen, rund um die Uhr online. Starke und aufgeschlossene Multitasker. Technologie ist Lifestyle. »Me-and-Selfie-Generation«.
Digital Immigrants	*35-99 Jahre alt*	*Vor 1980 geboren*	*Verbraucher von heute. Aufgewachsen ohne Smartphones, Tablets, Wearables usw.*
Generation X	35-50 Jahre alt	Geboren zw. 1965 und 1980	Aufgewachsen mit PCs, E-Mails und Handys. Multitasker, produktorientiert. Das Leben ist mehr als nur Arbeit. Größte Online-Käufer.
Späte Baby-boomer-Generation	50-60 Jahre alt	Geboren zw. 1955 und 1965	Aufgewachsen mit dem Fernseher. Kamen später mit PCs und noch später mit Handys in Berührung. Haben aufgeholt. Die meisten weisen digitale Kompetenz auf.
Frühe Baby-boomer-Generation	60-70 Jahre alt	Geboren zw. 1945 und 1955	Aufgewachsen mit dem Radio. Arbeit ist Leben. Holen im Digitalbereich schnell auf. Jede Menge Zeit und viel Geld zum Ausgeben.
Stille Generation	Über 65 Jahre alt	Geboren zw. 1925 und 1945	Aufgewachsen mit Zeitungen, später mit dem Radio. Viele ältere Menschen, die sich schnell mit den digitalen Möglichkeiten vertraut machen. Andere hingegen bleiben digitale Analphabeten.

Die Zukunft der Digital Natives, Digital Immigrants und Digital Analphabets

Jede Generation ist – natürlich – auch ein Produkt ihrer eigenen Zeit mit ihren jeweils charakteristischen sozialen, wirtschaftlichen und technologischen Merkmalen. Die Generation, in der wir aufgewachsen sind, definiert unsere Werte, unsere Lebens- und Weltanschauung, unser Verhalten und – selbstverständlich – unsere Art einzukaufen.

Die heute lebenden Generationen lassen sich in Digital Natives und Digital Immigrants unterteilen. Es gibt verschiedene Definitionen dieser Gruppen. Ich habe mich dafür entschieden, jeden nach 1980 Geborenen als Digital Native zu beschreiben.

Millennials, die manchmal auch als »Generation Y« bezeichnet werden, bilden die erste Gruppe der Digital Natives. Prägende Jahre waren gekennzeichnet von Computern, iPods, Videospielen und Handys. Die Millennials kannten Blogs, Wikis und Podcasts schon lange vor ihren Eltern und Lehrern und wussten, worin der Unterschied zwischen einem PDA und einem Blackberry besteht. Sie waren die ersten, die regelmäßig online eingekauft haben, und viele von ihnen bevorzugen authentische, einzigartige und handwerklich gefertigte Produkte und authentische Dienstleistungen.

Die iGeneration oder Generation Z wurde nach 1995 geboren. Sie ist die *Generation Me* oder *Selfie-Generation*,[1] und im Jahr 2020 werden ihr weltweit 2,5 Milliarden Menschen angehören.[2] WhatsApp, YouTube und Snapchat gehörten in ihrer Jugend zu ihrem Leben. Der irische Psychologe Ken Hughes glaubt, dass die iGeneration den Übergang von der Prä-Google-Ära in die Post-Google-Ära markiert.[3] Diese Jugendlichen mögen im Moment in Sachen Kaufkraft vielleicht relativ schwach sein, doch sind sie die Verbraucher von morgen.

Die allerjüngste Gruppe der Digital Natives sind diejenigen, die ich *Onlife-Generation* nenne. Sie wurden nach 2007 geboren, dem Jahr, in dem das erste Smartphone erschien. Diese Kinder werden die ersten sein, die auf eine echte Onlife-Kindheit werden zurückblicken können – vom allerersten Schritt an. Ab Tag eins waren Online-Leben und reale Welt bei ihnen vollständig ineinander verwoben. Für sie existiert eine Trennung zwischen online und offline schlicht-

weg nicht. Diese Generation wird bestimmen, wie unser Leben in Zukunft aussehen wird: Wie werden wir leben, arbeiten, einkaufen?

Der multitaskingfähige Digital Native

Es war der Erziehungswissenschaftler Marc Prensky, der 2001 als erster zwischen
den Generationen unterschied.[4] Zu Beginn des 21. Jahrhunderts stellte er fest,
dass das Bildungssystem in den Vereinigten Staaten nicht mehr den Bedürfnissen
der Schüler und Studierenden von heute entspricht, die alle in einem von Medien und Internet dominierten Umfeld aufgewachsen waren. Prensky vertritt die
Ansicht, dass das Aufkommen digitaler Technologien im späten 20. Jahrhundert
einen enormen Einfluss darauf hatte, wie Lernende denken und Informationen
verarbeiten. Diese neue Schülergeneration, die er als Digital Natives bezeichnete, sehnt sich nach neuen digitalen und medial angereicherten Umgebungen.
Laut Prensky ist das Gehirn von Digital Natives anders strukturiert. Infolgedessen
scheinen diese jungen Menschen besser für Multitasking gerüstet zu sein.

Manchmal scheinen Jugendliche mehrere Dinge gleichzeitig zu tun: fernsehen, im Internet chatten, Hausaufgaben erledigen und online einkaufen. Digital
Immigrants sollten aber den Mut nicht sinken lassen: Multitasking gibt es eigentlich gar nicht, unser Gehirn kann sich immer nur auf eine Sache nach der anderen
konzentrieren. Junge Menschen tun sich allerdings leichter damit, zwischen den
Themen zu wechseln, und sind überall und jederzeit – zu Hause, in der Schule
und unterwegs – auf der Suche nach neuen Anregungen.

On-Demand

Ein weiteres wesentliches Kennzeichen der Digital Natives besteht darin, dass
sie ihre Bedürfnisse jetzt erfüllt sehen wollen – nicht später, und schon gar nicht
erst morgen. Dieses Verlangen nach sofortiger Befriedigung ist es, das von neu-
en Vertriebsmethoden bedient wird. Warum bitteschön sollte man in ein echtes
Geschäft gehen, um etwas zu kaufen, wenn man es online sofort und kostenlos
haben kann? Die Kids laden einfach alles herunter: Musik, Filme, Spiele, Hausaufgaben, Buchrezensionen, Zeitungen, Artikel, Zusammenfassungen – die Liste ist
schier endlos. Sie kaufen Inhalte, nicht Dinge. Ihre Eltern haben vielleicht noch
Bücher, Platten, CDs und DVDs gekauft und in Regalen präsentiert. Digital Natives

dagegen lesen ihre Bücher lieber auf dem Bildschirm, hören Musik über Online-Plattformen und streamen Fernsehsendungen und Filme, um sie zu sehen, wann immer ihnen gerade danach ist. Für sie ist es wichtig, die online gekauften Waren so schnell wie möglich nutzen zu können. Als ich im Jahr 2013 eBay im Silicon Valley besuchte, sah ich, dass eine Kamera bereits 36 Minuten nach der Bestellung ausgeliefert wurde. Schneller geht es wohl kaum noch! 2017 eröffnete Amazon Instant Pickup auf einem Universitätscampus in den Vereinigten Staaten und lieferte Studierenden Bedarfsartikel wie Snacks, Getränke und Elektronik innerhalb von nur zwei Minuten nach ihrer Bestellung.[5]

Die On-Demand-Kultur und eine Haltung der sofortigen Bedürfnisbefriedigung bilden die Grundlage für ein ganz neues Verbraucherverhalten. Es ist davon auszugehen, dass viele Digital Immigrants über kurz oder lang damit beginnen werden, diese Muster zu übernehmen.

Digital Immigrants

Jeder, der vor 1980 geboren wurde, ist ein Digital Immigrant, der ein Leben ohne Handy und Internet noch kennt. Viele Angehörige der Generation X (die zwischen 1965 und 1980 Geborenen) und der Babyboomer (die nach 1945 geboren wurden) wissen, wie es ohne Personal Computer war. Die stille oder traditionelle Generation (Menschen über 65 Jahre) kennen sogar noch Zeiten, in denen TV-Geräte und Telefone nicht zur Standardausstattung eines Haushalts gehörten. Im Laufe ihres Lebens wurden diese Menschen dann irgendwann mit Internet, E-Mail und SMS konfrontiert. Wie jeder echte Immigrant sprechen sie mit einem Akzent. Ein typisches Verhalten von Digital Immigrants ist das Ausdrucken von E-Mails.[6]

Die über 60-Jährigen sind die am schnellsten wachsende Altersgruppe weltweit. Sie bilden den höchsten Anteil innerhalb alternder Gesellschaften, und dieser Anteil wird von 12 Prozent im Jahr 2015 auf 22 Prozent im Jahr 2050 steigen. Bereits 2020 wird die Zahl der über 60-Jährigen die der Kinder unter fünf Jahren übertreffen.[7]

Ältere Digital Immigrants lassen sich in zwei Gruppen unterteilen. Zunächst wären da die etwas jüngeren Senioren: noch berufstätig oder seit Kurzem nicht mehr und relativ wohlhabend. Sie finden die neuen technologischen Möglichkeiten attraktiv und genießen es, online mit ihren Kindern und Enkeln in Verbindung zu bleiben. Ob Online-Banking auf Smartphone, Tablet oder Laptop oder die Nutzung von Apps wie Skype und FaceTime – diese Leute sind in jeder Hinsicht vernetzt. Haben Sie bislang geglaubt, dass alle älteren Menschen technophob sind? Denken Sie um![8] Ein beträchtlicher Teil des weltweiten Wachstums durch Online-Konsum entfällt genau auf diese Gruppe. In den kommenden Jahren werden Kaufhäuser, Online-Shops, Dienstleister, Marktplätze und Plattformen erkennen, dass es sich hierbei um eine schnell wachsende und unverzichtbare Käuferschicht handelt.

Digitaler Analphabetismus

Die zweite Gruppe der Senioren ist im Schnitt etwas älter und etwas weniger wohlhabend. Sie zeichnen sich durch eine vergleichsweise schlechte Gesundheit und – damit einhergehend – eine starke Abhängigkeit von anderen Menschen aufgrund von körperlichen oder geistigen Beeinträchtigungen aus. Dieser Gruppe fehlen sowohl die erforderlichen Kompetenzen als auch die Fähigkeit, diese zu erwerben. Diese Senioren sind weit weniger mit der digitalen Welt und ihren Möglichkeiten vernetzt – physisch wie psychisch.[9] Bei ihnen besteht wohl das größte Risiko, am Ende als Verlierer des neuen digitalen Zeitalters dazustehen. All die Möglichkeiten der neuen Technologie scheinen für sie praktisch unerreichbar zu sein.

Es lässt sich bereits absehen, dass dieser digitale Analphabetismus zu einem ernsthaften sozialen Problem werden wird. Hier entsteht eine Gruppe – meist Senioren und Menschen mit geistigen Einschränkungen – die keinen Zugang zu wichtigen Informationen (auch von staatlichen Stellen) und zu Dienstleistungen, etwa von Banken und Versicherungen, mehr hat. Es gab in jeder Epoche immer Menschen, die zurückgelassen wurden, doch diesmal erhöht die Geschwindigkeit der Digitalisierung ihre schiere Zahl in der Gesellschaft auf ein nie gekanntes Maß. Für diese Digital Analphabets sind freiwillige Helfer, Angehörige und Freunde als Sicherheitsnetz unverzichtbar. Wir dürfen nicht vergessen, aufeinander zu achten, und müssen dementsprechend handeln.

Auf der anderen Seite können neue technologische Anwendungen aber auch von Vorteil für gefährdete Gruppen in unserer Gesellschaft sein. Ältere Menschen können nun leichter (wenn auch aus der Ferne) mit ihren Familien in Kontakt bleiben. Hörbehinderte profitieren von der Bereitstellung von Nachrichten im Videoformat.

Es gibt noch eine weitere Gruppe digitaler Analphabeten, deren Zahl jedoch mit der Zeit abnimmt. Es handelt sich um Menschen, die sich entschieden haben, die unaufhaltsame technische Fortentwicklung der Gesellschaft zu ignorieren – eine Entscheidung, die oft von starren Prinzipien geleitet wird. Sie klammern sich an die Vergangenheit und weigern sich beispielsweise, Online-Banking auf ihrem Smartphone zu machen (sofern sie überhaupt ein solches besitzen). Ihr zuverlässiges altes Nokia »tut es gut genug, besten Dank«. In den nächsten Jahren und Jahrzehnten werden sie immer weniger Wohlwollen und Verständnis der Menschen um sie herum erwarten können und daher gezwungen sein, zumindest ein wenig mit der Gesellschaft mitzuziehen. Einige von ihnen werden sich dann wahrscheinlich für digitales Außenseitertum entscheiden.

Zum Wohle japanischer Senioren
Auf der ganzen Welt wächst – auch dank des medizinischen Fortschritts – die Zahl älterer Menschen. Technologien, die das Internet nutzen, können diesen Menschen tatsächlich dabei helfen, länger selbstständig ihren eigenen Haushalt zu führen. In Japan sind über 25 Prozent der Bevölkerung über 65 Jahre alt. Mehrere Unternehmen haben sich zusammengeschlossen, um die sich daraus ergebenden Chancen zu nutzen. Apple, IBM und das japanische Postunternehmen Nippon Yūsei haben das sogenannte »Watch Over«-Programm ins Leben gerufen. Bis 2020 wollen sie rund fünf Millionen japanischer Senioren mit iPads versorgen. Darauf werden Apps ausgeführt, die sie daran erinnern, ihre Medikamente einzunehmen, Gymnastikkurse zu besuchen oder Ernährungshinweise zu beachten. Die Idee dahinter ist, dass Postboten regelmäßig ältere Menschen besuchen und ihnen gegen eine geringe monatliche Gebühr bei der Nutzung ihrer iPads helfen.[10]
　　Dies mag ein Extrembeispiel sein, es zeigt aber, wie wichtig es für Handelsunternehmen ist, dafür Sorge zu tragen, dass ihre Web-Shops auch und gerade für ältere und sehbehinderte Menschen leicht zugänglich und gut lesbar sind. Das World Wide Web Consortium (W3C), das internationale Webstandards festschreibt, hat im Rahmen der Web Accessibility Initiative (WAI) Richtlinien erarbeitet. Diese sollen die Zugänglichkeit von Webseiten

für Sehbehinderte, Menschen mit geistigen Einschränkungen und ältere Menschen auf der ganzen Welt sicherstellen.[11]

Die treibende Kraft hinter Verhaltensänderungen

Noch nie zuvor haben Wissenschaftler so schnelle Veränderungen im Konsumverhalten beobachtet wie in den letzten Jahren. Wir vergessen oft, dass es erst seit Kurzem üblich ist, rund um die Uhr zu Hause wie auch unterwegs online zu sein und Dienstleistungen auf Smartphone, Tablet oder Laptop zu nutzen. Wir vergleichen Waren und Dienstleistungen schnell online, suchen nach dem besten Angebot und nutzen kontaktlose Zahlungsmethoden. Manche spazieren sogar durch den Supermarkt und vergleichen Preise online auf ihrem Smartphone – zumindest ich habe schon oft Leute gesehen, die genau das tun.

Eine ähnliche Veränderung hat sich auch darin ergeben, wie Menschen jedes Alters Medien, Nachrichten und Unterhaltung abrufen. Nachrichten lesen wir auf Facebook, wir sehen uns gemeinsam Fernsehserien am Stück auf Netflix an oder nutzen zeitversetztes TV dann, wenn es uns gerade passt. Die Forschungsagentur Nielsen hat festgestellt, dass der Fernsehkonsum Quartal für Quartal zurückgeht, während das Online-Streaming von Nachrichten, Filmen und Serien auf unseren Tablets, Fernsehern oder Smartphones stetig zunimmt. Ein weiterer Beweis für diesen Trend ist die Tatsache, dass die Werbetreibenden 2017 erstmals mehr von ihrem Budget für Werbung im Internet als im Fernsehen ausgaben.[12]

Ich möchte im Folgenden sechs Grundsätze zur Verhaltensänderung definieren, die uns helfen werden, die Veränderungen im Verhalten unserer Gesellschaft im Verlauf der Onlification zu verstehen.[13] Als Sozialwissenschaftler bin ich mir der Grenzen meiner Disziplin und ihrer vielfältigen möglichen Sichtweisen in der Forschung bewusst. Aus diesem Grund habe ich mich entschieden, mich auf die Perspektive der Verhaltensökonomie zu beschränken.[14]

Die Synergie zwischen diesen sechs Prinzipien erklärt, wie sich das Verbraucherverhalten durch die folgenden Faktoren verändert:

1. Einfachheit: Es mag Zeit kosten, onlife zu sein, aber die Menschen sind bereit, diese Zeit aufzubringen, wenn das Leben dadurch leichter wird.

2. Vertrautheit: In dem Maße, wie sich die Menschen daran gewöhnen, onlife zu sein, steigt die Akzeptanz.
3. Profitabilität: Onlife-Verhalten bietet echte Vorteile in Bezug auf Zeit und Geld.
4. Spaß: Die Menschen genießen ihr neues Verhalten.
5. Erstrebenswert: Menschen interessieren sich immer dafür, bei etwas mitzumachen und Teil davon zu sein.
6. Gewohnheit: Sobald die Menschen das neue Verhalten übernommen haben, wird es schnell zur Gewohnheit, und sie hören auf, darüber nachzudenken.

Vier Arten von Onlife-Shoppern

Die sechs oben beschriebenen Faktoren von Verhaltensänderungen gelten für jeden von uns, auch wenn unsere Individualität zur Folge hat, dass jeder seine Verhaltensänderungen ein klein wenig anders justiert. Die sogenannte Shopper-DNA von Menschen – d. h. ihre Einkaufsprinzipien – wird weitgehend von ihrer Persönlichkeit bestimmt.[15] Vor einigen Jahren hat das Marktforschungsunternehmen GfK im Rahmen einer Studie namens »Shopping2020« eine Liste mit den verschiedenen Arten digitaler Konsumenten erstellt. Grundsätzlich sind vier verschiedene Typen zu unterscheiden:

1. Der leidenschaftliche Onlife-Shopper. Er betrachtet Shopping als Hobby.
2. Der bewusste Onlife-Shopper: Er betrachtet Shopping als Sport.
3. Der kalkulierende Onlife-Shopper: Er betrachtet Shopping als Aufgabe.
4. Der passive Onlife-Shopper: Für ihn ist Einkaufen ähnlich attraktiv wie ein Zahnarzttermin.

Natürlich passen diese Beschreibungen auf niemanden hundertprozentig: Wir alle bilden eine Mischung dieser Typen. Trotzdem ist diese Klassifizierung ein guter Ausgangspunkt. In den nächsten Kapiteln, in denen wir auf die Customer Journey eingehen werden, werde ich das neue Einkaufsverhalten der Onlife-Konsumenten anhand dieser vier Typen näher beleuchten. Zunächst aber werde ich zu jedem Typen einige Besonderheiten aufzählen, darunter auch demografische Anmerkungen.

Der leidenschaftliche Onlife-Shopper

Demografische Angaben: Familien, alle Altersgruppen, relativ betrachtet mehr Frauen und Jugendliche, geringeres Einkommen, durchschnittliche Bildung.

Für solche Menschen ist Einkaufen ein Hobby. Sie lieben es, echte Läden zu besuchen, verwenden vielleicht auch eine Shop-App und sind im Allgemeinen gesellig. Entscheidend sind eine gute Stimmung und ein tolles Einkaufserlebnis. Solche Menschen lassen sich gerne von allen möglichen digitalen Technologien beeinflussen: News, Bewertungen in den sozialen Netzwerken, Blogs und Vlogs. Sie kaufen auch gerne zu Hause online ein, wegen der endlosen Auswahlmöglichkeiten, einfacher Rücksendeoptionen und der Möglichkeit des Preisvergleichs.

Der leidenschaftliche Onlife-Shopper betrachtet das Einkaufen als lohnend und freut sich am meisten, wenn er sich in virtuellen Showrooms oder durch Augmented Reality und/oder Virtual Reality inspirieren lassen kann – ob im Laden oder zu Hause. Er ist ein wahrer Schnäppchenjäger. Das Markenimage ist für diese Gruppe weitaus wichtiger als für die anderen Käufertypen.

Der bewusste Onlife-Shopper

Demografische Angaben: höheres Einkommen, relativ höherer Bildungsgrad.

Dieser Shopper gibt sich gerne dem schönen Sport des Einkaufens hin. Er ist allzeit bereit und gibt definitiv gerne viel Geld aus. Mit Blick auf die Qualität hat er starke Markenpräferenzen (auch wenn bekannte Marken nicht immer die Oberhand haben), und er kann Waren und Dienstleistungen nie oft genug vergleichen. Produktdetails, Kritiken und Bewertungen spielen für diesen Käufer eine wesentliche Rolle. Er zeigt überdurchschnittliches Interesse an Neueinführungen und High-End-Waren. Informationen werden erst einmal auf digitalem Wege eingeholt, was aber durchaus nicht heißt, dass er dem Einkauf im lokalen und/oder kleinen Fachhandel abgeneigt wäre. Für diesen Shopper ist auch die gemeinsame Nutzung von Waren und Dienstleistungen eine Option, ebenso wie der häufige Kauf über Plattformen.

Der bewusste Käufer liebt es, sich mit Experten online und im Geschäft auszutauschen – selbst, wenn er dabei nur die Rolle des versierten Kunden spielen kann. Was ihm aber am wichtigsten ist, sind persönliche Beratung, Interaktion und ein absolut erstklassiger Kundenservice.

Der kalkulierende Onlife-Shopper

Demografische Angaben: Familien, über 40-Jährige, geringeres Einkommen, eher geringer Bildungsgrad.

Einkaufen ist für diese Gruppe vor allem eine Aufgabe, die man möglichst gut zu erledigen versucht. Der Einkauf verläuft oft nach Plan, und No-Name-Produkte werden bevorzugt, während Moden und Trends beiseitegelassen werden. Der kalkulierende Käufer kauft nie mehr, als er braucht. Dabei ist der Preis ein entscheidender Faktor: Vor dem Kauf wird anhand von Werbebeilagen und Vergleichsportalen immer der günstigste Anbieter gesucht. Bekannte Geschäfte in unmittelbarer Nähe und mit ausreichend Parkplätzen werden bevorzugt, aber auch bekannte Webshops können eine Alternative darstellen.

Online gekauft werden häufig elektronische Geräte, Medien und Unterhaltung, Bücher und Versicherungen. Bewertungen sind dabei von enormer Bedeutung, wobei persönliche Empfehlungen von Verwandten und Freunden den Ausschlag geben.

Garantien, Prüfzeichen, Rückgabeoptionen, Service und schnelle Lieferung: All dies sind wichtige Aspekte.

Der passive Onlife-Shopper

Demografische Angaben: über 50, meist Männer, Durchschnittseinkommen, geringerer Bildungsstand.

Diese Art von Käufern betrachtet das Einkaufen als notwendiges Übel, ähnlich wie einen Termin beim Zahnarzt. Wenn sich der Einkauf aufschieben lässt: umso besser! Deswegen kaufen solche Leute tendenziell willkürlich und oft in letzter Minute ein. Bank- und Versicherungsgeschäfte werden zu Hause online erledigt. Dieser Einkäufer bevorzugt Möglichkeiten, möglichst alles in einem Rutsch und aus einer Hand zu beziehen – beispielsweise in einem echten Warenhaus, aber auch bei einem universellen Online-Anbieter. Auch kleine lokale Geschäfte und Reisebüros haben aufgrund der persönlichen Betreuung, Informationen und individuellen Beratung bei solchen Menschen einen Stein im Brett.

Einkäufe müssen vor allem einfach und den herkömmlichen Gewohnheiten entsprechend, Geschäfte, Marken, Waren und Dienstleistungen vertrauenswürdig sein.

Und was für ein Käufer bin ich jetzt?

Freitagnachmittags verhalte ich mich meist wie ein bewusster Käufer. Meine Frau und ich gehen dann zum Metzger oder Fischhändler, zum Gemüseladen oder der Käserei um die Ecke und halten jedes Mal ein kleines Pläuschchen. Dann schaue ich in meiner lokalen Buchhandlung vorbei, um ein bisschen zu stöbern und den wunderbaren Geruch neuer Bücher aufzusaugen. So fühlt sich das Einkaufen wie ein Sport an.

Auf der anderen Seite habe ich (wie so viele Männer) für das Einkaufen von Klamotten gar nichts übrig. Wenn meine Frau darauf besteht, dass es jetzt nun einmal sein müsse, begebe ich mich zu meinem Herrenausstatter ein paar Straßen weiter (ich gehe nie woanders hin) und kaufe Hosen, Sporthemden, Herrenschuhe und Pullis auf Vorrat. In Sachen Kleidung bin ich sicherlich ein passiver Käufer.

Wenn ich dagegen durch die 9 Straatjes in Amsterdam oder den Meatpacking District in Manhattan flaniere, kaufe ich so gerne ein, dass ich mich wie ein leidenschaftlicher Shopper verhalte. Auch online kann ich mich leicht zu einem Impulskauf überreden lassen.

Versicherungen schließe ich – wie jeder echte kalkulierende Käufer – sorgfältig unter Berücksichtigung des niedrigsten Preises und des besten Services ab. Beim wöchentlichen Großeinkauf versuche ich dagegen, möglichst clever vorzugehen, bestelle oft online und lasse mir die Waren liefern. Auch unser Wochenbedarf an Obst und Gemüse wird geliefert: Ich bestelle die Sachen vorab telefonisch bei den Anbietern auf unserem lokalen Wochenmarkt, und sie werden mir noch am selben Morgen in einem großen Karton geliefert.

Kundenbindung

Die Verbraucher der neuen Generation werden – unabhängig vom jeweiligen Typ – in den kommenden Jahren loyaler denn je sein. Die Weitergabe personenbezogener Daten und die Verwendung intelligenter Algorithmen ermöglichen es dem Handel, den (bevorzugt online aktiven) Verbrauchern ein einzigartiges Einkaufserlebnis bis hin zu personalisiertem Service und Sonderangeboten zu bieten. Die Onlife-Verbraucher geben ihre wertvollen Informationen beileibe nicht jedem: Die wenigen Unternehmen, denen sie ihre Daten anvertrauen werden, werden sorgfältig unter die Lupe genommen, erhalten aber bei positiver Bewertung alle Angaben, die sie sich wünschen. Deswegen werden Verbraucher diesen wenigen auserwählten Unternehmen in zunehmendem Maße treu bleiben.

Verschiedene soziodemografische Trends – allen voran die wachsende Zahl von Einpersonenhaushalten, Doppelverdienerfamilien und Senioren – werden die Bevorzugung einiger ausgewählter Unternehmen verstärken und den Menschen helfen, ihr stressiges Leben zumindest in diesem Bereich in den Griff zu bekommen. Diese Personengruppen neigen dazu, sich für den Komfort und die Vorteile von Einkaufsplattformen zu entscheiden.

Kundenbindungsprogramme knüpfen an genau diesen Trend an. Das beste Beispiel ist der einmalige Erfolg von Amazon Prime. Mehr als Hundert Millionen Haushalte geben für dieses Programm pro Jahr 69 Euro (in den USA sogar 119 Dollar) aus. Viele Millionen Kunden »tauschen« ihre personenbezogenen Daten und Präferenzen gegen maßgeschneiderte Dienstleistungen wie kostenlose Lieferung am nächsten Tag und inkludierte Foto-, Musik- und Filmservices sowie viele weitere Funktionen.[16] So sichert sich Amazon ihre Loyalität als Kunden und sorgt dafür, dass sie nicht aus dem Amazon-Ökosystem ausbrechen.

Unternehmen müssen sich treue Kunden jedoch durch persönliche Betreuung, maßgeschneiderte Dienstleistungen und – natürlich – bessere Preise verdienen.[17] Geschäfte, die sich Ausrutscher leisten, werden im Handumdrehen in den sozialen Medien beschimpft – Onlife-Konsumenten kennen da keine Gnade.

Gleichzeitig besteht die Gefahr, dass die Einkaufsökosysteme zu groß für den Komfortanspruch der Verbraucher werden. Dies kann ihre Loyalität durchaus auf die Probe stellen. Einen treuen Kunden kann man schließlich schon durch die kleinste Lappalie loswerden. Dies ist etwas, das traditionelle Kaufhäuser und Warenhausketten in den letzten Jahren schmerzhaft zu spüren bekommen haben.

Informationen als Währung

Um die Daten wird heutzutage ein regelrechter Krieg zwischen Verbrauchern und Unternehmen geführt. Wer wird in einigen Jahren über wen mehr wissen? Immer mehr Onlife-Konsumenten werden sich des sehr realen Werts ihrer personenbezogenen Daten bewusst. Langfristig dürften diese Daten zu einer Art Währung werden, für die sie im Gegenzug etwas erwarten: Die oben erwähnten Vorteile der Kundenbindung könnten genau das sein.

Eine kleine, aber wachsende Gruppe von Verbrauchern ist bestrebt, die Kontrolle über die Nutzung ihrer personenbezogenen Daten zu behalten. Dank *Life-Management-Plattformen* und *Systemen für personenbezogene Daten* freuen sie sich darüber, ihre Online-Identität selbst verwalten zu können. Im eigenen Administration Center können sie festlegen, welches Maß an Online-Sicherheit sie nutzen möchten. Ein Alias könnte eine mögliche Option sein.

Es gibt aber auch Verbrauchergruppen, die mit diesen Themen nicht belästigt werden dürfen. Sie finden Werbebanner, Anzeigen, Popups im Browser, selbststartende YouTube-Videos usw. so lästig, dass sie Werbeblocker installieren. So können sie nicht mehr von aufdringlichen Unternehmen und Online-Shops verfolgt werden, die versuchen, ihnen Produkte zu verkaufen. Diese Verbraucher genießen das schnellere Laden von Webseiten, finden es gut, weniger Viren auf ihrem Computer zu haben, und haben überhaupt kein Problem damit, die Geschäftsmodelle von Suchmaschinen, Verlagen, Zeitungen und anderen Medien zu untergraben. Die Zahl der Nutzer von Werbeblockern steigt jeden Monat um mehrere Millionen[18], und schon bald wird es mehr als eine Milliarde Geräte weltweit geben, auf denen Software dieses Typs installiert ist.[19]

Die überwiegende Mehrheit der Onlife-Verbraucher ist jedoch zu bequem, um diesen Aufwand auf sich zu nehmen. Sie halten die Verwaltung ihrer eigenen personenbezogenen Daten für aufwendig und die Installation eines Werbeblockers für viel zu kompliziert. Der Informationskrieg zwischen Verbrauchern und Unternehmen steht noch ganz am Anfang. Gegenwärtig würde ich mich davor hüten, Vorhersagen treffen zu wollen, wer am Ende gewinnen wird, auch wenn ich persönlich immer noch hoffe, dass die Verbraucher stets mehr über Unternehmen und ihre Waren und Dienstleistungen wissen werden als umgekehrt. Es kann aber auch sein, dass das Wunschdenken ist.[20]

Immer mehr Macht – dank Smart Economy, Sharing Economy, Kreislauf- und Plattformwirtschaft

Das Wissen um den Wert personenbezogener Daten in einer Smart Economy nimmt zu. Ein wichtiger Grund dafür sind Vorfälle, bei denen unzureichend geschützte Daten von staatlichen Einrichtungen wie auch von Unternehmen gestohlen werden oder verloren gehen. Multimediakampagnen von Behörden, Banken und Versicherungen können gar nicht oft genug betonen, dass man mit seinen digitalen personenbezogenen Daten immer vorsichtig umgehen sollte. Ständig steht die Forderung nach Vermittlung von Medienkompetenz bereits an den Grundschulen im Raum, denn auch die ganz Kleinen sollten sich der Auswirkungen des Informationsaustauschs bereits bewusst sein. In Kapitel 12 werden wir dieses Thema ausführlich behandeln.

In der künftigen *Smart Economy* werden die Verbraucher vorsichtiger mit ihren Daten umgehen und ganz bewusst entscheiden, welchen Läden und Online-Shops sie ihre Daten überlassen wollen – davon war bereits die Rede. Dank der Smart Economy können Onlife-Verbraucher die Kontrolle über ihr digitales Leben fest im Griff behalten.

In der Sharing Economy bringen die sozialen Medien Menschen aus aller Welt zusammen und ermöglichen es uns, unsere Freunde, Verwandten und Bekannten mit nur einem Klick zu kontaktieren, wo und wann immer wir wollen. Neue Unternehmergenerationen stellen sich der Verantwortung der Social Entrepreneurship, bei der es ebenso wichtig wie Umsatz, Gewinn und Aktienwert ist, der Gesellschaft etwas »zurückzugeben«.

Neue Technologien unterstützen Menschen beim Aufbau von Netzwerken, in denen sie sich gegenseitig helfen können. Einfache WhatsApp-Gruppen mit den Menschen von nebenan sind nur ein Beispiel dafür. Einkaufsgenossenschaften sind schon eine Nummer größer. Hier können Menschen gemeinsam Strom kaufen oder Anstreicher für die ganze Straße bestellen. Solche Kooperativen haben mehr Macht als der einzelne Verbraucher. Sie können die Dinge auf den Kopf stellen und so die Wettbewerbsfähigkeit der Unternehmen steigern – nach Ansicht von Ökonomen ein wesentlicher Schritt auf dem Weg zu mehr Wohlstand.

In der Sharing Economy können jüngere Digital Natives – die meist weniger Interesse an irdischem Besitz haben – die älteren Generationen an die Hand nehmen. Langsam aber sicher beginnen die Menschen, zu erkennen, dass nicht jeder Einzelne jeden denkbaren Gegenstand selbst besitzen muss. Dank neuer Technologien sind Dinge zum Mieten, Leihen und gemeinsamen Verwenden heute leichter zu finden als je zuvor.

Mehr denn je werden sich die Verbraucher der Anpassungsfähigkeit der Gesellschaft in einer Kreislaufwirtschaft bewusst. Sie kaufen gezielt Bioprodukte (vorzugsweise aus der Region), vermeiden Kunststoffverpackungen, wo immer dies möglich ist, kaufen Strom bei billigeren, umweltfreundlichen und nachhaltigen Genossenschaften und scheuen sich auch nicht, die Betreiber von Geschäften und Online-Shops nachdrücklich darauf hinzuweisen, dass es überhaupt nicht schwer ist, ihr Geschäft nachhaltiger zu gestalten. Die Folge ist eine ganz neue Verbindung mit den Handelsunternehmen, bei denen die Verbraucher in Sachen umweltfreundliche Verpackungen oft offene Türen einrennen.

Die *Plattformwirtschaft* bietet den Onlife-Konsumenten aber auch die Möglichkeit, Waren und Dienstleistungen aus der Ferne oder aus überregionalen (Web-)Geschäften zu beziehen und zu kaufen. Große Verbrauchergruppen entscheiden sich für die Bequemlichkeit und die Vorteile der großen Einkaufsökosysteme, aber es gibt ebenso eine Tendenz hin zum »altmodischen« Einkaufen, bei dem handwerkliche Produkte und Authentizität im Mittelpunkt stehen.

Derzeit befinden wir uns noch in einer Übergangsphase. Die Verbraucher werden allmählich bewusstere Onlife-Shopper. Ihre individuelle Onlife-Identität nimmt nach und nach Gestalt an, und das wiederum stellt einen sehr realen Wert für den Handel dar. Infolgedessen können die Verbraucher viel Gewicht in die Waagschale werfen. Wir leben in einer Zeit, in der die Kunden mehr denn je die Kontrolle ausüben und nach Authentizität, Neuartigkeit, Komfort und Kreativität verlangen. Wir leben in einer kundenorientierten Wirtschaft.[21] Die Kunden von heute sind eigentlich die leistungsstarken Onlife-Konsumenten von morgen.

Die Customer Journey des Onlife-Verbrauchers

Unter einer Customer Journey versteht man gemeinhin den gemeinsamen Weg, den Verbraucher und Unternehmen beim Kauf von Waren oder bei der Nutzung von Dienstleistungen beschreiten. Er umfasst die Handlungen der Verbraucher beim Kauf und die Möglichkeiten, die die Unternehmen den Verbrauchern bieten, um diese Handlungen durchzuführen. Der belgische Marketingprofessor Gino van Ossel bezeichnet dies als Kaufweg, obwohl er auch den tatsächlichen Verbrauch der Einkäufe einbezieht, wovon ich in diesem Buch Abstand genommen habe.[22]

Es gibt viele verschiedene Möglichkeiten, die Customer Journey zu beschreiben. Die meisten Anregungen hierzu habe ich von den Customer Journeys bei McKinsey & Company[23], IKEA[24] und Bonsing|Mann[25] erhalten. Nachdem ich meinen eigenen Senf zu diesen drei Konzepten dazugegeben habe, bin ich am Ende bei fünf klar abgegrenzten Schritten gelandet.

Die Customer Journey im Laufe der Jahre

1. Orientierung. Früher: Radio, Fernsehen, Zeitungen, Flyer, Werbebriefe. Heute: Suchmaschinen, Vergleichsportale, soziale Medien, Blogs, Vlogs, Videos. Künftig: vorausschauende personalisierte Nachrichten, Virtual Reality, Augmented Reality, Hologramme.
2. Auswahl. Früher: Geschäfte, Reisebüros, Versicherungsgesellschaften. Heute: Webshop, Influencer-Marketing, Smart Speakers, Bestellgeräte. Künftig: VR-, MR- und AR-Laden/-Showroom, Verkauf mit Hologrammen.
3. Transaktion. Früher: Identifizierung, Kauf, Zahlung und Lieferung erfolgen gleichzeitig zum Ende der Customer Journey, Risiken werden zwischen Käufer und Verkäufer gerecht verteilt, sind aber praktisch gar nicht vorhanden. Heute: Identifizierung, Kauf, Zahlung und Lieferung müssen nicht mehr gleichzeitig erfolgen; Risiken sind ungleich zwischen Käufer und Verkäufer verteilt. Künftig: Identifizierung zu Beginn der Customer Journey; Kauf, Zahlung und Lieferung müssen nicht gleichzeitig erfolgen, dank Blockchain-Technologie besteht praktisch kein Risiko.

4. Lieferung. Früher: Postbote, Milchmann, Postamt. Heute: Abholstellen, Lieferung am selben Tag, Lieferung nach Hause/auf die Arbeit, Lieferung in den Kühlschrank. Künftig: selbstfahrende Autos und Lieferwagen, Lieferung per Roboter oder Drohne.

5. Kundenbetreuung. Früher: Serviceschalter, telefonisch. Heute: WhatsApp, (Web-)Chats, Skype und FaceTime, virtuelle Assistenten und Chatbots. Künftig: Deep-Learning-Chatbots, Beratungsroboter.

Sicherlich ist dies kein vollständiges Abbild unserer heutigen Realität, in der lineare Customer Journeys immer seltener werden. In den kommenden Jahren wird die Customer Journey zwangsläufig einen immensen Wandel durchlaufen. Die Onlification der Gesellschaft wird sicherlich die Art und Weise verändern, wie Menschen suchen, auswählen und kaufen. Analoge Kunden werden zu Onlife-Konsumenten, die völlig neue Wege finden werden, ihre Customer Journey zu gestalten. In den Kapiteln 7 bis 11 werde ich die einzelnen Schritte dieser neuen Customer Journey besprechen – und zwar aus Sicht der Onlife-Konsumenten. Denn am Ende gilt: Der Kunde ist König.

„Es gibt einen ganz wesentlichen Unterschied zwischen altmodischer Mundpropaganda und ihrer digitalen Variante. Das Gespräch über den Gartenzaun ist eines zwischen zwei Personen. Bei der digitalen Mundpropaganda spricht einer – und Millionen hören zu. Und wenn sie gut gemacht ist, wird sie millionenfach geteilt und wieder geteilt."

David Reibstein,
Professor an der Wharton School

KAPITEL SIEBEN

—

Orientierung: Der N=1-Effekt

Können Sie sich daran erinnern, wie es war, Zeitungsanzeigen oder Anzeigenblättchen auf der Suche nach einem Produkt oder einer Dienstleistung genau unter die Lupe zu nehmen? Ich kann mir immer noch lebhaft vorstellen, wie sich meine Eltern Woche für Woche die Werbeprospekte auf der Suche nach echten Schnäppchen vornahmen. Samstagmorgens gingen wir dann auf den Markt, und mein Vater ließ sich von den Verkäufern an den Marktständen alles genau erklären und überdachte dann die verschiedenen Alternativen.

Die spezifischen Eigenschaften von Käufern werden sich kaum verändert haben, und auch ihre Motive sind noch dieselben – und doch hat sich ihr Verhalten beim »Recherchieren« von Angeboten vollkommen verändert. Menschen jedes Alters schlagen Produkt- und Preisinformationen heute in digitaler Form nach: auf PCs, Laptops, Tablets, Smartphones, Smartwatches und Smart Speakern. In den letzten Jahren haben die Verbraucher bei Händlern, Marken und Dienstleistern immer neue Möglichkeiten gefunden, neue Produkte und Dienstleistungen zu entdecken.

Es gibt Unterschiede darin, wie Digital Natives und Digital Immigrants die Customer Journey in ihrem Verlauf erleben. Digital Natives sind mit der neuen Customer Journey vertraut, was nicht weiter verwunderlich ist, sind sie doch mit ihr großgeworden. Babyboomer und die stille Generation brauchen jedoch als Digital Immigrants etwas mehr Zeit, um sich an diese neue Form des Einkaufens zu gewöhnen. Aber Vorsicht: Sie passen sich schneller denn je an neue Möglichkeiten an.

In diesem Kapitel werde ich die Orientierung in drei Teilen besprechen. Zunächst möchte ich die universellen Motive für das Einkaufen aus der Sicht des Onlife-Verbrauchers untersuchen. Der zweite Teil beschäftigt sich mit den Konzepten »Finden« und »Gefunden werden«. Die neuen Generationen der Verbraucher erwarten, dass Geschäfte und Online-Shops Orte sind, an denen sie Dinge in einem für sie individuell relevanten Kontext in Augenschein nehmen dürfen. Der dritte Teil beschreibt dann, warum es für den Handel nicht ausreichen wird, einfach einen exzellenten Kundenservice im Geschäft anzubieten. Die Händler müssen sich vielmehr tatsächlich in das Leben der Onlife-Konsumenten hineinversetzen – und damit in eine radikal andere Denkweise. Schließlich besteht der Onlife-Konsument darauf, dass ihm Waren und Dienstleistungen zum perfekten Zeitpunkt, auf dem perfekten Kanal, über das perfekte Medium und mit den perfekten Verkaufsbedingungen, dem perfekten Service und – nicht zuletzt – zum perfekten Preis angeboten werden. Onlife-Konsumenten arbeiten nach dem Konzept N=1.

Einkaufsmotive von Onlife-Verbrauchern

Es gibt grundsätzlich vier Einkaufsmotive, die jedoch teils nacheinander auftreten können und sich manchmal sogar überschneiden.[1] Diese Motive gelten gleichermaßen für traditionelle und Onlife-Konsumenten. Der Unterschied besteht darin, wie die beiden Gruppen die Motive gestalten. Es sind soziale, hedonistische, zweckbezogene und von Vorerfahrungen geprägte Motive und Erfahrungen.

Soziale Motive für das Einkaufen

Einkaufen war schon immer eine soziale Aktivität, die uns anregen soll. Mit Freunden oder der Familie in die Stadt zu fahren und dort durch die Geschäfte oder das Einkaufszentrum zu bummeln, kann tatsächlich zu einem gemeinsamen Hobby werden. Junge Menschen haben heute dieselben Motive, wenn sie online einkaufen: Social-Media-Influencer nehmen einen quasi in den Laden mit, und oft besuchen Freunde online die gleichen Geschäfte zur gleichen Zeit.[2]

Online- und Offline-Shopping haben also eine soziale Komponente: Man trifft sich und spricht darüber, was man machen könnte – egal ob im wirklichen Leben, in einem Straßencafé oder Schnellrestaurant oder online im Chat der bevorzugten Social-Media-Plattform. Vlogs gemeinsam anzusehen, darüber zu sprechen und den gleichen beliebten Vloggern zu folgen, ist etwas, das besonders leidenschaftliche junge Käufer anspricht (Informationen zu den vier verschiedenen Käufertypen finden Sie in Kapitel 6).

Hedonistische Motive für das Einkaufen

Es mag auch Zeiten geben, in denen wir vielleicht eher unterhalten und belustigt werden wollen. Dann tauchen egozentrische und hedonistische Motive auf. In der Orientierungsphase ist das Gesamterlebnis ein Schlüsselmotiv. Natürlich nehmen leidenschaftliche Käufer den Reiz wahr, aber auch bewusste Käufer tun dies: Sie lieben es, bei der Erkundung über ihre Sinne und Vorstellungen angesprochen zu werden. Ein kalkulierender Käufer könnte sich ebenfalls von einem außergewöhnlich guten Schnäppchen verlocken lassen.

Einkaufsmeilen eignen sich perfekt, um hedonistische Motive zu befriedigen. Viele Innenstädte wollen wieder zu lebendigen Stadtzentren werden und bieten den Verbrauchern die ultimative Mischung aus Geschäften, Restaurants und Bars, Kinos und historischer Architektur. Virtual Reality und Augmented Reality werden dazu beitragen, in Ladengeschäften neue und unvorstellbar großartige Erlebnisse zu vermitteln.

Für Digital Natives kann das Anschauen eines Videoblogs oder einer Online-Modenschau – ob allein oder mit Freunden – ebenso verlockend sein. Zu Hause werden Verbraucher per Augmented Reality neue Outfits ausprobieren und virtuell Möbel aufstellen können. Per virtueller Realität werden sie erleben, wie ihr nächster Urlaub aussehen könnte – und zwar, während sie auf dem Sofa sitzen.

Zweckmäßigkeitsmotive für das Einkaufen

Hierbei handelt es sich um Motive, die den Schwerpunkt ausschließlich darauf legen, ein Problem schnell, effektiv und effizient zu lösen. Einkaufen ist dabei etwas, was man auf der To-Do-Liste abhaken möchte. Kalkulierende und passive Käufer sind besonders geneigt, vor dem Kauf eines Artikels oder einer Dienstleistung online nach verschiedenen Optionen zu suchen. Diese Käufergruppen verlangen hilfreiche Angaben wie Lieferinformationen, Lieferzeiten und den Komfort einer

Bestellmöglichkeit rund um die Uhr. Solche Verbraucher gehen aber auch gerne einmal in einen Laden, denn von dort können sie ihre Einkäufe direkt mit nach Hause nehmen, ohne Versandkosten bezahlen zu müssen.

Einkaufsmotive, die sich aus früheren Erfahrungen ergeben
Erfahrungen aus der Vergangenheit haben immer einen direkten Einfluss auf die künftige Orientierung. Insbesondere schlechte Erfahrungen beeinflussen kalkulierende und bewusste Käufer so stark, dass sie einem Handelsunternehmen endgültig den Rücken kehren. Onlife-Konsumenten neigen dazu, sich über die eigenen (guten oder schlechten) Erfahrungen hinaus auch von Bewertungen, Blogs oder Vlogs leiten zu lassen.

Finden und gefunden werden

Die Orientierung ist der erste Schritt der Customer Journey. Wo man früher noch auf den Einkaufsstraßen der Städte nach Waren oder Dienstleistungen suchte, macht man sich heute im Internet ein Bild – eine Entwicklung, die innerhalb kürzester Zeit stattgefunden hat. Seit dem Aufkommen des Internets haben die Verbraucher die Nase voll von der Berieselung durch die Massenmedien. Stattdessen suchen sie heute lieber selbst aktiv nach relevanten Informationen im Internet.[3] Das ist eine ganz andere Welt, und sie entstand, weil alle möglichen – und vor allem aktuellen – Informationen rund um die Uhr online verfügbar sind: Alles, was man über Produkte, Services, Läden, Marken und Anbieter wissen muss, ist nur einen Mausklick entfernt. Bewertungen, soziale Medien, Apps, Blogs und Vlogs bieten die Möglichkeit, sich mit gleichgesinnten Käufern auszutauschen.

Das KOL-Influencer-Marketing gewinnt an Boden
Influencer können helfen, die Bekanntheit einer Marke zu steigern, das Engagement zu verstärken und den Umsatz zu erhöhen. Indem Influencer sich in den sozialen Medien für eine Marke einsetzen, tragen sie dazu bei, das Vertrauen einer Zielgruppe zu gewinnen, und sorgen gleichzeitig

für Begeisterung. Influencer-Marketing verschafft soziale Glaubwürdigkeit, allerdings mit etwas größerer Wirkung. Wie kommt das? Es liegt natürlich an der Größe der Zielgruppe des Influencers und an seinem Ruf. Handelsunternehmen und Marken arbeiten zunehmend mit Key Opinion Leaders (KOLs – etwa: zentralen Meinungsführern) zusammen. In China haben die *Wanghong*, eine neue Gruppe von KOLs, an Bedeutung gewonnen. Tausende von Wanghong nutzen Taobao, die Marktplattform von Alibaba, um Kleidung und Kosmetika zu empfehlen, die dann sofort bestellt werden kann. Mit seinem Influencer-Programm begann Amazon, in den sozialen Medien Influencer mit großem Publikum zu rekrutieren. Ausgewählte Influencer bewerben Artikel in ihren Beiträgen und erhalten Provisionen für hieraus entstandene Verkäufe.[4]

Auch mithilfe altmodischer E-Mail-Kampagnen lassen sich die Verbraucher auf dem Laufenden halten. Der Handel liebt diese Methode, denn insbesondere bei Stammkunden lassen sich hiermit nach wie vor hervorragende Renditen erzielen. Solche Kampagnen lassen sich durch den Abgleich von Angeboten mit dem Wunschzettel des Verbrauchers oder früheren Einkäufen immer stärker personalisieren. Dieser Trend erfüllt die Bedürfnisse der Verbraucher nach relevanten Informationen, die diese mittlerweile erwarten. Heute beginnen rund acht von zehn Einkäufen mit der Online-Orientierung.[5]

Echte Ladengeschäfte können Kundenerfahrungen bieten, die online nur schwer nachzubilden sind, denn hier erlebt der Verbraucher unmittelbar, wie das Produkt aussieht, riecht, sich anfühlt.[6] Trotzdem ist diese Form der sinnlichen Wahrnehmung nicht mehr ausschließlich auf den stationären Handel beschränkt, denn Onlife-Verbraucher bestellen sich immer häufiger Produkte nach Hause, um sie sich dort genau anzusehen. Bei mir auf der Arbeit lassen sich die Kollegen oft die Garderobe für die gesamte Saison schicken. Sie nehmen sich dann viel Zeit, um die Kleidung zu Hause anzuprobieren, und schicken das Meiste am Ende zurück. Diese Form der Orientierung ist nahezu kostenlos (manchmal fallen Versandkosten an) und auch weniger zeitaufwändig als der Besuch mehrerer Geschäfte in der Innenstadt. Zudem entfallen die Parkgebühren, und es kommt auch nicht zu dem lästigen Fall, dass ein Artikel, der gefällt, im Laden ausverkauft ist.

Suchmaschinen

In der Frühzeit des Internets waren Suchmaschinen vor allem quälend langsam und nervig. Sie haben sich seitdem enorm verbessert, was vor allem auf intelligentere Algorithmen zurückzuführen ist. Der Suchverlauf wird berücksichtigt, um personalisierte und relevante Informationen anzeigen zu können. Unabsichtlich helfen die User dabei mit und füttern Datenbanken mit jedem einzelnen Suchbegriff, den sie eingeben. Insofern ist es kein Wunder, dass Suchmaschinen zu den Sprungbrettern am Beginn der Customer Journey geworden sind.

Es sind vor allem kleine Händler, die am meisten vom Suchmaschinenmarketing profitieren. Den Onlife-Verbrauchern werden die Unternehmen präsentiert, die sich am meisten darum bemühen, gefunden zu werden. Es gibt mittlerweile eine ganze Branche, die sich der Suchmaschinenoptimierung (SEO) widmet. Wichtig ist dieser Industriezweig vor allem für diejenigen Unternehmen, die sich weigern, an dem von den Shoppingplattformen bevorzugten Auktionssystem teilzunehmen. Auf diesen Plattformen werden im Rahmen einer Auktion Werbeanzeigen mit Suchbegriffen verknüpft, und der höchste Bieter erhält den Zuschlag. Dieses Prinzip wird als Suchmaschinenwerbung (Search Engine Advertising, SEA) bezeichnet. Größere Läden interessieren sich besonders dafür, den Verbraucher frühzeitig mit einem gesponserten Link anzusprechen. Es bleibt jedoch abzuwarten, wie kosteneffektiv diese Form der Werbung ist. Die Menschen orientieren sich meist an anderen Quellen als dem Ratschlag eines Händlers: Bewertungen und Beurteilungen durch Kunden werden immer wichtiger. Gleiches gilt auch für Websites, die Preise, Produkte und Dienstleistungen vergleichen und sich so einen festen Platz in der Orientierungsphase des Einkaufsvorgangs sichern. Sie können allerdings auch ganz schön lästig sein. Tracking-Cookies, die den Verbrauchern wochenlang mit Anzeigen und veralteten Angeboten behelligen, sind einfach nur unglaublich nervtötend. Tatsächlich stehen die Geschäftsmodelle solcher Vergleichsportale für Preise, Produkte und Services unter starkem Druck. Da ihr Umsatz von der Anzahl der Treffer und/oder Verkäufe abhängt, die sie für Webshops generieren, werden sie nicht mehr als unabhängig oder zuverlässig angesehen.

Der Zero-Moment-of-Truth

Das kennt fast jeder: Der kleinste Auslöser zwingt einen dazu, zum Smartphone oder Tablet zu greifen und schnell ein paar Informationen über Waren oder Dienstleistungen nachzuschlagen. Dies ist der Moment der Wahrheit auf der Customer Journey: jener Bruchteil einer Sekunde, in der man eine implizite Entscheidung trifft, wie und wo man nach etwas sucht. Im Jahr 2009 prägte das amerikanische Forschungsunternehmen IRI hierfür den Begriff *Zero-Moment-of-Truth*, kurz ZMOT (etwa: Stunde Null des Moments der Wahrheit).[7] Procter & Gamble hatte zuvor bereits den Zeitpunkt, zu dem ein Verbraucher, der im Markt vor dem Regal steht, im Begriff ist, sich für ein Produkt zu entscheiden, als *First-Moment-of-Truth* (ersten Moment der Wahrheit), und den Anfangszeitpunkt des eigentlichen Kaufvorgangs als *Second-Moment-of-Truth* (zweiten Moment der Wahrheit) definiert. 2011 übernahm Google das ZMOT-Konzept, um die Orientierungsphase auf Smartphones zu beschleunigen.[8] Ein kluger Schachzug, zweifelsohne. Schließlich nutzen heute 80 Prozent der amerikanischen Verbraucher ihre Smartphones im Laden zum Einkaufen – um Produktbewertungen abzurufen, Preise zu vergleichen oder Alternativen zum betreffenden Laden zu finden.[9]

Intensivierte Orientierung durch neue Technologien

Technologie wird den Verbrauchern, die nach Mitteln und Wegen suchen, neue Waren und Dienstleistungen zu entdecken, in den kommenden Jahren wahrscheinlich nie dagewesene Möglichkeiten eröffnen.

Relevantere Suchergebnisse

Am Ende wird sich der Einsatz von Suchmaschinen für den Nutzer ganz anders gestalten als heute. Verbraucher wissen bereits, dass die Eingabe einer allgemein gehaltenen Suche (z. B. »Waschmaschine«) zu anderen Ergebnissen führt als eine konkretere (z. B. »Toplader-Waschmaschine«) oder die Suche nach einer bestimmten *Marke* (beispielsweise »Miele-Waschmaschine«). Intelligente Algorithmen helfen dabei mit, Kombinationen aus Suchbegriffen in bessere Ergebnisse zu verwandeln. Die Onlife-Verbraucher werden aber noch mehr wollen und künftig nicht mehr mit generischen Suchergebnissen zufrieden sein. Sie wünschen sich individuelle Antworten auf ihre Suchanfragen. Dabei sind die Dringlichkeit der Anfrage, der Nutzerstandort und der Zeitpunkt der Suchanfrage zu berücksichtigen. Optimal wäre ein Dialog, um personalisierte Empfehlungen zu erhalten, die dem Kontext der Suchanfrage entsprechen.

So etwas wird schon bald durch neue interaktive und dialogbasierte Software möglich. Die Eingabe von *Suchbegriffen* wird durch die Sprachsuche ersetzt, d. h., es wird eine gesprochene Frage aufgenommen und beantwortet. Tech-Giganten wie Alibaba (Genie), Apple (Siri), Amazon (Alexa), Google (Home), Microsoft (Cortana) und Samsung (Bixby) haben digitale Apps und Sprachassistenten im Programm, die nicht nur die Verbraucher verstehen, sondern auch aus früheren Erfahrungen lernen.

Der IBM-Supercomputer Watson

Als ich 2016 in New York und San Francisco war, lernte ich Watson kennen, den Supercomputer von IBM. Watson bietet cloudbasierte Predictive Analysis, sodass Nutzer Fragen in natürlicher Sprache stellen und mit ihm in einen sinnvollen Dialog treten können. Dank künstlicher Intelligenz ist IBM der Konkurrenz im Bereich der Einkaufspersonalisierung weit voraus.

Bei meiner Begegnung mit Watson tippte ich folgende Frage ein: »Ich suche einen tollen Smoking für die Hochzeit meiner Tochter.« Watson stellte mir daraufhin eine ganze Reihe von Fragen – und zwar genau diejenigen, die ein Verkäufer bei einem gehobenen Herrenausstatter auch stellen würde: »Wo findet die Hochzeit statt? Zu welcher Jahreszeit? Drinnen oder draußen?« Das Gespräch drehte sich auch um die Art des Anzugs, mögliche Farben, Designs, Größen und Preisklassen. Es war ein angenehmes »Gespräch« zwischen Käufer und Verkäufer, das zu Suchergebnissen mit höchster Relevanz und am Ende zu einer individuellen Empfehlung führte.[10]

Das amerikanische Handelsunternehmen Macy's hat Watson bereits in seiner Online-App und in zehn Filialen implementiert.[11] Staples, Under Armour, 1800Flowers.com und der Outdoor-Platzhirsch The North Face – sie alle experimentieren bereits mit ähnlichen intuitiven und dialogorientierten Empfehlungsmethoden.[12]

Virtual Reality

In den kommenden Jahren werden sich dank virtueller Showrooms und Erlebniszentren ganz neue Welten für den Handel eröffnen (siehe Kapitel 2). In einer 3D-Umgebung können Sie die ausgestellten Produkte so betrachten und erfahren, als wären Sie tatsächlich in einem Laden und nicht zu Hause. Sie können Artikel auswählen, hochheben und drehen, Outfits anprobieren und Fotos machen, um sie auf Instagram und Co. zu teilen.[13] Subtile Klang- und Farbeffekte zeigen Ihnen dann passende weitere Produkte.

Mithilfe von VR-Brillen der nächsten Generation – wie beispielsweise den weiterentwickelten Versionen von HTC oder Oculus Rift – können Läden und Online-Shops die Onlife-Beziehung zum Kunden weiter vertiefen.[14] Und Sie können sich darauf verlassen: Ihr virtuelles Erlebnis basiert auf den Informationen und Vorlieben, die in Ihren Social-Media-Profilen oder Ihrem In-Store-Konto gespeichert sind. Sie können sogar die Umgebung auswählen, in der Sie einkaufen möchten. Harry-Potter-Fans würden Kleidung vielleicht gerne in einem Schloss wie Hogwarts kaufen.

Nach der Übernahme von Oculus Rift begann Facebook damit, mit einer Option zu experimentieren, die es erlaubt, VR-Shopping in die beliebte Messenger-App zu integrieren.[15] Der Tag, an dem Facebook damit anfängt, uns Kleidung, Häuser oder Autos über seine VR-Brille zu verkaufen, ist nicht mehr fern.[16][17] In Peking und London besuchte ich die virtuellen Showrooms von Audi und Tesla. In zentral gelegenen Geschäften bieten die Automobilhersteller potenziellen Käufern die Möglichkeit, ihr Traumauto aus allen erdenklichen Komponenten zusammenzustellen. Alibaba hat in kürzester Zeit einen virtuellen Laden mit Rundum-Service entwickelt, in dem chinesische Konsumenten mittels VR-Brillen Artikel ansehen können, um sie dann mit Alipay zu bezahlen.[18]

Augmented Reality

Auch Anwendungen, die AR (siehe Kapitel 2) verwenden, werden immer beliebter. Bei AR wird die Realität optimiert oder »erweitert«, indem Gegenstände in Echtzeit in digitale Videos oder Fotos eingesetzt werden.

Dank Augmented Reality können wir im Laden unsere Orientierungsmethoden ändern. AR-Erlebnisse auf Grundlage entsprechender Mobil-Apps – beispielsweise Schaufensterdisplays, Beschilderungen im Geschäft und virtuelle Umkleidekabinen – sorgen für interaktiveres Einkaufen und helfen dem Betreiber, sein Angebot von dem der Konkurrenz abzuheben. Immer mehr Warenhäuser – zum Beispiel der Londoner Flagship-Store von John Lewis – bieten in ihren Läden smarte Spiegel, in denen man sich im ausgewählten Outfit betrachten kann, ohne hineinzuschlüpfen müssen.[19]

Smarte Umkleideräume in Macropolis

Bereits Anfang der 90er Jahre haben wir in unserer digitalen Einkaufsstadt Macropolis mit virtuellen Umkleideräumen experimentiert. Beim Modehaus Peek & Cloppenburg konnte man eine virtuelle Schaufensterpuppe auswählen, die an einen selbst erinnerte – bis hin zur gleichen Frisur und Haarfarbe. Zog man der Puppe mit der Maus einen Pullover an, präsentierte der Computer eine Auswahl passender Röcke, Jacken und Schals, mit denen sich das Outfit der Puppe dann weiter vervollständigen ließ. Natürlich wurde auch der Preis angezeigt. Macropolis bot sogar Stilberatung zu Outfitkombinationen an. In einem alten Artikel dazu, über den ich unlängst gestolpert bin, stand zu lesen: »Mollige Menschen können sich dazu beraten lassen, in welchen Outfits sie schlanker aussehen.«

Abseits von Kaufhäusern oder Reisebüros gibt es noch weitere Einsatzmöglichkeiten für AR: Sogar zu Hause lässt sie sich nutzen. AR kommt mit smarten Apps von Amazon, IKEA oder der Möbelsparte von Target ins Haus. Sie möchten wissen, ob der Stuhl, auf den Sie ein Auge geworfen haben, sich in Ihrem Zimmer tatsächlich gut machen würde? Nun, das können Sie sich jetzt ansehen. Amazon hat sich einen intelligenten Spiegel für das Schlafzimmer patentieren lassen, der als Erweiterung für die smarte Echo Look-Kamera verwendet werden könnte. AR, VR, Smart Fabrics und Machine Learning beraten einen am Ende gemeinsam, welches Outfit am besten zu einem passt.[20] In Zukunft tragen wir vielleicht eine Sonnenbrille, die uns nicht nur vor ultravioletten Strahlen schützt, sondern uns auch die Möglichkeit gibt, in eine erweiterte Realität einzutauchen.[21] Derzeit arbeitet Google an Glass 2. Unter der Bezeichnung Glass Enterprise Edition wird eine verbesserte Version der gefloppten Google Glass-Brille auf den Markt kommen, die diesmal dem Onlife-Konsumenten auf den Leib geschneidert sein wird.[22]

Hologramme

Mit neuen und fortschrittlichen Hologrammtechnologien (siehe Kapitel 2) können Verbraucher Waren und Dienstleistungen jederzeit und überall ansehen und erleben. Hologramme sind Projektionen, die direkt vor uns erscheinen. Vorerst beschränken sich die Anwendungen dieser Technologie im Einzelhandel auf Produktpräsentationen, wie zum Beispiel im Apple Store in Schanghai, wo 2011 die neue MacBook-Generation den Käufern mithilfe von Hologrammen vorgestellt wurde. Im Jahr 2013 setzte Samsung Holografie ein, um das neue Galaxy S4 im Laden zu präsentieren. Der US-amerikanische Küchenhersteller Lowe's eröffnete 2016 einen Pilotstore mit einer Microsoft 3D-HoloLens. Damit können Kunden virtuelle Showrooms betreten. Hier können sie die montierten Küchen und Bäder rundum erleben und direkt nach ihren eigenen Vorstellungen optimieren. Zurzeit werden Hologramme in der Orientierungsphase am häufigsten in Supermärkten und für Mode, Autos, in Baumärkten und für Küchenausstattungen eingesetzt.[23] Auch in der Werbung werden sie vielfach genutzt: Mit Hologrammen lassen sich den Kunden Produkte und Darstellungen aus verschiedenen Blickwinkeln präsentieren, sodass sie Vorder- und Rückseite sowie Seitenflächen begutachten können.[24]

N=1

Die Orientierungsphase für den Kauf von Waren und Dienstleistungen kann jederzeit und überall stattfinden. Tag und Nacht, wo immer wir auch sind, können wir unsere Möglichkeiten ausloten: mit einem Smartphone im Geschäft, draußen auf der Straße oder auf dem Weg dorthin in Auto, Zug, Bus oder U-Bahn, oder mit einem Laptop, Tablet oder einem Smart Home-Speaker in der Küche. Unser geschäftiges Leben hat zur Folge, dass zweckbezogene Einkaufsmotive uns in den meisten Fällen wichtiger sind als soziale und hedonistische Motive. Viele ziehen den Komfort der Online-Orientierung schlichtweg der freundlichen Atmosphäre einer Einkaufsstraße vor.

Onlife-Verbraucher erwarten, dass sich die Händler auf sie einstellen und nicht umgekehrt. Es geht dabei nicht um Bedeutungsnuancen oder subtile Unterscheidungen, sondern um eine grundlegend andere Sichtweise. Onlife-Konsumenten mögen es gar nicht, wenn Öffnungszeiten verkürzt werden, der Kundenservice nicht erreichbar ist oder man im Laden (oder auch im Online-Shop) als Kunde von den Mitarbeitern ignoriert wird. Der Onlife-Konsument möchte zum perfekten Zeitpunkt, auf dem perfekten Kanal, über das perfekte Medium, mit den perfekten Verkaufsbedingungen, dem perfekten Service und – nicht zuletzt – zum perfekten Preis angesprochen werden. Sie erinnern sich sicher noch: N=1. Tatsächlich möchte man dazu verleitet werden, in eine Beziehung mit dem Händler zu treten, wenn man dessen Laden (oder Webshop) zum ersten Mal besucht. Der Einzelhändler muss genau die richtigen Fragen stellen – zur richtigen Zeit und im richtigen Kontext. Es liegt dann im Ermessen des Konsumenten, wie viele Informationen er preisgeben möchte, was auch davon abhängt, wie gut es dem Verkäufer gelingt, eine Beziehung zu ihm aufzubauen. Man wäre vielleicht bereit, ein Gespräch zu beginnen, an dessen Ende eine Transaktion stehen könnte. Vielleicht – aber nur vielleicht – könnte dies der Beginn einer wunderbaren Handelsbeziehung werden.

Stammkunden in der Orientierungsphase für eine Neuanschaffung sollten zumindest die Möglichkeit erhalten, erkannt und belohnt zu werden. Dies geschieht natürlich nur auf der Grundlage der von ihnen (bewusst oder unbewusst) bereitgestellten Informationen, aus denen sich dann persönliche Eigenschaften und Verhaltensmuster ableiten lassen.

Die gute Seite der Erstellung eines persönlichen Profils besteht in einem individuell zugeschnittenen Erlebnis voller Komfort, Mehrwert und (Preis-)Vorteilen. Onlife-Konsumenten träumen davon, dass Geschäfte speziell für ihren Besuch alles vollkommen neu gestalten. Sie schätzen es auch sehr, zwischen einzelnen

Handelstransaktionen in persönlicher und direkter Weise inspiriert zu werden. Geschieht dies, so sind sie, wenn ein Neukauf ansteht, viel eher bereit, sich wieder für das Online-Warenhaus, den Marktplatz oder die Plattform zu entscheiden, die sie gewohnt sind.

Tief greifende Gespräche

Unterschwellige Botschaften und Signale gehen auch von Onlife-Verbrauchern in Richtung Handel aus. Jedes Mal, wenn man Smartphone, Tablet oder ein ähnliches Gerät benutzt, erzeugt dies Daten über individuelle Wünsche, Emotionen und Vorlieben. Unbeabsichtigt und unbewusst entspinnt sich dadurch tatsächlich ein intensives Gespräch mit dem Verkäufer, dessen Grundlagen die eigene Identität, aber auch die aktuelle Stimmung sind. In dem Moment, in dem Unternehmen die künstliche Intelligenz (siehe Kapitel 2) so weit beherrschen, um diese Signale zu empfangen, werden Suchergebnisse danach angepasst, wie wir uns fühlen, denn alle unsere Signale werden übersetzt und genutzt.

Fast alle großen Technologieunternehmen und Einkaufsplattformen entwickeln gegenwärtig Apps, die in der Lage sind, wie Menschen zu denken und zu lernen. Smartphones und Apps können viel mehr als nur Daten speichern. Sie sind im Begriff, sehr viel klüger zu werden, denn sie können heute schon Rückschlüsse ziehen und Sachverhalte erlernen. DeepMind – die KI-Tochter von Google – arbeitet an der Entwicklung immer leistungsfähigerer Algorithmen, die beispielsweise Fotos finden können, indem beim Suchvorgang eine Bilderkennung zum Einsatz kommt. Der Nachteil besteht natürlich darin, dass die Technologieriesen eine Menge über unser Privatleben erfahren werden. Einige Leute haben Angst, dass die Welt eines Tages so wird, wie sie in der ebenso düsteren wie erfolgreichen dystopischen Serie *Black Mirror* auf Netflix dargestellt ist. Ariel Ezrachi, Professor für Wettbewerbsrecht an der Universität Oxford, befürchtet, dass die Technologieunternehmen ihre Algorithmen insgeheim aufeinander abstimmen. Zudem sind Skeptiker davon überzeugt, dass Internetunternehmen keine Bedenken haben werden, diese Daten an Dritte zu verkaufen. So würden unsere privatesten und intimsten Geheimnisse öffentlich werden.

Im Moment bereitet dies dem Onlife-Verbraucher noch keine schlaflosen Nächte. Viele Menschen schätzen es, bei der Informationssuche (z. B. »Ich brauche schwarze Sportschuhe, Größe 48, jetzt«) konkrete Angaben zu erhalten, denen sie entnehmen können, welches Geschäft, das den gewünschten Artikel vorrätig hat, das nächstgelegene ist – einschließlich einer Wegbeschreibung und einer schnellen Abfrage des privaten Kalenders, um zu überprüfen, ob es gerade geht (»Sie haben jetzt genügend Zeit, Ihre Schuhe abzuholen«). Für solche Verbraucher weckt diese neue Art des Einkaufens Erinnerungen an den Besuch des Ladens in der Stadt, wo man sich kannte und bei dem man auch das Gefühl hatte, in Sachen Einkauf in guten Händen zu sein. Onlife-Verbraucher unterscheiden sich hinsichtlich ihrer Wünsche und Vorstellungen nicht besonders von den Konsumenten der Vergangenheit. Sie möchten nur etwas persönliche und menschliche Aufmerksamkeit genießen. Wer all diese Entwicklungen mit Sorge betrachtet, kann sich allerdings sicher sein: Google arbeitet an einem »großen roten Knopf«, um selbstlernenden Computern und Maschinen Einhalt zu gebieten, bevor die Dinge außer Kontrolle zu geraten drohen.[25]

> **Daher wird man in der Zukunft Bananen nicht in einem Lebensmittelgeschäft kaufen, sondern womöglich in einem virtuellen Dschungel vom Baum pflücken.**

Yasuhiro Fukushima
Ehrenvorsitzender von Square Enix

KAPITEL ACHT

Auswahl – das neue Entscheidungs-paradigma

Wir alle kennen das Gefühl der Überforderung, das wir verspüren, wenn wir uns aus einer riesigen Auswahl für ein Produkt entscheiden sollen – egal ob es um Tee, Waschmittel oder Kekse geht. Das gleiche Gefühl überkommt uns, wenn wir online nach einem Hotel, einer Waschmaschine oder einer Versicherung suchen. Da wir den Wald vor lauter Bäumen nicht sehen können, fühlen wir uns wie in einem Labyrinth der Möglichkeiten verloren. Nicht genau zu wissen, was wir wollen, kann die Entscheidung für einen bestimmten Artikel noch komplizierter und zeitaufwendiger machen.

Eine Auswahl zu treffen, ist die zweite Handlung im Kaufvorgang – nach der Orientierung und vor der Bezahlung. Fairerweise wollen wir anmerken, dass Kaufentscheidung und Bezahlung heutzutage manchmal dasselbe bedeuten. Dazu später mehr.

In diesem Kapitel werde ich mich zunächst dem Paradox widmen, mit dem so viele Onlife-Konsumenten konfrontiert sind: Viele Optionen zu haben ist toll, aber in einer viel zu großen Angebotsvielfalt verliert man sich schnell. Danach befasse ich mich mit den verschiedenen Arten, wie Onlife-Konsumenten eine Kaufentscheidung treffen: aus Routine, durch Vergleichen, nach einer Recherche oder spontan. Im darauffolgenden Abschnitt ermittle ich die Bedingungen, die ein Händler erfüllen muss – zumindest dann, wenn genau er vom Onlife-Konsumenten in die engere Wahl genommen werden möchte. Welche Instrumente nutzen Händler für unterschiedliche Käufertypen, um diese Verbraucher zum Kauf zu bewegen? Was tun Einkaufsplattformen, Webshops und physische Geschäfte, um Verbrauchern während des Entscheidungsprozesses auf die Sprünge zu helfen? Abschließen möchte ich das Kapitel mit einer Einführung in das neue Entscheidungsparadigma: Onlife-Verbraucher wollen aus einer unendlichen Anzahl von Optionen auswählen, die ihnen auf eine Weise präsentiert werden, die sie persönlich anspricht.

Entscheidungsparadox oder Entscheidungsparadies?

Die immense Anzahl möglicher Optionen löst bei einigen Menschen Informationssucht aus: Sie durchkämmen verzweifelt und wie besessen das Internet – aus Angst, relevante Informationen zu übersehen. Untersuchungen in den Vereinigten Staaten haben gezeigt, dass mehr Optionen nicht unbedingt bessere Optionen sind. Wenn zu viele Auswahlmöglichkeiten vorhanden sind, tendieren die Menschen dazu, voreilige Entscheidungen zu treffen – oder (was noch schlimmer ist) zu keiner Entscheidung mehr fähig zu sein.[1] Der Psychologe Barry Schwartz beschreibt, dass Menschen sich eher gestresst fühlen, wenn sie zu viele Wahlmöglichkeiten haben – und dann lieber gar nichts kaufen.[2] Ich habe einmal einen Vortrag von ihm auf einer Konferenz in New York gehört. Dort erklärte er, dass dieses Entscheidungsparadox wirklich negative Auswirkungen auf die Kundenzufriedenheit hat.[3]

Chris Anderson, ehemaliger Redakteur des US-Technologiemagazins *Wired*, glaubt, dass Schwartz' Theorie lediglich auf die physische Welt beschränkt ist. Dort fehlt es den Verbrauchern an den notwendigen Informationen, um die richtige Entscheidung zu treffen. Das schier endlose Angebot im Internet ist für Anderson hingegen ein Entscheidungsparadies.

Onlife-Konsumenten wollen das Beste beider Welten: Sie möchten die perfekte Lösung für sich persönlich in diesem Wust der unbegrenzten Möglichkeiten finden. Für sie ist es wichtig, intensiv suchen zu können. Sie gehen davon aus, dass intelligente Navigationstechnologien und Algorithmen ihnen ein Angebot vorlegen, das perfekt zu ihren persönlichen Wunschlisten passt. Gleichzeitig sind sie aber auch glücklicher, denn aus zehn Optionen auszuwählen ist viel einfacher als aus 150.

Routinemäßige Entscheidung

Es gibt bestimmte Waren und Dienstleistungen, bei denen wir sogar davor zurückschrecken, uns zwischen nur zehn Möglichkeiten zu entscheiden. Wir wollen einfach nur den gleichen Artikel wie beim letzten Mal, maximal aber eine Variante davon, sofern sie neu und verbessert ist. Die meisten routinemäßigen Entscheidungen treffen wir im Supermarkt oder im Laden um die Ecke. Wir kaufen einfach das Gleiche wie bisher – ohne zuvor eine (Online-)Orientierungsphase durchlaufen zu haben. Die Smart Economy bietet uns die technischen Möglichkeiten, solche Käufe schnell und reibungslos abzuwickeln. Online-Supermärkte speichern unsere bisherigen Einkäufe und bereiten eine Einkaufsliste für uns vor.

Heute macht der Online-Einkauf von Waren des täglichen Bedarfs nur einen Bruchteil aller Einkäufe aus. Doch schon in wenigen Jahren ist damit zu rechnen, dass sich der Online-Lebensmittelhandel zu einer Boombranche entwickeln wird. McKinsey hat festgestellt, dass eine längere Anlaufphase nicht bedeutet, dass den Verbrauchern das Interesse fehlt. Vielmehr liegen noch nicht die Bedingungen vor, um diese Möglichkeit ausreichend attraktiv zu machen.[4]

Die Behauptung, dass der Online-Einkauf von Lebensmitteln auf dem Vormarsch sei, wäre eine extreme Untertreibung der Fakten. Angeführt von der britischen Supermarktkette Tesco sind inzwischen viele Supermarktketten in aller Welt dabei, Online-Angebote zu entwickeln. Denn eigentlich bleibt ihnen nichts anderes übrig. Neue Marktteilnehmer sind ihnen mit neuartigen Rezepten für den Einzelhandel direkt auf den Fersen. Für viele Experten stellt die Übernahme von Whole Foods durch Amazon im Jahr 2017 einen Wendepunkt in der Supermarktbranche dar. Jetzt kann sie es sich einfach nicht mehr leisten, sich auch nur für eine weitere Sekunde zurückzulehnen.

Neue Lebensmittelkonzepte

Wenn wir entscheiden, was wir essen, dann wollen wir, dass jeder unserer Wünsche erfüllt wird. Lieferdienste für Pizza und Sonstiges haben die Gastronomieszene nachhaltig verändert. Neue Konzepte der Lebensmittellieferung tauchen aktuell auf dem Markt auf und krempeln ihn erneut um. Die wichtigsten neuen Akteure sind Takeaway, Foodora und Deliveroo, und sie werden miteinander um die Eroberung des europäischen Markts ringen. In China stehen rund eine Million Kuriere von Ele.me (das Alibaba gehört) bereit, um Mahlzeiten auszuliefern.[5] Von denjenigen Chinesen, die Online-Plattformen nutzen, bestellen über 60 Prozent mehr als dreimal pro Woche Mahlzeiten, die geliefert werden. Auch die Einkaufsplattformen springen auf diesen Zug auf.[6] Amazon Hot Wheels ist der neueste Essenslieferdienst des Handelsgiganten. Amazon Prime-Mitglieder können sich in ausgewählten Städten mit Amazon Fresh Lebensmittel innerhalb einer Stunde beliefern lassen. Darüber hinaus gibt es Amazon Pantry – maßgeschneidert für Kunden, die einen vollen Vorratsschrank zu schätzen wissen. Auch hier erhalten Prime Kunden ein gutes Angebot: Sie können bis zu 15 Kilo unverderblicher Artikel wie Reis, Shampoo oder Fertigsnacks bestellen.

Kochboxen – Pakete mit allen Zutaten für eine oder mehrere Mahlzeiten – kommen dynamischem Verbraucherverhalten nach dem Motto »Komfort, gesunde Ernährung und beides möglichst unkompliziert« entgegen. Die deutsche Marke HelloFresh, die derzeit auf drei Kontinenten tätig ist, darf tatsächlich entscheiden, was bei ihren Kunden heute auf den Tisch kommt.[7] Man kann davon ausgehen, dass solche Fertigpakete für Mahlzeiten im Abonnement bald zwei bis drei Prozent aller Lebensmittelkäufe ausmachen werden.

Kunden, die dem zustimmen, können beim Betreten echter Supermärkte und lokaler Geschäfte in Zukunft sofort erkannt werden. Der Wocheneinkauf wird dann so einfach wie nie zuvor. *Smarte Roboter-Einkaufskörbe*, also kleine Einkaufswagen mit Digitalbildschirmen, sausen durch den Laden und treffen in kürzester Zeit Entscheidungen, die – und darum geht es ja – personalisiert und relevant sind. Die Einkaufsliste wird auf dem kleinen Bildschirm angezeigt, ebenso die bequemste Route durch den Laden. Mithilfe von Bluetooth und In-Store-Beacons können Kunden im Laden mit personalisierten Sonderangeboten versorgt werden.[8] Die Artikel werden beim Einlegen in den Wagen gescannt. So behalten Kunden jederzeit den Überblick über die Kosten. Die Bezahlung erfolgt ebenfalls automatisch, sobald der Wagen auf den Parkplatz geschoben wird. Die Auswahl eines Artikels ist nun gleichbedeutend mit seiner Bezahlung. Die smarten Einkaufswagen sind dabei energieneutral: Durch das Schieben lädt der Kunde den eingebauten 24-V-Akku wieder auf. Kunden mit eingeschränkter Mobilität können auf kleine Elektrofahrzeuge zum Herumfahren zurückgreifen, die selbstverständlich auch mit allen oben beschriebenen Funktionen ausgestattet sind. In Zukunft wird der Einkaufswagen zum virtuellen Assistenten, der einen zur richtigen Entscheidung führt.[9]

Bei Amazon Go, Alibaba Hema und 7Fresh von JD.com braucht es zum Einkaufen nicht einmal mehr einen Einkaufswagen. Käufer lassen einfach ihre Smartphones scannen, wenn sie den Markt betreten. Die Just-Walk-Out-Technologie von Amazon erkennt, wenn etwas aus dem Regal genommen (oder auch zurückgelegt) wird.[10] Alle Filialen nutzen heute Big Data-Analytik, um Käufern maßgeschneiderte Produktangebote zu unterbreiten.

Das Smartphone vermerkt, welche Artikel eingepackt wurden, aber auch, welche schon vorher in der Tasche waren (d. h. solche, die man mitgebracht hat). Verlässt man das Geschäft, werden die Einkäufe sofort vom Amazon- oder Alipay-Konto abgebucht – ohne Anstehen an der Kasse! Die 7Fresh-App von JD.com erlaubt auch das Bezahlen per Gesichtserkennung. In den neuen chinesischen Supermärkten kann man frische Meeresfrüchte und Fleisch kaufen und sich diese noch im Laden zum sofortigen Verzehr zubereiten oder innerhalb von 30 Minuten im Umkreis von fünf Kilometern um das Geschäft liefern lassen.[11]

Erst vergleichen, dann entscheiden

Es gibt eine Reihe von Waren und Dienstleistungen, die uns durchaus einen gewissen Mehraufwand wert sind: Bei Kleidung, Schuhen, Kaffeemaschinen, Waschmaschinen oder TV-Geräten vergleichen wir gerne. Wir sehen uns zwar vielleicht nicht gezwungen, wirklich jedes bisschen Information in die Hände zu bekommen, aber wir wollen vor der Kaufentscheidung ein paar Alternativen vergleichen. In Ladengeschäften probieren wir gerne mehrere Hosen, Kleider oder Oberteile an. Handelsguru Paco Underhill hat hierfür einen Ausdruck geprägt: »*Sieh mich an, fühl mich, fass mich an, kauf mich.*«[12]

Das Aufkommen des Internets hat dem Vergleichen von Angeboten eine ganz neue Dimension verliehen: Wir vergleichen bei Waren und Dienstleistungen Merkmale, Preis, Lieferoptionen, Kundenservice und Konditionen sowie das Vorhandensein eines vertrauenswürdigen Zertifikats oder Prüfzeichens. Außerdem lesen wir auch Erfahrungsberichte anderer Verbraucher, bevor wir uns entscheiden, was wir kaufen.

Dem Internet sei Dank ist das Vergleichen von Angeboten heute zum Standard geworden. Das gilt vor allem in der Reisebranche, wo ein umfangreicher Vergleich von Preisen für Flugtickets, Hotels, Campingplätze, Pauschalreisen und Kurztrips neuerdings die Norm ist. Unsere letzten Urlaube haben meine Frau und ich ausschließlich über Booking.com, Airbnb und TripAdvisor organisiert – und wir haben eine wunderbare Zeit an den atemberaubenden Küsten Frankreichs, Spaniens und Portugals verbracht. Mit Rezensionen, Bewertungen und Referenzen als Richtschnur buchten wir uns allmorgendlich ein Hotelzimmer, ein B&B, eine *Chambre d'hôtes, Casa oder Pousada*.

Auch Banken und Versicherungen verzeichnen einen messbaren Anstieg: Über 70 Prozent aller Versicherungsverträge werden von Personen abgeschlossen, die sich zunächst auf Vergleichsseiten orientiert haben.[13]

Smart Shopping in Macropolis

Die Idee, Verbrauchern bei der Online-Suche nach und bei der Auswahl von Waren und Dienstleistungen zu helfen, ist keineswegs neu. Ende der 90er Jahre war dies die Grundlage unseres Webshop-Portals Macropolis. Dort konnte man Produkte aus über zwanzig Kategorien, die von mehr als 5.000 Unternehmen und Online-Shops angeboten wurden, ansehen und vergleichen. Macropolis wurde zu einer der ersten Online-Anlaufstellen in den Niederlanden, wo man zum Beispiel Artikel aus dem Supermarktsortiment vergleichen konnte.

Eine andere Möglichkeit bestand darin, die Nummer der Macropolis-Hotline auf dem Handy zu wählen – eine ausgesprochen nützliche Methode, um einen schnellen Preisvergleich zu Waschmaschinen oder TV-Geräten durchzuführen, die in den Läden erhältlich waren. Zum Kurs von 1 Gulden pro Minute wurden alle Preise für das gewünschte Gerät sowie der Online-Shop aufgelistet, wo man es am günstigsten erwerben konnte (natürlich wurden dabei nur Webshops auf Macropolis berücksichtigt). Allerdings rief niemand bei der sündhaft teuren Macropolis-Hotline an, und die ganzseitigen Anzeigen in den überregionalen Zeitungen waren für den traditionellen Einzelhandel eine zu große Hürde. Folglich weigerten sie sich, auf Macropolis zu werben, wo es ohnehin nur den Link zum billigsten Webshop gab.

Online aussuchen, im Laden kaufen – oder umgekehrt

Unsere Vergleichsaktivitäten im Internet haben sich in den letzten Jahren vom PC und Laptop auf unsere Smartphones verlagert. Eine weitere interessante Verlagerung war die von »zu Hause« zu »im Geschäft« und zurück. Mittlerweile vergleichen über die Hälfte der Verbraucher in China und Südkorea im Laden auf ihren Smartphones Preise. In den Vereinigten Staaten liegt der Anteil bei etwa einem Drittel, in Europa bei einem Viertel.[14] Künftig werden Onlife-Verbraucher nicht mehr darüber nachdenken – es wird eine Selbstverständlichkeit sein, beim Einkaufen überall und jederzeit zu vergleichen, auch wenn Amazon sie daran hindern könnte. Dem Technologieriesen wurde nämlich ein Patent erteilt, das es unterbinden könnte, dass Kunden im Laden Preise auf einer konkurrierenden Website vergleichen. Stattdessen würde der vergleichende Kunde entweder auf die eigene Website umgeleitet oder mit einem Gutschein oder durch Ansprache durch einen Verkäufer abgelenkt.[15]

Bald wird es wahrscheinlich möglich sein, einen Artikel im Geschäft zu scannen – per Barcode, QR-Code, Schnappschuss oder Scan. Dann brauchen wir nur noch über das Display zu streichen oder der Smartwatch ein »Jetzt kaufen« zuzuraunen, um das betreffende Produkt direkt in den Einkaufswagen des bevorzugten Online-Ökosystems zu legen und zu bezahlen. Oder: Richten wir unsere Google Android-Handys einfach auf einen Artikel, dann wird uns Google Lens[16] nicht nur sagen, worum es sich handelt, sondern auch, wie man es kauft und sich per Google Express bis vor die Haustür liefern lässt. Die Strategie, sich im Laden umzusehen und zu entscheiden und dann online zu kaufen, wird auch als *Showrooming* bezeichnet.

Aber auch das umgekehrte Phänomen geschieht häufig. Onlife-Konsumenten vergleichen gerne Waren und Dienstleistungen online, bevor sie in ein Geschäft gehen, um sie dort zu kaufen. Das nennt man *Webrooming*, und es ist mittlerweile Teil der Omnichannel-Strategie geworden, die von vielen *Bricks-&-Clicks-*

Geschäften in der Hoffnung verfolgt wird, Onlife-Konsumenten online dazu zu verleiten, später das stationäre Geschäft zu besuchen.[17] Die Sportmarke Nike informiert Kunden von Zeit zu Zeit, wenn es in ausgewählten Filialen kostenlose Fitnesskurse gibt. Auch das Modehaus Rebecca Minkoff hat es sich zur Aufgabe gemacht, *Zauberspiegel* im Laden zu verwenden, um Kunden zum Einkaufen zu bewegen. Diese Spiegel dienen auch als Touchscreens, sodass die Kunden nach Designs, Farben und Größen suchen können.[18]

Ihre Entscheidung, Ihr Einkauf

Angebotsvergleiche verlagern sich allmählich weg von »traditionellen« Vergleichswebsites und hin zu Handelsökosystemen und -plattformen. Dort können Stammkunden bei fast jedem erdenklichen Artikel oder Service die gesamte Customer Journey durchlaufen (zum Für und Wider siehe Kapitel 5).

2015 wurde in Google Shopping der »Kaufen«-Button hinzugefügt.[19] Dank der Google-Einkaufsapp und Google Lens kann der Onlife-Kunde auf Produktinformationen, Bewertungen und Verfügbarkeitsinformationen zu Artikeln in Online-Shops und in echten Geschäften in der Nähe zugreifen. Durch Anklicken des »Kaufen«-Buttons wird ein *1-Klick-Einkauf* aktiviert. Zur Zahlung wird dann die Kreditkarte belastet, die mit dem hinterlegten Gmail- oder Android-Profil verknüpft ist.[20] Übrigens hat Google nichts mit dem tatsächlichen Lagerbestand oder dem Versand von Artikeln zu tun: Das Fulfillment wird von Online-Shops oder Läden durchgeführt, die dafür zahlen, die immense Reichweite der Suchmaschine nutzen zu können.[21]

Social Media-Plattformen wie Facebook, Pinterest, Instagram und Snapchat haben ihre mobilen Apps alle mit einem Kaufen-Button versehen. Beispielsweise können Shops ihre Produkte nun auf ihren eigenen Facebook-Seiten präsentieren, sodass der betreffende Artikel unter Verwendung der integrierten Zahlungsmöglichkeiten (oder über einen Link zur eigenen Website) gekauft werden kann.[22] Pinterest hat *Kauf-Pins* implementiert: Artikel können jetzt per Kreditkarte oder Apple Pay erworben werden.[23] Bei der chinesischen Social Media-Plattform Tencent/WeChat sind diese Praktiken längst etabliert. Mehr als eine Milliarde Verbraucher nutzen bereits die äußerst beliebte WeChat-App, vor allem, um Artikel direkt zu kaufen und mit WePay zu bezahlen.

Auswahl nach der Recherche

Exploration-Through-Shopping ist ein umfassender Ansatz, der von vielen Verbrauchern genutzt wird. Sie untersuchen alle Facetten ihres beabsichtigten Kaufs gründlich und oft online. Eine so detaillierte Art der Entscheidungsfindung gehört zum Kaufvorgang komplizierter Waren und Dienstleistungen mittlerweile selbstverständlich dazu – gerade bei der Erstanschaffung. Allerdings gibt es auch einen ganz bestimmten Käufertyp, dem dieses Maß an Gründlichkeit Spaß bereitet.

Vor dem Kauf komplexer Waren und Dienstleistungen sind die meisten Verbraucher lieber optimal vorbereitet. Für Produktbeschreibungen und technische Daten sind die Websites der Markenhersteller die ersten Anlaufstellen. Beurteilungen und Bewertungen werden studiert, um herauszufinden, welche Erfahrungen andere mit dem Artikel oder der Dienstleistung gemacht haben. Derartige Informationen werden als nutzergenerierter Inhalt (engl. *User Generated Content*) bezeichnet. Auch Vergleichsseiten erweisen sich als wertvolle Quellen für Herstellerspezifikationen, Markeninformationen und Nutzerbewertungen. Zudem gibt es Online-Foren für interessierte Käufer, in denen diese sich mit anderen Käufern über ihre Kaufabsichten austauschen können. Menschen sprechen über ihre Erfahrungen und stellen und beantworten alle möglichen Fragen. Soziale Medien, in denen Blogger und Vlogger ihre Geschichten und Videos teilen, sind eine weitere Möglichkeit für den Onlife-Konsumenten, Input für seinen Entscheidungsprozess zu erhalten.

User Generated Content gewinnt immer mehr an Bedeutung. Onlife-Konsumenten schätzen Bewertungen und Reviews sehr. Das bedeutet, dass Kundenbewertungen in Suchmaschinen und auf Vergleichswebsites allmählich immer wichtiger werden. Wenn Tausende von Verbrauchern einen Artikel bewerten, wird die Bewertung selbst glaubwürdiger. Sie ist so viel schwieriger zu manipulieren. Und: Wer sich dabei auf frischer Tat ertappen lässt, macht sich vollkommen unmöglich.

Heute stehen praktisch unendlich viele Informationsquellen zu Waren und Dienstleistungen zur Verfügung. Traditionelle (also stationäre) Geschäfte, Reisebüros, Versicherungsvermittler und Banken haben kein Informationsmonopol mehr. Die Hersteller von Markenartikeln sind durch die Fülle an Informationen, die ihnen zur Verfügung stehen – Spezifikationen zu Zehntausenden von Artikeln –, mächtiger geworden. Es ist nur eine Frage der Zeit, bis für all diese Informationen eine einheitliche Terminologie gefunden wurde, und das wird dem explorativen und vergleichenden Einkaufen einen enormen Schub verleihen. Marken bauen nun eigene Beziehungen zu Onlife-Konsumenten auf, und das wird sich schon bald in Direktverkäufen niederschlagen, bei denen kein Vermittler erforderlich sein wird.

Impulsgesteuerte Entscheidungen

Wir werden rund um die Uhr von verführerischen Reizen überflutet, deren alleiniger Zweck darin besteht, uns dazu zu verleiten, dieses oder jenes anzusehen, auszuwählen und letztendlich zu kaufen. Dies war etwa der Grund dafür, dass ich einmal von der Fahrt zum Gartencenter, wo ich eigentlich nur einen Rasenmäher kaufen wollte, mit einem 20er-Pack Gartenmüllsäcke und einer Motorsense nach Hause kam. Niemand ist gefeit gegen Impulskäufe, und das beschränkt sich auch nicht auf physische Geschäfte allein.

Dank responsiver mobiler Websites und Shopping-Apps können Onlife-Kunden rund um die Uhr einkaufen bis zum Umfallen. Auf einem Smartphone auf »Kaufen« zu drücken oder »Zu meiner Einkaufsliste hinzufügen« zu sagen, ist viel einfacher, als sich zu Hause bei der Desktopversion einer Shoppingwebsite anzumelden.[24] Zum Vergnügen im Lieblings-Webshop oder mit einer App einzukaufen, ist nicht mehr nur die Domäne von Shoppingsüchtigen.

Es gibt keine bessere Möglichkeit, Onlife-Kunden ständig neue, relevante und personalisierte Angebote zu präsentieren, als über Smartphones und Shopping-Apps. Amazon personalisiert seine Werbung bereits anhand des Suchverlaufs seiner Kunden. Zappos, die Schuhmarke von Amazon, betreibt noch genauere Individualisierung, denn welche Angebote jemandem angezeigt werden, hängt vom Typ des verwendeten Smartphones ab: Android-Nutzern werden andere Optionen präsentiert als Menschen mit iPhones. Auch die bereits erwähnten smarten Einkaufswagen können zur Förderung von Impulskäufen verwendet werden.

Wo kaufen Onlife-Verbraucher ein?

Bei der eigentlichen Entscheidung geht es natürlich um Waren und Dienstleistungen, aber auch der Anbieter selbst muss sich einer kritischen Begutachtung unterziehen. Onlife-Verbraucher erwarten inzwischen ganz bestimmte Dinge von Händlern. Die folgenden sieben Grundbedürfnisse beschreiben die Überlegungen der Verbraucher, wenn sie darüber nachdenken, ein bestimmtes Geschäft aufzusuchen oder einen bestimmten Online-Shop zu nutzen.[25]

1. Bequemlichkeit: Wie viel Zeit und Aufwand sind für den Kauf erforderlich? Routinekäufe müssen schnell und effizient über die Bühne gehen. Bei komplexen Angelegenheiten hingegen sind die Verbraucher bereit, etwas mehr Aufwand zu investieren. Derzeit – d. h. in den nächsten Jahren – ist damit zu rechnen, dass der Komfort eine immer wichtigere Rolle spielt.

2. Auswahl: Die breite Fächerung der Produktpalette oder der Umfang der angebotenen Dienstleistungen sind entscheidend. Die Kunden wollen theoretisch alles haben, erwarten aber gleichzeitig, dass Händler ihnen dabei helfen, die richtige Wahl zu treffen. Maßgeschneidert ist das Motto der Stunde. Wissen Sie noch? Es gilt N=1 (siehe Kapitel 7). Wenn ein Anbieter »alles« über seinen Kunden weiß, hat er weniger Mühe, sein Sortiment auf ihn zuzuschneiden. Gleichzeitig braucht auch der Kunde weniger Zeit, um die optimale Entscheidung zu treffen.

3. Preis: Onlife-Konsumenten sind nicht weniger preisbewusst (aber auch nicht preisbewusster) als die Verbraucher von heute. Dennoch wird der Preis als Faktor aufgrund des überwältigenden Angebots an Waren und Dienstleistungen, das in neuen und innovativen Handelsumfeldern präsentiert wird, zwangsläufig einen neuen Stellenwert erhalten. Außerdem ist der Preis eine der treibenden Kräfte der Sharing Economy: Wie kann man weniger für vergleichbare Produkte und Dienstleistungen ausgeben?

4. Erlebnis: das neueste Schlagwort im Handel. Entgegen der landläufigen Meinung ist das Angebot von Sinneserlebnissen nicht auf reale Ladengeschäfte beschränkt. Wer weiß, vielleicht schafft es eines Tages jemand, das *Geruchsinternet* zu erfinden.[26] Schließlich dachte sich Google bereits 2013 das Produkt Google Nose aus – zugegeben nur ein Aprilscherz, aber zukunftsweisend.[27] Atmosphäre, Erleben und Emotionen werden in den kommenden Jahren eine ganz neue Dimension erhalten. Dank neuer VR- und AR-Anwendungen werden wir neuartige Erfahrungen machen – in Ladengeschäften, aber auch zu Hause.

5. Service: Man unterscheidet zwei Arten von Serviceleistungen: technische (Beratung, Installation oder Reparatur) und soziale (Aufmerksamkeit, Kundenpflege, Unterstützung, Empathie, Freundlichkeit). Service entspringt aus Erfahrung: Künftige Onlife-Verbraucher erwarten einen freundlichen und persönlichen Service, aber er muss auch zeitnah und effektiv erbracht werden.

6. Vertrauen: Hierum geht es bei allen Versprechungen. Versprechungen zur Bequemlichkeit (»Heute bestellt, morgen geliefert«), zur Auswahl (»Größtes Angebot überhaupt«), zum Preis (»Keiner ist günstiger«), zum Kundenerlebnis (»Fühlen Sie den Unterschied«) und zum Service (»Nicht zufrieden?

Auswahl entsprechend Typ des Onlife-Shoppers

	Kundenwissen	Kundenspektrum
Leidenschaftliche Käufer	- VIP-Privilegien - Soziale Medien - Profiling - Videos, Foren, Blogs, Vlogs - Kanalübergreifende Erkennung - Marken-Apps	- Personalisiertes Spektrum - Videorezensionen - C2C-Interaktion - Lifestyletipps - Vorbilder/Prominente - Empfehlungen via App
Bewusste Käufer	- Proaktiver Personal Shopper - Persönliches Profil - Shopbewertungen - Blogs - Fachleute im Ladengeschäft - Kanalübergreifende Erkennung - YouTube-Beratung	- Frühere Einkäufe - Personalisierte und sortierte Bewertungen - Umfangreiche Produktinformationen - Vergleichs-App
Kalkulierender Käufer	- Einkaufslisten - Personalisierte Broschüre	- Sortierte Bewertungen - Preisvergleich - Umfangreiche Produkt- oder Dienstleistungsinformationen
Passiver Käufer	- Persönliches Profil - Erinnerungen - Kaufempfehlungen - Preisbestätigung - Frühere Einkäufe	- Testberichte - Videoanleitung - Weniger Optionen - Zusammenfassungen - Gefiltertes Angebot

Geld zurück!«). Auf der anderen Seite ist dem Onlife-Konsumenten klar, wie wertvoll seine personenbezogenen Daten sind. Welcher Anbieter ist vertrauenswürdig genug, um sich die Erlaubnis zum Speichern meiner personenbezogenen Daten zu verdienen?

7. Transparenz: Onlife-Verbraucher erwarten einen umfassenden Überblick darüber, wie sie mit einem Händler Geschäfte machen können. Jeder einzelne Schritt der Customer Journey muss klar und stimmig sein. Dank unabhängiger Bewertungen können gute und schlechte Erfahrungen vor dem Kauf berücksichtigt werden.

Kundenerlebnis	Kundendienst
Überrasche mich! - Unterhaltung - Gruppen-Shopping - Themenbezogene Einkaufsveranstaltungen - »Der Kunde ist König« - Erlebnisse - Workshops - (Gruppen-)Tutorials - Virtual Reality - Augmented Reality - Hologramme	- Virtuelle Anproberäume - Pop-up-Stores - Trendsetter - Kostenloses WLAN - Lade einen Freund ein - Gruppen-Shopping - Virtual Reality
Verführ mich! - Persönliche Beratung - Buy-One-Give-One - Personalisierte Produktseite - Videoanleitung	- Ortsbezogene Informationen - Reservierungen - Schnäppchen - Auf den Punkt gebracht - Lieferung im Abonnement - Kundendienst
Beeinflusse mich! - Persönliches Profil - Gutscheine und Rabatte - Schnelle Bearbeitung - Experte rund um die Uhr abrufbereit	- Einfache Navigation und Weiterleitung - Click & Collect - Lieferoptionen - Einfache und kostenlose Rückgabe
Hilf mir! - Sortierte Bewertungen - Keep It Simple - Einfache Bestellung - Bestätigung - Telefonischer Kontakt	- Kostenlose Rückgabe - Abholung und Heimzustellung (kostenlos) - Tiefpreisgarantie - Monatliches Abonnement

Der Onlife-Konsument wird sich immer für Unternehmen entscheiden, die bei der Erfüllung dieser Mindestanforderungen auf eine ausgezeichnete Bilanz verweisen können. Meistens werden dies die Einkaufsplattformen sein, auf denen der Verbraucher die gesamte Customer Journey durchlaufen kann – im begründeten Vertrauen darauf, dass alle seine Bedürfnisse antizipiert und erfüllt werden. Aber auch kleinere Anbieter können das schaffen. Gerade in Nischenmärkten haben sie dank verschiedener Faktoren hervorragende Chancen, sich durchzusetzen. Dazu gehören zum Beispiel persönliche Betreuung, ein Image als verlässliche Unternehmer, die ihre Kunden kennen, handgefertigte und authentische Produkte oder Inanspruchnahme lokaler Lieferanten zu fairer Bezahlung.

Wie kaufen Onlife-Verbraucher ein?

Der Onlife-Verbraucher erwartet, dass Händler Kunden auf verschiedene Weise bei der Entscheidungsfindung unterstützen. Das ist ausschlaggebend für den Kauf. Sie gehen ganz selbstverständlich davon aus, dass Händler Folgendes tun werden, um sie eindeutig zu überzeugen:[28]

1. Kundenwissen: Nutzen Sie Ihr Wissen und schneiden Sie alles auf mich zu.
2. Kundenangebot: Bieten Sie mir ausschließlich relevante und genaue Informationen.
3. Kundenerlebnis: Überraschen Sie mich, verführen Sie mich, beeinflussen Sie mich, helfen Sie mir!
4. Kundenservice: Machen Sie mir die Entscheidung leicht.

Welcher dieser vier Wünsche überwiegt und wie dieser erfüllt werden kann, hängt zum Teil davon ab, was für ein Käufertyp der Verbraucher jeweils ist. Aus der Tabelle auf der vorherigen Seite geht klar hervor, welche Werkzeuge ein Händler bei welchem Käufertyp am besten einsetzt.

Wie Einkaufsplattformen den Auswahlprozess unterstützen

Einkaufsökosysteme und Plattformen wie Amazon, Alibaba, Apple und Google begeistern Käufer mit neuen, hochentwickelten Technologien, die ihnen bei der

Auswahl helfen. Amazon (Echo), Alibaba (Genie), Apple (Homepod) und Google (Home) heben mit ihren überaus beliebten Smart Speakers und interaktiven und freisprechfähigen Spracherkennungssystemen das Homeshopping auf die nächste Stufe. Nehmen wir beispielsweise Amazon Echo (der auf »Alexa« reagiert), das in drei Größen erhältlich ist: Echo, Tap und Echo Dot. Bei allen handelt es sich um Smart Home-Rundumlautsprecher in einem schlanken röhrenförmigen Gehäuse, ausgestattet mit WLAN, einem oder mehreren Lautsprechern und bis zu sieben Mikrofonen. Natürlich sind alle Echos mit der Amazon Cloud verbunden. In den Vereinigten Staaten, Großbritannien und Deutschland ist es bereits möglich, mit Echo Einkaufszettel zu schreiben (»Alexa, bitte Knoblauch auf die Einkaufsliste setzen«). Derzeit spreche ich auf Niederländisch zu Hause in meiner Küche mit Echo, um Fragen zu stellen (»Wie viele Teelöffel ergeben einen Esslöffel?«), Nachrichten zu hören oder Musik über Sonos abzurufen. Routinekäufe können mit einem einfachen *Sprachbefehl* oder per Knopfdruck erledigt werden und werden sofort abgebucht. Es wird nicht allzu lange dauern, bis wir Alexa fragen können, welche Waschmaschine empfehlenswert ist, wo ich sie am günstigsten bekomme (zweifelsohne bei Amazon) und mit welchen Lieferzeiten ich bei dem Anbieter rechnen muss, für den ich mich entscheide.

Auf Smart Home-Geräte mit Bestellfunktion trifft man immer häufiger in Wohnungen und Häusern überall auf der Welt – und dort vor allem in der Küche. Man denke etwa an den WLAN-fähigen Amazon Dash – einen One-Touch-Taster, mit dem ein Artikel sofort online bestellt werden kann. Der Dash Button ist gerade groß genug, um die Herstellermarke zu zeigen. Man klebt diese Buttons einfach auf den Kühlschrank (Papierhandtücher), den Badezimmerspiegel (Rasierklingen), die Waschmaschine (Waschmittel) oder den Schreibtisch (Druckertinte), und ein Knopfdruck genügt, um den Artikel auf die Amazon Fresh-Einkaufsliste zu setzen: *Place it, Press it, Get it.*[29] Natürlich wird niemand sein ganzes Haus mit diesen Buttons dekorieren wollen, aber sie sind trotzdem ungemein praktisch. Der Amazon Dash Wand verfügt an der Unterseite über einen kleinen Barcode-Scanner, mit dem sich Barcodes von allen Produkten in der Wohnung einlesen lassen. Ist dieses Produkt bei Amazon erhältlich, dann wird es beim Scannen mit dem Dash Wand automatisch in den Warenkorb gelegt. Danach kann die Bestellung in der Amazon-App oder auf der Website abgeschlossen werden.[30] Über

250 Marken machen bereits mit, darunter Kraft, Illy, Schwarzkopf, Coca-Cola, Red Bull, Whiskas und Persil. Mitglieder des beliebten Kundenbindungsprogramms Prime erhalten Amazon Dash Buttons für nur 4,99 Euro pro Stück. [Anmerkung des Übersetzers: Amazon hat den Vertrieb seiner Dash Buttons Anfang 2019 weltweit eingestellt.]

Der nächste Schritt in der endlosen Reihe der von Amazon vorgestellten Innovationen ist der AWS IoT-Button, der für alle möglichen Aufgaben und Dienste im Zusammenhang mit dem Internet of Things verwendet wird. Damit kann man jemanden anrufen, das Garagentor öffnen, eine Pizza bestellen usw.[31]

Diese neuen Möglichkeiten von Amazon und anderen Einkaufsökosystemen und -plattformen machen das Leben ungemein komfortabel, auch wenn sich im Falle von Amazon und Google die Frage aufdrängt, ob die Technologieriesen damit nicht vielleicht doch etwas zu mächtig werden. Wäre es nicht möglich, dass Verbraucher sich eine Art Trojanisches Pferd ins Haus holen, wenn sie den technischen Helferlein von Amazon und Google mit ihrem wundersamen Innenleben im trauten Heim freie Hand lassen?[32] Denn warum sollte irgendjemand dann noch irgendwo anders als bei diesen beiden Giganten einkaufen?

Wie Ladengeschäfte den Entscheidungsvorgang unterstützen

Traditionelle Händler setzen langsam, aber stetig neue Technologien im Entscheidungsprozess ein. In den letzten Jahren haben wir häufiger Exkursionen nach China und in die USA unternommen. In Schanghai besuchten wir einen Metro-Pilotstore. Treue Kunden erhalten hier Rabatte auf ausgewählte Produkte. Möglich wird dies durch den Einsatz von In-Store-Beacons und einer WeChat-App.[33] In New York bekamen wir die neueste App des amerikanischen Handelsunternehmens Target zu sehen, die ebenfalls Beacons verwendet:[34] Sofern der Kunde die Erlaubnis erteilt hat, kann er in jeder Filiale eine eigene Homepage mit verschiedenen Möglichkeiten nutzen. Die App macht beispielsweise Vorschläge für einen Rundgang durch den Laden (abhängig davon, wo im Laden man sich zu einem bestimmten Zeitpunkt befindet) und hilft einem dabei, die gewünschten Artikel zu finden. Darüber hinaus bietet sie den Kunden spezielle Gutscheine oder Angebote für Produkte an, wenn sie im Markt daran vorbeigehen. Manchmal basieren diese maßgeschneiderten Angebote auch auf

Entwicklungen in den sozialen Netzwerken. So erhält man beim Durchqueren der Abteilung für Damenoberbekleidung möglicherweise ein Angebot für einen Pulli, der gerade auf Pinterest *trendet*.

Das neue Entscheidungsparadigma

Die Onlife-Verbraucher der Zukunft werden über alle möglichen digitalen Hilfsmittel verfügen, die ihnen das Treffen von Entscheidungen einfacher, angenehmer und vor allem bequemer machen sollen. Wer da draußen bietet mir den besten Service, den meisten Komfort und das beste Schnäppchen an? Welcher Händler verdient mein Vertrauen? Das Entscheidungsparadox und das Entscheidungsparadies werden sich zu etwas verbinden, das ich gerne als »Entscheidungsparadigma« bezeichne. Das Paradox wird sich von selbst lösen, denn der Handel verfügt schon jetzt über genügend Informationen zu jedem Kunden, um ihn an die Hand zu nehmen und durch das vielfältige Angebot zu führen.

Den Händlern stehen heute technische Mittel zur Verfügung, um Verbrauchern das Gefühl zu geben, für sie stünde im Entscheidungsparadies eine unbegrenzte Auswahl bereit. Die Macht hat in diesem neuen Entscheidungsparadigma der Onlife-Verbraucher. Er bestimmt, wer ihm helfen darf und wie viel Hilfe er will, wenn er seine Entscheidung trifft. Anbieter von Waren und Dienstleistungen müssen aufhören, die Wahlmöglichkeiten der Menschen einzuschränken (Entscheidungsparadox) und dem Verbraucher stattdessen eine theoretisch unendliche und grenzenlose Bandbreite von Möglichkeiten anbieten (Entscheidungsparadies) – und dies auf eine Weise, die intelligent, organisiert, individuell und relevant ist.

„Die Blockchain hat nicht nur das Potenzial, Milliarden Menschen zu vernetzen, sondern, was noch wichtiger ist, ermöglicht es ihnen auch, finanzielle Aktivitäten durchzuführen, Dinge zu kaufen, zu verleihen und zu verkaufen und überhaupt eine Chance auf ein Leben in einem gewissen Wohlstand zu erhalten."

Don und Alex Tapscott,
Autoren von *Die Blockchain-Revolution*[1]

———

KAPITEL NEUN

—

So bezahlt man morgen: Kaufen ohne Klicken in der Blockchain

Die Entscheidung, etwas zu kaufen, das anschließende Bezahlen und schließlich der Erhalt des Artikels: Solange wir denken können, geschah all dies zur gleichen Zeit und am gleichen Ort. Die Risiken für Käufer und Verkäufer waren gleichmäßig verteilt. Jemand entschied sich im Laden für ein Kleidungsstück, bezahlte es und nahm es mit nach Hause. Doch innerhalb von noch nicht einmal zwei Jahrzehnten hat die technologische Entwicklung herkömmliche Arten der Bezahlung vollkommen verändert. Online-Shopping ist heute nichts Ungewöhnliches mehr. Infolgedessen müssen Vertragsabschluss, Bezahlung des Artikels und Lieferung der Ware oder Erbringung der Dienstleistung nicht mehr zur selben Zeit und am selben Ort erfolgen. Im Zeitalter des Internets hat sich das Risiko verlagert: Entweder trägt es der Käufer (Zahlung vor Lieferung) oder der Verkäufer (Zahlung bei oder nach Lieferung).

Noch nie zuvor haben wir einen Wandel erlebt, wie er sich im Rahmen der Customer Journey gegenwärtig auf dem Gebiet des Bezahlens vollzieht. Veränderte Verbraucherbedürfnisse und -erwartungen erfordern neue Handels- und Zahlungsanwendungen. Gemeinsam ist ihnen allen, dass sie sich nahtlos in das Leben der Menschen einfügen und zu der Art und Weise passen, wie Verbraucher Waren und Dienstleistungen erwerben. Neue Zahlungsmethoden sind genau jetzt unverzichtbar. Onlife-Verbraucher bestehen darauf, dass Zahlungsvorgänge übergangslos in die Customer Journey integriert sind.

Die Bezahlung ist der dritte Schritt der Customer Journey. Nach der Orientierung und der Entscheidung kommt der Zeitpunkt, an dem die Ware oder Dienstleistung tatsächlich bezahlt werden will. Durch diesen Vorgang wird der Käufer zum Eigentümer. Ich werde in diesem Kapitel vier verschiedene Trends behandeln, die früher oder später bestimmen werden, wie Onlife-Verbraucher ihre Einkäufe bezahlen:

» Kontaktloses Bezahlen
» Der *Krieg der Wallets*
» Identität als neue Währung
» Die Blockchain-Revolution

Kontaktloses Bezahlen

Derzeit bezahlen die meisten Verbraucher noch mit Bargeld oder einer Debit- oder Kreditkarte. Die Zahl der Barzahlungen nimmt inzwischen jedoch rapide ab. Langsam, aber sicher sind wir auf dem Weg in eine bargeldlose Gesellschaft.[2] Grund hierfür sind starke Anreize, mit der Karte zu zahlen. Die Einführung des kontaktlosen Bezahlens verstärkt diesen Trend weiter: einfach Karte oder Smartphone ans Lesegerät halten – fertig! Die Eingabe einer PIN-Nummer ist nicht mehr erforderlich.

Das kontaktlose Bezahlen insbesondere von Kleinbeträgen gewinnt in den westlichen Ländern immer mehr an Bedeutung. Kontaktloses Bezahlen ist in Europa inzwischen so weit verbreitet, dass bei beinahe jeder zweiten Transaktion diese Variante statt der traditionellen (Karten-)Zahlung zum Zuge kommt.[3] China ist jedoch bereits allen weit voraus. Dank der rasanten Einführung von Smartphones und dem Fehlen alternativer Methoden nutzen mehr als 500 Millionen Menschen – etwa die Hälfte der chinesischen Bevölkerung – die Möglichkeit der kontaktlosen Zahlung.[4] Offensichtlich wird sich diese Methode auf Dauer durchsetzen.[5]

Eine supersmarte Karte

Bereits 1990 prognostizierte der Zukunftsforscher Alvin Toffler das Erscheinen einer »Super-Smartcard« oder einer Art »elektronischer Bank fürs Portmonee«. Er dachte dabei an eine Plastikkarte mit einem Mikrochip, mit der sich der Kontostand abfragen, Aktien kaufen und verkaufen und Flugtickets buchen lassen.[6]

Ein Smartphone ist im Grunde genommen so etwas wie ein Schweizer Taschenmesser. Neben der Nutzung als Informationsquelle, Kontaktregister und Unterhaltungsmedium wird es schon bald eine vierte Anwendung geben: als mobiles Portemonnaie oder sogenannte »Wallet«[7] Die Geschwindigkeit, mit der diese neue Anwendung eingeführt wird, ist wirklich beispiellos. In über 20 afrikanischen und asiatischen Ländern gibt es jeweils mehr Geld auf mobilen Geld- als auf Bankkonten.[8] Nirgendwo gibt es so viele mobile Geldüberweisungen wie in Afrika. Über 50 Prozent aller mobilen Geldtransfers finden in Ländern südlich der Sahara statt.[9] Die Marktanalysten von Juniper Research gehen allerdings davon aus, dass auf absehbare Zeit noch 90 Prozent aller kontaktlosen Zahlungen mit (Debit- oder Kredit-)Karten erfolgen werden.

Bezahlen im Laden
Der Handel schwenkt immer stärker auf die Wünsche der Verbraucher nach einfacheren Zahlungsmethoden ein. In den kommenden Jahren werden herkömmliche Bezahlsysteme im Laden – sogenannte POS-Terminals (*Point of Sale*) auf MPOS-Terminals (Mobile Point of Sale) überführt oder durch sie ersetzt. Diese neuen Registrierkassen verfügen über eine drahtlos funktionierende Software, die auf einem PC vor Ort oder direkt aus der Cloud heraus ausgeführt wird. Dadurch sind neue Kassensysteme kostengünstiger, flexibler und leichter zu aktualisieren. Einfacher als im Apple Store wird das Bezahlen nicht mehr. Der Verkäufer nutzt lediglich sein Smartphone als POS-Terminal. Egal, wo im Laden man sich gerade befindet: Einfach Kreditkarte in ein kleines Gerät stecken, das mit dem Smartphone verbunden ist, und nie wieder an der Kasse warten! Die Verkaufstheke wird zum Zentrum für den Kundenservice. In Amazon Go-Supermärkten wie auch in den Convenience Stores von Alibaba (Hema, Taocafe), JD.com (7Fresh) und Tencent (We Life) in China gibt es tatsächlich keine Kassen mehr, oder man kann einfach an ihnen vorbeigehen. Das Geld für

Lebensmittel, Snacks und kleine Mahlzeiten werden einfach vom Konto abgebucht, wenn man den Laden verlässt. Dank verschiedener Kombinationen aus Gesichtserkennung, QR-Codes und RFID (Radio Frequency Identification) werden Kassen unnötig. Gleichzeitig bekommt die Datenanalyse einen beträchtlichen Schub.[10]

NFC- und RFID-Chips, QR-Codes und andere Technologien

Dank neuer NFC-Chiptechnologien und QR-Codes wird die Autorisierung dieser neuen Bezahlsysteme zum Kinderspiel. Eine weitere Möglichkeit ist die Verwendung eines Smartphone-Scanners zum Einlesen eines dynamischen QR-Codes (wahlweise im Laden oder online), der die Transaktion automatisch in der bevorzugten Bezahl-App öffnet. Home Plus in Südkorea experimentiert damit bereits seit 2011. Die Supermarktkette plakatierte in belebten U-Bahn-Stationen von Seoul ihre meistverkauften Artikel, wobei die Bandbreite sich von Orangensaft bis hin zu Fleisch erstreckte. Passanten konnten dann mit dem Smartphone einen QR-Code scannen, um Preis und Verfügbarkeit des Artikels zu prüfen. Auf Wunsch konnten sie diesen dann direkt bezahlen und nach Hause liefern lassen.[11]

In China verwenden WeChat Pay und Alipay QR-Codes, um täglich zig Millionen Transaktionen in Läden und online abzuwickeln. QR-Codes, die sich im Westen bislang nicht richtig durchsetzen konnten, drängen über den Umweg Südostasien nun wieder in die Erfolgsspur.[12]

Auch Bitcoin-Zahlungen stützen sich zuweilen auf NFC-Chips oder QR-Codes. Bei Bitcoin handelt es sich um eine Währung, die auf der Blockchain-Technologie basiert (mehr zu diesem Thema in Kapitel 2 und weiter unten). Die Benutzer scannen einfach einen Code, um einander Geld zu überweisen. Dabei steht der QR-Code oder der NFC-Tag für die »Wallet-Adresse« des Empfängers. Das Geld wird dann über die Blockchain schnell und zu vernachlässigbaren Kosten überwiesen.

Schon bald wird es in stationären Läden »VIP-WLAN« geben, dessen Nutzung dann den besten Kunden vorbehalten sein wird. Sofern von Anfang an exzellenter Service geboten wird, können diese Käufer die Kasse einfach links liegen lassen: Sie müssen ihre Artikel einfach nur mit einem Smartphone oder einem

Wearable scannen und können dann per NFC-Chip sofort mit der digitalen Wallet bezahlen. Die Händler freuen sich über Kunden, die ihre Einkäufe mitnehmen, ohne eigentlich zu bezahlen – denn die personenbezogenen Daten solcher Kunden haben sie ja bereits.

Smarter als smarte Karten: keine Karte

Eines der fortschrittlichsten Chipkartensysteme weltweit ist die Octopus Card, die vor allem in Hongkong sehr beliebt ist. Sie kann online wie offline (also in Geschäften, Restaurants, Parkhäusern, Taxis und öffentlichen Verkehrsmitteln) genutzt werden. Sobald der Besitzer eine Verbindung mit seinem Bankkonto herstellt, wird sie automatisch aufgeladen. Mittlerweile sind über 30 Millionen dieser Karten im Umlauf, und sie werden sogar als Ausweisdokument genutzt. In Schulen wird mit ihnen beispielsweise die Anwesenheit der Schüler überprüft. 2014 schaltete der Online-Händler Alibaba die Octopus Card auf seinem Marktplatz Taobao für seine Kunden in Hongkong frei.[13]

In Schweden experimentiert das nationale Personenbeförderungsunternehmen SJ mit implantierten Mikrochips für Bahnreisende. Diese sind nicht nur zur Fahrscheinkontrolle praktisch: Wenn man in den Zug steigt, hält man einfach die Hand an das Smartphone des Zugbegleiters, und sobald es piept, ist man eingecheckt. Die NFC-Chips – etwa so groß wie ein Weizenkorn – funktionieren nicht nur in Zügen, sondern können auch die Bürotür öffnen oder als Kennung für den Bürokopierer dienen.[14]

Warum eigentlich muss man eine ÖPNV-Chipkarte dabeihaben, wenn man genauso gut mit EC-Karte oder Smartphone reisen und bezahlen könnte? Oder etwas einfacher: Wie wäre es mit einem künstlichen Fingernagel mit integriertem RFID-Chip? Die Londoner Modedesignerin Lucie Davis entwickelte während ihres Studiums einen Acrylnagel in den Farben der London Transport Oyster Card und mit einem passenden RFID-Chip. Danach brauchte sie, wenn sie diesen Nagel trug, nicht mehr ihre echte Oyster Card oder ihr Smartphone herauskramen und konnte die Drehkreuze in der Londoner U-Bahn ohne Weiteres passieren.[15]

So fühlt sich Instant Payment an

Onlife-Verbraucher möchten nach wie vor das Gefühl haben, dass diese neuen Formen der Geldtransaktion so etwas wie Barzahlungen sind. Das Konto sollte sofort mit dem entsprechenden Betrag belastet werden, und sie verlangen eine sofortige Bestätigung durch den Verkäufer nach Erhalt der Zahlung. Sie schätzen so etwas als benutzerfreundlich und fühlen sich wohl damit. Für sie ist es eine Art Sahnehäubchen, und das mögen sie sehr. Für Geschäfte und Online-Shops weltweit ist die Realität jedoch nicht ganz so idyllisch. Denn sie erhalten meistens eine Information ihrer Bank, dass der Betrag in Kürze (aber eben nicht sofort) gutgeschrieben wird.

Allerdings entwickeln die Finanzinstitute inzwischen eine Infrastruktur für Sofortzahlungen, die ihren Namen verdienen: Das Geld landet im Moment des Bezahlvorgangs auf dem Konto des Verkäufers. Für den Handel ist dies eine sehr wichtige Entwicklung. Sie bedeutet nämlich, dass Händler sofort Zugriff auf ihren tatsächlichen Umsatz und ihre Einnahmen haben und damit eigenen finanziellen Verpflichtungen nachkommen können. Auf der anderen Seite kann dies aber auch die Entwicklung weiterer innovativer Zahlungsformen beschleunigen. Vor allem die Sharing Economy könnte hiervon enorm profitieren. Sofortzahlungen (oder Sofortüberweisungen) sind schließlich das digitale Äquivalent einer Barzahlung – jedoch ohne speckige Banknoten und all die anderen Nachteile, die echtes Bargeld mit sich bringt.

Bezahlen per Alias

Ein Alias ist ein Spitz- oder Codename einer Person. Aliase werden hauptsächlich für Zahlungen zwischen Verbrauchern verwendet und sind in sozialen Netzwerken ein alltägliches Phänomen. Ein Alias lässt sich mit einer Handynummer, einem Facebook-Namen, einer E-Mail-Adresse oder einem Twitter-Account verknüpfen. Diese werden dann ihrerseits mit Bankkonten verknüpft, wodurch der Eindruck erweckt wird, dass man Geld (beispielsweise) an eine Handynummer mit eigenem E-Mail-Konto sendet. Diese Zahlungen werden als Person-to-Person- oder Peer-to-Peer-Zahlungen (P2P) bezeichnet. Mehr Menschen als je zuvor nutzen heute Apps von Banken oder neuen Marktteilnehmern, um Geld schnell und einfach zu senden und zu empfangen. Es ist kein Wunder, dass die P2P-Apps von WeChat und Alipay in China so beliebt sind. PayPal ist sogar so weit gegangen, seine P2P-Zahlungen durch einen Verbraucherschutz zu ergänzen. Dabei kommt eine digitale Version der traditionellen Geld-zurück-Garantie zum Einsatz. Immer mehr Unternehmen garantieren ihren Kunden eine vollständige Rückerstattung, wenn etwas schief geht. In Großbritannien arbeitet man daran, Zahlungen zwischen Kunden (Customer-to-Customer-Zahlungen, kurz C2C) zu vereinfachen. Das Unternehmen Payments UK nutzt die Handynummer eines Kunden als Alias für dessen Bankkonto. Der Vorteil: Man muss sich nicht mehr die vollständige Kontonummer notieren, und die Sofortüberweisung erfolgt über einen vertrauenswürdigen Dritten (nämlich die Bank).

Menschen in Gefahr

Eine bargeldlose Gesellschaft kann für kleine Unternehmen und die ärmsten Bürger eine erhebliche Herausforderung darstellen. In Städten auf der ganzen Welt – von Schweden bis Indien – wird an der vollständigen Abschaffung des Bargelds gearbeitet. Der indische Premierminister Narendra Modi ist fest davon überzeugt, dass die Begrenzung des Bargeldverkehrs ein erfolgversprechender Ansatz zur Bekämpfung von Korruption und »Schwarzgeld« sei. Schweden könnte bis 2030 die erste vollkommen bargeldlose Gesellschaft weltweit werden. Nach Angaben von Adam Forrest, Journalist beim britischen *Guardian*, geht damit die sehr reale Gefahr einher, Menschen aus der Gesellschaft auszuschließen.[16]

Es gibt natürlich anfällige Menschen, zum Beispiel ältere Menschen und solche mit Behinderungen oder finanziellen Problemen oder Minderjährige. Für sie stellt die Möglichkeit, Dinge bezahlen zu können, ohne »darüber nachzudenken«, eine echte Gefahr dar. Aufgrund der neuen nahtlosen Zahlungsangebote könnten sie sich dazu verleiten lassen, Waren einfach so zu bestellen, und so in finanzielle Schwierigkeiten geraten, sofern sie nicht angemessen geschützt werden. Sicherlich liegt dies in erster Linie in der Verantwortung der Eltern, Erziehungsberechtigten und freiwilligen Betreuer, aber auch die Händler sind hier gefordert. Durch den Einsatz digitaler Erkennungstools und automatischer Bonitätsprüfungen können sie Probleme erfolgreich vermeiden, bevor sie auftreten.

Notorisch Shoppingsüchtige können sich mit neuen Technologien schützen. In Detroit können Menschen, die ihre Schwächen kennen, die App Splurge Alert installieren. Diese App nutzt GPS und warnt den Benutzer oder einen vorab festgelegten Freund vor dem Risiko überhöhter Ausgaben, sobald die Gefahrenzone betreten wird.[17]

Es gibt weitere Möglichkeiten, gefährdeten Menschen zu helfen: Beratungen, die Einführung von Obergrenzen für kontaktloses Bezahlen und eine verpflichtende Alterskontrolle beim Kauf bestimmter Waren. Auch »smartes« Geld wäre eine Option: Dieses kann nur für bestimmte vorgegebene Artikel ausgegeben werden. So könnte beispielsweise das Geld, das ich meinen Kindern an der Uni monatlich zuschieße, nur für Studienmaterial und Dinge des täglichen Bedarfs ausgegeben werden, nicht aber für Spiele oder alkoholische Getränke in der Kneipe.

Der Krieg der Wallets

Zum Glück begreifen die Onlife-Verbraucher allmählich, dass zum Bezahlvorgang auch die Übermittlung personenbezogener Daten gehört. Für ihre Offenheit erwarten sie im Gegenzug, schnell und einfach bezahlen zu können. Sowohl Start-ups als auch Einkaufsökosysteme spielen den Verbrauchern bei dem Wunsch in die Hände, Rechnungen mit *digitalen Wallets* und Bezahl-Apps zu begleichen.

Es handelt sich dabei um digitale Zahlungsdienste, die auf dem Laptop, Tablet oder Smartphone nutzbar sind – zu Hause, unterwegs oder im Laden (online wie offline). Die Wallet ist eine Art digitale Emulation des realen Portemonnaies mit Münzen und Banknoten, ein paar Kredit- oder Debitkarten, einem Theaterticket für den Abend und einigen Kundenkarten. In einer Bezahl-App gibt es in der Regel nur die Zahlungsoption, d. h., damit lassen sich alle diese Karten zu einer einzigen zusammenführen, und man zahlt immer nur über einen einzigen Anbieter und immer in derselben Währung.

Sowohl in der Wallet als auch in der App müssen bei der ersten Nutzung relevante personenbezogene Daten und eine Kontonummer hinterlegt werden. Die passende Bezeichnung hierfür lautet »Zahlung per Standardeinstellung«. Einige Wallets und Apps erlauben es, im Voraus Geld aufzubuchen, um das Ausgabevolumen zu begrenzen. Danach ist es nicht mehr erforderlich, personenbezogene Daten anzugeben, wenn man eine Zahlung vornimmt.

Wallets und Apps sind auch für alle möglichen anderen Unternehmen eine beliebte Option, zum Beispiel zum Nachverfolgen von Treuepunkten oder als Altersnachweis. Für den Onlife-Verbraucher sind schnelle Geldtransaktionen bequem, erleichtern aber auch Orientierungs- und Entscheidungsprozesse, denn sie tragen zur Umstellung physischer Geschäfte bei und stärken die Kundenbindung.

Alle Ökosysteme haben inzwischen eigene, mehr oder minder ausgearbeitete Zahlungsmethoden entwickelt, um ihre Macht in der Wertschöpfungskette des Handels zu festigen: Amazon hat Amazon Pay, Alibaba hat Alipay, Apple hat Apple Pay, Facebook verwendet den Messenger, Google hat Google Pay, Tencent/WeChat verwendet WeChat Pay und Samsung hat Samsung Pay.

PayPal und MasterPass by MasterCard gehören zu den bekanntesten und vertrautesten Beispielen für Wallets, mit denen Verbraucher weltweit online und offline bezahlen können. Global gesehen gehören die Bezahl-Apps von Uber und Starbucks (um nur einige zu nennen) zu den am häufigsten verwendeten. In China haben Starbucks und WeChat ihre Kräfte gebündelt: Mit der WeChat-App kann man in den Starbucks-Stores bezahlen und einem Freund über das sogenannte *Social Gifting* einen Café Latte ausgeben.[18]

Eine Menge Online-Shops haben große Schwierigkeiten, mit den neuen Entwicklungen allein aufgrund ihrer schieren Anzahl Schritt zu halten. Von deren Vielzahl verunsichert und überfordert, beziehen sie eine skeptische Stellung und lassen die vielen neuen *Game Changer* außen vor. Gleiches gilt für Ladengeschäfte: Auch sie haben angesichts der schnellen Veränderungen in der Welt des Zahlungsverkehrs massive Schwierigkeiten, den Überblick zu behalten. Sie halten sich zurück, warten vorsichtig ab und zögern, notwendige Investitionen vorzunehmen. Viele Kassen in den Läden sind heute schlichtweg nicht für aktuelle Chiptechnologien ausgerüstet, die Voraussetzung für digitale Wallets und neue Bezahl-Apps sind.

Der »Krieg der Wallets« wird in den nächsten Jahren einige heftige Turbulenzen auslösen. Banken, Plattformen, Marktplätzen, Anbietern, Suchmaschinen und Markenherstellern ist vollkommen klar, dass Zugang zum digitalen Portemonnaie des Kunden nur erhält, wer eine optimale Verbraucherbeziehung garantiert und absolut vertrauenswürdig ist. Darüber hinaus bieten Wallets und Apps die Möglichkeit, Treueprogramme zu synchronisieren. Da es sich hierbei um eine effektive

Form der individuellen Identifizierung handelt, können Händler über Wallets und Apps auch personalisierte Kundenrabatte realisieren.

Es ist eine Selbstverständlichkeit, dass Wallets und Apps ein wesentlicher Bestandteil des Geschäftsbetriebs für neue wie auch bestehende globale Einkaufsplattformen sein werden. Wie wir in Kapitel 5 bereits gesehen haben, werden diese Systeme dem Handel den ultimativen Schub verleihen. Niemand weiß besser als diese Giganten, warum die Möglichkeit zum schnellen und einfachen Bezahlen eine Notwendigkeit ist. Sie ist der sichere Weg zur langfristigen Kundenbindung und für optimale Konversion.

Banken und Kreditkartenunternehmen und ihre Rolle im Krieg der Wallets

Alteingesessene Bankhäuser und Versicherungsgesellschaften wurden von der Entwicklung vollkommen überrannt und versuchen nun verzweifelt, das Terrain zurückzuerobern, das sie durch den späten Eintritt in das Spiel verloren haben. Weil nämlich der Aufbau eines Wallet-Angebots so viel mehr umfasst als das Entwickeln einer Bezahl-App – eine solche haben die meisten Banken ja bereits – stehen die Geldhäuser vor enormen Herausforderungen.

Erschwert wird die Situation in den USA und Europa zusätzlich dadurch, dass die Banken ja auch kooperieren müssten. Gerade in Ländern mit vielen verschiedenen Bankhäusern ist es schwierig, sie alle zur Zusammenarbeit zu bewegen. Aus genau diesem Grund kämpfen Banken in aller Welt darum, im Spiel bleiben zu können.

Kooperation: der Schlüssel zum Überleben in Europa

2002 traf ich mich mit Vertretern der größten Banken in den Niederlanden, um mit ihnen über eine Kombination aus Online-Banking und Online-Zahlung in Web-Shops zu sprechen. Es müsse sich doch eine Möglichkeit finden lassen, harmonisiert zusammenzuarbeiten und so unkomplizierte Online-Zahlungen auf Grundlage des Internet-Bankings zu implementieren. Es sollte allerdings noch bis 2005 dauern, bis die niederländischen Banken – als erste in ganz Europa – tatsächlich mit der Zusammenarbeit begannen. Dies geschah nicht zuletzt auf Druck des von mir geleiteten niederländischen E-Commerce-Verbandes Thuiswinkel.org.[19] Das interoperable Zahlungssystem iDEAL, das auf Online-Banking basiert, wurde eingeführt und hat sich seitdem mit einem Marktanteil von rund 60 Prozent zur führenden Online-Zahlungsmethode im Land entwickelt. Dies hat den Online-Handel in den Niederlanden beträchtlich angekurbelt.[20]

Kooperationen zwischen Banken in anderen Ländern stellten sich weniger schnell ein, und gerade bei der grenzüberschreitenden Zusammenarbeit zwischen Banken ist noch sehr viel zu tun. Erst 2012 führte ein Bankenkonsortium mit MyBank die europaweit erste internationale Bezahlplattform als Pilotprojekt ein.[21] Jeder, der einen starken Binnenmarkt im Sinn hat, dürfte es außerordentlich verblüffend finden, dass es den Banken in der EU offenbar nicht gelingen will, ihre Prioritäten zu ordnen und langfristige Kundeninteressen – die selbstverständlich im Interesse des gesamten Bankensektors liegen – über die eigenen kurzfristigen Anliegen zu stellen.

Eine große Mehrheit der Banken versucht gegenwärtig, ihre alten Produkte an die neue Realität anzupassen. Fintech-Startups reagieren mittlerweile wesentlich flexibler auf die veränderten Zahlungsvorlieben der (jungen) Konsumenten. Für Banken und Kreditkartenunternehmen gibt es oft keine Alternative dazu, sich mit solchen dynamischen neuen Unternehmen zusammenzuschließen, da sie andernfalls das Risiko eingingen, sehr schnell den Kontakt zu ihren Kunden zu verlieren. Letztendlich laufen sie Gefahr, lediglich zu Abwicklern im Hintergrund von Zahlungstransaktionen im Handel zu werden.[22] Bereits heute fristen sie ein Dasein im Randbereich der digitalen Bezahlsysteme, während Kunden und Handelsunternehmen sich immer weiter einander annähern. Derzeit brauchen Dienstleister wie Apple Pay die Banken noch, aber sie sind bereits jetzt zu einem beinahe unsichtbaren Akteur bei der Transaktion geworden. Die Wallets und Apps der Technologieunternehmen sind diejenigen, die für das »Bezahl-Frontend« zuständig sind.

Der Weg zum Erfolg für die Banken kann deshalb nur darin bestehen, das Vertrauen zu nutzen, das Kunden ihnen bereits in der Vergangenheit entgegengebracht haben, und so neuartige und stabilere Kundenbeziehungen aufzubauen.

Der nächste Schritt wäre dann der Einstieg in die Online-Identifizierung, wahlweise auf eigene Faust oder in Kooperation mit Startups, und Läden und Online-Shops bei der Entwicklung weg vom *Einkauf mit wenigen Klicks* hin zum *Einkauf mit nur einem Klick* oder *gar keinem Klick* zu unterstützen.

Kreditkarten

Seit Jahrzehnten gehören Kreditkarten zu den bevorzugten Methoden für das Einkaufen von Waren und Dienstleistungen im Internet. Sie sind für viele Verbraucher aber auch ein großes Ärgernis. Die systemseitige Anforderung, die Kreditkartennummer vollständig eingeben zu müssen, stammt aus den 1970er Jahren. Anscheinend ist es den Kreditkartenunternehmen bislang nicht gelungen, über minimale Verbesserungen (denken Sie an den sicheren 3D-Code) hinausgehende Maßnahmen zu ergreifen, um die Online-Kriterien zu erfüllen. Diese Unternehmen erkennen nun, dass die Verbraucher zunehmend enttäuscht sind. Dies hat die Kreditkartenanbieter dazu gezwungen, ihre Prüfverfahren zu vereinfachen. Ein Paradebeispiel dafür ist die *Tokenisierung*, d. h. die Verschlüsselung von Zahlungs- und Identifikationsdaten in einem einzigen eindeutigen Code. Es handelt sich dabei um eine verbesserte Methode zur Speicherung und zum Schutz sensibler Daten. Dank der parallel verlaufenen Entwicklung von Wallets wie MasterPass werden die Menschen auch weiterhin oft und gerne mit der Kreditkarte bezahlen. Außerdem sind Möglichkeiten zum Sammeln von Treuepunkten und weitere kartenspezifische Leistungen von Vorteil. Die Tatsache, dass Kreditkarten international akzeptiert werden, bedeutet, dass sie – im Guten wie im Schlechten – den internationalen Handel und globale Geschäfte voranbringen.

Wer wird im Krieg der Wallets obsiegen?

Die Zukunft von Wallets und Bezahl-Apps ist noch lange nicht vollständig vorgezeichnet. Werden sie zu einem festen Bestandteil der Welt des Zahlungsverkehrs werden? Das wird sich im Lauf der Zeit herausstellen. Bislang nutzen Verbraucher erst eine Handvoll Wallets und Bezahl-Apps auf ihren Smartphones regelmäßig. Besonders beliebt sind Wallets und Apps, die mehrere Zahlungsmöglichkeiten kombinieren, sowie solche, die mit Treueprogrammen und ähnlichen Zusatzleistungen verknüpft werden können.

Gewinnen werden den Krieg der Wallets am Ende diejenigen Wallets und Apps, die Kunden erfolgreich binden. Für Onlife-Verbraucher gibt es keine echten Grenzen – warum also sollte dies für Zahlungsmethoden nicht ebenso gelten? Eine Wallet, die alle möglichen (internationalen) Zahlungsoptionen bündelt – von Banken über Debit- und Kreditkarten bis hin zu QR-Code-Scannern, NFC-Chips und In-Store-Beacons –, wird diejenige sein, die am Ende den Sieg davontragen wird.

Wir müssen einfach nur abwarten, ob Wallets und Apps auf Smartphones beschränkt bleiben werden. Denkbar ist, dass ein physisches Gerät für den Bezahlvorgang überflüssig werden wird. Schließlich haben wir unsere körperlichen Eigenschaften immer »dabei«. Warum sollten wir sie nicht in Kombination mit einer Bankkarte in der Cloud nutzen können, um an einer ebenfalls in der Cloud vorhandenen Kasse zu bezahlen?

Eine europäische Norm für den Zahlungsverkehr

Die Europäische Union legt großen Wert auf die Harmonisierung von Bezahlstandards in ihren Mitgliedstaaten. Ein einheitlicher digitaler Markt muss auch beim Bezahlen *gleiche digitale Wettbewerbsbedingungen* schaffen, des Weiteren Betrug und Cyberkriminalität bekämpfen und die Bereitschaft der Verbraucher stärken, grenzübergreifend Geschäfte zu machen.

Die überarbeitete Zahlungsdienstrichtlinie (»PSD2«) ist ein erster Schritt, um Zahlungen sowohl für aktuelle und neue Informationen als auch für Transaktionsdienstleister zugänglich zu machen. Hierdurch werden neuen Fintech-Unternehmen und großen (außereuropäischen) Technologieunternehmen viele neue Möglichkeiten geboten, sich auf dem Markt für (Online-) Zahlungen zu behaupten bzw. in diesen einzusteigen.

Seit 2018 gilt auch XS2A (»Access-to-Account«), wodurch Unternehmen der Zugriff auf Verbraucherkonten ermöglicht wird – natürlich nur nach Genehmigung. Das bedeutet, dass Banken auf ausdrücklichen Wunsch der Verbraucher verpflichtet sind, Zahlungsdaten und Kontoinformationen an Dritte weiterzugeben. Solche Dritten könnten Amazon und Facebook, im Grunde genommen aber alle Akteure sein, die sich für den Finanzsektor interessieren. Online-Zahlungen in einem Webshop sind ohne jede offensichtliche Beeinträchtigung der Banken möglich. Hierdurch hat Europa die Tür für neue Marktteilnehmer im Finanztechnologiebereich und Handelsgiganten aus China und den USA aufgestoßen.

Identität als neue Währung

Genau genommen ist die gängige Kartenzahlung im Laden bereits eine Art Bezahlen mit Daten. Es handelt sich um eine digitale Lösung, bei der im Rahmen der Transaktion Daten genutzt werden. Der wahre Wert für den Einzelhandel liegt in den personenbezogenen Daten, die Händler dabei von Käufern erhalten. Je mehr sie über ihre Kunden wissen, desto spezifischer und individueller können sie ihre Angebote gestalten. Dies erhöht die Chancen auf eine erfolgreiche Transaktion enorm.[23]

Die Grundlage der Geschäftsmodelle aller großen Technologieunternehmen bilden die Erfassung und Verwertung von Daten. Es handelt sich dabei um wertvolle personenbezogene Informationen: Namen und Adressen, Aufrufmuster, Online-Suchanfragen und frühere Käufe. Für die kostenlose Nutzung der von diesen Unternehmen angebotenen Waren und Dienstleistungen haben die Onlife-Verbraucher im Gegenzug die Nutzung ihrer Daten akzeptiert und entscheiden sich nun sogar ganz bewusst für diese Option. Zum Beispiel können sie auf Spotify gegen Preisgabe ihrer personenbezogenen Daten kostenlos Musik hören. Solche Daten sind die Währung für die Nutzung von Facebook oder LinkedIn: Mit den Anmeldeinformationen von diesen Websites kann man sich auch auf anderen Seiten anmelden. Ob Google, WhatsApp, WeChat oder Twitter: Alle verwenden die gleiche Datenwährung. Dabei gibt sich niemand der Illusion hin, dass die Dinge wirklich kostenlos seien. Vielmehr ist Onlife-Verbrauchern nur wichtig, ob sie für ihre personenbezogenen Daten einen guten Gegenwert erhalten. Derzeit wird dies von vielen Leuten bejaht – zumindest von jenen Milliarden Menschen, die diese Dienste auch nutzen.

Unter Verbrauchern wächst das Bewusstsein dafür, dass personenbezogene Daten für den Handel von erheblichem Wert sind. Personenbezogene Daten ermöglichen nicht nur den freien Zugang der Verbraucher zu Waren und Dienstleistungen, sondern können auch für Kundenaktionen und Rabatte eingesetzt werden. Warum sollte man nicht in Likes und Followern zahlen? In Zukunft kommen nachweislich per *Social Selling* generierte Daten tatsächlich als Zahlungsmittel infrage. Am Ende entscheidet der mächtige Onlife-Konsument, ob der Mehrwert, den er für den Händler darstellt, interessant genug ist, bevor er das Angebot des Händlers annimmt. Auch muss der Händler den Verbraucher, mit dem er kommuniziert, identifizieren und sich vergewissern, dass er tatsächlich derjenige ist, der zu sein er vorgibt.

Folglich sind gut funktionierende Online-Identifikationsmethoden für Zahlungen mit personenbezogenen Daten unerlässlich. Letztendlich muss sich der Händler vergewissern, dass die Daten lohnenswert sind, bevor er sie als Zahlungsmittel für Waren und Dienstleistungen akzeptiert. Er muss restlos davon überzeugt sein, dass sie produktiv, nützlich und – vor allem – authentisch sind.

Schon in naher Zukunft wird der Kampf um die Identifikation des Onlife-Konsumenten zwangsläufig die Interaktionsregeln für den Onlife-Handel der nächsten Jahre festlegen: Werden wir alle, ohne weiter darüber nachzudenken, die offen zugänglichen Logins der großen sozialen Netzwerke oder aber neue und sichere, von staatlichen Behörden des jeweiligen Landes ausgestellte Logins verwenden? Es wäre das Mindeste, wenn Verbraucher das Recht hätten, zwischen beiden Varianten zu wählen.

Online-Identifikation als Schlüssel zu personenbezogenen Daten

Die Feststellung der Identität eines Käufers ist für die Customer Journey, insbesondere aber deren Bezahlphase, unerlässlich geworden. Indem der Anbieter die Echtheit eines Ausweisdokuments prüft oder dem Verbraucher eine Information zuordnet, die nur er (der Verbraucher) kennen oder besitzen kann, kann der Anbieter überprüfen, ob jemand wirklich derjenige ist, der zu sein er vorgibt. Wenn der potenzielle Kunde im Rahmen einer Identitätsfeststellung seine Daten ständig neu eingeben muss, bevor er einen (ersten) Online-Kauf tätigen kann, dann ist das für ihn ausgesprochen ärgerlich. Und schon entgehen dem Händler Gewinne bei der Konversion.

In den kommenden Jahren wird eine Online-Identität zu etwas ganz Normalem werden. Diese sogenannten eID-Systeme könnten bei der Akzeptanz neuer Onlife- und Verbraucherverhaltensweisen eine ganz wesentliche Rolle spielen.

Sie können bei der Onlification der Gesellschaft zu einem maßgeblichen Faktor werden.

Staatliche Stellen müssen ihren Bürgern in diesem Fall ein kostenloses System für den Online-Identitätsnachweis bereitstellen, das dann von öffentlichen Einrichtungen und der Privatwirtschaft genutzt werden kann. So werden die Menschen künftig einfach nur eine einzige digitale Identität verwenden, die ihnen Zugang zu einer Vielzahl von Diensten gewährt, die ihrerseits unterschiedliche Anforderungen an Vertrauen und Sicherheit stellen. Sie können damit vielleicht ein Bankkonto eröffnen, Behördengänge erledigen oder online einkaufen.

Es gibt bereits Fälle, in denen nationale eIDs eingeführt und erfolgreich angenommen wurden – vor allem in den skandinavischen Ländern. Norwegen und Schweden haben ihre sogenannte BankID, und in Dänemark arbeiten Banken und Behörden zusammen. Ein elektronischer Personalausweis in Estland ermöglicht es den Bürgern, zu verreisen, zu wählen und sich in ihren Bankkonten und offiziellen staatlichen Datenbanken anzumelden, um beispielsweise eigene Krankenakten einzusehen.

Biometrische Merkmale

Die Verwendung biometrischer Merkmale wie Fingerabdrücke, Gesichtserkennung, Netzhautscans und Spracherkennung (die alle durch Verhaltensmerkmale unterstützt werden können, aber nicht müssen) wird tatsächlich schneller kommen, als man annehmen könnte. Bis vor Kurzem war das noch etwas, was man nur aus James Bond-Filmen kannte, aber dank moderner Technologien werden Zahlungen über biometrische Merkmale immer beliebter.

Fingerabdruckscans werden seit einigen Jahren in mobilen Bank- und Bezahl-Apps eingesetzt. Es ist die meistverwendete biometrische Technologie, und sie wird sowohl auf Apple iOS- als auch auf Android-Geräten unterstützt. Wohl jedes hochwertige Mobilgerät verfügt über einen Fingerabdrucksensor. Allerdings kann die Handhabung des Sensors variieren. Die neuesten Sensoren machen ein 3D-Bild von einem oder mehreren Fingerabdrücken und erhöhen so die Zuverlässigkeit.

Das Bezahlen per Gesichtserkennung oder Selfie ist mit einer Smartphone-Kamera einfach zu bewerkstelligen und deswegen bereits weit verbreitet. Nach und nach werden aktuelle High-End-Smartphones (beginnend mit dem Samsung

S8 und dem iPhone X) mit Funktionen für Netzhaut- oder Gesichtsscans ausgestattet. Die Gesichtserkennung verfügt normalerweise über eine integrierte »Lebenderkennung«. Mastercard verwendet eine zentrale Überprüfung bei seinem »Selfie Pay«, um Betrug unmöglich zu machen. Die Freischaltung eines Samsung Smartphones oder iPhones erfordert eine dezentrale Identitätsprüfung.

Die Verwendung von Spracherkennung zur Eingabe von Anweisungen oder Befehlen in ein Smartphone wird immer beliebter. Auch die Überprüfung der Identität erfolgt immer häufiger per Spracherkennung. Das »Banking per Spracherkennung« der ING ist nur ein Beispiel dafür. Mit der Spracherkennung kann eine Zahlungsanweisung gegeben werden. Diese bestätigt der Kunde dann per Fingerabdruck, mit der Eingabe einer PIN-Nummer oder über die Gesichtserkennung in der Bank-App. Das Banking per Spracherkennung bietet die Möglichkeit, Stimmmuster zu analysieren und darauf basierend zu überprüfen, ob es sich tatsächlich um die richtige Person handelt, die den Auftrag erteilt.

Schließlich wird auch das Verhalten zahlender Kunden zunehmend für Zahlungen genutzt. *Verhaltensbiometrie* ist der Oberbegriff für die Überprüfung mehrerer Verhaltensmerkmale. Dies kann etwa die Geschwindigkeit bei der Eingabe von Wörtern oder die typische Art und Weise der Maus- und Touchscreen-Nutzung sein. Banken nutzen die Verhaltensbiometrie neben der herkömmlichen oder der biometrischen Authentifizierung immer häufiger.

Kaufen ohne Klick

Wenn personenbezogene Daten und biometrische Merkmale für die Bezahlung verwendet werden, dann bedeutet dies nichts anderes, als dass das Einkaufen ohne Klick im Online-Handel wie auch im Ladengeschäft angekommen ist. Google führt den klicklosen Kauf schrittweise ein und nutzt dabei alle Erkenntnisse, die mit der Hands Free-App gewonnen wurden.

In einem Pilotprojekt konnten Android-Nutzer mit der App Zahlungen im Geschäft direkt über eine Verknüpfung mit ihrer Kreditkarte durchführen. Man musste dem Verkäufer einfach nur sagen, dass man per Google bezahlen wollte, und dieser prüfte dann, ob ein Google Hands Free-Konto existierte, zum dem das Foto und die Initialen passten. Einfacher geht es wirklich nicht mehr. Im nächsten Schritt überprüfte die Hands Free-App auf dem Smartphone, ob man sich tatsächlich im angegebenen Geschäft aufhielt (dazu musste das Handy noch nicht einmal aus der Tasche genommen werden), und schließlich genehmigte der Verkäufer die Zahlung. Google beendete das Experiment zwar 2017, aber zweifellos werden die besten Funktionen des Programms zu gegebener Zeit auf den Smartphones und an den Kassen landen.[24]

Zu einem späteren Zeitpunkt wird die Überprüfung sicherlich per Gesichtserkennungskamera statt durch den Verkäufer erfolgen. Spätestens dann ist Identität wirklich zu einer Währung geworden.[25] Jeden Tag könnte es jetzt so weit sein, dass wir damit beginnen, per *Augenaufschlag* zu bezahlen – wenn nämlich die Identitätsprüfung über ein Selfie und ein Blinzeln durchgeführt wird.

Alles auf Anfang

Die eigentliche Auswirkung des klicklosen Bezahlens besteht darin, dass der Identifikationsprozess vom Ende an den Anfang der Customer Journey vorgezogen wird. Onlife-Konsumenten werden in der Orientierungs- und Entscheidungsphase personalisierte Angebote und maßgeschneiderte Ratschläge erhalten. Auch wenn mancher jetzt glauben mag, dass biometrische Methoden oder der Einsatz personenbezogener Daten zum Bezahlen noch immer wie Zukunftsmusik klingen und zurzeit eigentlich noch nicht der Rede wert sein mögen, so bergen diese Verfahren erstaunliches Potenzial für Verbraucher und Händler gleichermaßen. Onlife-Verbraucher lieben die Bequemlichkeit, die damit einhergeht, und Handelsunternehmen freuen sich darüber, dass sich Risiken so minimieren lassen.

Gefahren des biometrischen Identitätsnachweises

Trotz aller oben aufgeführten Vorteile darf eine Bestandsaufnahme zu den möglichen Gefahren der Identifizierung und Bezahlung durch Biometrie nicht fehlen, damit wir uns nicht völlig von der Begeisterung über die neuen technologischen Möglichkeiten mitreißen lassen. Die größten Risiken bestehen in den Bereichen Sicherheit und Datenschutz. Der gespeicherte Fingerabdruck muss zu 98 Prozent mit dem gescannten übereinstimmen, um die Sicherheit zu gewährleisten. Es gibt also einen »Wahrscheinlichkeitsgrad«. Hier liegt ein Unterschied zur Geheimzahl (PIN) vor, bei der es nur richtig oder falsch gibt. Des Weiteren ist eine ordnungsgemäße Lebenderkennung unumgänglich. Hierbei wird festgestellt, ob der aufgelegte Finger »lebt«, oder bei der Gesichtserkennung wird die überprüfte Person aufgefordert, zu lächeln oder zu blinzeln.

Das Datenschutzrisiko bei der biometrischen Authentifizierung besteht darin, dass gespeicherte Daten öffentlich oder unsachgemäß oder unrechtmäßig verwendet werden können. Das schwächste Glied in diesem Prozess sind die Vermittler, die – leider – immer noch nicht entbehrlich sind. Alle biometrischen Daten werden auf streng überwachten Servern gespeichert, die großen Unternehmen auf dem internationalen Markt gehören. Und trotzdem: Sie üben auf Datendiebe, Terroristen und politische Agenten, die sie für ihre eigenen Ziele missbrauchen wollen, nach wie vor eine magische Anziehungskraft aus.

Biometrische Daten sind im Grunde sicherer als PINs, Benutzernamen und Passwörter, denn mit all diesen Informationen gehen Verbraucher bekanntermaßen häufig eher schlampig um – oder sie vergessen sie einfach. Andererseits würde aber wohl jeder zustimmen, dass der Verlust eines Passworts erheblich weniger schlimm ist als der des eigenen Fingerabdrucks oder Netzhautscans, denn biometrische Daten können ja auch nach Verlust oder Diebstahl nicht geändert werden.

Die Blockchain-Revolution

Auch die Blockchain (siehe Kapitel 2) ist eine Technologie, die die Zukunft unserer Zahlungsmittel beeinflussen könnte. Es gibt sogar Leute, die die Blockchain als das neue Internet betrachten.

Das Hauptmerkmal einer Blockchain-Zahlungsanwendung ist, dass sie einen »Datenblock« erstellt, chiffriert und dann jede Aktion, Zahlung oder Transaktion darin festschreibt. Wenn diese Blöcke dann zu einer Kette (engl. »Blockchain«) zusammengeführt werden, garantieren sie sichere Transaktionen. Es ist schlichtweg unmöglich, die Kette aufzubrechen.

Diese Technologie eignet sich auch hervorragend für Identitätsnachweise etwa für Transaktionen zwischen Käufer und Verkäufer. Die Blockchain ist ein potenzieller Ersatz für Vermittler im Zahlungsverkehr und bringt Händler und Verbraucher näher zusammen. Beide erhalten die Informationen direkt und benötigen keinen Mittelsmann mehr. So können Zahlungen in Echtzeit stattfinden – Tag und Nacht. Die Blockchain unterscheidet sich von Banken, da Zahlungen darüber überall und jederzeit erfolgen können. Sie unterliegt auch nicht den Beschränkungen riesiger und hochgradig gefährdeter Serverparks, bei denen es aufgrund von Wartungsarbeiten oder infolge eines DDoS-Angriffs immer einmal wieder zu *Ausfällen* kommen kann.

Durch die Infrastruktur der Blockchain ist es genau genommen unmöglich, Daten illegal zu ändern. Es gibt natürlich auch einen Nachteil: Personenbezogene Daten, die einmal hinzugefügt wurden, können nie wieder entfernt werden. Dies kann lästige oder sogar besorgniserregende Situationen zur Folge haben. Daher ist es unverzichtbar, den Schutz der Privatsphäre von Nutzern zu einem wesentlichen Aspekt des Blockchain-Aufbaus zu machen.

Neue Blockchain-Anwendungen

Gegenwärtig schießen neue Blockchain-Anwendungen wie Pilze aus dem Boden. So gibt es beispielsweise bereits Blockchain-Alternativen für YouTube und Wikipedia. Cloudspeicher und Peer-to-Peer-Zahlungen sind weitere Beispiele, die als Blockchain-Lösungen umgesetzt werden könnten. Die UNO untersucht derzeit, wie Smartphone-kompatible Lösungen mit Blockchain-Technologie den ärmsten Menschen der Welt ohne Einbindung Dritter Zahlungen ermöglichen könnten. Syrische Flüchtlinge in einem jordanischen Flüchtlingslager können bereits per Netzhautscan bezahlen. Dabei werden ihre Identität und ihr Budget in einer UN-Datenbank abgefragt, und die Zahlung wird über die Blockchain des Welternährungsprogramms abgewickelt.[26] Mehr als zwei Milliarden Menschen auf der Welt haben keinen Zugang zu einem Bankkonto und sind deswegen derzeit nicht in der Lage, am globalen Finanzgeschehen teilzuhaben. Werden Smartphones und die Blockchain in Zukunft etwas daran ändern?

Nach Angaben des Weltwirtschaftsforums wird die Blockchain verheerende Auswirkungen auf die Finanzwelt haben.[27] David Yermack, Professor an der NYU School of Law, glaubt sogar, dass der Aufstieg der Blockchain letztendlich zum Niedergang aller Banken führen wird. Gegenwärtig ist die Blockchain noch unvollkommen – die Probleme mit der auf ihr beruhenden Bitcoin-Währung haben dies gezeigt. Noch können Kriminelle sich die einzigartigen Möglichkeiten dieser Technologie zunutze machen. In gewisser Hinsicht ist dies vergleichbar mit der Tatsache, dass es ausgerechnet die Pornobranche war, die als einer der ersten Wirtschaftszweige bereits in den 90er Jahren das Potenzial des Internets voll ausgeschöpft hat.

Allerdings arbeiten viele Menschen rund um die Uhr daran, diese wachsenden Herausforderungen zu bewältigen. Universitäten haben sich zusammengeschlossen, um Anwendungen für die Blockchain zu entwerfen. *Risikokapitalgeber* und Fintech-Unternehmen suchen bereits nach der neuen Killer-App, die Bitcoin vergessen machen soll, während Banken weltweit verzweifelt darüber nachdenken, welche Rolle in einer dezentralisierten, Bitcoin-zentrierten Wirtschaft eigentlich ihnen zukommen soll. Sechs der weltweit größten Banken entwickeln derzeit eine neue eigene Währung, die auf der Blockchain-Technologie basiert: die sogenannte »Utility Settlement Coin«.[28] Ihnen allen ist klar, dass sie es sich nicht leisten können, eine weitere Gelegenheit wie diese zu verpassen. Regierungen und Gesetzgeber ringen – wie in den Anfangstagen des Internets – darum, wie auf die Blockchain zu reagieren ist. In der Zukunft werden Gesetze und Vorschriften notwendig werden, die die Technologie auf den richtigen Weg bringen.

Für die meisten Verbraucher ist die Blockchain im Grunde genommen Science Fiction, so wie es das World Wide Web in den frühen 90er Jahren war. Klar, wir hatten davon gehört oder gelesen, aber in unseren wildesten Träumen konnten wir uns nicht vorstellen, wie es unser Leben völlig verändern würde. Wenn die Blockchain hält, was sie verspricht, ist der Weg zum klicklosen Kauf nicht mehr weit.

Die Akzeptanz von Bitcoins

Händler auf der ganzen Welt akzeptieren mittlerweile Kryptowährungen wie Bitcoins als Zahlungsmittel. Hierzu gehören etwa Amazon, Target,

Tesla und Zappos.[29] Die grundsätzliche Volatilität der Kryptowährung hat allerdings viele Handelsunternehmen abgeschreckt, besteht doch durchaus die Möglichkeit, dass es im Zeitraum zwischen der Bezahlung und der Abwicklung der zugehörigen Transaktion zu Kursschwankungen um einige Prozentpunkte kommen kann.

Das nächste große Ding: Bezahlen, ohne es zu merken

Die Onlification hat Auswirkungen auf Zahlungsvorgänge. Der Onlife-Konsument wünscht sich eine umfassende Customer Journey auf allen Kanälen, in die man jederzeit und überall einsteigen kann – egal wann, egal wo. Er hat es satt, für jeden Kanal, den er nutzen möchte, eine andere Zahlungsoption mit eigenen Codes, Token oder Passwörtern verwenden zu müssen. Wie innovativ etwas ist, spielt letztendlich keine Rolle, denn ein Verbraucher interessiert sich am Ende nur für zwei Dinge. Erstens: Löst es mein Problem? (Also: Muss ich weniger lang an der Kasse anstehen? Wird das Bezahlen mit Karte einfacher?) Und zweitens: Macht es mein Leben leichter? (Muss ich kein Portemonnaie mehr mit mir herumtragen, das aus allen Nähten platzt?)

Es ist damit zu rechnen, dass Bezahlen in den kommenden Jahren immer passiver werden wird. Ein gutes Beispiel ist die Taxi-App von Uber: Weil sie schon vorab die Erlaubnis erteilt haben, ihre Kreditkarte mit den Rechnungsbeträgen zu belasten, können Kunden bei der Ankunft quasi »ohne Bezahlung« aus dem Taxi steigen.

Das bedeutet allerdings nicht, dass der eigentliche Augenblick des Kaufs für den Kunden nicht mehr stattfindet, sondern lediglich, dass dieser Moment an den Anfang der Customer Journey gesetzt wird. Im Grunde genommen geben Stammkunden die Erlaubnis, zu Beginn der Orientierungsphase einen bestimmten Betrag in Rechnung zu stellen. Diese Verschiebung führt dazu, dass am Ende des Einkaufs weniger zu tun ist. Der Onlife-Handel dürfte dank solcher Maßnahmen schneller akzeptiert werden.

Einzelhändler und andere Akteure werden sich bereits in naher Zukunft für Vereinfachung, Beschleunigung und Beseitigung von Hürden im Zahlungsprozess einsetzen müssen. Schließlich können sich Verbraucher bereits heute kaum etwas Nervtötenderes vorstellen als eine Sanduhr, die ihnen signalisiert, dass sie noch etwas warten müssen, bis die Verarbeitung der Transaktion abgeschlossen ist. Da kann man sich in der Zwischenzeit schon einmal fragen, ob die Zahlung denn wirklich erfolgreich war. Der Handel weiß, wie desaströs sich langsame Bezahlvorgänge auf die Konversion auswirken: Wenn Kunden zu lange warten müssen, brechen sie den Vorgang relativ bald ab. Wenn Händler wollen, dass ihre Kunden bleiben, dann müssen sie nicht nur dafür sorgen, dass die Bezahlung unkompliziert erfolgt: Sie muss auch möglichst schnell ausgeführt werden.

„

Unsere Lieferdrohnen werden genauso normal sein wie das Postauto.

Jeff Bezos
Gründer und CEO von Amazon

KAPITEL ZEHN

Auslieferung: Das Dilemma der letzten Meile

Wie gelingt es Händlern, Milliarden von Artikeln in die ganze Welt zu versenden? Wie weit müssen sie bei der Zusammenarbeit mit jedem einzelnen Zustelldienst – ob etabliert oder neu – gehen, um das sogenannte Dilemma der letzten Meile zu lösen? Denn das Ziel lautet doch, dem Kunden alle Einkäufe direkt auf die Türschwelle zu legen.

Die Auslieferung ist der vierte Schritt der Customer Journey. Hierzu gehören sowohl Zustellung an die Haustüre als auch an Abholstellen, ferner Lieferinformationen und die verschiedenen damit verbundenen Dienstleistungen einschließlich der Rückgaberichtlinien.

Ich möchte mich in diesem Kapitel bewusst auf die Lieferung von in einem Geschäft oder Online-Shop erworbenen Artikeln an eine zuvor festgelegte Adresse des Kunden beschränken. Zunächst werde ich diese Phase der Customer Journey aus Sicht der Onlife-Konsumenten beschreiben. Welche Möglichkeiten stehen ihnen zur Verfügung? Welche Erwartungen haben die unterschiedlichen Onlife-Shopper?

Danach skizziere ich die Lieferung aus Sicht des verkaufenden Unternehmens. Was ist alles notwendig, damit Pakete an die Wohnadresse eines Verbrauchers zugestellt werden können? Welche Herausforderungen stellen sich beim Auslandsversand, und wie zukunftssicher ist das Modell der kostenlosen Zustellung und Rücksendung?

Im dritten Teil des Kapitels komme ich auf die größte Herausforderung für den Handel und die Logistikdienstleister zu sprechen: die berüchtigte letzte Meile der Zustellung. Welche Rolle kann das Internet of Things (IoT) dabei spielen, und wie sehen die neuen Geschäftsmodelle der Paketdienstleister und Handelsunternehmen aus? Ich werde auf die Zunahme und den Wert der sogenannten Social Delivery, den Boom der Zustellung per Drohne und die Einkaufsstraße selbst als Distributionszentrum eingehen. Im dritten Abschnitt geht es schließlich um das Dilemma mit den Rücksendungen: Einige Unternehmen betrachten diese als Dienst am Kunden, andere hingegen hadern damit, weil sie ihre Existenz dadurch gefährdet sehen.

Im vierten und letzten Abschnitt des Kapitels werden wir die Nachhaltigkeit des Lieferprozesses untersuchen: Wie kann man die letzte Meile ökologisch korrekt umsetzen?

Lieferoptionen

Was der Onlife-Handel braucht, ist eine komplett neue Version der althergebrachten Logistik. Onlife-Käufer bestehen auf Service, Schnelligkeit und Komfort – und wissen es natürlich sehr zu schätzen, wenn alles kostenlos ist. Sie hätten ihre Einkäufe am liebsten »schon gestern« geliefert. In den meisten Fällen können sie heute auswählen, wie sie ihre Waren erhalten möchten. Die folgende Tabelle vermittelt einen Überblick über die verschiedenen Optionen. Sie alle werden im weiteren Verlauf dieses Kapitels ausführlich behandelt.

Vier Lieferoptionen[1]

Kontrollierte Heimzustellung	Unkontrollierte Heimzustellung	Kontrollierte Lieferung über Dienstleister	Unkontrollierte Lieferung über Dienstleister
- Heimzustellung - Drohnenzustellung	- Zustellung beim Nachbarn - Zustellung in den Brief- oder Paketkasten	- Zustellung an Abholstelle - Aushändigung im Laden - Zustellung an den Arbeitsplatz	- Interne Zustellung - Zustellung an ein Schließfach - Kofferraumzustellung

Jede Zustellmethode hat einen eigenen Kostenpunkt. Verbraucher können häufig Lieferfristen festlegen, die Zustellung an den Nachbarn erlauben (oder auch nicht) oder eine besonders schnelle Zustellmethode auswählen.

Einige Händler verzichten bewusst auf separate Versandkosten. Es sei an dieser Stelle jedoch darauf hingewiesen, dass es keine kostenlose Lieferung gibt: Der Händler erhöht einfach den Artikelpreis, um die Lieferkosten auszugleichen, oder entscheidet sich bewusst für eine geringere Marge (mehr zu diesem Dilemma später).

Ein weiterer Aspekt, der Zustellart und verfügbare Optionen beeinflusst, sind die Produktabmessungen. Nicht jede Lieferoption ist für jeden Artikel verfügbar. Es kommt auf die Größe an. Fast alles kann nach Hause geliefert oder an einer Abholstelle abgeholt werden. Kleine Gegenstände passen vielleicht in den Hausbriefkasten. Frische oder gefrorene Lebensmittel müssen unverzüglich ausgeliefert werden. Bei anderen Artikeln hingegen ist es oft erforderlich, dass ein Empfänger die Lieferung annimmt (und quittiert). Bei Waren des täglichen Bedarfs – auch frischen Lebensmitteln und Tiefkühlkost – ist es per se sinnvoll, die Lieferung persönlich entgegenzunehmen. Weitere Optionen sind Empfangsbestätigungen oder die Mitnahme von Altgeräten (zum Beispiel Geschirrspüler oder Kühlschränke).

Da die Zahl der Ein-Personen-Haushalte und der Familien zunimmt, in denen beide Partner außer Haus arbeiten, wird die persönliche Haustürzustellung immer mehr zu einer echten Herausforderung. Deshalb werden Abholstellen am Stadtrand, in Wohngebieten und in Geschäften immer beliebter.

Käufertypen und ihre Erwartungen

Onlife-Verbraucher können sehr unterschiedliche Gründe für die Wahl einer bestimmten Versandmethode haben. Die Tabelle auf der nächsten Seite zeigt die verschiedenen Präferenzen für unterschiedliche Käufertypen.[2]

Überlegungen der Händler

Innerhalb der Wertschöpfungskette muss sich der Handel mit den Wünschen des Kunden, der Versandabwicklung (von der Kommissionierung bis zur Verpackung) und dem Transport seiner Produkte auseinandersetzen. Die meisten Versender arbeiten mit den großen nationalen Brief- und Paketdiensten zusammen. Da immer mehr Länder die Marktbeschränkungen auf diesem Gebiet abbauen, gibt es meist kein Monopol mehr für staatliche Unternehmen. Trotzdem dominieren sie nach wie vor die jeweiligen Heimatmärkte.

Praktisch alle großen Kaufhäuser und Online-Shops arbeiten mit großen und häufig national oder international agierenden Zustelldiensten zusammen. Kleinere Geschäfte hingegen gehen immer häufiger einen anderen Weg: Sie schließen sich mit anderen Kleinunternehmen zusammen und kooperieren bei neuen Plattformen und Netzwerken. Gemeinsam kaufen sie die Logistik ein, tragen die zu versendenden Pakete zusammen und bieten ihren Kunden durch Inanspruchnahme mehrerer Logistikdienstleister verschiedene Zustellmöglichkeiten an. Dadurch entstehen Mengenvorteile, und die Handelsunternehmen locken mit niedrigeren Preisen bei gleichzeitig höherer Servicequalität.

Kleinere Händler, die ihren Logistikdienstleister wechseln möchten, stehen oft vor großen Schwierigkeiten. Die bestehenden Vereinbarungen wirken nämlich häufig wie Knebelverträge. So verlangen viele Lieferunternehmen die ausschließliche Inanspruchnahme. Ein weiteres Hindernis ist die fehlende technische Kompatibilität zwischen den Infrastrukturen der verschiedenen Logistikdienstleister. Offen gestanden haben die Kunden oft nur eine sehr kleine Auswahl, wenn es darum geht, welcher Zusteller ihnen die Ware bis vor die Türe bringt.

Selbst ist der Händler

Immer mehr Läden und Einkaufsplattformen nehmen die Lieferung und die damit einhergehenden Prozesse inzwischen ganz oder teilweise selbst in die Hand. Sie vertreten die Ansicht, dass der Mehraufwand und die höheren Kosten durch die Möglichkeit des persönlichen Kontakts mit ihren Kunden mehr als aufgewogen werden. In den Vereinigten Staaten liefert Amazon seine eigenen Lebensmittel sowohl an Amazon-Kunden (Amazon Fresh/Pantry) als auch an Whole Foods-Kunden. Artikel, die bei Händlern bestellt werden, die bei Google Shopping werben, werden anschließend von Google Express zugestellt.

	Lieferservice	Kundenbeleg	Kundenretouren
Leiden-schaftlicher Käufer	- Möchte Optionen für Lieferung und Rückgabe. - Möchte (begrenzte) Optionen für den Lieferort. - Möchte Bestellung in einer App verfolgen und wird gerne benachrichtigt (das bereitet ihm Spaß).	- Wünscht schnelle Lieferung (möglichst am selben Tag). - Wünscht Lieferung dorthin, wo der Artikel verwendet werden soll (zu Hause oder im Büro). - Mag exklusive Verpackungen und andere Leistungen, die zu einem hochwertigen Kunden-erlebnis im Handel beitragen. - Wünscht Sonderangebote und zusätzliche Aufmerksamkeit.	- Schätzt einfache und schnelle Rückgabeverfahren. - Wäre an einem »Retourenabon-nement« interessiert. - Möchte nicht den Erwartungen entsprechende Artikel sofort an den Zusteller zurückgeben können.
Bewusster Käufer	- Wünscht Lieferoptionen. - Möchte Bestellung in einer App verfolgen und wird gerne benachrichtigt.	- Wünscht eine Behandlung exklusiver oder zerbrechlicher Artikel mit besonderer Sorgfalt (z. B. extra sichere Lieferung). - Ihm macht es nichts aus, ein paar Tage zu warten, sofern die Lieferung innerhalb eines angemessenen Zeitrahmens erfolgt. - Möchte zwischen verschiede-nen Zustelloptionen wählen können.	- Schätzt einfache und schnelle Rückgabeverfahren. - Wünscht möglichst wenig Aufwand, wenn Artikel für die Rücksendung abgeholt werden (der Abholer kümmert sich um das Neuverpacken, das Zerlegen der Artikel usw.). - Wünscht verschiedene Rücksendeoptionen.
Kalkulieren-der Käufer	- Wünscht umfassende Informa-tionen über die Liefermöglichkeiten. - Möchte die Lieferung per Tracking überwachen.	- Kommt auf der Grundlage von Aufwand und Preis zur kalkulierten Kaufentscheidung, wünscht verschiedene Preis-anpassungen für Abholstellen, Zustellgeschwindigkeit usw. - Abholung im Geschäft oder Lager oder sonstige Abhol-optionen. - Dienstleistungen müssen nicht enthalten sein.	- Ist bereit, die Rücksendung selbst zu organisieren, wenn ein Preisnachlass gewährt wird. - Möchte sein Geld so schnell wie möglich zurück.
Passiver Käufer	- Möchte gerne Lieferort, Zeit-fenster und Geschwindigkeit auswählen. - Möchte, dass seine Auswahl gespeichert wird, um persona-lisierte Angebote zu erhalten.	- Wünscht eine Lieferung der Be-stellung ins Haus und ggf. in ein oberes Geschoss. - Ist bereit, mehrere Tage zu warten. - Wünscht die Installation/ Montage der Artikel.	- Schätzt einfache und schnelle Rückgabeverfahren. - Möchte nicht den Erwartungen entsprechende Artikel sofort an den Zusteller zurückgeben können. - Wünscht möglichst wenig Aufwand, wenn Artikel für die Rücksendung abgeholt werden (der Abholer kümmert sich um das Neuverpacken, das Zerlegen der Artikel usw.).

Nischenzusteller

Links und rechts von der Logistikkette tauchen überall neue spezialisierte Logistikdienstleister auf. Beispiele hierfür sind die Zustellung von Schwergütern, für die zwei Mitarbeiter erforderlich sind, oder die Lieferung von Frisch- und Tiefkühlkost. Auch einige Hersteller betreiben eigene spezialisierte Lieferservices. Direktlieferungen stellen eine Möglichkeit dar, etwa Waschmaschinen ohne Umweg vom Hersteller an den Verbraucher zu liefern.

Andere Nischenanbieter kümmern sich um Lieferungen in belebte Innenstadtbereiche (mit Fahrrädern, Mopeds oder Lastenrädern), Kofferraum- oder Standortlieferungen, Aushändigung an den Nachbarn oder Lieferungen direkt ins Haus bzw. sogar direkt in den Kühlschrank, wenn man nicht da ist.

In der Regel sind es junge Unternehmen, die vorrangig die letzte Meile bedienen. Dadurch ist es ihnen gelungen, die Marktführerschaft traditioneller Logistikunternehmen zu untergraben. Wenn es um Transport, Mitarbeiter, Lieferzeiten, Vertriebsstandorte, Lieferoptionen, Nachhaltigkeit und Informationsversorgung geht, sind sie diejenigen mit den unkonventionellen Ideen. Neue und innovative Konzepte werden entwickelt, von denen Kunden und Läden gleichermaßen profitieren. Die Tabelle auf den nächsten Seiten vermittelt einen Überblick über die neuesten Entwicklungen auf diesem Gebiet.

Lieferung per Roboter

Auch die künstliche Intelligenz (KI) wird im Bereich der Lieferung präsenter denn je. Das britisch-estnische Startup Starship liefert bereits auf Anfrage Lebensmittel aus dem Silicon Valley nach Milton Keynes in Großbritannien. Winzige Roboter sammeln kleine Pakete an mehreren flexiblen Abholstellen ein und bringen sie zum Verbraucher.[3] In Amsterdam liefert Domino's Pizza Pizzen mit Starship-Robotern aus.[4] Und in den USA hat die Lebensmittelkette Kroger ein Pilotprogramm gestartet, bei dem Lieferungen in selbstfahrenden Autos bis vor die Tür geliefert werden.[5]

Mitziehen oder selbst machen?

Durch die Strategie, Fulfillment- und Logistikdienstleistungen an die Einkaufs-ökosysteme und -plattformen auszulagern, profitieren Läden und Online-Shops vom vorhandenen Know-how und der Erfahrung solcher Anbieter – und ganz nebenbei noch von niedrigeren Versandkosten. Der Nachteil: Sie werden immer stärker von den Plattformen abhängig. Aber was sollen sie machen? Wenn sie dieses Spiel mitspielen, geben sie einen Teil der Kundenbeziehung her – und damit auch einen Teil des unternehmerischen Handelns. Dennoch ist davon auszugehen, dass sich immer mehr Händler auf Dauer für solche Logistikplatt-formen und -vermittler entscheiden werden. Schließlich ist es für die meisten Anbieter von Waren und Dienstleistungen in der glokalen Wirtschaft der einzig gangbare Weg.

In den USA und China bieten Amazon bzw. Alibaba dem Handel auf ihren Platt-formen eine breite Palette modernster Lieferoptionen mit den entsprechenden Logistiknetzwerken an. Sie lagern Waren in Versandzentren, packen und verschi-cken Artikel im Auftrag des Handels und betreuen sogar die Kunden.

Bei Versand mit Amazon (Fulfillment by Amazon, FBA) stehen die Abwicklungs- und Vertriebsleistungen von Amazon Händlern nicht nur für auf dem Amazon Marketplace verkaufte Waren, sondern für alle ihre Produkte zur Verfügung. Dabei wird sogar die eigene Verpackung des Händlers oder der Marke verwendet. Ama-zon bietet FBA-Nutzern die Möglichkeit, ihre Pakete genauso schnell zuzustellen wie die eigenen Lieferungen an zig Millionen treue Prime-Kunden. Händler auf dem Amazon Marketplace profitieren nicht nur von den günstigen Rabatten, die Amazon mit den Paketzustelldiensten in den Vereinigten Staaten ausgehandelt hat. Mit Shipping with Amazon (SWA) baut das Unternehmen gerade einen neu-en Kurierdienst für Geschäftskunden auf, die Waren auf dem Amazon Marketplace verkaufen. Amazon setzt einen niedrigeren Preis als bekannte und etablierte An-bieter wie FedEx und UPS an und unterstreicht so seine Absicht, die Beziehungen zu Händlern und Marken gleichermaßen zu intensivieren.[6]

Alibaba hat ähnliche Investitionen in das eigene Logistiknetzwerk getätigt. Im Jahr 2013 gründete das Unternehmen gemeinsam mit einem Konsortium von Logistikunternehmen das Transport- und Logistiknetzwerk Cainiao, das (regio-nale) Transportunternehmen mit Lagern und Distributionszentren vernetzt. Tag für Tag liefert dieses Netzwerk etwa 100 Millionen Pakete in rund 250 chinesische Städte. Als ich den Alibaba-Campus 2018 besuchte, erfuhr ich, dass sich das Unternehmen auf eine Zukunft vorbereitet, in der täglich eine Milliarde Pakete bearbeitet werden. Das ultimative Ziel wird sein, chinaweit eine 24-Stunden-Lieferung und für internationale Märkte eine Zustellung innerhalb von 72 Stunden zu gewährleisten.[7]

Innovative Ideen zur Lieferung[8]

Transportmittel	Personal	Zustellzeiten	Lieferorte
- Kfz (Verbrennungsmotor/ elektrisch) - Kfz selbstfahrend - Fahrrad - Zu Fuß - Drohne - Rohrpostsystem/ Hyperloop - Internet - Roboter/Drohne	- Normale Leute - Pendler - Mitarbeiter - Nachbar - Keine	- Wochenende - Abends - Enge Zeitfenster - Am selben Tag - Innerhalb einer Stunde - Innerhalb von 30 Minuten	- Auslieferungszentrum von Online-Shop - Auslieferungszentrum von Hersteller - Physisches Ladengeschäft als Auslieferungszentrum - Einlagerung - Sharehouse - Verbraucherwohnung - Flexibler Außenposten (Bus, Container)

Auch aus Einkaufsplattformen werden Logistikdienstleister. Amazon war lange Zeit der beste Freund dieser Unternehmen. Inzwischen aber hat es sich innerhalb kürzester Zeit zu einem beachtlichen *Freind* entwickelt, der sich erhebliche Marktanteile einverleibt hat, die vormals die nationalen Logistikdienstleister innehatten.[9]

Google Express liefert Non-Food-Artikel für Costco, Walgreens, Toys "R" Us und andere Handelspartner aus.[10] Damit versucht Google auf Biegen und Brechen, seine Relevanz in diesem Segment zu erhalten, nachdem man bei der Online-Suche nach Waren und Dienstleistungen in den Vereinigten Staaten und Deutschland beträchtlich an Amazon verloren hat.[11] Sogar das Taxiunternehmen Uber beteiligt sich am Zustellmarkt: Lebensmittel werden von UberRUSH[12], Mahlzeiten durch UberEATS und Großpakete von UberCARGO ausgeliefert.[13]

Internationaler Versand

Vielen Händlern und Online-Shops ist angesichts der Unübersichtlichkeit beim Versand in andere Teile der Welt das Herz in die Hose gerutscht. Viele Händler bevorzugen nationale Logistikdienstleister mit Partnern im Ausland, um Pakete in andere Länder zu liefern. Andere entscheiden sich für die Zusammenarbeit mit

Lieferoptionen	Informationen	Kosten	
- An die Haustür	- E-Mail	- Kostenlos	G
- In einen Kasten neben der Tür	- App	- Kostenlos ab einem bestimm-	E
- Servicepunkt	- Foto	ten Betrag	S
- Abholstelle	- GPS	- Abonnement	C
- Physisches Ladengeschäft	- Exakter Zustellzeitpunkt	- Kostenpflichtig	H
als Auslieferungszentrum	- Möglichkeit der kurzfristigen		Ä
- Einlagerung	Lieferortänderung		F
- Büro			T
- Schließfächer			S
- Aktueller Kundenstandort			M
- Ins Auto oder an einen			O
Standort in Städten			D
- Nach Hause/in den			E
Kühlschrank			L
			L
			E

den neuartigen Vermittlern, die alle denkbaren Zielländer anbieten können. Eine dritte Möglichkeit besteht in der direkten Kooperation mit einem ausländischen Logistikdienstleister. Meistens jedoch fehlen dem Handel die notwendigen Informationen zu den verschiedenen Optionen. Ein weiteres Hindernis ist die fehlende Transparenz bei den Preisstrukturen. Zwar sind die Liefergewohnheiten im eigenen Land bekannt, doch können sie im Ausland stark abweichen. Ein Beispiel: In den Niederlanden werden über 80 Prozent der Pakete dem Empfänger zu Hause zugestellt, in Deutschland hingegen sind die Menschen viel eher bereit, *Abholstellen* zu nutzen. Auch die Esten bevorzugen die Abholung gegenüber der Hauszustellung. In vielen anderen Ländern ist es hingegen gar nicht vorstellbar, eine Sendung an den Nachbarn zustellen zu lassen.

Zustellung in Europa

Der digitale Binnenmarkt in Europa verfolgt das Ziel, die Transparenz des europäischen Marktes im Allgemeinen und insbesondere die Funktionsfähigkeit des Paketdienstmarkts voranzutreiben. Untersuchungen haben gezeigt, dass zu knappe Informationen, zu lange Lieferzeiten und das Fehlen von Möglichkeiten der Nachverfolgung den Händlern Probleme bereiten. Undurchsichtige Preisgestaltung ist ein weiteres Hindernis. So ist ein Paket, das aus dem niederländischen Maastricht in das nur zehn Kilometer entfernte Maasmechelen in Belgien gesendet wird, fast so teuer wie die 1.000 Kilometer lange Reise eines Pakets von Nord- nach Südfrankreich. Aber auch Unterschiede in der Gesetzgebung und Regulierung sowie das Problem der Rücksendungen machen den Händlern das Leben schwer.[14] Europa arbeitet intensiv an der Lösung dieser Probleme. Hierzu entwickelt es gerade die neue Informationsplattform Deliver in Europe, mit der die *grenzüberschreitende* Geschäftstätigkeit für den Handel vereinfacht werden soll.[15]

Die Verwendung eines gemeinsamen Paketaufklebers soll eine bessere Zusammenarbeit zwischen den Akteuren ermöglichen und die Flexibilität von Online-Shops erhöhen, denn diese müssen sich dann nicht mehr an die IT-Integration eines einzigen Logistikdienstleisters binden.[16] Um die länderübergreifende Zusammenarbeit zu verbessern, hat man sich in Europa auf ein einheitliches Format für den Paketaufkleber und eine entsprechende Anpassung der technischen Spezifikationen für Pakete geeinigt. Ist dieser standardisierte Paketaufkleber erst einmal flächendeckend eingeführt, können Online-Shops jeden gewünschten Logistikdienstleister auswählen. Gleichzeitig kann auch jeder Logistikdienstleister jedes Paket europaweit erfassen und anschließend zustellen. Zudem erhalten die Versender sofort einen Überblick darüber, wo sich ein Paket zu einem bestimmten Zeitpunkt befindet. Hierbei setzt Europa auf Schnelligkeit, Erschwinglichkeit, Flexibilität und Markttransparenz für das Post- und Zustellgeschäft. Die Auswirkungen dieser Maßnahmen werden sich in naher Zukunft zeigen und dem Markt einen gewaltigen Schub verleihen.

Kostenlose Lieferung und Rückgabe

Seit jeher ist die kostenlose Paketlieferung und -rücksendung ein wichtiger internationaler Trend im Online-Handel. 2005 war Amazon das erste Unternehmen, das diesen Vorteil bot. 2010 schloss sich Zalando diesem Beispiel an. Für die On-life-Konsumenten ist dies einer der wichtigsten Aspekte im Online-Handel. Über die Hälfte aller Kunden in den USA brechen den Bestellvorgang ab, wenn die Versandkosten zu hoch sind. Ähnlich hoch ist der Anteil derjenigen, die eine Bestellung nicht aufgeben, weil der Mindestbestellwert für eine kostenlose Lieferung nicht erreicht wird.[17] Mehr als drei Viertel aller europäischen Verbraucher bezeichnen kostenlose Lieferung als wichtigste Option beim Checkout.

In den letzten Jahren haben die großen Einkaufsplattformen, Warenhäuser und Online-Shops die Weichen für die kostenlose Lieferung und Rückgabe gestellt. Dank seiner schieren Größe kann Amazon seinen Kunden kostenlose Lieferoptionen praktisch ohne eigene Kosten anbieten. Zalando hat die kostenlose Lieferung und Rückgabe zu einem Eckpfeiler seiner Marketingstrategie gemacht und so eine Spitzenposition auf dem europäischen Markt eingenommen.

Unabhängig von ihrer Größe stehen Handelsunternehmen durch diese Politik der kostenlosen Lieferung und Rücksendung vor großen Herausforderungen. Von großen Anbietern wird schlichtweg erwartet, dass sie dieser neuen Norm entsprechen. Untersuchungen haben gezeigt, dass die Kombination aus kostenloser Lieferung und einem langen Zeitraum zur Prüfung der Ware einen wesentlichen Beitrag zur Kundenbindung leistet.[18] Kleine und mittlere Händler werden dadurch in eine *Abwärtsspirale* gedrängt. Insbesondere bei Artikeln von geringem Marktwert sind kostenlose Lieferung und Retoure einfach nicht möglich. Solche Anbieter würden es gutheißen, wenn der Verbraucher anerkennen würde, dass es in diesem Zusammenhang so etwas wie »kostenlos« gar nicht geben kann: Es gibt immer jemanden, der die Kosten tragen muss. Sie vertreten die Ansicht, dass dieser Trend im Grunde genommen den Mehrwert der Zustellung untergräbt.

Aktuelle Entwicklungen in Großbritannien geben diesen Anbietern jedoch Anlass zur Hoffnung. Dort ist nämlich die kostenlose Lieferung auf dem absteigenden Ast. Den Kunden werden unterschiedlichste Optionen angeboten, und die kostenlose Lieferung ist nur noch für Artikel mit längerer Lieferzeit oder solchen Artikeln möglich, die einen bestimmten Wert übersteigen. Kunden, die Artikel schnell brauchen oder nur kleine Bestellungen aufgeben, müssen die Lieferung jetzt selbst bezahlen – so einfach ist das.

Herausforderungen der letzten Meile

Wie um alles in der Welt kann es gelingen, Millionen von Bestellungen und Paketen so effektiv, kostengünstig und vorzugsweise auch so nachhaltig wie möglich ins Haus zu bringen? Offenbar zerbricht sich derzeit jeder Händler den Kopf über diese Frage. Aber auch für Verbraucher ist es lästig, dafür zu sorgen, dass immer jemand zu Hause ist, um alle ihre Bestellungen entgegenzunehmen. Sicherlich ließe sich all dies einfacher, besser, schneller und günstiger gestalten, oder? Häufig ist es die letzte »Meile« auf dem Zustellweg, die die meisten Scherereien verursacht.[19][20]

Über jedes einzelne verschickte Paket muss man stundenlang nachgrübeln. Es gibt eine Vielzahl von Variablen zu berücksichtigen: Lieferort, Produkteigenschaften (Größe, Gewicht usw.), Zeitfenster, Kosten und Expresslieferung. Die Algorithmen zur Berechnung von Routen auf Basis von Postleitzahlen und Zustellmöglichkeiten sind auf die Optimierung des Kundenservices ausgerichtet.

In dicht besiedelten Städten stellen soziodemographische Faktoren wie der Trend zur Urbanisierung, die Zunahme von Einpersonenhaushalten und Haushalten mit doppeltem Einkommen sowie eine alternde Bevölkerung Versender und Logistikunternehmen vor immer neue Herausforderungen. Je stärker die Ausgaben für den Online-Konsum steigen und je höher der Bedarf an effizienter Retourenlogistik wird, desto stärker wird auch der Druck auf die innerstädtische Sendungsverteilung. Gleichzeitig wird immer stärker auf nachhaltige Logistik gesetzt.

Seltsamerweise scheinen die Paketdienste Zustellungen nur während der zwölf verkehrsreichsten Stunden des Tages vorzunehmen. Es sollte doch zeitnah möglich sein, Mittel und Wege zu finden, um Pakete dann beim Empfänger zuzustellen, wenn die Innenstädte ruhig, die Straßen leer und die Menschen zu Hause sind. Vielleicht kann das Internet of Things dazu beitragen, für eine effektive Zustellung von Paketen Zeit und Raum in den Innenstädten zu schaffen. Man denke beispielsweise an ausgewiesene Parkplätze für Paketfahrzeuge.

Das Internet of Things und die letzte Meile

Das IoT und Big Data könnten durchaus Teil der Lösung für all die Hindernisse auf der letzten Meile sein. Logistikunternehmen und Paketzusteller könnten sie bei der Planung und Optimierung von Routen einsetzen. Echtzeitinformationen mit höchster Geschwindigkeit und auch bis zur letzten Sekunde der Zustellung zu analysieren, ist zentral.

UPS bietet seinen Kunden bereits die Möglichkeit, Lieferzeit und -ort sekündlich zu ändern. Selbst wenn der Fahrer bereits unterwegs ist, wird die gewählte Route anhand des aktuellen Verkehrsaufkommens, aber auch in solchen Fällen neu berechnet, in denen der Empfänger die Lieferadresse in letzter Minute ändert, weil er sich seine Ware vielleicht zum Arbeitsplatz statt nach Hause liefern lassen möchte.

In den nächsten Jahren ist mit der vollständigen Digitalisierung der gesamten Logistikkette zu rechnen. Die Nachverfolgung des Paketlaufs wird durch den Einsatz von am Paket selbst angebrachten Sensoren möglich.

Das Internet of Postal Things

Der United States Postal Service (USPS) spricht bereits von einem *Internet of Postal Things*, also einem Internet der postalischen Dinge. Darin wird ein Poststück oder Paket im Schnitt ca. elf Mal gescannt. Sobald der USPS seine Zustellfahrzeuge, Postkästen, Autos und Fahrräder mit Sensoren ausgestattet hat, erhält er eine Fülle von Informationen. Mit deren Hilfe kann er dann Möglichkeiten für einen besseren und schnelleren Service schaffen und gleichzeitig Kosten und Umweltbelastung reduzieren.

Neue Geschäftsmodelle

Die neuen Technologien bieten Logistikdienstleistern plötzlich Möglichkeiten, neue Waren und Dienstleistungen zu nutzen, um dem Handel einen besseren Service zu bieten.[21] Beispiele dafür sind mit Sensoren ausgestattete Briefkästen (wie oben beschrieben) oder der Einsatz von Hauspaketkästen, wobei das Unternehmen nach erfolgter Zustellung eine Nachricht an das Smartphone des Kunden sendet.[22] Immer mehr Startups und traditionelle Paketzusteller stellen Paketautomaten zur Verfügung, bei denen Empfänger Pakete abholen oder sogar retournieren können. Eine App benachrichtigt den Verbraucher, und mit dem Code, den er mit der Benachrichtigung erhalten hat, kann er sein Schließfach öffnen und die Sendung entnehmen.

Online bestellte Artikel können auch ins Hotel geliefert werden (und warum eigentlich auch nicht?). Einen solchen Dienst bietet UberRUSH in großen Städten an. Oder wie sieht es mit dem Kofferraum des Autos aus, während man im Büro ist – eine Idee, die von DHL Parcel, Amazon, Volvo und General Motors gemeinsam vorgestellt wurde? Viele Pendler finden die Möglichkeit der *Kofferraumzustellung* sicherlich reizvoll.[23] Eine weitere Möglichkeit besteht in der Zustellung mit selbstfahrenden Elektrofahrzeugen, wie sie von Apple und Google eingesetzt werden. Ford und Mercedes arbeiten unterdessen an intelligenten Last-Mile-Bussen und passenden Zustelldrohnen.[24] Der schwedische Supermarkt ICA hat ein Experiment zur *Kühlschranklieferung* gestartet, d. h., Lebensmittel werden direkt in den Kühlschrank des Kunden geliefert. Ein digitales Schloss an der Haustür ermöglicht dem Zusteller den Zutritt. Sobald die Lebensmittel ausgeliefert sind und die Haustür wieder verschlossen ist, erhält der Kunde eine Nachricht.[25]

Social Delivery

Mit Hightech-Lösungen, die von den großen Logistikunternehmen parallel entwickelt werden, geht meiner Wahrnehmung nach eine Vielzahl neuer Ideen für *Abholung und Zustellung nach dem Crowdsourcing-Verfahren* einher. Warum sollten Taxifahrer, Pendler, Studierende oder Rentner nicht Pakete zustellen können (auch, wenn sie dafür ein Fahrrad oder einen E-Roller benötigen)? Das IoT und Big Data können sicherlich dabei helfen, solche neuen Crowdsourcing-Initiativen zu einem wesentlichen Element eines nachhaltigeren Zustellprozesses zu machen. Die ersten in diese Richtung gehenden Konzepte werden gegenwärtig umgesetzt, und einige Marktschwergewichte stehen bereits in den Startlöchern. Flex heißt das Programm von Amazon, bei dem »normale« Menschen Pakete zustellen.[26] Diese unabhängigen Auftragnehmer entscheiden, wann und wo sie eine ihnen zugewiesene Prime-Bestellung abholen und ausliefern.[27]

Hier kreuzen sich die Wege von Smart Economy und Sharing Economy. Ein weiterer Vorteil solcher Lösungsansätze besteht darin, dass die Bestelllieferung eine persönlichere Komponente erhält. Aus genau diesem Grund spricht man ja auch von *Social Delivery* (dt. »soziale Zustellung«).

In China habe ich beobachten können, dass diese neuartige und persönlichere Form der Zustellung die Menschen zusammenbringt. In Peking und Schanghai kann jeder, der ein Fahrrad und ein Smartphone hat, an dieser Form der Social Delivery teilnehmen.[28] Häufig liefern ältere Menschen die Pakete in den Hutongs aus, den traditionellen Wohngebieten der Großstädte. Als ich die Zentrale von JD.com besuchte, konnte ich die vielen Zusteller – ausgestattet mit Sensoren und Chips – in Echtzeit von der Informationszentrale des Webshops aus verfolgen. Basierend auf Big Data und Standortdaten werden die Pakete den Zustellern je nach Verfügbarkeit, Standort und Zustellziel zugewiesen.[29]

Drohnenzustellung

Am anderen Ende des Spektrums ist die Drohnenzustellung zu verorten: fliegende Miniroboter – quasi Smartphones mit Propellern –, die Pakete auf dem Rasen vor dem Haus des Empfängers ablegen können. Eigentlich klingt es zu gut, um wahr zu sein, wenn eine Bestellung innerhalb von 30 Minuten ins Haus geliefert wird. Man muss nur noch nach draußen gehen, um die Lieferung anzunehmen. Dieses Verfahren eignet sich auch (und gerade) für abgelegene Gebiete, die mit dem Auto schwer zu erreichen sind.

Die Drohnenzustellung könnte sich in den kommenden zehn Jahren als enorm disruptiver Faktor im E-Commerce erweisen. Aufgrund der hohen Entwicklungs- und Realisierungskosten wird diese Form der Zustellung den größten Zustelldiensten und Einkaufsökosystemen vorbehalten bleiben, denn nur sie werden sich das leisten können.[30]

Amazon, Google und Walmart experimentieren bereits mit Drohnenzustellung. Auch Alibaba und SingPost haben Versuche in China bzw. Singapur durchgeführt. Fast jeder große Brief- und Paketdienst – von DHL und PostNL über die Schweizerische Post bis hin zu UPS – beschäftigt sich mit dieser Innovation.

Im Jahr 2016 setzte Amazon ganz klar auf die Zustellung per Drohne und versuchte so, Waren in maximal 30 Minuten an den Kunden auszuliefern. In Neuseeland liefert Domino's Pizza neuerdings Speisen per Drohne aus. Diese Flugapparate gleiten mit über 30 km/h über den Himmel und können Pizzen in einem Umkreis von anderthalb Kilometern um die jeweilige Domino's-Filiale ausliefern.[31]

Wenn es um die Lieferambitionen von Amazon geht, sind der Fantasie keine Grenzen gesetzt.[32] Man arbeitet dort daran, Prime-Kunden Pakete per Shipping with Amazon (SWA) und Amazon Prime Air innerhalb einer halben Stunde zuzustellen. Das Amazon Airborne Fulfillment Center (AFC) ist das patentierte Vertriebszentrum für Flugtransporte. Von hier aus können Drohnen Pakete auch zu speziellen Veranstaltungen wie Sportevents oder Popkonzerten ausliefern. Sie fliegen in einer Höhe von fast 15 Kilometern. Auf diese Weise können Drohnen mit geringem Energieaufwand einen »freien Fall« vollziehen, wenn sie ein Paket an den gewünschten Zielort bringen.[33]

Die Verbraucher sind in zunehmendem Maße dafür bereit. Vor allem solche aus dem asiatisch-pazifischen Raum sind, was die Offenheit gegenüber der Zustellung per Drohne angeht, ganz vorne dabei. Rund 70 Prozent der chinesischen Verbraucher wären mit einer Drohnenlieferung einverstanden und können sich auch gut vorstellen, nicht gewünschte Artikel oder Rücksendungen per Drohne abholen zu lassen. Damit zeigen sie mehr Vertrauen als die Menschen in Europa oder den Vereinigten Staaten.[34]

Es gibt allerdings Skeptiker, die ernsthaft bezweifeln, dass Drohnenzustellung sich irgendwann wirklich durchsetzen wird. In den Ländern der ersten Welt gibt es nur sehr wenige Regionen, die mit dem Auto nicht erreichbar sind. Die überwiegende Mehrzahl der Menschen lebt in städtischen Gebieten: Wie liefert eine Drohne ein Paket in den dritten Stock eines alten Mehrparteienhauses aus? Die Luftinfrastruktur – oder besser: deren Fehlen – schreit geradezu nach Unfällen. Gegenwärtig können die Kosten für die Drohnen und den Energieaufwand für ihren Betrieb nicht durch die Vorteile der Drohnenzustellung wettgemacht werden.[35]

Trotzdem hat eine Gruppe von mehr als 25 Unternehmen – darunter BestBuy, Google und Walmart – bei der US-Luftfahrtbehörde einen gemeinsamen Antrag auf Genehmigung zur Durchführung von Drohnenlieferungen gestellt. Amazon hat eine ganze Reihe von Patenten auf die Lieferung per Drohne angemeldet, etwa Drohnenfallschirme für geräuschlose Lieferungen, eine Lieferdrohne, die auf Zuruf oder Winken reagiert, und eine entführungssichere Lieferdrohne.[36]

Am Ende, wenn alle Hindernisse überwunden und die Kosten für Drohnenlieferungen allmählich gesunken sind, wird die Zukunft zeigen, ob die Zustellung per Drohne eine praktikable Option ist oder nicht.[37]

Läden als Auslieferungslager

Eine Lösung, die näher liegt als die Nutzung von Ladengeschäften zur Lösung der Dilemmata der letzten Meile, gibt es wohl kaum. Warum sollte eine online bestellte Waschmaschine von einem weit entfernten Verteilungszentrum geliefert werden, wenn es in der Nähe einen Laden gibt, der sie auf Lager hat und sie ohne Weiteres liefern kann? Die Auslieferung durch einen lokalen Kurier oder das Lieferpersonal des Marktes bietet enorme Vorteile: niedrigere Kosten, besseren und schnelleren Service – und nachhaltiger ist das Ganze auch noch.

In den Vereinigten Staaten kommt es immer häufiger vor, dass physische Läden zum Auslieferungslager werden, von dem aus die Kunden beliefert werden. Bestellt man in einem Brick-&-Click-Laden oder einem Online-Shop, überprüft dieser einfach, in welcher Filiale der Artikel auf Lager ist. Danach wird dafür gesorgt, dass er so schnell wie möglich mit einem lokalen Kurier (per Auto oder Fahrrad) an den Kunden geliefert wird.[38]

Also: kein neues Konzept. Viele traditionelle Geschäfte finden es allerdings überraschend schwierig, es umzusetzen. Das gilt insbesondere bei der Bestellung einer großen Anzahl von Waren. Die meisten *Brick-&-Click*-Läden können eine integrierte Lieferung schlicht nicht anbieten. Gegenwärtig nutzen stationäre Märkte und Online-Shops nicht das gleiche IT-System, wodurch getrennte Logistikpfade für den Online- und Offline-Verkauf entstehen. Daher erhalten Online-Kunden keine Echtzeitinformationen darüber, was in den physischen Filialen auf Lager ist.

Ein anderes Problem ist die Frage, wie man online bestellte Artikel von Geschäften in belebten Einkaufsstraßen aus ausliefert. Diese Geschäfte sind weder dafür ausgelegt, von zahlreichen Zustellfahrzeugen angefahren zu werden, noch für eine Flut von Kurieren auf zwei Rädern (wahlweise auch motorisiert).

Ein Konzept, das von Brick-&-Click-Stores als Lieferoption erfolgreich umgesetzt wurde, ist dagegen die Abholung online bestellter Artikel im Laden. Die Vorteile liegen auf der Hand: Durch die Einsparungen bei Fulfillment und Logistik fallen keine zusätzlichen Versandkosten an, und wenn Kunden ihre Bestellung abholen, bedeutet dies einen zusätzlichen Besuch im Geschäft. Das britische Warenhaus John Lewis stellte in diesem Zusammenhang erfreut fest, dass jeder dritte Kunde, der online bestellte Artikel abholte, noch weitere Waren einkaufte.

Regelmäßig konstatieren Händler, dass ca. 30 Prozent der Waren, die online bestellt werden, im Geschäft abgeholt werden. Die Variationen dieses *Click-&-Collect*-Prinzips sind nahezu unbegrenzt. Bei der belgischen Supermarktkette Colruyt können beispielsweise Non-Food-Artikel online reserviert werden. Man kann sie sich im Geschäft ansehen und dann vor Ort entscheiden, ob man sie kauft oder nicht.

Rücksendungen

Rücksendungen sind seit Jahren fester Bestandteil des Versandhandels. Der altmodische Versandhandel und moderne Online-Shops sind gleichermaßen damit vertraut und haben Retournierprozesse vollständig in ihr Geschäftsmodell integriert. Traditionelle Handelsunternehmen, die bis vor Kurzem vielleicht physische Geschäfte betrieben haben, werden durch die hohe Rücksendungsquote traumatisiert. Sie sind schlicht nicht dafür gerüstet, Artikel zurückzuerhalten, weswegen sich mancher Händler sogar dazu veranlasst sah, ein Limit bei den Rücksendungen festzulegen.

Onlife-Konsumenten dagegen haben keinerlei Bedenken, Artikel zurückzusenden, ohne irgendeinen Grund dafür anzugeben. Ein Laden mit einem vernünftigen Rücksendeverfahren könnte sogar ein Grund dafür sein, ihn häufiger mal zu besuchen und dort einzukaufen.

Der Strom der Retouren zu den Anbietern kann sich abhängig vom jeweiligen Produktsegment sehr unterschiedlich darstellen. Im Modehandel liegt die Zahl der Rücksendungen mit 30 bis 40 Prozent deutlich höher als in anderen Branchen (durchschnittlich 12,5 Prozent). Auch, wenn einige Unternehmen wie Amazon oder Zalando die Rücksendung mittlerweile als Service anbieten, ist sie trotzdem für jedes Unternehmen eine Belastung für das Budget. Händler haben ein gesteigertes Interesse daran, die Anzahl der Retouren zu minimieren, und berichten im Erfolgsfall gerne davon. Große Modeanbieter vermelden mittlerweile einen allmählichen Rückgang (ca. ein Prozent jährlich) bei den Retouren. Grund hierfür seien vor allem verbesserte Produktfotografien und -videos. Zudem kann eine automatische Größenberatung Kunden dabei helfen, Waren gleich in der richtigen Größe zu bestellen. Wenn ein Kunde – zum dritten Mal! – Jeans in drei verschiedenen Größen bestellt und bei den beiden vorangegangenen Bestellungen jeweils die beiden größeren Hosen zurückgeschickt hat, kann der Anbieter bei der Bestellung freundlich darauf hinweisen.[39] Eine weitere Möglichkeit, die Anzahl der Rücksendungen zu verringern, besteht darin, auf Grundlage zuvor eingegebener Maße des Kunden die geeignetste Größe zu empfehlen. Digitale Umkleideräume, Körperscans sowie Augmented- und Virtual-Reality-Technologien können ebenfalls hilfreich sein. Der englische Modegigant ASOS hat eine 2D-Technologie implementiert, bei der Verbraucher eine zweidimensionale Kontur eines Kleidungsstücks aus dem eigenen Schrank erstellen. Dieser Umriss wird dann auf die Kleidung auf der Website abgestimmt. ASOS hat erklärt, dass durch diese Maßnahme die Anzahl der Retouren je nach Passform um bis zu 50 Prozent reduziert werden konnte.

Ein allerletzter Ausweg zum Abbau der Rücksendungen besteht darin, den Vorgang ein kleines bisschen komplizierter zu machen. Jet.com, ein relativ neues Online-Kaufhaus in den USA (und mittlerweile von Walmart übernommen), verfolgt eine etwas sympathischere Variante dieser Idee: Das Unternehmen gewährt seinen Kunden für den Verzicht auf die Möglichkeit zur kostenlosen Rücksendung im Gegenzug einen kleinen Rabatt auf den Kauf.

Ökologie und Nachhaltigkeit auf der letzten Meile

Für die kommenden Jahre ist zu erwarten, dass Logistikprozesse nachhaltiger werden. Dies ist nicht nur den entsprechenden Forderungen der Verbraucher geschuldet, sondern auch aus unternehmerischer Sicht notwendig, um Kosten zu senken. Gerade Logistikinnovationen und eine erhöhte Effizienz auf der letzten Meile führen häufig zu einer erfreulichen Kombination aus Kostensenkung und Umweltschutz.

Eine wachsende Gruppe von Onlife-Konsumenten ist bereit, ihre Customer Journey veränderten ökologischen Gegebenheiten anzupassen. Angesichts knapper Ressourcen müssen wir – so erkennen auch sie – den von uns geschaffenen Müllberg abtragen. So werden beispielsweise immer mehr Verbraucher die Notwendigkeit, eine im Ausland hergestellte Waschmaschine zu kaufen, infrage stellen. Denn wie »öko« kann es sein, sich einen solchen Artikel von weit her senden zu lassen, nur um 20 Euro zu sparen? Diejenigen Handelsunternehmen (oder externen Anbieter) werden sich die Gunst der Onlife-Verbraucher verdienen, denen es gelingt, Waren weltweit nachhaltiger zu machen.

Nachhaltigkeit und Auswirkungen auf die Zustellung

DESTEP40	Zunehmende Nachhaltigkeit im Verbraucherverhalten	Auswirkungen auf die Zustellung
Demografisch	- Mehr Einpersonenhaushalte - Mehr Familien mit doppeltem Einkommen - Mehr über 65-Jährige - Wachstum der städtischen Bevölkerung	- Mehr Beachtung städtischer Faktoren: Elektroautos, Zustelleffizienz
Wirtschaftlich	- Von der linearen zur Kreislaufwirtschaft - Sharing Economy - Weniger Konsum - Wiederverwendung - Rücksendungen - Mehr Güter aus zweiter Hand	- Weniger Retouren - Retouren können direkt verwendet werden, um neue Aufträge abzuwickeln - End-of-Life-Retouren werden Bestandteil der Lieferung - Je nach Produktlebensdauer durchschnittlich mehr Transportbewegungen
Sozio-kulturell	- Grenzen zwischen Privat- und Berufsleben verschwimmen - Mehr Arbeit von Zuhause aus - Mehr private Angelegenheiten werden während der Arbeit erledigt	- Mehr Liefer- und Abholorte - Flexibilität wird bei Lieferungen wichtiger als Präzision - Heimzustellungen bleiben ein wertvolles Gut
Technisch	- Zunehmende Transparenz der Wertschöpfungskette - Mehr technisches Wissen über Datenverarbeitung, Planung usw.	- Istkosten für Transport und Umwelt werden sichtbar - Transparenz wird ein Muss - Verbesserte Routeneffizienz
Ökologisch	- Verbesserte Ressourcenerfassung - Erhöhte Produktlebensdauer	- Steigende Lieferkosten für Produkte - Transparente Energiekosten für Serverparks - Verstärkte Rücksendungslogistik - Zunahme von Ersatzteillieferungen
Politisch	- Ökologische Entwicklungen als Motor für Gesetzgebung und Regulierung	- Berücksichtigung der Ökobilanz von Waren und Dienstleistungen bei den Verbraucherpreisen (EU-Regelung)

Effekte der letzten Meile

In den letzten Jahren haben die Onlife-Käufer eine Mentalität des *Ich will, was ich will und wann ich es will* angenommen, und mächtige Unternehmen haben sich gerne darauf eingestellt.[41] »Jetzt« ist das Neue normal: Bestellen Sie zu jeder

Tages- oder Nachtzeit und entscheiden Sie, wann und wie Sie die Lieferung erhalten.

Künftig werden Kundenanforderungen sicherlich die treibende Kraft für neue Konzepte bei Zustellung und Abholung sein. Die verschiedenen Akteure in der Wertschöpfungskette des Handels – vom Verkäufer bis zum nationalen und internationalen Post- und Paketdienst – werden zu harten Entscheidungen genötigt. Wollen sie weiterhin unabhängig agieren, oder werden sie sich für eine Zusammenarbeit entscheiden? Der Wille der Politik könnte sie durchaus zu einer verstärkten Kooperation zwingen. Das wachsende Verkehrsaufkommen in Wohngebieten und Innenstädten sowie Umwelt- und Effizienzfaktoren lassen ihnen keine andere Wahl.

Ich kann es mir bereits jetzt bildlich vorstellen: Unabhängig tätige Zusteller arbeiten unter den Logos verschiedener Logistikdienste und holen Pakete, die von allen erdenklichen Online-Shops versandt wurden, an speziellen Auslieferungsstellen am Stadtrand ab. Diese Pakete werden dann alle an (teils mit, teils ohne Personal betriebenen) Abholpunkten in Wohn- oder Innenstadtgebieten deponiert, oder die Fahrer machen einfach ihre Runde durch ihre Straße oder ihr Viertel.

Ich erwarte von den staatlichen Stellen uneingeschränkt, Anreize zu schaffen, um die Sensibilität für eine nachhaltige Zustellung zu erhöhen. Neue Lieferformen, die den Vertriebsablauf konsolidieren, die Umweltbelastung reduzieren und stärker auf lokale Communitys zurückgreifen, werden für eine dauerhafte und nachhaltige Kundenbetreuung unverzichtbar werden. Seien es lokale Initiativen wie die Lieferung per Fahrrad oder Elektrofahrzeug durch Menschen, die man kennt, oder Abholstellen in kleinen Geschäften und in Wohngebieten: All das sind Lösungen, die eine nachhaltige Zustellung ermöglichen und der letzten Meile das »Ökosiegel« verleihen können.

„

Wir sind ein Dienstleistungsunternehmen, das zufällig Schuhe verkauft.

Tony Hsieh
CEO von Zappos

KAPITEL ELF

—

Kundenbetreuung: Kundendienst wird Kundennähe

Kundenbetreuung bringt aufrichtiges Interesse am Kunden und Engagement für eine Betreuung, die dieser verdient, auf einen Nenner. Sie umfasst so viel mehr als nur einen einfachen (Aftersales-)Service oder die simple Beantwortung von Fragen des Kunden. Stattdessen stellt sie die uneingeschränkte Qualität in jeder Phase der Customer Journey sicher.

Die Kundenbetreuung ist der fünfte Schritt der Customer Journey – nach Orientierung, Entscheidung, Zahlung und Lieferung. Es gibt einen Grund dafür, dass ich den Begriff *Kundenservice* vermeide: Er erinnert stets an endlose Stunden in der Warteschleife des Supports oder an den geschickt versteckten Kundendienstschalter im Laden.

Zunächst möchte ich in diesem Kapitel die Entwicklung vom Kundenservice hin zur Kundenbetreuung unter Berücksichtigung des Einflusses behandeln, der dem Internet zuzuschreiben ist. Wie wir sehen werden, verfolgen einige Handelsunternehmen einen Kundenbetreuungsansatz, der optimale Betreuung mit Kundenservice in alle Ebenen und jeden Aspekt ihres Geschäfts oder Online-Shops integriert und dabei beinahe schon etwas Zwanghaftes hat.

Im zweiten Teil des Kapitels skizziere ich eine mögliche Zukunft – mit einem Kundenbetreuungsideal, das auf Innovationen wie künstlicher Intelligenz (KI), virtuellen digitalen PAs, Chatbots und Roboterberatern basiert. Werden sie die menschliche Note ersetzen, oder werden echte Menschen auch künftig für die Kundenbetreuung wichtig sein?

Abschließend möchte ich mich dem Konzept der *Kundennähe* zuwenden. Es zielt darauf ab, dem Handel wieder eine menschlichere Dimension zu verleihen, und soll dem Kunden Wertschätzung in Form persönlicher Aufmerksamkeit vermitteln. Für viele Händler ist das eine echte Herausforderung.

Die Entwicklung des Kundenservices

Im Zuge der Skalierung nach oben haben viele Unternehmen im 20. Jahrhundert die Verbraucher als Individuen aus dem Blickfeld verloren. Gleichzeitig marginalisierte der Aufschwung der Selbstbedienung in den Geschäften die Kunden zu statistischen Angaben. Kundenservice und Beschwerde-Management wurden für viele Händler zu einer unerwünschten Belastung ihres Budgets.

Um die Jahrtausendwende wurden Kunden, die sich mit Fragen oder Problemen an die Unternehmen wandten, zu reinen Betriebsposten: ein Kostenwert je durchgeführtem Telefongespräch, wobei für jedes beim ersten Anruf erfolgreich gelöste Problem eine Prämie aufzuschlagen war. Die Mitarbeiter des Kundendienstes oder der Schadensabteilung wurden danach beurteilt, wie schnell und effizient sie die ihnen vermittelten Anrufe bearbeiteten. Automatisierte Helpdesk-Systeme dienten der Weiterleitung von Kundenanrufen mit Beschwerden, Problemen oder Fragen an primäre oder sekundäre Service-Stellen. Digitale Displays zeigten die Anzahl der Anrufer in der Warteschlange und die Länge der einzelnen Anrufe in Minuten an. Die Unternehmen tendierten dazu, den Kundenkontakt so knapp wie möglich zu halten, und schrieben Bedingungen vor, zu denen Kunden ihre Dienste nutzen konnten.

Transparenz

Als das 20. Jahrhundert sich dem Ende zuneigte, schuf der Siegeszug des Internets ein beispielloses Maß an Transparenz für alle Phasen der Customer Journey. Alle Informationen, die man sich zu jedem einzelnen Produkt oder jeder Dienstleistung nur wünschen konnte, waren plötzlich rund um die Uhr online verfügbar.

Preisvergleiche wurden dank Suchmaschinen, Marktplätzen und Vergleichswebsites kinderleicht. Auch das Serviceniveau und weitere Aspekte der Kundenbetreuung konnten nun zwischen einzelnen Filialen verglichen werden.

Und vom ersten Tag an war exzellenter Service der beste Weg, um das Vertrauen der Kunden zu gewinnen und zu behalten. Mehr denn je hat sich der Kundenservice seitdem für Verbraucher, die sich Gedanken darüber machen, wo, wann und wie sie einkaufen wollen, zu einem wichtigen Entscheidungsfaktor entwickelt. Ein ausgezeichneter (Kunden-)Service ist unverzichtbar – da beißt die Maus keinen Faden (mehr) ab.

Auch in den Ladengeschäften hat sich mittlerweile herumgesprochen, dass man es dort als Verkäufer mit gut informierten Kunden zu tun bekommen kann. Solche Kunden haben vorab recherchiert und erwarten natürlich, dass der Verkäufer ebenfalls durch Kompetenz besticht. Onlife-Verbraucher, die ein Geschäft besuchen, möchten sich mit den Verkäufern über die Waren und Dienstleistungen unterhalten, die sie kaufen wollen.

Mitarbeiter in Callcentern stellen immer häufiger fest, dass sich beredte Kunden melden, die sich schlichtweg weigern, klein beizugeben. Die sozialen Medien stellen Kanäle bereit, über die Beschwerden – anders als Telefonate – für alle Welt sichtbar werden und potenziell den guten Ruf des Unternehmens bedrohen.

Funktion und Zweck des Kundenservices wurden durch alle genannten Umstände grundlegend verändert. Nach und nach haben Unternehmen verstanden, dass eine solche Dienstleistung viel mehr sein muss als eine lästige Pflicht. Kluge Unternehmen machen sie zur Kür.

Testberichte

Nach der Jahrtausendwende wurden durch Kunden verfasste Beiträge als Inhalte von Websites und Online-Shops populär. Die Kunden verfassten Rezensionen zu Waren und Dienstleistungen im Shop und schrieben über ihre Erfahrungen damit. Im Jahr 2000 war TripAdvisor eines der ersten Unternehmen, die ein neues Servicemodell für die Reise- und Hotelleriebranche auf der Grundlage kostenloser Kundenbeiträge an den Start brachten.

Anfangs waren die Unternehmen äußerst zurückhaltend bei der Darstellung von (womöglich auch negativen) Kundenerfahrungen. Allerdings ließ sich dieser widerspenstige Geist nicht wieder in die Flasche verbannen. Onlife-Konsumenten werden massenhaft von den Erfahrungen anderer Menschen inspiriert. Vor Jahren, als ich auf der Suche nach einem Kinderwagen war, stolperte ich über eine Beurteilung, die ein NASA-Techniker verfasst hatte. Darin beschrieb er alle Technologien und Materialien, die für diesen speziellen Kinderwagen verwendet worden waren, in aller Ausführlichkeit. Er sagte, seiner Meinung nach sei dies der beste und sicherste Kinderwagen in den gesamten USA. Mehr musste ich nicht wissen. Ich war überzeugt, dem Urteil dieses erfahrenen und unabhängigen Benutzers vertrauen zu können.

NPS

Seit 2005 hat sich die Weiterempfehlungsrate, der *Net Promoter Score* (NPS), zu einem beliebten Tool für Manager entwickelt, die verstehen wollen, welchen Ruf ihr Unternehmen genießt. Vor allem große Online-Shops bitten ihre Kunden oft, ihre Erfahrungen in jeder einzelnen Phase der Customer Journey zu beschreiben. So erhält der Händler eine Vorstellung davon, wie viele Kunden so zufrieden sind, dass sie den Shop Verwandten und Freunden weiterempfehlen würden. Der NPS stellt eine besonders nützliche Möglichkeit für Webshops dar, sich in einem wettbewerbsorientierten Online-Markt von der Konkurrenz abzuheben, denn er vermittelt Informationen über die Zufriedenheit der Kunden und den Ruf des Unternehmens. Die Aufforderung an Kunden, ihre Einkäufe zu bewerten, ist heute etwas ganz Normales geworden. Insgesamt haben die Einzelhändler ihre Angst vor schlechten Bewertungen verloren, denn sie wissen, dass Bewertungen von Verbraucherseite nur dann ernst genommen werden, wenn auch die eine oder andere nicht ganz so gute darunter ist. Viele Händler haben inzwischen begriffen, dass NPS-Werte und direkte Verbraucherempfehlungen eine weitaus wirkungsvollere Botschaft aussenden, als es kostspielige Werbung jemals könnte.

Soziale Medien

Durch den immensen Boom sozialer Netzwerke im Alltag des Onlife-Konsumenten sind Kundenreaktionen noch wichtiger geworden. Allerdings ist inzwischen ein neuer Aspekt dazugekommen: Nicht allein die Qualität der Bewertung zählt, sondern auch, wie und wie schnell Händler auf Beschwerden, Fragen oder Probleme reagieren.

Verbraucher, die den Onlife-Weg gehen, erwarten dies auch von Unternehmen. Für sie ist es naheliegend, dass ein Laden, der rund um die Uhr geöffnet hat, auch Serviceleistungen in diesem Zeitraum erbringen sollte. Sie erwarten ferner, den Kommunikationskanal selbst auswählen zu können – sei es Facebook, Twitter, WhatsApp, WeChat, E-Mail oder Telefon. Wofür sie sich dann entscheiden, hängt vom Produkt oder der Dienstleistung, der Tageszeit und womöglich sogar von der aktuellen Stimmung ab. Manchmal ziehen sie den menschlichen Kontakt vor (sofern dieser nicht ohnehin notwendig ist), manchmal meinen sie auch, ohne auskommen zu können. Der Onlife-Konsument ist auf jeden Fall nicht dazu geneigt, Stunden über Stunden hingehalten zu werden.

Zappos: Kompromisslos für Kundenzufriedenheit

Der Online-Schuhhändler Zappos, der 2009 von Amazon übernommen wurde, ist eigenen Angaben zufolge von der Zufriedenheit seiner Kunden »besessen«. Das Unternehmen beschäftigt sogar einen eigenen Chief Customer Satisfaction Officer, und bei wichtigen Meetings wird immer ein Platz für »den Kunden« freigelassen (das handhabt Amazon übrigens genauso). Zappos gehörte zu den ersten Unternehmen, die ihre NPS-Werte im Auge behalten.

Als ich 2018 Zappos besuchte, fand ich die von allen Mitarbeitern geteilte Grundüberzeugung ausgesprochen inspirierend, dass begeisterte Verbraucher mehr Umsatz und natürlich mehr neue Kunden generieren. Im Gespräch mit Zappos-Führungskräften erfuhr ich, dass das Unternehmen nicht einfach an »zufriedenen« Kunden interessiert ist – nein, man will dort, dass die Kunden begeistert, ekstatisch und überglücklich sind und am Ende Botschafter werden, die andere Menschen überzeugen, auch dort einzukaufen. Zappos' Handeln ist also alles andere als selbstlos.

Am 11. Juli 2016 erhielt Steven Weinstein, Mitglied des Kundenbindungsteams von Zappos, einen Anruf. Schnell zeigte sich, dass das kein ganz gewöhnliches Gespräch werden sollte. Der Kunde hatte Schwierigkeiten bei der Auftragserteilung, die Weinstein zwar sofort beheben konnte, doch das war noch nicht das Ende des Gesprächs: Weinstein und der Kunde unterhielten sich weiter – sage und schreibe 10 Stunden und 43 Minuten lang.[1] Selbst für Zappos ist das ziemlich lang, wenn auch nicht beispiellos. Im Widerspruch zur gängigen Kundendienstpraxis dürfen die Mitarbeiter von Zappos so lange am Telefon bleiben, wie sie wollen. Beziehungen aufzubauen, gilt hier als weitaus wichtiger als *Umsätze* zu erzielen. Wenn zur Hauptarbeitszeit ein längerer Anruf stattfindet, wird er nicht unterbrochen, sondern Mitarbeiter aus anderen Abteilungen springen ein, um den Kundenservice zu unterstützen.

Zappos ist sich der Tatsache bewusst, dass die persönliche Note die Kundenzufriedenheit steigert und zu einer deutlich höheren Anzahl von (Folge-)Geschäften führen kann. Das Unternehmen schult seine Mitarbeiter darin, bei jedem Gespräch mindestens zwei Versuche zu unternehmen, auf eine persönlichere Ebene zu wechseln. Sie sollen beispielsweise den Hund erwähnen, den sie im Hintergrund bellen hören, oder fragen, wie das Wetter in der Region ist, in der der Kunde lebt. Die firmeninterne Bezeichnung dieser Praxis ist *Personal Emotional Connection* (PEC). Eines der Mottos von Tony Hsieh, Gründer und CEO von Zappos, ist es, »*ein wenig Spaß und Verrücktheit ins Spiel zu bringen*«.[2] Wenn Sie die perfekte Mischung aus diesen beiden Zutaten finden, dann kann am Ende auch ein mehr als zehnstündiges Marathontelefonat stehen.

Empathie

Einen Stamm außergewöhnlich zufriedener Kunden aufzubauen, ist harte Arbeit: Das erfordert nicht nur finanzielle Investitionen, sondern auch Ausdauer und Geduld. Viele Unternehmen stellen fest, dass sie die Form ihrer Interaktion mit Kunden neu erfinden müssen. Voraussetzung für den Umstieg vom Kundenservice zur Kundenbetreuung ist Empathie – also das Einfühlungsvermögen für den Kunden. Diese Empathie muss das gesamte Unternehmen durchdringen.

Wenn man Kunden zu Botschaftern machen möchte, könnte der entscheidende Schritt darin bestehen, sie nach ihren Erfahrungen in jeder einzelnen Phase der Customer Journey zu befragen – von der Orientierung über die Kaufentscheidung und Bezahlung bis hin zur Lieferung und zum Umgang mit Fragen und Beschwerden. Jede einzelne Kundeninteraktion ist eine neue Gelegenheit, Kunden glücklich und zufrieden zu machen. Wenn Händler das Prüf-, Auswahl- und Kaufverhalten ihrer Kunden verstehen, können sie ihre Produkte leichter personalisieren, ohne die Privatsphäre des Kunden zu beeinträchtigen. Der Händler könnte eine Kaufempfehlung basierend auf Produkten geben, für oder gegen die andere Verbraucher sich entschieden haben. Sie können ferner Schlüsse daraus ziehen, in welcher Phase der Customer Journey sich ein Kunde befindet und welches Gerät er zu einem bestimmten Zeitpunkt benutzt.

Verbraucher, die zugestimmt haben, dass ihre personenbezogenen Daten genutzt werden dürfen, können davon ausgehen, in den kommenden Jahren persönliche und maßgeschneiderte Angebote zu erhalten. Bereits heute haben Nutzer von Amazon, Apple (iTunes), Booking.com, Facebook, Instagram, Netflix, Pinterest, Twitter, Snapchat und YouTube erkannt, wie ihre persönlichen Seiten an Bedeutung gewonnen haben. Dagegen nutzen traditionelle Handelsunternehmen oftmals immer noch nicht die vielen ihnen zur Verfügung stehenden Verhaltensdaten. Derzeit werten nur wenige große Unternehmen und Supermärkte Einkäufe, die früher getätigt oder Produkte, die bereits in Augenschein genommen wurden, aus, um den Kunden Angebote zu unterbreiten. Die meisten Händler betrachten es jedoch als Problem, den Service und die Kundenbetreuung auf der Grundlage von Daten zu verbessern.

Kundenbetreuung in der Smart Economy, der Sharing Economy, der Kreislauf- und der Plattformwirtschaft

Wachsende Chancen, die sich dank der Technologie in der Smart Economy auftun, werden künftig erstmals eine wirklich persönliche Kundenbetreuung gestatten. Big Data und KI werden mehr Möglichkeiten als je zuvor bieten, in den riesigen Datenmengen relevante Muster zu erkennen. Die KI soll wertvolle Erkenntnisse, Muster und Trends generieren und diese Revolution auf diese Weise sowohl ermöglichen als auch nähren. Tatsächlich lässt sich die gleiche Technologie, mit deren Hilfe personalisierte Empfehlungen ausgesprochen und Sonderangebote unterbreitet werden, nutzen, um vorherzusagen, welche Artikel ein Kunde kaufen wird. Dadurch kann der gesamte Kaufprozess des Unternehmens auf den Kopf gestellt und unter Berücksichtigung des Kontexts besser auf die Bedürfnisse der Verbraucher zugeschnitten werden.

Amazons Patent auf vorgreifenden Versand

Bereits 2013 ließ sich Amazon den »vorgreifenden Versand« patentieren. Hierbei wird der Bedarf von Nutzern prognostiziert, um Waren bereits vor dem eigentlichen Kauf zu versenden. Amazon kann so Produkte packen und versenden, bei denen davon auszugehen ist, dass sie von Kunden in einer bestimmten Region gewünscht werden. Dies funktioniert so, dass Amazon Prognosen dazu trifft, welche Produkte in Kürze gekauft werden, und diese Waren dann an bestimmte Auslieferungszentralen oder sogar Zustellfahrzeuge schickt. Die Artikel werden dann bei Bestellung sofort ausgeliefert. Ferner umfasst das Patent den Versand von Produkten an Prime-Mitglieder, bevor diese überhaupt gekauft haben. Genial[3] – oder doch eher ein zweifelhaftes Patent?[4]

Was wird es in der Smart Economy bedeuten, wenn wir rund um die Uhr über alle möglichen neuen Gadgets und Geräte mit dem Internet verbunden sind? Welche Konsequenzen ergeben sich für die Customer Journey im Allgemeinen und die Kundenbetreuung im Besonderen?

Die Sharing Economy und die Kreislaufwirtschaft werfen ähnliche Fragen auf. Wie wird sich die Kundenbetreuung entwickeln, wenn Waren mit anderen Menschen gemeinsam verwendet werden, oder wenn Phase 5 der Customer Journey gleichzeitig Phase 1 ist? Was passiert, wenn ein Produkt nicht mehr nur für den einen Benutzer maßgeschneidert, sondern ausgeliehen oder vermietet wird und am Ende zum Händler zurückwandert? Oder wenn es Gegenstand eines Tauschgeschäfts oder eines Gebrauchtwarenverkaufs an einen anderen Verbraucher ist?

Woran erkennt man, dass der Gegenstand während seines Lebenszyklus' angemessen verwendet wurde? Wie lässt sich der Wert von Waren aus zweiter oder dritter Hand ermitteln? Wie koordiniert man idealerweise Instandhaltungsleistungen und die am besten geeignete Versicherung? Wie gibt man den vielen Erstbenutzern Anleitung, bietet ihnen die nötige Hilfe und gibt ihnen relevante Tipps und Tricks an die Hand? Es ist sicher nicht weit hergeholt, sich zu fragen, wie ein kleiner Händler das jemals schaffen soll, wenn er sich mit den zahllosen Möglichkeiten der Kundenbetreuung und den damit einhergehenden Risiken auseinandersetzt.

In der Plattformwirtschaft sind große Technologieunternehmen und globale Einkaufsökosysteme die Orte, an denen sich Verbraucher am wohlsten fühlen. Die Investitionen dieser Giganten in neue Anwendungen für die Kundenbetreuung belaufen sich auf Milliarden von Dollar, Euro und Yuan. Kleine Einzelhändler stehen vor der sehr realen Herausforderung, damit Schritt halten zu müssen. Natürlich können sie auf die Kundenbetreuungs-Infrastruktur der Einkaufsökosysteme aufspringen. Alternativ könnten sie auch versuchen, mit kleinen lokalen Produkten und einem traditionellen freundlichen Service zu punkten (siehe Kapitel 5).

KI in der Kundenbetreuung

In den nächsten Jahrzehnten werden virtuelle Assistenten, digitale PAs, Chatbots und Beratungsroboter ihren Beitrag dazu leisten, dass Verbraucher exzellent betreut werden. So oder so: KI und Robotik werden uns alle beeinflussen.

Sanne, unsere virtuelle Assistentin in Macropolis

Ende der Neunziger Jahre war die berühmteste virtuelle Assistentin die unvergleichliche Miss Boo im angesagten und trendigen Online-Modehaus Boo.com.[5] Das Unternehmen hatte 70 Millionen Dollar in einen Avatar investiert, mit dem Kunden ein nettes Gespräch führen konnten. In unserem Web-Kaufhaus Macropolis experimentierten wir mit einer virtuellen Assistentin namens Sanne. Sie konnte einfache Fragen beantworten und (gelegentlich) ein bisschen mehr Hilfe anbieten. Sanne erwies sich – genau wie Miss Boo –

letztendlich jedoch als Fehlschlag. Sie war oft langsam, machte ständige Pausen, zeigte Fehlfunktionen oder blieb manchmal ganz einfach stumm. Es war schlicht niemand an einer Assistentin interessiert, die eine ausnehmend lange Leitung hatte. Leider hat Miss Boo es auch nicht geschafft. Sie gehörte zu den kostspieligeren Kollateralschäden der geplatzten Internetblase. Einst 70 Millionen wert, wurde Miss Boo am Schluss für 250.000 Dollar verkauft.

Jetzt – 20 Jahre später – gibt es mehr Erfolgsgeschichten von virtuellen Assistenten und Chatbots. Internationale Handelsunternehmen wie Walmart (Walmart Simple Text), Tesco (Rachel) und H&M (Kik) betreiben sie.[6] Sie sind die Vorläufer der virtuellen Assistenten, die uns in den kommenden Jahren auf unseren Smartphones begrüßen werden, wenn wir in einen Laden gehen.

Virtuelle Assistenten

Virtuelle (persönliche) Assistenten, die in der Lage sind, einfache Fragen zu beantworten oder unkomplizierte Probleme zu lösen, werden künftig unsere ersten Ansprechpartner in der Kundenbetreuung sein. Große Technologieunternehmen, Online-Shops, Versicherungsgesellschaften, Banken und Telekommunikationsunternehmen experimentieren bereits mit virtuellen Assistenten. Verbraucher spüren das vor allem deswegen, weil sie schneller bedient werden.

Bereits die nächste Generation virtueller Assistenten wird in der Lage sein, Kunden fundierte Ratschläge und nützliche Empfehlungen zu geben. Jede Beschwerde wird individuell behandelt, und weil es jederzeit die Möglichkeit gibt, zu einem menschlichen Mitarbeiter zu wechseln, brauchen sich die Verbraucher auch keine Sorgen zu machen.[7]

Beratungsroboter und persönliche Assistenten (PAs)

Schon bald, so ist zu erwarten, werden innovative Roboter uns computergestützt per E-Mail, SMS oder WhatsApp beraten. Auch die Sprachdialogsysteme unserer Smartphones werden immer besser: Apple Siri, Google Assistant, IBM Watson, Microsoft Cortana und Samsung Bixby – das ist die aktuelle Generation persönlicher Assistenten. Voraussichtlich wird sich die Entwicklung in diesem Bereich enorm beschleunigen und die Welt der Kundenbetreuung so vollkommen umkrempeln.

Nehmen wir etwa Amelia, eine auf KI basierende digitale Assistentin. Amelia begreift, mit wem sie spricht, und kann richtige Gespräche führen. Sie versucht sogar, die Stimmung des Gegenübers zu erkennen und ihre Reaktion entsprechend anzupassen. Amelia und andere digitale Assistenten werden alsbald zu vollwertigen digitalen Helfern heranreifen, die auch und gerade im Handel ihre Spuren hinterlassen werden.[8]

Smart Speaker mit Sprachsteuerung und Video

Mit Amazon Echo und Google Home haben die beiden bisher erfolgreichsten Technologieriesen interaktive Sprachdialogsysteme in einem physischen Gehäuse entwickelt, die mittlerweile in Millionen von Haushalten auf der ganzen Welt stehen. Der Smart Speaker kann nicht nur Musik abspielen oder die Nachrichten laut vorlesen, sondern beantwortet unter anderem auch Fragen.[9]

Nutzer von Smart Speakern begnügen sich nicht mehr damit, einfach nur Musik zu hören oder andere Smart-Home-Funktionen zu nutzen. Immer häufiger wollen sie diese Geräte als intelligente Schaltstelle in ihrer Wohnung und für ihr Leben nutzen. Die ersten Unternehmen haben das enorme Potenzial von Smart Audio innerhalb kürzester Zeit erkannt: Sie bieten Sprachassistenzfunktionen an, die den Kunden bei verschiedenen Aufgaben unterstützen können, zum Beispiel bei Rechnungsanpassungen, in Form von Tipps und Tricks zur Installation eines Produkts oder von Erklärungen zur Funktionsweise.[10]

In der »Schlacht der Smart Speaker« mit Google und anderen steht Amazon an vorderster Front, wenn es darum geht, in den Küchen oder Wohnzimmern der Verbraucher zu einem *Teil von deren Leben* zu werden. Mit der Einführung von Amazon Echo Look und Amazon Echo Show verstärkt das Unternehmen seine Bemühungen im Bereich der Heimautomation. Damit will es seinen Prime-Mitgliedern neue Leistungen anbieten können und gleichzeitig eine unglaubliche Anzahl potenzieller Kundenbetreuungsoptionen erschließen.

Amazon Echo Look ist eine intelligente sprachgesteuerte Kamera, die einen mithilfe einer Video-App bei der Entscheidung zwischen verschiedenen Outfits unterstützt.[11] Amazon Echo Show dagegen ist ein sprachgesteuerter Video Speaker mit einem Bildschirm von der Größe eines Tablets, der für Skype oder FaceTime genutzt werden kann. Man stelle sich vor, wie bequem es wäre, mit dem Partner die Mahlzeiten fürs Wochenende planen und die passenden Zutaten sofort bei Amazon bestellen zu können. Für die meisten Verbraucher ist der Besitz eines Amazon Echo-Geräts ein Grund, Amazon Prime zu abonnieren.

Die Heimautomationsfunktionen von Amazon-Geräten sind für das Unternehmen eine Möglichkeit, um durch Kundenbetreuung in jeder Phase der Customer Journey die Kundenbeziehung zu festigen. Zugegeben: Echo-Geräte werden wohl so bald nicht in der Lage sein, die Wohnung zu saugen. Allerdings wird es vielleicht gar nicht so lange dauern, bis Roboter auf Anweisung eines solchen Smart Home-Geräts die Hausarbeit erledigen.[12]

Echo und Home hören alles

Was passiert eigentlich mit all den Daten, die Amazon Echo- und Google Home-Geräte sammeln? Ganz ehrlich: Die verbleiben im Besitz von Amazon und Google. Amazon macht auch kein Geheimnis daraus, dass die Echos Gespräche in ihrer Umgebung teilweise mitschneiden. Das betrifft nicht nur die Fragen ans Gerät, sondern auch Hintergrundgeräusche. Echo und Home können mit nur einer Taste bedient werden und werden durch den Namen »Alexa« bzw. den Satz »Ok Google« aktiviert. Eine kleine Signal-LED zeigt an, dass das System Audiodaten aufzeichnet. Die Aufnahme kann allerdings jederzeit nachträglich gelöscht werden.

Es ist nicht ganz klar, ob die Einkaufslistenanwendungen von Amazon und Google zu Werbezwecken oder zur Erstellung personalisierter Wunschlisten oder Empfehlungen verwendet werden.[13] Dennoch wäre es nicht verwunderlich, wenn Amazon und Google tatsächlich alle verfügbaren Daten nutzen würden, um ihre Produkte und vor allem ihren Kundenservice zu verbessern.[14]

Der persönliche Kontakt

Werden all diese weitreichenden technologischen Entwicklungen auch für den Verbraucher von Vorteil sein? Können Läden und Online-Shops ohne menschliche Note auskommen? Oder ist, wenn sie sich am umkämpften Markt gegenüber dem Wettbewerb absetzen wollen, die persönliche Ansprache durch einen echten Menschen der Weg der Zukunft? Es ist davon auszugehen, dass Onlife-Verbraucher künftig Entscheidungen im Bruchteil einer Sekunde treffen. Welche Form der Kundenbetreuung ist dann für mich zum jetzigen Zeitpunkt die günstigste?

Manche sind noch nicht davon überzeugt, dass Verbraucher positiv auf Innovationen wie in der Robotik reagieren werden. Untersuchungen zeigen, dass viele Menschen künstliche Intelligenz nicht als die wichtigste Entwicklung unserer Zeit betrachten, während die großen Technologieunternehmen ein Getöse darum machen, als gäbe es kein Morgen.[15] Die Zeit wird zeigen, ob KI all ihren Verheißungen gerecht werden kann.

Virtuelle PAs, digitale Assistenten, Chatbots, Smart Speaker und Beratungsroboter könnten in Zukunft dank selbstlernender Algorithmen und Machine sowie Deep Learning-Technologien immer intelligenter werden. Dennoch haben viele Verbraucher das Gefühl, dass nichts über die persönliche Aufmerksamkeit seitens eines Menschen geht. Allerdings werden Chatbots in Zukunft womöglich kaum noch von echten Menschen zu unterscheiden sein. Ein Paradebeispiel hierfür ist Lark, ein persönlicher Gesundheitscoach, der über eine App realisiert ist.[16] Kunden, denen danach ist, können bei Lark jederzeit vom Chatbot zu einem menschlichen Mitarbeiter wechseln. Letztendlich erwarten die Verbraucher von der Kundenbetreuung nicht mehr (aber auch nicht weniger) als gute Antworten, relevante Lösungen, das Gefühl, ernst genommen zu werden, und ein freundliches Gespräch.[17] Derzeit zumindest können sich menschliche Mitarbeiter durch echtes Interesse und persönliche Aufmerksamkeit noch von den digitalen Assistenten, virtuellen PAs und Beratungsrobotern abgrenzen.

Kundennähe

In den letzten 20 Jahren haben Internet und Digitalisierung die Interaktion zwischen Erbringern und Nutznießern von Kundenserviceleistungen radikal verändert.[18] Dank neuer technischer Möglichkeiten können die großen Technologieplattformen und Einkaufsökosysteme den Kunden in jeder Phase der Customer

Journey wirklich in den Mittelpunkt der Aufmerksamkeit rücken. Früher waren es die Läden selbst, die zählten. Dann standen die von ihnen verkauften Waren und Dienstleistungen im Mittelpunkt. Jetzt jedoch ist es die Interaktion zwischen Menschen und Unternehmen, die wichtig ist. Einkaufsplattformen haben begriffen, dass es sich nicht um Läden oder den Verkauf von Produkten und Dienstleistungen dreht. Es geht dort wirklich darum, zentrale Interaktion zwischen Menschen zu verkaufen.[19] Hierdurch ändern sich die Regeln für die Kundenbetreuung grundlegend, ja, sie müssen ganz neu geschrieben werden. Heute erzeugt die Synergie aus Technologie und menschlicher Note genau den Mehrwert, der unter Onlife-Verbrauchern so gefragt ist.

Service ist keine Einbahnstraße mehr für den Handel (»Push-Prinzip«), sondern ein interaktiver Prozess zwischen den Kunden selbst sowie zwischen Kunden und Händlern – ein Prozess, der einen für beide Seiten vorteilhaften Austausch in Gang setzt (»Pull & Push-Prinzip«). Mehr denn je sind heute auch die Kunden gefordert, gerade weil sie über so viele relevante Informationen zu Waren, Dienstleistungen und Unternehmen verfügen, die sie auch zu nutzen gedenken.

In Zukunft kann die Kundenbetreuung nur noch stärker mehrdimensional werden. Auf der Grundlage personenbezogener Kundendaten können Händler auch Nähe zum Kunden gewährleisten. Eine gewisse Vertraulichkeit in der Beziehung zwischen Händler und Kunde vermittelt ein warmes und angenehmes Gefühl ähnlich jenem, das man bei engen Freunden und Verwandten erlebt. Ein Handelsunternehmen, dem es gelingt, Nähe zum Kunden herzustellen, kann sich sehr zufriedener Kunden sicher sein.

Die »kalte« Integration von Technologie und Systemen ist nur eine Voraussetzung für die Kundenbetreuung. Kundennähe dagegen erfordert eine ganz andere, stärker kundenorientierte Denkweise. Diese Denkweise muss dem Händler bei jedem einzelnen Schritt des Handelsgeschäfts in Fleisch und Blut übergehen. Die Quintessenz der Kundenbetreuung von heute – und morgen – ist die Übernahme der authentischen Perspektive des einzelnen Verbrauchers.

Mitarbeiter, die in diesem Bereich tätig sind, dürfen nicht mehr durch mehrstufige Frontoffice- und Backoffice-Skripte zur Protokollskalierung »gedeckelt« werden. Der Kundenbetreuer ist ein Mensch aus Fleisch und Blut mit geeigneter Kompetenz für die reale Interaktion mit dem Kunden (also beispielsweise jemand, der kurze Zeit nach einem Live-Chat eine E-Mail senden könnte, um nachzufassen, ob das gemeldete Problem gelöst wurde) und einem Budget, um Probleme zu lösen, wenn und wo sie auftreten. Dieser Freiheitsgrad macht die Arbeit interessanter und bringt mehr Spaß, denn zufriedene Mitarbeiter führen zu zufriedenen Kunden und – in der Folge – zu besseren NPS-Werten. Die menschliche Komponente ist es, die die Beziehung zwischen dem Händler und dem Kunden auf ein höheres Niveau heben kann. Onlife-Konsumenten wollen das Gefühl haben, dass sie von jemandem umsorgt werden, der auch bereit ist, ihnen zu helfen.

Neue Generationen einflussreicher Onlife-Verbraucher werden selbst entscheiden, wie, wo und wann sie Service in Anspruch nehmen wollen. Sie erwarten eine integrierte Kundenbetreuung, die konsistent über eine Vielzahl von Kanälen zu jeder Tageszeit und für alle möglichen Anwendungen verfügbar ist. Der Handel muss aufwachen: Kundenbetreuung darf nicht gesondert vom Geschäft, sondern muss als zentrale Komponente des erbrachten Services betrachtet werden. Flexibilität ist der Schlüssel dazu, Organisationen, Produkte und Dienstleistungen entsprechend anzupassen. »Der Kunde ist König 3.0« ist eine Prämisse, die von den Unternehmen immense Anstrengungen erfordert. Sie müssen nicht nur mit dem Leben der Onlife-Konsumenten Schritt halten, sondern ihnen auch proaktiv Onlife-Erlebnisse bieten können. Unternehmen müssen sich schneller als je zuvor anpassen, sich im gleichen Tempo verbessern und stündlich Zahlen und Fakten ermitteln, aus diesen lernen und sich entsprechend anpassen. Kundennähe will durch harte Arbeit verdient sein.

„Es ist nicht die stärkste Spezies, die überlebt, und auch nicht die intelligenteste, sondern diejenige, die sich am besten an Veränderungen anzupassen vermag."

Charles Darwin,
Autor von *Über die Entstehung der Arten*

———

KAPITEL ZWÖLF

Neue Geschäftsmodelle

Die Welt des Handels war immer einigermaßen einfach zu verstehen. Alle Akteure kannten ihre Rollen. Die Käufer entschieden viermal im Jahr, welche Mode gerade angesagt war, in den Reisebüros waren die Urlaubsprospekte ordentlich nach Jahreszeit sortiert aufgereiht, und die Versicherungsgesellschaften boten regelmäßig neue Verträge an, die jedoch nur selten vom Vertrauten abwichen.

Und dann kamen Internet und Digitalisierung und haben all dies auf den Kopf gestellt. Was folgte, war ein beispielloser Wandel, der die Grundlagen für eine datengesteuerte Smart Economy schuf, die Bedingungen für Sharing Economy und Kreislaufwirtschaft festlegte und der Plattformökonomie den Weg bereitete. Heute sehen sich Händler dank dieser Entwicklungen, der neuen Marktmacht der Onlife-Verbraucher und einer neu gestalteten Customer Journey gezwungen, nach neuen Geschäftsmodellen zu suchen.

Die Veränderung beginnt

Seit Mitte der 90er Jahre nutzen die ersten Online-Shops, Warenhäuser, Reisebüros und Versicherungen digitale Wege zur Verbraucheransprache. Diese »Geschäfte, die im Internet sind«, stellten ihre Erlösmodelle dabei nicht um, sondern arbeiteten weiter mit dem Altbewährten: Einzelverkauf von Waren und Dienstleistungen, Werbeeinnahmen und Abonnements. Die Online-Variante des Individualabsatzes unterscheidet sich jedoch kaum vom Offline-Gegenstück: Es ist die Gewinnspanne, die zählt. Möglichst hohe Umsatzzahlen sind der Weg zum Erfolg – je mehr verkauft wird, umso besser. Die Nutzung von Online-Plattformen, Marktplätzen und Suchmaschinen unterscheidet sich nicht unbedingt von den bestehenden Geschäftsmodellen in Werbebranche und Zwischenhandel. Im Wesentlichen werden dort Waren und Dienstleistungen Dritter empfohlen. Auch die Abonnements haben sich nicht verändert: Ein Kunde zahlt eine Pauschale (die ggf. auch auf mehrere Monate verteilt sein kann) und erhält dafür bestimmte Dienstleistungen. Selbst Prime, das Treueprogramm von Amazon, ist letztendlich nur ein Abonnement.

Es ist dieselbe Masche wie seit jeher. Das gilt auch für das digitale Zeitalter – oder etwa nicht? Neue Geschäfts- und Erlösmodelle haben den Handel in Schwung gebracht. Veränderungen im Verbraucherverhalten haben Handelsunternehmen gezwungen, schwierige Entscheidungen zu treffen. Die meisten Händler sind heute schlichtweg nicht mehr in der Lage, Mädchen für alles zu sein. Nur einer glücklichen Minderheit gelingt dies heute noch.

In diesem Kapitel werde ich vier grundsätzliche Umsatzmodelle vorstellen, die zur Bezugsnorm für mehrere verschiedene Marktsegmente werden könnten. Ich habe dabei vor, mich ausschließlich auf Geschäftsmodelle für Endverbraucher zu konzentrieren und den B2B-Markt trotz der vielen Gemeinsamkeiten zwischen diesen Märkten außen vor zu lassen. Die vier Geschäftsmodelle sind in der folgenden Tabelle dargestellt. Im nächsten Abschnitt werde ich sie einzeln aufschlüsseln.

Merkmale der künftigen vier Ertragsmodelle[1]

	Eigene Marke?	Eigene Lagerung?	Wird der Verbraucher zum Eigentümer?	Breite oder Tiefe des Angebots?	Vorteile für Onlife-Verbraucher
Plattform/ Marktplatz	Nein	Nein	Nein	Beide	- Komfort - Alles an einem Ort - Einzigartige Auswahl
Waren- haus	Manchmal	Ja	Ja	Breit	- Sicherheit - Zuverlässigkeit
Spezialist	Nein	Ja	Ja	Tief	- Fachliche Beratung - Einzigartige oder exklusive Auswahl
Marken	Ja	Ja	Ja	Tief	- Sicherheit - Spezifische Auswahl

Plattformen und Marktplätze

Auf der ganzen Welt war der Marktplatz einer Stadt oder eines Dorfes schon immer der Ort, an dem Angebot und Nachfrage zusammengeführt wurden. Warenhäuser und Einkaufszentren sind grundsätzlich nichts anderes. Das neue Geschäftsmodell der Plattformen und Marktplätze basiert auf genau demselben Prinzip: den Verbrauchern die Möglichkeit zu geben, Waren und Dienstleistungen bei verschiedenen Händlern zu kaufen und sich zu treffen.

In den letzten zwei Jahrzehnten – und verstärkt in den letzten Jahren – hat sich dieses Online-Phänomen mit rasanter Geschwindigkeit entwickelt. Die Stärke von Plattformen besteht darin, dass sie den Verbraucher auf regionaler, nationaler oder sogar globaler Ebene mit einem nahezu unendlichen Angebot vernetzen.

Dabei sind Marktplätze meistens »Einbahnplattformen«: Sie ziehen jene an, die ein Produkt oder eine Dienstleistung anbieten (Produzenten), ordnen ihnen solche Menschen zu, die dieses Produkt oder diese Dienstleistung kaufen möchten (Nutzer), und führen die Angehörigen beider Gruppen zusammen.[2] Marktplätze sind die Mittler zwischen Verkaufenden, Marken und Käufern. Bei sogenannten »gegenseitigen« Plattformen hingegen geht es nicht unbedingt darum, Waren zu bewegen oder Dienstleistungen zu verkaufen. Hier dreht sich vielmehr alles um die Interaktion zwischen den Konsumenten. Was auf diesen Plattformen wirklich zählt, ist die Begegnung der Verbraucher miteinander. Dieser umfassende Austausch zwischen den Verbrauchern ist ein zentraler Ansatz für die Schaffung eines Fundaments für den Verkauf von Waren und Dienstleistungen durch die Plattformen.[3]

In China wird über die Hälfte der Online-Umsätze auf Plattformen und Marktplätzen generiert, in den USA liegt der Wert bei einem Drittel. Die weltweit bekanntesten Plattformen sind Amazon Marketplace, eBay sowie Taobao, TMall Global und AliExpress (alle von Alibaba). In Südostasien ist Rakuten (Japan) ein wichtiger Akteur, während Zalando (Deutschland), PriceMinister (Frankreich) und Allegro (Polen) in Europa eine wichtige Rolle spielen.

Das Geschäftsmodell von Macropolis

Ende 2000 belegte unser Online-Einkaufsportal Macropolis den vierten

Platz auf der Liste der meistbesuchten niederländischen Online-Shops. Amazon.com stand damals auf Platz fünf. Warum also hätten wir nicht versuchen sollen, den Erfolg des Handelsportals auf eine sehr viel breiter angelegte Suchmaschine zu übertragen?

KPN, das nationale Telekommunikationsunternehmen der Niederlande, schlug uns damals vor, die Website in eine Suchmaschine umzuwandeln und dann an Macropolis Kickback-Zahlungen für die generierten Telefoneinnahmen zu leisten. Wir entschieden uns, diesen Vorschlag abzulehnen, weil wir unabhängig bleiben wollten. Damit haben wir die Millionen Dollar, die uns ein Börsengang eingebracht hätte, glatt in den Wind geschlagen.

Wir suchten weiter nach dem passenden Geschäftsmodell und überlegten uns, ob es sinnvoll wäre, Anzeigen oberhalb der Suchergebnisse zu schalten, für die wir Werbetreibenden (damals vorwiegend Online-Shops) eine Gebühr in Rechnung stellen könnten. Seinerzeit waren *gesponserte Links* vollkommen unbekannt (Google hat das bekanntermaßen mit beträchtlichem Erfolg geändert). Am Ende bekamen wir kalte Füße, weil wir befürchteten, dass die Suchmaschine keine für den Verbraucher fairen Ergebnisse mehr generieren würde.

Kurz darauf platzte die Dotcom-Blase, und wir konnten zum Glück gerade noch rechtzeitig einen Käufer für Macropolis finden: das an der Amsterdamer Börse notierte Unternehmen Newconomy. Ich fühlte, dass es an der Zeit für eine Veränderung war, und gründete im Jahr 2000 Thuiswinkel.org, einen neuen Branchenverband für Handelsunternehmen in den Niederlanden. Achtzehn Monate später ging Macropolis nach dem Platzen der Internetblase pleite.

Provisionen

Das Geschäftsmodell der Plattformen und Marktplätze hat in den letzten Jahren einen Schwenk weg von Werbeeinnahmen (Festbeträge nach Anzahl der Empfehlungen) und hin zu Verkaufsprovisionen gemacht. Bei eBay und Amazon liegen die Provisionen je nach Produktart zwischen 8 und 25 Prozent, mehrheitlich beträgt der Provisionswert zwischen 10 und 15 Prozent. Alibaba bekommt Geld von

Händlern auf TMall und behält einen Prozentsatz des Transaktionswerts ein, der je nach Produktkategorie zwischen 0,4 und 5 Prozent liegt. Im Voraus einberechnet werden Servicegebühren, Gebühren für den Online-Marketingservice, für externe Affiliates und für die Storefront-Software.[4] Hierdurch können beträchtliche Umsätze generiert werden, vor allem, weil die Marge bei Provisionen bei fast 100 Prozent liegt. Schließlich muss die jeweilige Plattform selbst kaum einen Finger rühren, um ein Produkt oder eine Dienstleistung in ihr Sortiment aufzunehmen. Letztendlich ist der Verkäufer in der Regel derjenige, der die Arbeit hat (siehe Kapitel 3).

Die reibungslose Customer Journey

Beim Plattform- und Marktplatzgeschäftsmodell werden die einzelnen Schritte der Customer Journey von verschiedenen Parteien realisiert. Orientierung, Kaufentscheidung und Bezahlung erfolgen meist auf der Plattform oder dem Marktplatz, während sich der jeweilige Händler um die Lieferung kümmert und damit den Lieferservice seines Vertrauens beauftragt. Die Verbraucher durchschauen dieses Szenario häufig nicht und wissen dann nicht genau, an wen sie sich im Fall von Problemen wenden sollen, denn oft sind die Zuständigkeiten unklar. Auf Verbraucher wirkt die Customer Journey auf Plattformen und Marktplätzen eher unharmonisch und unnatürlich.

Für große Plattformen und Marktplätze ist dies einer der Gründe, alle Leistungen für die auf ihrer Website verkaufenden Händler zu erbringen. Fulfillment-Services (Lagerung, Kommissionierung, Versand) können für sie der Weg zu mehr Servicequalität für den Kunden sein. Natürlich stellen sie diese Leistungen in Rechnung, aber Händler und Markenhersteller zahlen diese Gebühren gerne. Um von der immensen Reichweite unter Kunden von Plattformen und Marktplätzen zu profitieren, nimmt man eigentlich alles in Kauf. Außerdem handeln die Anbieter mit den Paketdiensten oft beträchtliche Mengenrabatte aus, wodurch die Kosten deutlich gesenkt werden können. Kleine Händler lassen sich von den niedrigen Versandkosten überzeugen und geben der Versuchung gerne nach, Plattformen und Marktplätze als neue Vertriebskanäle zu nutzen. Für Plattformen und Marktplätze wirkt sich dies in zweierlei Hinsicht positiv aus: Sie verdienen durch die Bereitstellung dieser Dienste nicht nur Geld, sondern kreieren auch eine reibungslose und störungsfreie Customer Journey für Stammkunden.

Anfälligkeit

Die Auslagerung aller primären Managementprozesse von den Unternehmen auf Plattformen und Marktplätze erhöht die Anfälligkeit der Handelsunternehmen und wächst sich zu einer echten Bedrohung aus (siehe Kapitel 5). Dies ist ein wesentlicher Grund dafür, warum sich bekannte Brick-&-Click-Stores, Filialisten und Online-Shops mit eigenen Vertriebszentren sowie Markenhersteller für die Präsenz auf mehreren Plattformen gleichzeitig entscheiden.

Diese Möglichkeit steht kleinen Händlern mit geringer Markenbekanntheit oder unbekanntem Namen nicht offen. Für kleine Geschäfte – ob online oder offline – sind Plattformen und Marktplätze die einzige Möglichkeit, ein globales Publikum zu erreichen. In den USA kommt es durchaus häufig vor, dass Händler mehr als die Hälfte ihres Online-Umsatzes über Amazon erzielen. In China sind kleine Handelsunternehmen praktisch vollständig von den Marktplätzen von Alibaba abhängig. Infolgedessen werden reine Online-Shops schnell zu einer Art virtueller Einkaufsorganisation.

Der eigene Marktplatz

Die traditionellen Handelsriesen vergangener Tage versuchen verzweifelt, mit diesem Trend zu Plattformen und Marktplätzen Schritt zu halten. Es bleibt zu hoffen, dass sie sich daran machen, eigene Einbahnmarktplätze und Einkaufsportale zu eröffnen, denn sie haben schon eine Menge Zeit verloren. Allerdings ist das nicht so einfach, wie es aussieht. eBay ermöglicht 25 Millionen Nutzern – Unternehmen und Privatpersonen – das Verkaufen, Amazon Marketplace tut dies für 2,5 Millionen Verkäufer und Tmall Global stellt die Infrastruktur für 70.000 Anbieter bereit. Schätzungen zufolge machen eBay und Amazon 90 Prozent des gesamten Marktplatzumsatzes unter sich aus. Andere Einzelhändler – wie ASOS, Best Buy, Barnes & Noble, Fnac, Otto, Sears, Staples, Tesco und Walmart – haben »lediglich« ein paar Dutzend Millionen Artikel von nur wenigen Hundert Anbietern im Sortiment und deswegen noch einen sehr langen Weg vor sich.

Traditionelle Handelsunternehmen mit viel Ladenfläche sollten die Flinte noch nicht ins Korn werfen. Ein erfolgversprechender Ansatz führt über die Zusammenarbeit mit anderen Händlern, um das Angebot auf dem eigenen Marktplatz zu ergänzen. Hierdurch lässt sich Verbrauchern ein umfassendes Warensortiment offerieren. Eine weitere Möglichkeit sind Fulfillment-Programme für teilnehmende Händler.[5] Weil man hierdurch Investitionen in neue Produkte umgeht – von den Risiken durch Lagerung und Abschreibung ganz zu schweigen –, bieten solche Programme einen riesigen ROI.

Spezialisierte Plattformen und Marktplätze

In den nächsten zehn Jahren werden Nischenplattformen und -marktplätze überall wie Pilze aus dem Boden schießen. Diese Plattformen, die speziell auf eine Community oder ein Thema zugeschnitten sind, bieten das Außergewöhnliche und Wunderbare. Anders als universelle Plattformen können sie höhere Provisionsanteile und Gewinnmargen realisieren. Da sie keine Waren im Voraus kaufen müssen und dadurch Logistik- und Finanzierungsrisiken umgehen, können sie den Verbrauchern eine theoretisch unbeschränkte Artikelauswahl anbieten. Natürlich müssen spezialisierte Einbahnmarktplätze über ausreichende Größenvorteile, eine attraktive Mischung aus Einzelhändlern und Marken und vor allem über akzeptable Preise verfügen. In einem Nischenmarkt ist die Zielgruppe keineswegs unendlich groß.

Bei gegenseitigen Plattformen geht es dagegen nicht nur um die Vermittlung zwischen Angebot und Nachfrage, sondern auch und gerade um die Menschen, die kaufen und verkaufen. Etsy, eine schnell wachsende Nischenplattform für handgemachte Produkte, ist ein bekanntes Beispiel für eine spezielle gegenseitige Plattform. Hier können User eigene handgefertigte, gestrickte oder gebastelte Artikel verkaufen. Etsy ist auch eine der erfolgreichsten Sharing-Economy-Plattformen. Es gibt weitere, die diesem Beispiel folgen: Zalando hat beschlossen, eine Spezialplattform für Mode zu werden[6], und in England wurde von Farfetch eine Nische geschaffen, die unabhängigen Designerboutiquen ein Zuhause bietet.

Nischenplattformen und Marktplätze tauchen weltweit auf – von schwedischem Design über umweltfreundliche Produkte oder französischen Weine bis hin zu Antiquitäten, Gourmetküche oder fernöstlichen Köstlichkeiten. Das Plattformmodell ist sowohl für Startups als auch für etablierte Handelsunternehmen attraktiv, denn beide sind gleichermaßen daran interessiert, neue und spezielle Gruppen von Onlife-Konsumenten zu finden. Wenn es ihnen gelingt, diese Zielgruppen anzusprechen, dann können sie höhere Provisionen verlangen als eBay, Amazon und Alibaba.

Der idealistische Schuhhändler TOMS und der Reiseveranstalter trip.me sind Beispiele für Community-Plattformen. Bereits 2013 richtete TOMS einen eigenen Community-Marktplatz für sozialverantwortliche Unternehmen ein. Man findet dort heute eine Auswahl von Tausenden Angeboten aus den Bereichen Kleidung, Innenausstattung, Schmuck und Reisen. Zugelassen werden auf diesem Marktplatz allerdings nur solche Unternehmen, die die ethische Ausrichtung von TOMS unterstützen. Trip.me ist ein Community-Marktplatz, auf dem Nutzer zur Urlaubsplanung in Kontakt mit lokalen Fremdenführern und Reiseveranstaltern kommen können, um auf diese Weise eine im wahrsten Sinne des Wortes unverwechselbare Reise zu organisieren.

Warenhäuser

Das Geschäftsmodell des Warenhauses ist das Vollsortiment: ein Marktplatz, auf dem eine große Auswahl an Waren und Dienstleistungen angeboten wird. Vollsortimenter sind in der Regel etablierte Warenhäuser, Warenhausketten, Reiseunternehmen und (Finanz-)Dienstleister. Es handelt sich hierbei oft um unabhängige Handelsunternehmen, die zu einer Kette gehören, oder Franchisenehmer, die unter den Fittichen der Marke des Vollsortimenthändlers agieren.

Zurzeit basiert das Geschäftsmodell des Vollsortimenthändlers auf der Marge, die sich durch die Abnahme großer Warenmengen erzielen lässt. Waren und Dienstleistungen können vom Händler zu einem wettbewerbsfähigen Preis gekauft und dann an den Verbraucher weiterveräußert werden. Im Onlife-Handel kommt es jedoch auch auf andere Dinge an: die Servicequalität, neuartige Leistungen und exzellente Kundenbetreuung.

Im Gegenzug für die Bereitstellung seiner personenbezogenen Daten erwartet der Onlife-Konsument eine personalisierte Auswahl und auf seine speziellen Bedürfnisse zugeschnittene Dienstleistungen.[7] Ganz allmählich verschiebt sich das traditionelle Geschäftsmodell des »Kaufens und Verkaufens« hin zur Erbringung von Dienstleistungen, die wirklich einen Mehrwert darstellen.

Eigenmarken

Die meisten echten Warenhäuser bieten vorerst noch eine recht große Auswahl. Trotzdem ist diese nicht groß genug, um langfristig gegen (auch spezialisierte) Marktplätze zu bestehen. Und auch der Preis ist ein Faktor, bei dem sie es schwer haben werden, mit den Marktplätzen Schritt zu halten. Für viele Warenhäuser ist das Anbieten eigener Marken sicherlich die beste Möglichkeit, um im Wettbewerb zu bestehen. Das betrifft Preisgestaltung und Sortimentstruktur gleichermaßen. Die Zahl der Vollversorger, die eigene Marken betreiben, wird dadurch steigen. Denn warum sollte man sich die Mühe machen, Waren einer anderen Marke zu verkaufen, wenn man genauso leicht eigene Marken aufbauen und vertreiben kann – manchmal sogar in Kooperation mit den geschätzten Kunden? Vollsortimenter können dann online wie offline Qualität und Preis der Waren kontrollieren.[8]

Neue Dienstleistungen

Eine weitere Möglichkeit für Warenhäuser, Umsatz zu generieren, besteht in der Einrichtung von Shop-in-Shops – und zwar offline und online. Im Grunde genommen werden sie so zu »Kuratoren«. Das physische Warenhaus wird dann zusätzlich zur Abhol- und Rückgabestelle für online bestellte Waren und kann vielleicht eine Poststelle, ein Finanzdienstleistungszentrum oder ein Reisebüro integrieren.

Neue Technologien wie VR und AR werden vor allem bei solchen Warenhäusern Interessenten finden. Damit lässt sich das In-Store-Erlebnis für den Onlife-Konsumenten intensivieren – wenn auch nur in vorübergehend betriebenen Zentren, Shop-in-Shops oder Pop-up-Stores. In diesem Fall büßt das Haus seine Position als Verkaufsstelle teilweise ein und wird stattdessen zu einem *Erlebniscenter* und/oder einem *Servicecenter*. Die Fantasie des Verbrauchers wird mithilfe technischer Mittel angeregt, um den Eindruck einer großartigen Reise zu vermitteln oder eine neue Inneneinrichtung ansprechend zu präsentieren.

Einzigartige Kombinationen in der Welt des Reisens

Universalwiederverkäufer im Reisegeschäft haben das Content-is-King-Mantra erfolgreich übernommen und gehören zu den Ersten, die den wahren Wert von Big Data erkannt haben. Sie haben den Umstieg zum Besitzer von Inhalten für vollständig konzipierte Reisen in beispielloser Konsequenz absolviert. Beispielsweise reservieren sie Sitzplätze in Fliegern und Hotelzimmer und machen sich erst dann daran, kompetent unvergleichliche Angebote für Verbraucher zu entwickeln. Diese maßgeschneiderten Pakete werden dann im Rahmen ihrer eigenen Marken mit einer höheren Gewinnmarge vermarktet.

Die Konkurrenz in der Tourismusbranche
Reiseanbieter stehen im Konkurrenzkampf mit den globalen Shopping-Plattformen von Google (Hotel Finder, Flights), Booking.com, Expedia und TripAdvisor. Mit Buchungsprozessen, die anscheinend von Minute zu Minute effizienter werden, bietet sich Onlife-Verbrauchern schon fast unvorstellbarer Komfort. Die Kunden erhalten Unterstützung bei allen Aspekten der geplanten Reise, und die Ökosysteme sind nicht produkt-, sondern stets service- und kundenorientiert. Darüber hinaus gehören diese Unternehmen zu den ersten, die Innovationen wie Spracherkennung, VR und AR nutzen. So können sie dynamische Angebote machen, die auf den persönlichen Vorlieben der Onlife-Touristen basieren.[9]

Für universelle Wiederverkäufer besteht der sicherste Weg zum Überleben darin, dem Kunden ein integriertes Angebot vorzulegen: eine nahtlose Customer Journey über unterschiedlichste Kanäle vom physischen Geschäft bis zum Webshop, vom Smartphone bis in die sozialen Medien. Erlebnisse sind der Inbegriff für Unnachahmlichkeit in jeder Phase der Customer Journey.

Spezialisten

Im kommenden Jahrzehnt werden Fachhändler eine Renaissance erleben. Dabei werden die online präsenten Nischenakteure wahrscheinlich den größten Teil ausmachen, denn Umfang und Vielfalt ihres Angebots sind beispiellos. Es gibt Hunderttausende, vielleicht sogar Millionen kleiner Webshops, die um jede erdenkliche Nische des Online-Marktes konkurrieren. In vielen Ländern tauchen mehr neue Player auf, als sich aus dem Markt verabschieden – ganz im Gegensatz zu den Einkaufsmeilen und -zentren mit ihrem hohen Leerstand!

Fairerweise muss man allerdings sagen, dass viele dieser spezialisierten Webshops Geschäftsmodelle verfolgen, die nicht überlebensfähig sind. Es gibt in diesen Handelssparten unzählige Startups, und oft ist der Online-Shop an einen physischen Laden angeschlossen. Es ist schon verblüffend, wie viele Online-Shops von unbekümmerten Amateuren betrieben werden. Da sie bei der Preisgestaltung nur selten – wenn überhaupt – Kosten für Mitarbeiter, Büros oder Lagerflächen berücksichtigen, bleiben sie immer einen Schritt voraus.

Natürlich gibt es auch den einen oder anderen Schatz darunter, der mit außergewöhnlichen Waren und Dienstleistungen – häufig kombiniert mit dem einen oder anderen besonderen Service oder Angebot – für Unruhe auf dem Markt sorgt. Von diesen Unternehmen dürfen wir in Zukunft Größeres erwarten. Allerdings sind neue Fachgeschäfte im Erfolgsfall nur allzu oft kurzlebig, denn sie inspirieren Nachahmer oder werden von anderen Handelsunternehmen übernommen. In den allermeisten Fällen jedoch verschwinden solche Online-Shops wieder, nachdem sie ein paar Jahre lang versucht haben, die Gewinnschwelle zu erreichen.

Die Großen wählen Bricks & Clicks

Fachhändler können auch regionale, nationale oder globale Marktakteure wie Nike, Zara, Decathlon oder Media Markt sein. Sie haben einzigartige Kombinationen aus Produkten und Märkten aufgetan, die den Verbraucher besonders ansprechen. Diese Reseller konzentrieren sich als entscheidende Erfolgsfaktoren auf maßgeschneiderten Service, Komfort und einen hervorragenden Ruf.

Es gibt Händler, die nach erfolgreichem Auftreten im Online-Bereich auf physische Geschäfte umgestiegen sind. Sie eröffnen Service-, Marken- und Erlebniscenter – Orte, an denen sie ihre loyalen Kunden betreuen und eine persönliche Note vermitteln. In den nächsten Jahren plant Amazon die Eröffnung weiterer Buchhandlungen, Pop-up-Stores und Supermärkte (siehe Kapitel 5). Auch Alibaba, JD.com und Tencent/WeChat drängen in die Offline-Märkte – von New Retail und O2O (»Online to Offline«) in China war zu Beginn dieses Buches ja bereits die Rede.

Neu ist, dass große Fachgeschäfte ihre Einrichtungen auf der grünen Wiese gegen innerstädtische Lagen tauschen. Das schwedische Möbelhaus IKEA eröffnet lokale »City-Stores«, Baumärkte in verschiedenen Ländern folgen diesem Trend. Die Idee ist, kleinere Geschäfte näher am Wohnort der Verbraucher zu betreiben. Auch lokale und regionale Fachhändler finden in den Einkaufsmeilen ein Zuhause. Ihre handwerklich hergestellten Waren und die angebotenen persönlichen Dienstleistungen finden häufig das Vertrauen und Wohlwollen der Verbraucher.

Es gibt keinen einzigen etablierten Fachhändler, der es in Zukunft ohne ein Omnichannel-Angebot schaffen wird. Einige von ihnen sind bereits zu globalen Resellern geworden, die ihre Kunden über eine Vielzahl von Kanälen ansprechen. Ihre Filialen haben sich mittlerweile häufig zu kleinen Auslieferungszentren gemausert. Hier kümmern sich Mitarbeiter um die Abwicklung von Online-Bestellungen und setzen dabei immer stärker auf Same Day Delivery.

Spezialreiseveranstalter

Spezialisierte Reisevermittler haben eine besonders gute Ausgangsposition, um ihren Kunden das Rundum-Sorglos-Paket zu bieten. Ob im Reisebüro oder zu Hause beim Kunden: Mit VR und AR kann der Verkäufer alle möglichen Reisen vor dem Auge des Kunden erstehen lassen. Onlife-Reiseberater sind immer und überall verfügbar. Mit proaktiven Benachrichtigungen und relevanten Informationen können sie Onlife-Touristen sogar während der Reise »begleiten«. Mehr denn je sind Reiseinteressierte bereit, für fachliche Beratung und Zusatzleistungen extra zu bezahlen.

Neben globalen Online-Fachhändlern wie Booking.com oder Airbnb werden auch Community-Reisebüros immer beliebter. Deren Zielgruppe sind Touristen aus einer Community mit gemeinsamer Vorliebe für eine bestimmte Stadt, ein Boutiquehotel usw. Agenturen, die einen solchen Service anbieten, können dynamische Inhalte mit den persönlichen Vorlieben und Bewertungen einer speziell ausgewählten Gruppe von gleichgesinnten Onlife-Touristen abgleichen.[10] Danach können sie bestimmte Zielgruppen (global, national oder regional) ansprechen und diesen außergewöhnliche und umfassende Reiseerlebnisse vermitteln – natürlich mit einer angemessenen Provision und Gewinnspanne.

Finanzdienstleister

Das Reisegeschäft mag vor Herausforderungen stehen, aber das ist nichts Vergleich zu den Schwierigkeiten, mit denen sich der Finanzdienstleistungssektor konfrontiert sieht. Wenn es diesen Vermittlern nicht gelingt, hoch spezialisiertes Wissen in verbraucherrelevanten Bereichen zu schaffen, werden sie künftig umgangen und verlieren mit alarmierender Geschwindigkeit an Relevanz. Bislang waren es vor allem unkomplizierte Finanzprodukte, die online verkauft wurden. Wir können davon ausgehen, dass sich dies innerhalb kurzer Zeit ändern wird: Auch deutlich komplexere Produkte – etwa aus den Bereichen Hypotheken, Aktienhandel oder Nachlassregelung – werden dann online erworben werden können. Vortrefflichkeit ist heute in jedem Geschäftsfeld eine Grundvoraussetzung, aber nirgendwo gilt das mehr als bei Finanzdienstleistungen. Nur Onlife-Verbraucher, die einen eigenen Ansprechpartner haben, umfassenden Komfort genießen, individuelle Ratschläge erhalten und herausragend betreut werden, werden bereit sein, sich solche Leistungen etwas kosten zu lassen.

Marken

Seit Langem üben sich Marken, was den Direktverkauf an Verbraucher angeht, in Zurückhaltung. Es gab eine Art ungeschriebenes Gesetz, nach dem die Hersteller Waren produzierten, und diese Waren dann von den Händlern verkauft wurden. Das Internet hat allerdings in der traditionellen Kette aus Hersteller, Großhändler und Einzelhändler zu beträchtlichen Spannungen geführt. Markenhersteller können sich den Luxus, den Online-Vertriebskanal und seine ständig wachsende Attraktivität zu ignorieren, schlicht nicht mehr leisten.[11]

Lange Zeit hatte der traditionelle Einzelhandel versucht, den Markenherstellern den Direktverkauf auszureden und sogar die Belieferung von Online-Shops mit Waren zu verhindern. Das Ergebnis war ein selektiver Vertrieb: Online-Shops konnten – wenn überhaupt – Waren nur zu einem sehr viel höheren Preis erwerben als die Ladenbetreiber. Allerdings konnten die Webshops diese Praxis durch Paralleleinfuhren aus dem Ausland umgehen.[12] Bestimmte alteingesessene Handelsunternehmen versuchen alles in ihrer Macht stehende, um die Online-Shops aus dem Spiel zu drängen, indem sie beispielsweise den Verkauf ihrer Marken auf Plattformen und Marktplätzen verbieten.[13] Sie hoffen, dass sie dadurch mehr Einfluss und Kontrolle über ihr Warenangebot und ihre Marketingoptionen erhalten.

Gleiche Bedingungen für alle

Im Jahr 2009 erzwang Modedesigner Karl Lagerfeld eine Regelung des Europäischen Parlaments, laut der Luxusmarken wie Chanel oder Louis Vuitton nur in solchen Online-Shops verkauft werden dürften, die auch ein physisches Ladengeschäft betreiben und Festpreise verlangen.[14] Diese Geschäfte trugen die Kosten für Immobilien, Inventare, Lagerbestände und speziell geschultes Personal für den Verkauf der Luxusmarken.

Auch in anderen Sektoren wurde das Argument der gleichen Wettbewerbsbedingungen ins Feld geführt, um den Online-Vertriebskanal zu sabotieren: Die traditionellen Unternehmen bestehen auf Festpreisen, um ihren Markt zu schützen (eine Praxis, die in den meisten Ländern eigentlich sogar verboten ist).[15] Dies sind aber nichts anderes als Rückzugsgefechte.

Erst 2012 verzichtete Lagerfeld auf die Forderung, Online-Shops ohne physische Filiale den Verkauf zu verbieten. Deswegen sind Produkte von Prada, Burberry und anderen Modelabels jetzt online uneingeschränkt über Amazon, NET-A-PORTER, Zalando und TMall erhältlich. 2015 eröffnete Lagerfeld schließlich sogar einen eigenen Webshop: KARL.com.

Direkte Kundenbeziehungen

Die meisten globalen Markenhersteller sind mittlerweile im Direktvertrieb ihrer Marken aktiv – und das durchaus erfolgreich. Mehr denn je werden Markenartikel in eigenen Online-Shops mit höheren Margen verkauft, als sie in physischen Geschäften zu erwirtschaften wären.[16] Dies ist ein unaufhaltsamer Trend: Die Marken sind außerordentlich gut dafür gerüstet, den Bedürfnissen der Verbraucher gerecht zu werden.

Untersuchungen haben gezeigt, dass die meisten Verbraucher am liebsten auf der jeweiligen Markenwebsite Produkte kaufen oder zu Produkten und Dienstleistungen recherchieren.[17] Die Markenhersteller haben dann alle Möglichkeiten, eine direkte Kundenbeziehung aufzubauen. Über den Online-Vertriebskanal können sie ein umfassendes Markenerlebnis mit maßgeschneiderten personalisierten Dienstleistungen verbinden. Und genau das ist vielen wichtiger als der einfache Verkauf von Waren oder Dienstleistungen, wie er bei Vollsortiment- und Spezialresellern üblich ist. Warum sollten sie darauf verzichten, eigene Kundenbeziehungen aufzubauen und zu pflegen? Warum sollten sie einen Teil der Marge den Resellern überlassen?

Im Laufe des nächsten Jahrzehnts steht zu erwarten, dass die Mehrheit der globalen und nationalen Markenhersteller den Direktverkauf an Onlife-Verbraucher in Angriff nehmen wird. Mehr als die Hälfte aller führenden Non-Food-Marken verkauft Waren bereits direkt an die Kunden. Im Dienstleistungssektor (Reisen, Versicherungen usw.) wird dieser Anteil aller Voraussicht nach auf deutlich über 90 Prozent steigen.

Auch die Hersteller von Artikeln, die in Supermärkten erhältlich sind, werden auf diesen Zug aufspringen. Nachdem sie jahrelang dem Druck der Handelsketten ausgesetzt waren, drehen die Hersteller den Spieß nun um. Sie ignorieren die einstmals mächtigen Handelsunternehmen und vertreiben ihre Waren stattdessen über Social Media, Marktplätze, Plattformen und eigene Online-Shops. Sofern sie daraus einen Nutzen ziehen können, verkaufen sie manchmal sogar Produkte von Wettbewerbern, um Verbraucher ohne den Umweg über Zwischenhändler direkt bedienen zu können. Procter & Gamble betreibt bereits seit 2010 eine eigene E-Commerce-Plattform.[18] Die Plattform umfasst nicht nur einen P&G-Shop mit bei Erreichen des Mindestbestellwerts kostenloser Lieferung, sondern Kunden können auch Abonnements für Waschmittelpods oder Rasierklingen abschließen. Das Unternehmen sah sich zu diesem Schritt gezwungen, als es erkannte, dass Marktanteile an Online-Konkurrenten wie den Dollar Shave Club und den Amazon Shave Club verloren gingen. Unilever, das 2016 den sehr erfolgreichen Dollar Shave Club übernommen hat, verbindet seit Langem kostenlose Produkttests mit E-Commerce.[19] Heineken hat einen Online-Bierladen namens Beerwulf.com eröffnet, und Philips betreibt einen eigenen Webshop als Reaktion auf den Wunsch der Kunden, direkt an der Quelle zu kaufen. Seitdem hat Philips ein besseres Verständnis für die Bedürfnisse und Wünsche der Verbraucher entwickelt.[20]

6 Gründe für den Direktvertrieb

Für Hersteller von Non-Food-Artikeln gibt es folgende Gründe, die Möglichkeit des Direktverkaufs zu nutzen:[21]

1. Den Kunden besser verstehen: Klöber.com, Anbieter von Bürostühlen, unterstützt Online-Kunden bei der Auswahl von Stühlen mit einem »Stuhlkonfigurator«. Auf diese Weise kann das Unternehmen Informationen über Verbraucherbedürfnisse und Verhaltensmuster sammeln.

2. Markenidentität, Verbraucherinteraktion und Markenimage stärken: Die Modemarke Burberry nutzt ihren Webshop, um mit hochwertigen Grafiken, Videos und Erzählungen ihre Identität aufzuladen.

3. Chancen zur Realisierung von Innovationen nutzen: Unter dem Motto Design your own bietet die Sportmarke Reebok einzigartige Nutzungsmöglichkeiten und fördert die Interaktion mit dem Kunden – etwas, das nicht spezialisierte Webshops nicht bieten.

4. Neue Artikel vorstellen: Der Spielzeughersteller LEGO bietet Verbrauchern die Möglichkeit, neue Bausteine online zu entwerfen, die dann auch von anderen Kunden bestellt werden können.

5. Serviceniveau steigern und Informationen zum Unternehmen und seinen Produkten bereitstellen: Dorel, Inhaber der Babymarke Maxi-Cosi, möchte für den Universal- wie für den Spezialfachhandel Serviceleistungen erbringen und ermöglicht es Kunden aus diesem Grund, Ersatzteile direkt vom Hersteller zu beziehen.

6. Neue Umsatzpfade mit höherer Gewinnspanne aufbauen und das Markenerlebnis kapitalisieren: Die Kosmetikmarke Nivea verkauft ihre Artikel über shop.nivea.co.uk direkt an Verbraucher in Großbritannien. Die Marke konzentriert sich dabei auf online erhältliche Sparangebote wie »3 zum Preis von 2« oder »Sparsets zum kleinen Preis«, also Kombinationen aus mehreren Artikeln, die zusammen für kleines Geld verkauft werden.

Drei Möglichkeiten für Herstellermarken

Für Markenhersteller scheint es zwei absolut gegensätzliche Ansätze zu geben: Entweder sie entscheiden sich für eine eigene E-Commerce-Plattform, oder sie vertiefen ihre aktuellen Beziehungen zum Handel. Marken, die sich für Ersteres entscheiden, ist es gelungen, alle Bedenken, die sie ggf. hatten, hinter sich zu lassen. Auf Geschäftsfeldern wie Unterhaltungselektronik, Hardware, Haushaltsgeräte, Software, Spiele und Flugtickets ist der Trend sichtbar, den Marken die Kontrolle über den gesamten Verkaufszyklus zu überlassen. Sie wollen ihre Kunden *selbst* kennenlernen, ihnen jeden erdenklichen Service bieten und sie vollständig für die Marke begeistern.

Andere Hersteller – insbesondere hochwertige Marken aus den Bereichen Mode, Schmuck, Parfüms, Taschen, Accessoires, Autos usw. – bevorzugen den Ausbau ihrer bestehenden Beziehungen zu (Online-)Händlern. Sie entscheiden sich oft eher für Shop-in-Shops – ob online oder offline. Die eigenen Websites sind in erster Linie als Informationsquelle für Verbraucher und als Ort gedacht, an dem die Marke erlebt werden kann. Die offizielle Website bietet oft eine Kaufoption, und auch wenn die Preise hier meistens gepfeffert sind: Das volle Markenerlebnis ist das zusätzliche Geld wert.[22]

Einigen Markenherstellern – und ihre Zahl wächst rasant – gelingt es, beide Optionen zu kombinieren und mit dem Verkauf von Markenartikeln über Marktplätze und Plattformen zu ergänzen. Sie differenzieren ihre Auswahl und ihr Serviceniveau je nach Vertriebskanal, indem sie zum Beispiel Händler mit Trendartikeln und lokal beliebten Styles beliefern. Die Online-Preise sind dabei mit denen im Laden identisch. Gleichzeitig bieten sie ihre Waren und Dienstleistungen Verbrauchern direkt über Warenhäuser und Online-Shops an. Immer mehr Marken treten in der Erwartung von Veränderungen im Verbraucherverhalten zusätzlich zu den oben genannten Kanälen auch auf Plattformen und Marktplätzen in Erscheinung. Standardisierte Produktinformationen helfen dabei, Schwierigkeiten bei diesem Omnichannel-Ansatz zu vermeiden. Schlussendlich erkennen die Hersteller, dass es der Verbraucher ist, der entscheidet, wo, wann und wie er einkauft.[23]

Erlebnisse

Mithilfe neuer Technologien entstehen beeindruckende Markenerlebnisse, und personalisierte digitale Dienste spielen dabei eine wichtige Rolle. Den sozialen Medien lässt sich dabei entnehmen, ob eine Marke die Erwartungen erfüllt. Die Zeiten allzu positiver Storys, die eigentlich Bestandteil cleverer Marketingkampagnen waren, sind lange vorüber. In einer transparenten digitalen Welt werden Markenhersteller an ihrem Handeln und nicht an ihren Worten gemessen.

In den kommenden Jahren werden vorhandene wie neue Marken mit neuartigen Konzepten auf den Markt drängen, die die Leistungsfähigkeit des Internets voll ausschöpfen. Für großartige Markenerlebnisse und superben personalisierten (digitalen) Service zahlen markenbewusste Verbraucher gerne mehr und werden zu treuen und verlässlichen Kunden. Wenn sich die Markenhersteller mit Vollsortiment- und Fachhändlern zusammentun, kann jeder genau das machen, was er am besten kann: Markenhersteller verkaufen direkt an den Verbraucher, und Händler übernehmen den Kundenservice und – bei Bedarf – die Wartung.

Die Mitte hält nicht mehr

In der Welt des Einzelhandels ist »The Center Cannot Hold« (dt. »Die Mitte hält nicht mehr«) zu einem beliebten Bonmot geworden. Grob bedeutet dies, dass das mittlere Marktsegment verschwinden wird – und zwar in jedem einzelnen Sektor. Einige Ökonomen gehen sogar so weit zu sagen, dass der Handel auf jeder Liste entbehrlich werdender Akteure ganz oben steht. Der Autor und Trendbeobachter Farid Tabarki hat erklärt, dass es in einer »fließenden Gesellschaft« tatsächlich keinen Platz für eine Mitte oder ein Zentrum gibt.[24]

Der mittelständische Handel befindet sich in der Tat in einer schwierigen Lage und spürt den Druck der sich ändernden Verkaufssituation in den Innenstädten und den beliebten Einkaufsmeilen. Dennoch fällt es ihm noch immer sehr schwer, Geschäftsmodelle aufzugeben, die ihm jahrzehntelang viel Geld in die Kassen gespült haben. Die meisten Reseller sind sich der Tatsache bewusst, dass die entscheidende Phase unmittelbar bevorsteht: Sie müssen ihre Strategien anpassen, um Kunden langfristig zu binden und die Gunst des Onlife-Konsumenten zu gewinnen.

Wo ist der Ausweg? Sollen sie sich an traditionelle Geschäftsmodelle klammern und die schrumpfenden Gewinnmargen sehenden Auges ignorieren? Oder sollten sie nicht besser den Schritt ins Ungewisse wagen und sich den Herausforderungen des Omnichannel-Geschäfts und den damit verbundenen Investitionen stellen? Viele Händler – insbesondere ältere und etablierte Unternehmen – glauben, in einem teuflischen Dilemma zu stecken.

Kompromisslos physisch

Traditionelle Handelsunternehmen, die sich uneingeschränkt für den physischen Vertriebskanal entscheiden, könnten durchaus noch ein paar weitere Jahre Zeit gewinnen. Für viele Geschäfte hat diese Option einen gewissen Reiz, vor allem deswegen, weil sie nicht in einen Webshop investieren müssen. Die Website ist dann kaum mehr als eine zeitgemäße digitale Version der Unternehmensbroschüre oder des Wochenprospekts.

Discounter wie Action und Primark können ihre Entscheidung für diesen Weg auch gut begründen. Sie investieren ihr gesamtes Geld, ihre Zeit und ihre Energie in kurze Warendurchlaufzeiten, eröffnen neue physische Filialen und schulen ihr Verkaufspersonal – schließlich sind es die Mitarbeiter, die für den Verbraucher den Unterschied machen.

Kleinere Ladengeschäfte, die mit diesem rasanten Tempo nicht Schritt halten können (oder wollen), warten vielleicht eher ab und versuchen, ihre Kunden mit Sorgfalt und Aufmerksamkeit optimal zu verwöhnen. Sie lassen den digitalen Mahlstrom an sich vorüberziehen – oder, wie es der Betreiber einer Schuhgeschäftekette mir gegenüber äußerte: »Am Ende werden diese Unternehmer die Ärmel hochkrempeln müssen«. Statt einfach einen oder mehrere Läden (aus der Ferne) zu verwalten, bedienen sie den Kunden wieder vor Ort im Geschäft. Das ist ihre einzige Option.

Aber auch Hunderttausende von Online-Shops stehen vor schwierigen Zeiten. Meistens haben diese Unternehmer neben den Umsätzen im Webshop weitere Einnahmequellen. Bei anderen werden die Betriebskosten für den Webshop gleichmäßig von ihren anderen Geschäftsaktivitäten aufgefangen. Beides sind Wege, um den Untergang zu vermeiden. Diese Händler werden sich in wenigen Jahren vor zwei Alternativen gestellt sehen: Entweder sie machen in ihrer jetzigen Form so lange weiter, wie es wirtschaftlich sinnvoll ist, oder sie investieren beträchtliche Summen (soweit sie sich das leisten können) und versuchen die nächste Stufe zu erklimmen – in der Hoffnung, so ihr Überleben zu sichern.

Allianzen

Handelsunternehmen steht noch eine weitere Möglichkeit zur Verfügung, sich aus diesem Sumpf herauszuziehen: der Aufbau von Allianzen. Durch Sondierung kreativer Partnerschaften, die Organisation von Einkaufsgruppen oder Genossenschaften, die Zusammenarbeit im Rahmen strategischer Handelsallianzen oder die Suche nach einer (Nischen-)Plattform, an der sie sich beteiligen können, können Händler Win-Win-Angebote erstellen. Ladengeschäfte wie Buchhandlungen, Cafés oder lokale Fachgeschäfte (Lebensmittelgeschäfte, Bioläden, Floristen, Kunstgalerien und dergleichen) könnten die verfügbaren neuen Technologien dann in angemessenem Umfang übernehmen und/oder sich zu Genossenschaften zusammenschließen, bei denen Fachmitarbeiter und Freiwillige gemeinsam arbeiten.

Die Taobao Villages in China

In den letzten Jahren haben E-Commerce-Giganten wie Alibaba, JD.com und Tencent/WeChat gemeinsam mit der chinesischen Regierung daran gearbeitet, auch die ländlichen Regionen des Landes in die riesige Online-Wirtschaft zu integrieren. In den sogenannten Taobao Villages nutzen lokale Bauern, dörfliche Haushalte und kleine Fabriken Taobao – den Marktplatz von Alibaba –, um ihre Produkte und Erzeugnisse zu verkaufen. Alibaba stellt hierzu lokale Servicestellen bereit, an denen unabhängige lokale Unternehmer Internetzugänge vermitteln, Verbraucher und Unternehmen schulen und ihnen beim Kauf und Verkauf über die Online-Marktplätze von Alibaba helfen.[25]

Online-Händler könnten sich für das Plattform- oder Marktplatzmodell entscheiden. Reseller können ihre Position verbessern, indem sie Artikel der Hersteller verkaufen, ohne diese im Voraus selbst kaufen zu müssen. Ein solches Geschäftsmodell könnte sich für Reseller und Lieferanten durchaus als günstig erweisen. Statt ihr gesamtes Geld in mit Artikeln vollgestopfte Lager zu investieren, die ja auch erst einmal an den Mann gebracht werden wollen, könnten sie den Fokus auf die Entwicklung intelligenter Algorithmen legen, mit deren Hilfe sie Onlife-Verbrauchern personalisierte Angebote machen könnten. Die Hersteller würden im Gegenzug von der großen Reichweite der Online-Shops profitieren. Ihnen fällt es besonders schwer, online für die Verbraucher sichtbar zu werden. Jedes Mehr an

Traffic auf der Website und jede zusätzliche Verkaufsmöglichkeit in Webshops wäre ihnen sicherlich sehr willkommen.

Die Kooperation in Form von Allianzen kann Händlern und Lieferanten eine ausgezeichnete Gelegenheit bieten, für bestimmte Kundengruppen optimalen Service zu erbringen. Durch eine sinnvolle Zielgruppenauswahl und eine Feineinstellung von Marktposition, Warenauswahl und Preispolitik rückte eine optimale Kundenbetreuung plötzlich in Reichweite. Denn, wie sagte ich bereits zu einem früheren Zeitpunkt: Die meisten Händler sind heute nicht mehr in der Lage, Mädchen für alles zu sein. Allerdings können sie sich dadurch, dass sie sich für bestimmte Verbrauchergruppen unverzichtbar machen, von ihrer Konkurrenz abheben. Durch die Erfüllung ihres *Kundenversprechens* werden Bestandskunden gehalten und neue gewonnen.

Neue Chancen

Bereits 1997 wies Harvard-Professor Clayton Christensen darauf hin, dass etablierte Unternehmen dazu neigen, auf disruptive Innovationen erst dann zu reagieren, wenn es bereits zu spät ist.[26] Der Handel muss sich neu aufstellen, sich immer wieder neu erfinden, das Risiko der Niederlage eingehen und sich auf Gedeih und Verderb auf neue Geschäftsmodelle einlassen.[27] »Jeder muss zum härtesten Konkurrenten seiner selbst werden und sein eigenes Geschäft infrage stellen oder zerstören, bevor der Wettbewerb es tut«, sagt der indische Autor und Consultant Rajesh Srivastava.[28]

Für den Handel geht es jetzt hart auf hart. Alte Geschäftsmodelle erhalten ihren x-ten neuen Anstrich, aber es wird – zum Glück – auch in den kommenden Jahren neue Geschäftsmodelle geben. Neue Unternehmergenerationen werden das Mittelstandssegment übernehmen und die sich bietenden Chancen ergreifen, und einige davon könnten auch tatsächlich erfolgreich sein. Läden, die Eigenmarken anbieten, haben ordentliche Erfolgsaussichten. Innovative Unternehmer haben dabei die besten Chancen, den Onlife-Verbraucher zu bedienen. Hierzu müssen sie etablierte Geschäftsmodelle durch die Implementierung innovativer Ansätze von innen nach außen kehren und so einen wunderbar lebendigen Cocktail aus Spitzentechnologie und Anwendungen kreieren. Die Welt verändert sich, und deswegen ist es Zeit für Veränderung.29 Der Fantasie sind keine Grenzen gesetzt.

„Es gab nie einen besseren Zeitpunkt, um Arbeitnehmer mit besonderen Fähigkeiten oder der richtigen Ausbildung zu sein, denn mithilfe von Technologie schaffen diese Menschen Werte und machen sich diese zunutze. Gleichzeitig gab es nie einen schlechteren Zeitpunkt, um Arbeitnehmer nur mit ›gewöhnlichen‹ Fähigkeiten und Fertigkeiten zu sein, denn Computer, Roboter und weitere digitale Technologien eignen sich solche Fähigkeiten in atemberaubender Geschwindigkeit an.“

Andrew McAfee und Eric Brynjolfsson,
Verfasser von *The Second Machine Age*

KAPITEL DREIZEHN

——

Arbeiten und Lernen im Onlife-Handel

Unternehmen wie auch deren Mitarbeiter sind in hohem Maße von den immensen Folgen des Internets und der Digitalisierung betroffen. Langsam aber stetig ersetzen Computer Menschen, ganze Unternehmen und sogar ganze Sektoren. CEOs und weitere Führungskräfte in der Handelsbranche stehen vor riesigen Herausforderungen und müssen kluge Strategien entwickeln. Auf ihrem Weg in die Mitte der Gesellschaft erfordert die Onlification neuartige Organisationen und einen anderen Blick auf Arbeitsmarkt und Bildung. Die Unternehmen erwarten von den Mitarbeitern, dass diese neues Know-how mitbringen, um den Wissensbedarf zu decken, und Unternehmer müssen den entsprechenden Führungsstil an den Tag legen.

Im ersten Teil dieses Kapitels werde ich auf den sich rasant verändernden Arbeitsmarkt eingehen, auf dem alte Arbeitsplätze durch vollkommen neue Berufe ersetzt werden. Ich werde mich ferner mit den Auswirkungen der Robotik auf die Handelsbranche befassen.

Im zweiten Teil wende ich mich zwei einander widerstreitenden Kräften zu: analogen Bürokratien und digitalen vernetzten Organisationen. Keine von beiden ist der anderen grundsätzlich überlegen, auch wenn Letztere sich wahrscheinlich besser für eine Gesellschaft im Wandel und für neue Generationen von Mitarbeitern eignen.

Genau diese Mitarbeiter stehen dann im Zentrum des dritten Teils dieses Kapitels, denn der Krieg um die Spitzenkräfte – der *War on Talent* – breitet sich rasend schnell aus. Wie können Bildungswesen und Handel mit vereinten Kräften sicherstellen, dass begabte junge Menschen zu fähigen E-Business-Profis heranwachsen, die den Wettbewerb zwischen den Volkswirtschaften stärken können?

Der Stellenmarkt im Handel

In den Industrieländern steht der Arbeitsmarkt vor einem beispiellosen Wandel. 1983 prognostizierte der amerikanische Ökonom Wassily Leontief, dass Technologie Veränderungen in einem so rasanten Tempo bewirken würde, dass viele Arbeitnehmer am Schluss mit leeren Händen dastehen würden. Er glaubte, dass dies zum Verlust von jährlich etwa fünf bis zehn Millionen Arbeitsplätzen führen würde.[1] Arbeitsmarktökonomen sind sich uneins über die Anzahl der Arbeitsplätze, die in den kommenden Jahren und Jahrzehnten durch die Digitalisierung der Gesellschaft entfallen werden. Laut der Forschungseinrichtung Nesta besteht für 20 Prozent aller Arbeitsplätze in den USA und Großbritannien das Risiko, bis 2030 verloren zu gehen.[2] Die Unternehmensberatung McKinsey vertritt die Ansicht, dass 2055 bereits rund 60 Prozent der menschlichen Arbeit von Robotern übernommen worden sein wird – es dauert also noch einige Jahrzehnte.[3] Im schnellsten, von McKinsey entwickelten, Szenario wird die Technologie den größten Sprung zwischen 2025 und 2030 machen. Entsprechende neue Arbeitsmethoden werden dann in den Folgejahren – zwischen 2030 und 2050 – flächendeckend eingeführt werden.[4]

In *Aufstieg der Roboter* warnt Martin Ford, dass es in erster Linie Routinearbeiten sein werden – vor allem in Büros, Geschäften und Supermärkten, Reisebüros und Banken –, die in großer Gefahr sind, einfach zu verschwinden.[5]

Alle diese Prognosen müssen ernst genommen werden. So oder so werden in den nächsten zehn Jahren Millionen von Arbeitsplätzen durch Digitalisierung und Automatisierung vernichtet. Eines der ersten Opfer war der Fotogigant Kodak. 1988 hatte das Unternehmen noch 145.300 Mitarbeiter, und ironischerweise gehörte Kodak auch noch zu den Erfindern der Digitalfotografie. Allerdings wurden die Entwicklungen in diesem Bereich von der Konzernführung schlichtweg nicht ernst genommen. Aus diesem Grund konnte Kodak in Sachen Innovation und Entwicklung leider nicht mit der Konkurrenz Schritt halten. Im Jahr 2012 ging

das Unternehmen schließlich in Konkurs.[6] Damit gehört es zu den bekanntesten Opfern der digitalen Revolution – zusammen mit den beiden Mobiltelefon-
herstellern Nokia aus Finnland und Motorola aus Japan. Es entbehrt nicht einer
gewissen Ironie, dass Facebook den äußerst beliebten kostenfreien Online-Foto-
dienst Instagram ausgerechnet in dem Jahr erwarb, in dem sich bei Kodak die
Tore schlossen. Und doch ist das eigentlich sehr typisch für das Unternehmen.
Der Social Media-Gigant bezahlte eine Milliarde US-Dollar für Instagram, wo zum
damaligen Zeitpunkt nur 13 Mitarbeiter beschäftigt waren.

Aber auch auf den Handel haben Internet und Digitalisierung erhebliche Auswirkungen. Laut Deloitte werden die Folgen der Robotik und eines veränderten
Verbraucherverhaltens in den kommenden zwei Jahrzehnten zu einem erheblichen Arbeitsplatzabbau führen. McKinsey schätzt, dass 47 Prozent der Arbeiten,
die heute noch von einem Lageristen erledigt werden, automatisiert oder von Robotern übernommen werden könnten.[7] In Großbritannien stehen fast 60 Prozent
der Arbeitsplätze im Handel – rund zwei Millionen Stellen – unter Druck.[8] Das Bri-
tish Retail Consortium hat berechnet, dass es bis 2025 30 Prozent (also 900.000)
weniger Arbeitsplätze im Einzelhandel geben wird.[9]

Weniger Geschäfte, Reisebüros und Bankfilialen bedeuten weniger Betriebsam-
keit in den Ladenlokalen – und damit weniger Bedarf an Managern, Verkäufern,
Kassierern usw. Die Supermärkte verabschieden sich allmählich von den Frau-
en und Männern an der Kasse: Das Self-Service-Bezahlen mit einem Warenscan-
ner wird immer beliebter. Mobile- und Online-Banking führen zur Schließung von
Bankfilialen. Recherchieren, Auswählen und Abschließen von Versicherungsver-
trägen via Internet macht Arbeitsplätze bei den einschlägigen Gesellschaften überflüssig. Poststellen schließen, weil die Menschen statt Postsendungen fast nur noch
E-Mails verschicken. Die Telekommunikationsunternehmen befinden sich bereits
mitten in der Vorbereitung auf die nächste Entlassungsrunde. Erst sehr spät haben sie auf die hohe Geschwindigkeit reagiert, mit der sich Messaging-Dienste wie
WhatsApp, Snapchat, Skype und dergleichen durchsetzen konnten. In Banken und
Callcentern ersetzen smarte und intelligente Software, Chatbots und Beratungsroboter in hohem Tempo Bankangestellte und Mitarbeiter, weil sie billiger, effektiver
und rund um die Uhr verfügbar sind. Auch Vertriebs- und Fulfillment-Center verabschieden sich von menschlichen Mitarbeitern und setzen stattdessen Roboter ein.

Schließlich erledigen diese die Arbeit, ohne sich zu beschweren, und sie werden wahrscheinlich auch keine Gehaltserhöhung verlangen.

Durch das Wachstum im Handel verlagern sich Arbeitsplätze

Online-Shopping macht einen beträchtlichen und immer stärker wachsenden Teil der Umsätze im Handel aus. Aber wie wirkt sich das auf die Mitarbeiter aus? Die Hunderttausende von Stellen, die von neuen Online-Unternehmen geschaffen wurden, haben den Verlust von Millionen Arbeitsplätzen nicht abfangen können. Weltweit arbeiten sich Statistikämter an der Berechnung der Stellenzahlen ab. Das Problem besteht darin, dass die Art der Berechnung der Anzahl von Arbeitsplätzen die Veränderungen im Einzelhandel nicht korrekt wiedergibt. Bei den meisten Systemen werden nur solche Mitarbeiter, die in Filialen arbeiten, als »im Handel Beschäftigte« gezählt. Diejenigen, die in Lagern, Auslieferungszentren, Callcentern, Regionalzentralen und an Stammsitzen tätig sind, werden hingegen häufig anderen Branchen zugeschlagen.

Robotersteuer oder Sozialleistungen und Rechte für Roboter

Regierungen werden früher oder später Steuern auf die Einnahmen erheben müssen, die mithilfe von Robotern generiert wurden. Hierdurch soll sichergestellt werden, dass die Geschwindigkeit, mit der die Automation um sich greift, nicht sinkt, und dass gleichzeitig andere Arbeitsformen für Menschen entwickelt werden. Zumindest empfiehlt Microsoft-Gründer Bill Gates dies. Wenn die Arbeit einer Person in einem Lager von einem Roboter übernommen wird, deren Wert einem Jahreseinkommen von 50.000 Dollar entspricht, dann sollte man davon ausgehen können, dass für den Roboter Einkommenssteuer und Sozialversicherungsbeiträge veranlagt werden. Gates vertritt die Ansicht, dass Regierungen eine Verlagerung der Arbeitsplätze beispielsweise zugunsten der Altenpflege und der Betreuung junger Menschen in Schulen vorantreiben sollten.[10]

2017 wurden in der Europäischen Union künftige Bürgerrechte und -pflichten von Robotern diskutiert. Besprochen wurde beispielsweise die Frage, wann ein Roboter für eine bestimmte Handlung verantwortlich zu machen sei und wann die Verantwortung dafür eher auf den Hersteller oder Benutzer zurückfallen sollte. Manche Menschen glauben, dass es nur eine Frage der Zeit ist, bis Roboter so etwas wie Arbeitnehmerrechte erhalten. Eine Art Tarifvertrag scheint naheliegend zu sein, der die Leistungen beschäftigter Roboter regelt, einschließlich eines angemessenen Gehalts oder eines Anspruchs auf einen Stellenwechsel. So beabsichtigt die Europäische Kommission das Konzept einer »elektronischen Persönlichkeit« zu prüfen, um Robotern einen Rechtsstatus verleihen zu können. Dagegen prangerten über 150 europäische Experten aus den Bereichen KI, Robotik, Handel, Recht und Ethik in einem offenen Brief den Vorschlag an, Robotern den Status einer juristischen Person zu verleihen.[11]

Neue Jobs

In den kommenden Jahren werden wir nicht nur mit hohen Arbeitsplatzverlusten rechnen müssen, es entstehen gleichzeitig auch Millionen neuer Jobs. Das bereits erwähnte Weltwirtschaftsforum hat nämlich auch erklärt, dass zwar bis zum Jahr 2022 möglicherweise 75 Millionen Jobs durch die Verschiebung der Arbeitsteilung zwischen Mensch, Maschine und Algorithmus verloren gehen werden, gleichzeitig aber bis zu 133 Millionen neuer Arbeitsplätze entstehen könnten.[12] In China schafft der digitale Sektor Millionen neuer Jobs, etwa sogenannte Cyber Anchors. Diese unterstützen Menschen durch in Echtzeit gestreamte Beratung zu allen möglichen Themen. Ein anderer neuer Berufszweig sind Purchasing Agents, also berufliche Einkäufer, über die Menschen in China an Waren aus dem Ausland gelangen.[13] Handels- und E-Commerce-Sparten werden weltweit eine Vielzahl neuer Spitzenkräfte vor allem in den Bereichen Technik, Vertrieb, Fulfillment und im kaufmännischen Bereich benötigen. Gefragt sein werden Algorithmus- und Webentwickler, Softwareprogrammierer, Spezialisten für Prozessabläufe, Front-End-Entwickler, *Affiliate* Marketing-Leute, Social Media-Experten, Web- und Datenanalysten, SEO- und SEA-Spezialisten, Artificial Intelligence Officers, 3D-Drucktechniker und Experten für Cybersicherheit, um nur ein paar Berufsbilder aus allen möglichen Bereichen zu nennen.

Kenneth Rogoff, Volkswirt an der Universität Harvard, glaubt, dass der technische Fortschritt für Mitarbeiter langfristig überhaupt nicht bedrohlich sein wird, denn auch in der Vergangenheit hat er immer wieder reichlich neue Arbeitsplätze geschaffen. Auch diese Revolution werde sich nicht von früheren industriellen Umwälzungen unterscheiden, bei denen sich für die Menschen immer wieder neue Jobmöglichkeiten ergaben. Leider gibt es immer eine schmerzhafte Übergangszeit, in der die Gesellschaft in Aufruhr gerät und Menschen arbeitslos werden. Fortschritt führt zu einem vorübergehenden Verlust von Arbeitsplätzen – das ist keineswegs ein neues Phänomen. Allerdings wird dies für die Arbeitnehmer in den Geschäften, Vertriebszentren oder Büros von Warenhäusern und Online-Shops sicherlich kein Trost sein.

Die seltsame und wechselvolle Geschichte der Arbeitsplätze

Alter Job	Neuer Job
Briefträger	Paketzusteller
Bankkaufleute	Algorithmusentwickler
Verkäufer	Produktkurator
Datentypisten	Datenanalysten
Texter	Schreibroboter
Kassierer	Scanner
Regalbefüller	Roboter
Kundendienstmitarbeiter	Beratungsroboter
Paketlagerleiter	Drehscheibenbetreiber
Straßenverkäufer	E-Mail-Vermarkter
Telefonist	Echtzeit-Streaming-Berater
Gebietsleiter	Community-Manager
Versicherungsprüfer	Social Media-Experte
Schadenssachbearbeiter	Webentwickler
Kuriere	Drohnen
Übersetzer	Google Translate

Chancen im Verkaufsraum

Jenen Mitarbeitern in Ladengeschäften, die verstehen, wie Onlife-Shopper ticken, stehen unbegrenzte Möglichkeiten offen. Aktives Coaching der Kunden bei der Nutzung von Virtual Reality, Augmented Reality oder sonstigen technischen Innovationen ist für solche Unternehmen eine von mehreren Möglichkeiten, sich gegenüber dem Wettbewerb zu profilieren. Für einen solchen Service werden vielfältige Fachkenntnisse und Fähigkeiten aufseiten der Verkäufer benötigt. Gleiches gilt für Verbraucher, die auch im Laden nicht auf ihr Onlife-Erlebnis verzichten wollen. Alle Ladenkonzepte für Onlife-Verbraucher erfordern Mitarbeiter, die wissen, wie man Informationen schnell und unkompliziert findet und vergleicht, und im Umgang mit den entsprechenden Geräten versiert sind.

Fachwissen, hohe Sozialkompetenz und exzellente Kommunikationsfähigkeiten sind für die Arbeit in Filialen unerlässlich – das war ja auch früher schon so. Auch heute noch stellt die Fähigkeit, zur Auswahl des Sonntagsbratens zu beraten oder Farbempfehlungen für Hemden und Blusen zu geben, einen nicht zu unterschätzenden Mehrwert dar. Dies könnte als Nachweis dafür dienen, dass das Moravec'sche Paradox – welches besagt, dass die Dinge, die der Mensch schwer findet, für Maschinen oft einfach sind, und umgekehrt – auch auf den Handel anwendbar ist.

Traditionelle und moderne Händler

Wenn sich die Kompetenzen ändern, die Verkäufer in den Ladengeschäften vorweisen müssen, dann müssen sich auch die Unternehmen neu strukturieren. In vielen Handels- und Dienstleistungsunternehmen gilt eine zentralistische Top-down-Hierarchie nach wie vor als Maß der Dinge. Ich bezeichne solche Organisationen gerne als *analoge Bürokratien*. Hier finden Sie auf jeder Ebene (zu) viele Führungskräfte: in der Unternehmenszentrale, in den Regionalvertretungen, in der Firmenhierarchie und in den einzelnen Zweigniederlassungen. Auf allen Ebenen des Unternehmens werden die Mitarbeiter ausschließlich nach Effizienz und Effektivität beurteilt, und sie alle sind auf verschiedene, sauber voneinander getrennte Inseln verteilt. Veränderungen am Markt und die technischen Entwicklungen werden diese Unternehmen früher oder später zwingen, ihre Struktur zu überdenken und einen Weg einzuschlagen, an dessen Ende sie zu dem werden, was ich »digitale vernetzte Organisation« nenne. Hierbei handelt es sich um dezentrale Organisationen, die tendenziell Bottom-up-Entscheidungsprozesse bevorzugen. Die Mitarbeiter werden dabei in eine sogenannte flache Struktur integriert, bei der multidisziplinäre Teams an der Verbesserung von Produkten und Dienstleistungen arbeiten.

Natürlich sind analoge Bürokratien und digitale vernetzte Organisationen die beiden Extreme eines breiten Spektrums von Methoden, die heutzutage zur Organisation von Handelsunternehmen eingesetzt werden. Digitale vernetzte Organisationen sind dabei nicht unbedingt besser als analoge Bürokratien. Letztere bilden häufig die Grundlage attraktiver Geschäfte mit einer üppigen Warenauswahl und hoch qualifizierten Mitarbeitern. Digitale vernetzte Organisationen dagegen erzielen Vorteile, weil sie beim erfolgreichen Übergang hin zum Onlife-Handel den Dreh raushaben. Und was vielleicht noch wichtiger ist: Sie passen einfach besser zu den Begabungen und Wünschen der nächsten Generation von Onlife-Mitarbeitern.

Ein digitaler Buddy in der Chefetage

Visionen sind etwas, woran es vielen Führungskräften und Aktionären in der Handelsbranche mangelt. Gleiches gilt für digitales Fachwissen und zeitgemäße Führungsqualitäten, die unentbehrlich sind, um den richtigen Weg für das Unternehmen zu finden. Ich spreche oft mit Vorstandsmitgliedern verschiedener Unternehmen, die sich in einem bestimmten Alter befinden und ganz offen zugeben, dass sie sich mit ihren Kindern und Enkeln unterhalten, um sich über technische und gesellschaftliche Entwicklungen auf dem Laufenden zu halten. Stellen Sie sich einmal vor, welche neuen Perspektiven sich eröffnen würden, wenn die Sichtweisen der Verbraucher bei den Vorstandssitzungen der Unternehmen eine Rolle spielen würden.

Von Anfang an – also seit 1995 – hält Jeff Bezos von Amazon bei den Vorstandssitzungen immer einen Platz für »den Kunden« frei. Seiner Ansicht nach ist dies das ultimative Statement für den Anspruch, den Verbraucher bei jeder einzelnen Unternehmensentscheidung ernst zu nehmen. Andere Organisationen wären klug beraten, dem Beispiel von Amazon zu folgen. Die Einbindung der Millennials ist wahrscheinlich der wichtigste Schritt überhaupt! Was für eine mutige Maßnahme wäre es, allen Führungskräften und Aufsichtsräten für technische Fragen einen jüngeren »digitalen Buddy« zuzuweisen.

Analogbürokratische Unternehmen

Solche Organisationen mit ihren zentralistischen Hierarchien sind der eigentliche Grund dafür, dass es so viele Handelsunternehmen gibt, die mit ihren Kunden und sogar ihren Mitarbeitern so gar nicht auf einer Linie liegen. Ideen, die von den unteren Ebenen kommen, landen im Papierkorb, bevor sie auch nur die kleinste Chance auf eine Realisierung gehabt hätten, und die Entscheidungsfindung kann sich buchstäblich ewig hinziehen. Die Einkäufer in den Unternehmen haben oft freie Hand, ignorieren jedoch die Vielfalt der zahlreichen sehr unterschiedlichen Vertriebskanäle. Innovative Mitarbeiter nehmen die Hierarchiepyramide als beengend wahr – ihnen wird im wahrsten Sinne des Wortes die Luft zum Atmen genommen. Mitarbeiter, die eher konventionell eingestellt sind, verstecken sich dagegen gerne einmal hinter ihrem Vorgesetzten.

Das Problem besteht jedoch darin, dass Ideen für neue Produkte und Aktivitäten tendenziell dort entstehen, wo die eigentliche Arbeit gemacht wird: auf den unteren Ebenen. Ich bin fest davon überzeugt, dass an jedem Arbeitsplatz gute Ideen herumgeistern. Zu oft werden sie aber von den Rädern der Unternehmenshierarchie zermahlen. Der Psychologe Daniel Kahneman hat festgestellt, dass risikoaverses Verhalten Menschen direkt in die Mittelmäßigkeit führt. In einer solchen Atmosphäre neigen die Menschen dazu, Risiken zu vermeiden und der Sicherheit stets den Vorzug gegenüber Chancen zu geben.[14]

Auf der anderen Seite wollen Menschen einen Unterschied machen, sich wahrgenommen fühlen und etwas bewegen. Jeder hat Ideen. Jeder. Unternehmen müssen mithin einen Weg finden, ihre Mitarbeiter zu ermutigen, denn nur dann werden diese sich trauen, Bedenken in den Wind zu schlagen. Der Ansatz für Manager sollte darin bestehen, als eine Art »Co-Vorarbeiter« aufzutreten: Sie könnten als Bindeglied zwischen Führungskräften, Teams und Kunden agieren. Geben ist seliger denn Nehmen – diese Devise gilt für solche Führungskräfte, denn sie sind eher Mentoren oder Coaches.[15]

Unternehmen neu erfinden

Im Januar 2018 besuchte ich Frédéric Laloux in seinem Haus im US-Bundesstaat New York, und wir diskutierten über seine bahnbrechenden Arbeiten zur Organisationsentwicklung und zu deren Auswirkungen auf den Handel. In digitalen vernetzten Organisationen genießen nicht Vorstände und Aufsichtsräte die höchste Priorität: An der Spitze der Hierarchie stehen Kunden und Mitarbeiter. Das Motto lautet: Stellen Sie das System auf den Kopf! Wir waren uns jedoch einig, dass sich das System nur dann auf den Kopf stellen lässt, wenn man ganz oben beginnt: bei CEOs, die tief und unbeirrbar entschlossen sind, das momentan vorherrschende Managementparadigma umzukehren.[16]

Analoge Bürokratien	Digitale vernetzte Organisationen
- Shareholder	- Kunden
- CEO und Vorstand/Aufsichtsrat	- Mitarbeiter
- Oberes Management (Stammhaus)	- Agile Coach, Mentor,
- Mittleres Management (Regionalvertretung)	- Product Owner
- Unteres Management (Niederlassungen)	- CEO und Vorstand/Aufsichtsrat
- Mitarbeiter in den Filialen	- Interessengruppen
- Kunden	

Digitale vernetzte Organisationen

Der Unterschied zwischen digitalen vernetzten Organisationen und analogen Bürokratien besteht darin, dass Erstere eine flexible Bottom-up-Strategie verfolgen. Kleine agile Teams agieren innerhalb der durch die Unternehmensziele vorgegebenen Rahmenbedingungen. Dabei ist jedes Team für ein bestimmtes Produkt oder eine bestimmte Dienstleistung verantwortlich. Digitale Hilfsmittel werden dabei ständig eingesetzt: Sie stellen den Einrichtungen interne und externe Unternehmensabläufe zur Verfügung und helfen zudem dabei, die gesetzten Ziele zu erreichen. In solchen Teams steht die zeitlich begrenzte, enge Zusammenarbeit an Projekten im Vordergrund. Außerdem streben sie ständig nach Verbesserungen. Damit das funktioniert, brauchen Unternehmen *Agilität* in ihrer Organisation. Die Mitarbeiter wiederum sollten sich stets neu erfinden und improvisieren können. Neue Technologien schaffen die Voraussetzungen für ein Netzwerk aus Menschen und Verfahren, das Synergieeffekte ermöglicht und aus einer Organisation mehr macht als die Summe ihrer Teile.

Startups

Es gibt digitale vernetzte Organisationen jeder Art und Größe in allen denkbaren Geschäftsfeldern. Trotzdem gibt es bislang kaum mehr als eine Handvoll Handelsunternehmen, die vollständig in den transformativen Zustand eintauchen. Dies ist jedoch übrigens eines der Hauptmerkmale einer digitalen vernetzten Organisation. Meistens handelt es sich hierbei zudem um Startups, denn ein solcher Ansatz liegt in ihrer Natur. Sie richten neue Nischen-Websites ein, programmieren Apps, auf die niemand verzichten kann, entwickeln (Sharing-)Plattformen und prägen alle möglichen neuen Service-Ideen für den Handel. Den Gründern solcher Unternehmen liegt es in den Genen, sich junge Multitalente zu angeln, um ihr Geschäft in Gang zu bringen. In dem Moment, in dem ein solches Unternehmen sich anschickt, die Startup-Phase hinter sich zu lassen, sieht es sich mit genau den gleichen Problemen konfrontiert wie jedes andere Unternehmen, das wächst. Wie soll der Betrieb strukturiert werden? Mit anderen Worten: Die Unternehmer sind gezwungen, sich Gedanken über den Umgang mit ihren Mitarbeitern zu machen, und am Ende entscheiden sie sich vielleicht doch nicht für moderne Ansätze.

Allmähliche Veränderung

Große Handelskonzerne wählen, wenn es um die Transformation hin zu einer digitalen vernetzten Organisation geht, häufig eine Strategie in Etappen. Ihnen ist voll und ganz bewusst, dass es durchaus möglich ist, den Mitarbeitern Verantwortung zu übertragen. Allerdings könnte es schwierig werden, die Grenzenlosigkeit von Unternehmen durch die gewünschten kleinen und autark handelnden Teams abzubilden. Sie wollen natürlich auf die digitale Ebene und in die Online-Sphäre wechseln, wo alles dezentralisiert ist und die Hierarchien auf den Kopf gestellt werden. Aber wie man ein Unternehmen aufbauen kann, das ständig im Wandel begriffen ist, ist eine andere Frage.

Manche Händler entscheiden sich für eine umfassende Umstrukturierung ihrer Organisation. Sie beschließen schlicht, multidisziplinäre und projektbezogene Arbeitsmethoden – in Projekt- oder Entwicklungsteams – einzuführen, die ihrerseits zu Miniaturgesellschaften oder auch Startups innerhalb des Unternehmens werden. Ist dieser Punkt erreicht, dann kann sich das Konzept der digitalen vernetzten Organisation allmählich durchsetzen. Die ING etwa hat mit der Umstrukturierung von einer konventionellen Bank zu einer vernetzten Organisation mit flexiblen und *agilen* Teams begonnen. Ihr Ziel besteht im Aufbau eines agilen IT-Unternehmens, das in der Lage ist, sich virtuell und physisch auf Kundenwünsche einzustellen und sie zu erfüllen. Mit *Squads und Tribes* zu arbeiten – kleinen, eigenständigen Teams, die je nach Form ihrer jeweiligen Interaktion mit dem Kunden selbstständig über ihre Agenda und ihre Initiativen entscheiden –, schafft Raum, um dezentral und dem Bottom-up-Modell folgend auf neue Gegebenheiten am Markt zu reagieren. Der Sportartikelhändler Decathlon hat alle seine Führungsebenen über Bord geworfen, um das sogenannte *Corporate Liberation Movement* zu unterstützen: die Philosophie, einen Arbeitsplatz zu schaffen, der auf Respekt und Freiheit statt auf Misstrauen und Kontrolle basiert.[17]

Verschiedene weitere traditionelle Dienstleister und Handelsunternehmen haben eigene Startups gegründet, die unabhängig vom konventionellen Geschäft agieren. Solche sogenannten Greenfield-Betriebe sollen mit den so dringend benötigten Innovationen aufwarten. In den Vereinigten Staaten gründete Walmart seine eigene Technologiefirma, um mit Amazon Schritt zu halten. WalmartLabs wurde nicht im Hauptquartier des Mutterhauses in Arkansas untergebracht, sondern fand sein Heim im Silicon Valley. Tausende von »Techies« mit Universitätsabschluss loten die Grenzen der Innovation im Handel gegenwärtig neu aus.[18] In Deutschland hat Media Markt + Saturn eine eigene Gesellschaft zur Koordination und Verwaltung aller E-Business-Aktivitäten gegründet.

Diese Unternehmen versuchen, sich an die Veränderungen im Markt anzupassen und dabei mitzumischen. Die hierzu erforderliche Flexibilität und Reaktionsgeschwindigkeit sollen dabei nicht durch die große Muttergesellschaft belastet werden. Es ist noch zu früh, um erkennen zu können, ob dies tatsächlich »zu wenig, zu spät« war, wie einige kritische Beobachter meinen. Die Gefahr, dass das neue Unternehmen das alte kannibalisiert, sei, so wollen uns die Fachleute glauben machen, irrelevant. Steve Muylle, Professor an der Vlerick Business School in Belgien, sagt:»Es ist besser, sich selbst in den Fuß zu schießen, als in den Kopf geschossen zu werden.«[19]

Einige Handelsunternehmen kaufen stattdessen junge Startups auf und hoffen inständig, dass deren junge Mitarbeiter und die Kultur der Offenheit und Innovation sie positiv beeinflussen werden. Sie nutzen das Startup als eine Art Resonanzboden oder Vorbild für ihre eigene angestaubte und veraltete Organisation. Startups und etablierte Traditionsunternehmen können von dieser Denkweise gleichermaßen profitieren. Voneinander lernen, Anregungen geben und überraschende Kombinationen finden – all das ist Teil des Spiels.

Andere Traditionshändler haben in der Hoffnung, innovativer und beweglicher zu werden, bereits etablierte Webshops übernommen. Walmart erwarb den amerikanischen Marktplatz Jet.com (mit den bekannten Smart Cart-Algorithmen), den Online-Modehändler Bonobos und den Online-Outdoor-Ausstatter Moosejaw aus genau diesem Grund: um Technologie, Spitzenkräfte und Kunden zu gewinnen.

Was will ein Millennial bei der Arbeit?

Bis zum Jahr 2025 werden die Millennials – also alle nach 1980 Geborenen – über drei Viertel aller Arbeitsplätze weltweit innehaben.[20] Wovon lässt sich die»Generation Me« (oder auch»Generation Selfie«) motivieren? In Sachen Karriere, so hat die Forschung herausgefunden, stehen Herausforderungen und Chancen offenbar ganz oben auf ihrer Wunschliste. Sie arbeiten auch gerne für attraktive Marken und lieben es, in Firmen zu arbeiten, die inspirierend sind. Sie sind die erste Generation, die ihren Wunsch nach neuen Arbeitsmethoden lautstark zum Ausdruck bringt. Sie ziehen die Zusammenarbeit dem Konkurrenzkampf vor und wollen ihre digitalen Talente und ihr Fachwissen für Innovationen nutzen, gleichzeitig aber ihre Work-Life-Balance nicht zu sehr beeinträchtigen.

Die lebenslange Bindung an denselben Arbeitgeber ist für sie ein Konzept von vorgestern. Sie möchten ihre Karriere lieber flexibel gestalten. Niemand hat ein besseres Gespür dafür, wie man mit der Flut von Informationen, E-Mails und Nachrichten umgeht, die Tag für Tag auf die Menschen einprasseln. Für sie ist es einfach, zu entscheiden, was wichtig ist und was wirklich zählt – sowohl bei der Arbeit als auch privat.

Interessanterweise geben fast zwei Drittel der Millennials an, dass sie die Welt verbessern möchten.[21] Sie wären sogar bereit, auf einen dicken Gehaltsscheck oder ein Praktikantenstipendium zu verzichten, wenn sie stattdessen für ein inspirierendes Startup oder einen tollen Webshop arbeiten könnten.[22]

Physisch vernetzte Organisationen

Auch physische Einkaufsläden begeistern sich für die Idee der Selbstlenkung. Warum auch nicht? Die Verkäufer haben das beste Gespür dafür, was für den Erfolg des Geschäfts erforderlich ist, und bei Handelsketten lassen sich auf technologischem Wege moderne Methoden der Selbstorganisation und des Selbstmanagements realisieren.

Die Verkäufer im Laden brauchen keinen Abteilungsleiter, der sie herumkommandiert. Ihnen reicht ein Coach absolut aus, der selbstständigen Teams die notwendige Unterstützung bietet. Wie man am besten zusammenarbeitet, Entscheidungen trifft, mit Problemen und Konflikten umgeht und wie und wann man einen Rabatt gewährt – all das sind Fragen, deren Beantwortung sich einüben lässt. Wenn Mitarbeiter über die passende Digitaltechnik verfügen, wird ihr Handeln am Arbeitsplatz für ihre Kollegen und die Unternehmenszentrale vollkommen transparent.

Tatsächlich ist autonomes Handeln im Ladengeschäft keineswegs eine wirklich neue Idee. Bereits in den 1950er Jahren hatten Verkäuferinnen und Verkäufer ein hohes Maß an Autonomie. Jeder Dorfladen, jedes Tante-Emma-Geschäft war eigentlich eine kleine Gemeinschaft, in der alle erforderlichen Rollen und Aufgaben – Schichtplanung, Wareneinkauf, Lagerverwaltung, Kassen- und Buchführung sowie Inventur – je nach Talent und Sachverstand den verschiedenen Mitarbeitern zugewiesen wurden.

Holokratie bei Zappos

Das Höchste, was eine digitale vernetzte Organisation derzeit offenbar erreichen kann, ist die Holokratie. Dieser neue Ansatz zur Strukturierung und Leitung von Organisationen legt den Schwerpunkt auf Selbstorganisation und Entwicklung kollektiven Wissens und kollektiver Kreativität. Zappos – ein Unternehmen im Besitz von Amazon – präsentierte diese neue Organisationsform 2013. Hiermit möchte das Unternehmen seinen zentralen Wert wahren: *Glücksgefühle zu spenden.* Es geht nämlich nicht darum, Schuhe zu verkaufen, sondern darum, »die Kunden durch Schuhe glücklich zu machen«.

Ohne Führungsebenen und durch den Einsatz sich selbst lenkender Teams gelingt es den über 1.500 Mitarbeitern bei Zappos, ihre Innovationsfähigkeit und Produktivität ständig zu steigern. Sie werden bis zu einem gewissen Grad als Unternehmer behandelt, da sie alle Freiheiten und Verantwortlichkeiten haben, die sie benötigen, um ihre Kunden glücklich zu machen.[23]

Um Selbstlenkung, Verfahrensweisen und Kommunikation zu kanalisieren, verwendet Zappos eine Web-App namens GlassFrog. Aus ihr geht eindeutig hervor, wer wofür zuständig ist, welche Ergebnisse bisher erzielt wurden und woran die Menschen gerade arbeiten.

Humankapital

Jedes einzelne digitale vernetzte Unternehmen wird sich vor eine Herausforderung gestellt sehen, wenn es Onlife-Mitarbeiter an die erste Stelle setzt. Neue Technologien und Ressourcen können den Mitarbeitern helfen, entsprechend ihrer jeweiligen individuellen Mischung aus Stärken, Besonderheiten und Schwächen ihr gesamtes Potenzial zu entfalten. Die Grundidee lautet, dass das Zusammenführen von Menschen und Digitalisierung immer mehr bringt als die Summe der einzelnen Teile. Fragen Sie nicht, was die Mitarbeiter kosten oder worin ihr Nutzen für das Unternehmen besteht, sondern vielmehr, was sie für das Unternehmen in seiner Gesamtheit tun können. In einer digitalen vernetzten Organisation ist es nicht entscheidend, Produktivität und Effizienz zu maximieren, sondern Wege zu finden, das Potenzial der Mitarbeiter zu nutzen. Das ist es, was wirklich zählt.

War on Talent

In den vergangenen Jahren habe ich unter anderem die Firmensitze von Alibaba, Apple, Facebook, Google, JD.com und Tencent/WeChat besucht. Dort habe ich erlebt, wie neue Generationen von Mitarbeitern dazu gebracht werden, für ihre Organisationen zu brennen. Dazu kombinieren sie den entspannten und unverkrampften *Californian Way of Life* mit einem unwahrscheinlich hohen Projektoutput und unverrückbaren Deadlines. Überall um Sie herum pulsiert das Adrenalin junger Menschen aus aller Welt, die ihren Ehrgeiz, ihren Mut und ihre Entschlossenheit in die Zukunft der Technik einbringen wollen. Es ist viel wichtiger, Dinge *überhaupt* zu erledigen, als sie *richtig* zu erledigen. Jeder findet, dass es vollkommen in Ordnung ist, bei der Arbeit auch einmal zu scheitern. Auf dem Facebook-Campus habe ich Poster mit dem aufmunternden Satz »Scheitere krachend!« gesehen.

Spitzenkräfte auf der ganzen Welt wissen genau, wo sie hinwollen: nach Hangzhou (Alibaba), Menlo Park (Facebook) und Mountain View (Google). Bereits jetzt kommen über 60 Prozent aller berufstätigen Hochschulabsolventen im Silicon Valley aus dem Ausland.[24] Hier hat der »War on Talent« begonnen, der Krieg um die Spitzenkräfte – lange bevor er sich auf die ganze Welt ausdehnte.

Den global agierenden Einkaufsplattformen gelingt es, die besten Talente der Welt für sich zu gewinnen. Seit Mitte 2016 bietet die Alibaba Global Leadership Academy (AGLA) auf dem neuen und beeindruckenden Campus von Alibaba in Hangzhou ein 16-monatiges Ausbildungsprogramm an, das sich an Toptalente richtet, die noch relativ am Anfang ihrer Karriere stehen. Nach Abschluss des Ausbildungsprogramms hat man einen Job in den Vereinigten Staaten oder Europa sicher – das wird garantiert.[25]

Mit der wachsenden Zahl digitaler vernetzter Organisationen nimmt auch der Bedarf an »passenden« Mitarbeitern exponentiell zu. Anfangs werden multinationale Unternehmen um die besten Absolventen kämpfen und sie sich unter den Nagel reißen, sobald sie ihren Abschluss gemacht haben. Anschließend werden die traditionellen Handelsunternehmen und Dienstleister nach und nach in die Schlacht ziehen. Gegenwärtig herrscht in der Öffentlichkeit noch das Bild vor, dass solche Firmen nur schlecht bezahlte Stellen für unqualifizierte Arbeitnehmer anbieten. Mit der Gründung eigener Akademien und der Erhöhung des Gehaltsniveaus versuchen Handelsgiganten wie Walmart jedoch, dies zu ändern und sich als neue und attraktive Arbeitgeber zu präsentieren.[26]

Das Bildungssystem

Dass die großen Technologieunternehmen eigene Schulen und Akademien gründen, ist ausgesprochen aufschlussreich. Es gibt nämlich, wohin man auch blickt, weltweit viel zu viele traditionelle Bildungseinrichtungen, die den Kontakt zur Welt um sie herum völlig verloren haben. Ich habe, bevor ich meinen MBA gemacht habe, Pädagogik studiert und bin mir deswegen bewusst, dass Bildung eine Hydra sein kann. Solche Einrichtungen richten ihren Blick allzu oft nur nach innen, bevorzugen konservative Ansätze und sind strukturell und hierarchisch extrem eingefahren. Deswegen werden Schüler und Studenten dort auch immer noch »geschliffen«, also passend gemacht für den Status quo der Kurse, Interessensgebiete und Niveaus, statt umgekehrt das Bildungssystem an der Onlife-Welt, an den Erfahrungen, dem Lernen und dem Leben der Studierenden auszurichten. Viele Berufs- und Hochschulen vermitteln nach wie vor Kenntnisse für Berufsbilder im Handel, die nur allzu bald aussterben werden. Unterrichtspläne und Lerninhalte werden mehr oder minder mechanisch und wie am Fließband durchlaufen, und die meisten Beispiele und Fallstudien stammen aus einer Zeit, in der an »digital« noch gar nicht zu denken war. Und zweimal im Jahr purzelt dann eine neue Lieferung Absolventen vom Band.[27]

Natürlich ist dies keineswegs das erste Mal, dass Technologie und Bildung nicht synchron laufen. Claudia Goldin und Lawrence Katz von der Harvard University haben festgestellt, dass das Bildungssystem seit mindestens drei Jahrzehnten nicht mehr mit der aktuellen technologischen Entwicklung Schritt hält.[28]

Künftig wird die Handelsbranche Fachleute mit einer breit gefächerten Ausbildung *in E-Business und Digital Commerce* benötigen. Sie müssen über spezielle Fachkenntnisse und Fähigkeiten in ihren jeweiligen Bereichen verfügen, sei es E-Business, E-Data, E-Marketing, E-Fulfillment, E-IKT usw. Dies wird jedoch nicht ausreichen, um die Anforderungen des Marktes zu erfüllen. Arbeitnehmer müssen auch die allgemeinen Vorgänge in der Wertschöpfungskette des Handels beherrschen. Schließlich wird schon bald von ihnen erwartet werden, sich mit Kollegen in multidisziplinären Teams abzustimmen und zu verstehen, worüber andere reden. Vor allem *Softskills* werden in Handelsberufen künftig unerlässlich sein – ob im Verkaufsraum oder im Backoffice des Online-Shops (und überall dazwischen). Kommunikationsfähigkeit und soziale Kompetenzen werden auch und gerade deswegen entscheidend sein, weil dies genau diejenigen Fähigkeiten sind, die der Mensch im Vergleich zu Robotern und Maschinen deutlich besser beherrscht.

Ausbildung für den Einzelhandel nach dem T-Prinzip
Berufs- und Hochschulausbildung müssen endlich Wege finden, um die neuen *T-Programme* umzusetzen und so den Anforderungen der Handelsbranche gerecht zu werden. Diese Ausbildungsgänge müssen jetzt erst einmal entwickelt werden. »T« ist dabei keine Abkürzung, sondern bezeichnet die miteinander verbundenen Eckpfeiler dieser Ausbildung: Fachkenntnisse (der vertikale Balken des T) und Allgemeinwissen (der horizontale Balken). Die Studierenden müssen das Arbeiten in multidisziplinären Teams üben und mit aktuellen Fallbeispielen aus der Digitalwirtschaft experimentieren. Neue Projektmethoden wie etwa Scrum sollten ebenfalls erlernt und ausführlich geübt werden. Coaching zur persönlichen Weiterentwicklung und Optimierung der sozialen Kompetenzen sollten den Lernenden ebenfalls vermittelt werden. Diese Aspekte der Ausbildung werden oft aus dem Lehrplan gestrichen, um Zeit oder Geld zu sparen. Sie sind jedoch eine wesentliche Voraussetzung dafür, dass talentierte junge Menschen sich in neuen Handelsberufen behaupten können.

Das Bindeglied zwischen Wirtschaft und Bildung
T-Kurse bieten herausragende Möglichkeiten, um Bildungssysteme in Ländern auf der ganzen Welt einen Wandel zu ermöglichen – und zwar von innen heraus. Wenn die neue Weltordnung die alte ablöst, gibt es eine Zeit des Übergangs, in der die Kluft zwischen Wirtschaft und Ausbildung geschlossen werden kann. Um dieses Ziel zu erreichen, ist es unerlässlich, dass Wirtschaft, Bildungswesen und Gewerkschaften wirklich eng zusammenarbeiten:
» Digitale Fertigkeiten müssen zu einem Kernbestandteil der Lehrpläne in Business- und Technologiestudiengängen werden. Es muss einen Digital-

lehrplan geben, der Jahr für Jahr aktualisiert wird. Flexibilität und Agilität sind daher für die Bildungsprogramme unentbehrlich, ebenso ausreichende Ressourcen für Aktualisierungen und eine enge und koordinierte Kooperation mit der Wirtschaft.

» Neben digitaler Theorie müssen auch praktische Fähigkeiten in diesem Bereich bei der Hochschulausbildung von entscheidender Bedeutung sein. Wirtschaftsexperten müssen ihr praktisches Wissen konsequent teilen. Ausbilder und Unternehmen müssen gemeinsam Fallstudien mithilfe von (zentralen) Praxislabors oder Planspielen erstellen.

» Das Durcheinander und der Wandel im Handel erfordern agile, flexible und schrittweise Innovationen, entwickelt durch multidisziplinäre Teams, die die Verantwortung für das Endprodukt übernehmen. Agiles Arbeiten (d. h. Abläufe in kurzen Entwicklungszyklen, die es ermöglichen, die Kundenbedürfnisse besser zu erfüllen) muss ebenso vermittelt werden wie die Bereitschaft, aus Fehlern zu lernen. Damit dies gelingt, benötigen Schüler und Studierende ein geeignetes Coaching hinsichtlich sozialer Fähigkeiten.

» Die meisten Studenten haben keine Ahnung von den Karrieremöglichkeiten im Handel. Als Wirtschaftssektor hat der Einzelhandel die Pflicht, Klarheit über diese Möglichkeiten zu schaffen. Informationen zu Karriereaussichten sind eine Möglichkeit, dies zu fördern – aus jungen Helden des Handels Poster Boys und Girls zu machen, eine weitere bewährte Methode.

» Sehr vielen Lehrern und Dozenten muss im Rahmen eines massiven Coachings zusätzliches Wissen vermittelt werden, um sie auf den aktuellen Stand zu bringen. Außerdem sollten in Zusammenarbeit mit der Geschäftswelt neue Lehrer eingestellt werden, die praxisorientiert und in der Lage sind, die Kluft zwischen Wirtschaft und Ausbildung zu überbrücken.

» Die Wirtschaft muss in »Just Do It-Projekte« investieren. Durch branchenübergreifende und multidisziplinäre Innovationsprojekte, Forschungsarbeiten, Trendanalysen, Benchmarks und Zukunftsstudien lassen sich neue handelsspezifische Kompetenzen und einschlägige Fähigkeiten entwickeln. Bildungseinrichtungen und Unternehmen müssen erkennen, dass zwischen ihnen ein Verhältnis auf Grundlage gegenseitigen Gebens und Nehmens besteht.

» Lebenslanges Lernen ist die Zukunft aller im Handel Beschäftigten. Langfristig kann dies zur Verbesserung der Wettbewerbsposition eines Landes beitragen – insbesondere dann, wenn eine gemeinsame Übereinkunft über digitale Qualifikationen gefunden wird.

Lebenslanges Lernen im Handel

Lebenslang lernen: Das ist in der Tat eine Sache, um die wir künftig nicht mehr herumkommen werden. In vielen Wirtschaftsbereichen – etwa im Gesundheitswesen, in der Justiz oder im Finanzsektor – ist Weiterbildung gesetzlich vorgeschrieben. Der Handel dagegen hat diesen wichtigen Trend erst spät erkannt. Die meisten traditionellen Händler betrachten Mitarbeiterschulungen in erster Linie als Kostenpunkt. Berufliche Fortbildungen oder umfassende Lehrveranstaltungen werden noch nicht einmal erwogen. Gleiches gilt für das Coaching von Mitarbeitern zur persönlichen Weiterentwicklung. Und selbst dort, wo es finanzielle Spielräume für Fortbildungen gibt, sind diese nur selten ausreichend.

Auch die Onlife-Händler der neuen Generation scheitern daran. Sie haben in aller Regel noch keinen Weg gefunden, lebenslanges Lernen in die Struktur ihrer Organisation zu integrieren – sofern sie sich überhaupt schon Gedanken darüber gemacht haben. Vielleicht erwarten sie einfach, dass sich die Mitarbeiter im Verkauf und in der Verwaltung selbst darum kümmern – ganz nach dem bekannten 70:20:10-Modell, das in digitalen vernetzten Organisationen so oft angepriesen wird. Dieses Modell besagt, dass 70 Prozent des Wissens am Arbeitsplatz, 20 Prozent durch informelles Coaching und Feedback und nur 10 Prozent durch formelle Schulungen erworben werden.[29] Tatsächlich aber können selbst digitale vernetzte Organisationen den zehnprozentigen Anteil der formellen Weiterbildung kaum garantieren.

Ob Allrounder oder Spezialist: Im Handel sind es die Mitarbeiter, die künftig den Unterschied machen werden. Sie müssen für die Arbeit in den neuen Einkaufsläden oder den Backoffices der Online-Shops, bei den Reiseanbietern und auf Plattformen und Marktplätzen aus- und weitergebildet werden. In den nächsten Jahrzehnten werden buchstäblich Hunderte neuer Berufsbilder entstehen, und qualifizierte Experten mit Digitalkompetenzen werden händeringend gesucht werden.

Jeder umfassende gesellschaftliche Wandel fußt auf Wissen – das war schon immer so. Lernen ist der Prozess, in dessen Verlauf der Übergang von der alten Ordnung zu einer neuen wirtschaftlichen Realität erfolgt.[30] Schließlich wird dieser Übergang jedoch immer von Menschen vollzogen und gestaltet. Innovation ist ein zutiefst menschliches Ansinnen. Sie kann aber nur gelingen, wenn Menschen mit den richtigen Fähigkeiten ausgestattet werden. Wenn wir hierzulande auch weiterhin für eine hohe Erwerbsquote sorgen und den globalen Einkaufsökosystemen einen Schritt voraus bleiben wollen, dann müssen wir jetzt handeln. Wir dürfen nicht riskieren, unsere besten und begabtesten Spitzenkräfte zu verlieren. Vielmehr müssen wir dafür Sorge tragen, dass sie ihr Potenzial in der Handelsbranche in den kommenden Jahren voll ausschöpfen können.

„Wir erleben gegenwärtig einen radikalen Wandel. Die Informationsrevolution verändert unsere mentalen Rahmenbedingungen. Sie beeinflusst unser Selbstverständnis und unsere gegenseitigen Interaktionen. Sie modifiziert die Art und Weise, wie wir die Realität wahrnehmen und mit ihr umgehen. Wir brauchen ein Update für unser begriffliches Rahmenwerk. Das ist die einzige Möglichkeit für uns, unsere Gegenwart zu erfassen."

Luciano Floridi[1],
Professor für Informationsethik und Philosophie der Information

KAPITEL VIERZEHN

Der Aufstieg der vernetzten Gesellschaft

In den vorangegangenen Kapiteln haben wir untersucht, wie neue Generationen von Online-Konsumenten an Einfluss gewonnen haben. Zum ersten Mal in der Geschichte müssen sich Händler den Anforderungen der Kunden unterwerfen und nicht umgekehrt. Onlife-Verbraucher können sich die Vorteile der Smart und der Sharing Economy, der Kreislauf- und der Plattformwirtschaft zunutze machen. Allerdings wirft diese neue Wirtschaftsordnung viele wichtige soziale Fragen auf. Wie könnten wir die Macht großer Technologieunternehmen und Einkaufsökosysteme beschränken, um Platz für andere Akteure der Wertschöpfungskette im Handel zu schaffen? Webshops, die nur in einem Land operieren, und ähnliche Anbieter laufen Gefahr, vollständig unter die Räder zu kommen, wenn die Macht der globalen Anbieter weiter wächst. Wie können wir Neutralität, Sicherheit und Zugänglichkeit für das globale Netz gewährleisten? Cyberkriminalität, Hacker und Terroristen stellen bereits jetzt eine große Bedrohung dar. Und schließlich: Wie verhindern wir, dass die entstehende soziale Kluft noch größer wird? Schon heute haben Milliarden von Menschen keinen Internetzugang.[2] Gleichzeitig nutzen eine Handvoll mächtiger CEOs und Aktionäre die Möglichkeit des Webs, um unvorstellbare Mengen personenbezogener Daten und damit ihr eigenes Vermögen zu mehren, dessen Größe buchstäblich unvorstellbar ist.

In diesem Kapitel werde ich die Nachteile des gegenwärtigen kapitalistischen Systems beschreiben – quasi seine dunkle Seite. Es ist ein System, in dem eine gleichmäßige und gerechte Verteilung der angehäuften Reichtümer unter Einbeziehung derjenigen Menschen, die an ihrer Schaffung mitgewirkt haben, nicht vorgesehen ist. Und auch allen anderen ist eine echte Teilhabe daran versagt. Glücklicherweise gibt es jedoch auch Kräfte, die sich dem entgegenstemmen: Verbraucher, Händler und Behörden beteiligen sich an zahllosen von oben gesteuerten oder von unten aufstrebenden Initiativen, um die Welt zu verbessern.

Machtverhältnisse im Wandel

Jede große gesellschaftliche Veränderung führt dazu, dass die Vertreter der aktuellen sozialen und wirtschaftlichen Ordnung – das »Establishment« – damit beginnen, unruhig auf ihren Stühlen hin und her zu rutschen, denn sie sehen, wie ihre alten Geschäftsmodelle zerlegt, infrage gestellt oder einfach als nicht mehr zeitgemäß empfunden werden. Trotzdem glauben viele Menschen fälschlicherweise, dass das Schlimmste jetzt schon hinter uns liegt und sich bald wieder alles normalisieren wird. Zu diesen gehören in erster Linie traditionelle Händler sowie deren Repräsentanten: Sie haben größte Schwierigkeiten, die neue Wirklichkeit zu akzeptieren und sich ihr zu stellen. Diversifikation, neue Geschäftsmodelle und das Auftreten der Global Player schaffen erhebliche Unruhe in der aktuellen Wirtschaftsordnung. Einkaufsmeilen und Shoppingcenter auf der ganzen Welt bekommen dies zu spüren.

Die Verbraucher hingegen haben es weit weniger schwer, sich vom Alten und Vertrauten zu verabschieden: von den öden, nicht mehr voneinander unterscheidbaren Einkaufsstraßen und Innenstädten, den aus der Zeit gefallenen Geschäften, den langweiligen Reisebüros mit ihren immer gleichen Angeboten oder den Banken und Finanzdienstleistern, die kein Interesse daran zeigen, auf die Bedürfnisse ihrer Kunden einzugehen. Onlife-Konsumenten gehören nicht zu den Nostalgikern, sondern gestalten die neue Wirtschaftsordnung selbstbewusst nach ihren eigenen Vorstellungen.

Kurz gesagt: Der Handel wird gerade auf den Kopf gestellt. Und dabei kommt es zu einem harten Wettstreit zwischen Traditionalisten, die alles so beibehalten wollen, wie es schon immer gewesen ist, und den Progressiven, die alles aufmöbeln und neu erfinden wollen.

Das Google-Paradox

Innerhalb kürzester Zeit springen Handelsunternehmen zuhauf zu ihrem eigenen Vorteil ins kalte Wasser. Aus ihrer Sicht hat die neue Wirtschaftsordnung gerade erst begonnen, Gestalt anzunehmen. Junge Startups und frische, neue Einkaufskonzepte tauchen allerorten auf. Die Verbraucher haben dabei eine starke Präferenz für global ausgerichtete Handelsplattformen und Ökosysteme wie Amazon, Alibaba, Apple, Facebook und Google entwickelt. Diesen ist es in rasender Geschwindigkeit gelungen, einen erstaunlichen Mehrwert für ihre Nutzer zu schaffen. Es käme überhaupt nicht infrage, auf die Apps und Services dieser Tech-Giganten zu verzichten, denn sie bereichern und vereinfachen unser Leben in ungekanntem Maße. »Auch meine Kinder und ich nutzen Google, weil es einfach ein ausgezeichnetes Produkt ist«, gab EU-Wettbewerbskommissarin Margrethe Vestager aus Dänemark widerstrebend zu, als sie ankündigte, wegen Missbrauchs der Marktmacht Anklage gegen Google zu erheben.[3]

Das Know-how dieser Unternehmen ist beeindruckend. Sie haben ihre Macht in den letzten Jahren genutzt, um aus der gesamten Wertschöpfungskette des Handels Nutzen zu ziehen und ihren Usern so zahllose Vorteile bieten zu können. Sie haben eine praktisch unendliche Menge personenbezogener Daten gesammelt und zeigen heute ihr wahres Gesicht, denn diese Datenbestände setzen sie immer häufiger gegen andere (meist kleinere) Unternehmen ein. Wenn man aber das Spiel der Großen nicht mitspielt und deswegen unsichtbar bleibt, also online nirgendwo zu finden ist, dann ist dies ein todsicherer Ansatz, pleitezugehen.

Das Imperium

Der Publizist und Internetskeptiker Evgeny Morozov hat das Verhalten dieser globalen »Moguln« mit totalitären Regimen verglichen, die nicht davor zurückschrecken, Daten ihrer Bürger zu nutzen, um die Welt nach ihren eigenen Vorstellungen zu gestalten.[4] Und im *Economist* wurde sogar die Ansicht vertreten, Mark Zuckerberg ähnele einem römischen Kaiser. Seine Idee, in armen Ländern Internetzugänge mithilfe von Drohnen bereitzustellen, sei nichts anderes als der schlecht kaschierte Versuch, das Facebook-Imperium über seine derzeitigen Grenzen hinaus zu vergrößern.[5] Milliardeninvestitionen in künstliche Intelligenz (KI), Chatbots, virtuelle und erweiterte Realität – all dies zielt lediglich darauf ab, das Imperium zu stärken.

Google zeigt sich ähnlich zielstrebig, und im Kampf um Verbraucherdaten scheinen diesem Unternehmen buchstäblich keine Grenzen gesetzt. Mithilfe riesiger Heißluftballons möchte man den Menschen in benachteiligten Regionen den Zugang zum Internet ermöglichen – und natürlich auch Zugang zu Google selbst. Diese Praxis wurde bereits in mehreren Ländern verboten.[6]

Übernahmen

Facebook, Google und Co. haben einst auch als Startups angefangen. Im Laufe von 20 Jahren haben sie sich zu globalen Einkaufsökosystemen entwickelt. Auf lange Sicht ist jedoch die Möglichkeit, dass sie nicht mehr Teil der neuen Wirtschaftsordnung sein werden, als durchaus realistisch zu betrachten. Vielmehr werden sie wahrscheinlich von einer neuen Generation von Startups vom Thron gestoßen. Einige dieser großen Unternehmen lieben es, ihre Macht herunterzuspielen, indem sie auf neue Startups verweisen, die auf dem Weg nach oben sind. Tatsächlich aber sind sie fest entschlossen, genau das zu verhindern. Technologieunternehmen auf der ganzen Welt investieren in vielversprechende Startups. Dies tun sie einzig und allein in der Hoffnung, das *Next Big Thing* übernehmen zu können, bevor es ihrer komfortablen Position irgendwie gefährlich werden könnte.[7]

Nur wenige Startups haben die Kraft, der Versuchung zu widerstehen, sich von einem Technologieriesen schlucken zu lassen. Aufgrund des unermesslichen Werts ihrer Aktien können diese Unternehmen es sich leisten, Milliarden auszugeben, um sicherzustellen, dass sie bekommen, was sie wollen. Die folgende Tabelle gibt einen Überblick über bemerkenswerte Übernahmen und Investitionen[8], die in den letzten zehn Jahren stattgefunden haben.

Übernahmen und Investitionen* führen zu globaler Dominanz

Firma	Übernahme (Jahr)	Waren/Dienstleistungen
Alibaba (Handel)	Ele.me* (2018)	Essenslieferdienst
	Intime Retail* (2017)	Warenhäuser
	Suning* (2015)	Elektronikhändler
	Cainiao* (2013)	Logistik
Amazon (Handel)	Ring (2018)	Intelligente Türklingeln
	Whole Foods (2017)	US-Lebensmittelkette
	Souq.com (2017)	Arabisches Online-Warenhaus
	Zappos (2004)	Online-Schuhmarkt
Apple (Technologie)	Turi (2016)	Machine-Learning-Unternehmen
	Beats by Dre (2014)	Audioproduzent
	Siri Inc. (2010)	Virtueller persönlicher Assistent
Expedia (Reiseanbieter)	Travelocity (2015)	Reisebüro
	HomeAway (2015)	Vermietung von Ferienhäusern
	Trivago (2013)	Preisvergleichswebsite
Facebook (Soziales Netzwerk)	Oculus (2014)	Hersteller von VR-Hardware
	WhatsApp (2014)	Instant-Messenger
	Instagram (2012)	Plattform zum Teilen von Fotos
Alphabet/Google (Technologie)	Flipkart (2018)*	Online-Shop (Indien)
	Nest (2014)	Intelligente Thermostate
	YouTube (2006)	Plattform zum Teilen von Videos
Microsoft (Technologie)	LinkedIn (2016)	Soziales Netzwerk für Geschäftskontakte
	Nokia (2013)	Hersteller von Telekommunikationstechnik
	Skype (2011)	Anwendung für Videoanrufe
Priceline (Reise)	Kajak (2012)	Vergleichsplattform für Reisen
	Booking.com (2005)	Buchungsplattform

Politische Reaktion

Der international renommierte Fachmann für technologischen Wandel Jan Rotmans vertritt die Meinung, dass große gesellschaftliche Veränderungen immer zu »Veränderungen der Regeln, Gesetze, Organisationen, Konzepte und Ideen, des Verhaltens und der menschlichen Interaktion führen, die unsere Gesellschaft gemeinsam bestimmen«. Gleichzeitig sorgen die Machtverschiebungen immer auch für »Chaos, Turbulenzen, Spannungen, Konflikte und Unsicherheiten«.[9] Wir sind es gewohnt, die Gesellschaft nach den Ideen und Vorstellungen derjenigen Generation zu organisieren, die gerade am Drücker ist. Das gilt für die Geschäftswelt, die Universitäten, die Medien und – ganz besonders – für die Politik. Die Macht der herrschenden Technologieunternehmen ist jedoch nicht allmählich gewachsen, so wie wir es gewohnt waren. Sie ging vielmehr praktisch über Nacht auf diese über.[10] Gleichzeitig sind die meisten heutigen Politiker noch vor Beginn der Internetära aufgewachsen. Es wird noch mindestens zehn bis zwanzig Jahre dauern, bis die neue digitale Generation an Vorschriften und Gesetzen mitwirken darf.

Infolgedessen gelingt es den Regierungen kaum, ihre digitalen Initiativen mit dem prädigitalen Bezugsrahmen zu vergleichen. Gerade auf regionaler und lokaler Ebene nutzen Politiker für ihre Entscheidungen nach wie vor Einteilungen und Standortplanungen, die auf den Prinzipien des 20. Jahrhunderts fußen. Traditionelle Branchendachverbände fordern noch immer staatliche Eingriffe, um neue Spielregeln festzulegen. Erst kürzlich hat sich die Taxibranche heftig gegen alle Versuche der Politik gestemmt, die Regulierungen in diesem Gewerbe zurückzufahren. Und nun rufen die Taxifahrer die Regierungen dazu auf, sie vor den innovativen und hochgradig kundenorientierten Bestrebungen von Uber zu schützen.[11]

Früher war alles besser
Während der Weltwirtschaftskrise in den 1930er Jahren schlossen sich viele kleine Unternehmer zusammen, um gegen die modernen Warenhäuser, Discounter, Versandhäuser und die sehr beliebten Einheitspreisgeschäfte zu protestieren, in denen alles zwischen 10 und 100 Cent kostete. In Paris revoltierten kleine Unternehmen gegen die *Grand Magasins de Nouveautés*.

Die Ladenbesitzer hatten Angst vor unlauterem Wettbewerb und befürchteten, dass Tausende von Geschäften am Ende verwaisen würden. In Frankreich wurde ein Dekret gegen die Expansion etablierter Warenhausketten erlassen, mit dem die Eröffnung neuer Filialen untersagt wurde. Auch in Deutschland kam es zu Protesten. 1932 wurde hier ein Gesetz verabschiedet, das es Discountern verbot, sich in Städten mit weniger als 100.000 Einwohnern niederzulassen. Belgien ging noch einen Schritt weiter: Hier wurden nicht nur die Discounter verbannt, sondern es wurde gleich jede Art von Warenhäusern und großflächigen Handelseinrichtungen als nicht zulässig erklärt.[12] In den Vereinigten Staaten bedeuteten die riesigen Geschäfte mit den Einheitspreisen das Aus für Tante-Emma-Läden, Grossisten und Markenartikelhersteller. Kaufhausketten wie Woolworths wurde Preisdumping vorgeworfen. Die US-Regierung ignorierte die Proteste nicht, sondern schuf stattdessen ein Preisabsprachesystem: den Fair Trade Act (1931).[13] All diese Maßnahmen sollten sich letztendlich jedoch als unerheblich und sinnlos erweisen.

Europa

Die Politik in den verschiedenen Ländern der Welt reagiert grundsätzlich sehr unterschiedliche auf die Macht internationaler Technologieriesen und Einkaufsplattformen. China sorgt für eine staatlich regulierte Wirtschaft, die nationale Interessen schützt, sodass auch die Macht von Unternehmen wie Alibaba, der Suchmaschine Baidu, dem Twitter-Klon Weibo und von Tencent/WeChat gestärkt wird. In den Vereinigten Staaten werden multinationale Unternehmen von vielen Menschen mit Respekt betrachtet, auch wenn die Kritik an der grenzenlosen Macht und dem übermäßigen Reichtum zunimmt, die eine kleine Elite zusammenrafft. Der amerikanische Ökonom Irwin Stelzer glaubt, dass Disruptionen des gesellschaftlichen Status quo in den Vereinigten Staaten grundsätzlich positiv bewertet werden, während Europäer sie als Bedrohung wahrnehmen.[14]

Der *Binnenmarkt* ist nach wie vor ein Grundpfeiler der europäischen Bemühungen, sich mit den vielen technologischen und sozialen Entwicklungen auseinanderzusetzen. Allerdings ist ein digitaler Binnenmarkt noch immer ein idyllischer Traum. Ein Traum, dessen Verwirklichung aufgrund des Ergebnisses der Brexit-Abstimmung 2016 weiter entfernt scheint als je zuvor. Für Europa heißt es jetzt: Schwimmen oder Untergehen. Die Zeit wird zeigen, ob der Traum eines erfolgreichen europäischen Marktes wahr werden kann – eines Marktes mit übergreifenden Garantie- und Rückgabebedingungen, günstigeren Versandpreisen, einer gemeinsamen Cloud für alle Mitgliedstaaten und einheitlichen Vorgaben für Umsatzsteuer, Datenschutz, Cookie-Zustimmung und Online-Zahlungen.

Die Kasse klingelt

Nach Angaben der Europäischen Kommission erwirtschaftet ein reibungslos funktionierender digitaler Markt einen Jahresumsatz von über 400 Milliarden Euro.[15] Das entspricht beinahe dem Betrag, den die großen Technologieunternehmen gemeinsam umsetzen: Apple verfügt über mehr als 250 Milliarden Dollar, Microsoft über fast 100 Milliarden Dollar, Google über mehr als 65 Milliarden Dollar und Facebook über mehr als 10 Milliarden Dollar.

Die Befürworter eines europäischen Binnenmarktes haben diese gute Idee stets mit Nachdruck unterstützt. Es bleibt jedoch abzuwarten, ob die einzelnen Mitgliedstaaten und die Geschäftswelt sich wirklich für einen Markt erwärmen können, in dem der Verkauf von Produkten und Dienstleistungen in ganz Europa obligatorisch wird – unabhängig davon, ob diese überall Abnehmer finden oder nicht.[16] Und wie sieht es mit den chinesischen und US-amerikanischen Unternehmen aus? Könnten nicht auch sie noch stärker von den Harmonisierungsbemühungen innerhalb des Binnenmarkts und vom Zugang zu diesem Markt profitieren? Es sind gerade die globalen Unternehmen, die darauf drängen, alle denkbaren Barrieren auf dem europäischen Markt zu beseitigen.

Kulturelle Unterschiede und Interessenskonflikte stehen Europa im Wege. In diese Lücke grätschen Technologieriesen hinein. Allerdings ist es noch nicht zu spät, um für Europa eine *globale Führungsrolle* zu verlangen. Harmonisierung ist ein Mittel zur Beseitigung von Hürden im Binnenmarkt. Technologische Innovationen können durch Regulierung und staatliche Investitionen gefördert werden.

Schließlich sind sehr viele wichtige Erfindungen auf (direkte oder indirekte) Investitionen staatlicher Stellen zurückzuführen – etwa das Internet, Google, das iPhone und selbstfahrende Fahrzeuge. Die Voraussetzungen für Startups und die Investitionsneigung verbessern sich in Europa rasant.[17] Der Ökonom Sir Anthony Atkinson glaubt, dass die Politik in der Lage ist, durch Investitionen in Startups und neue Technologien Arbeitsplätze zu schaffen und die Menschen in Lohn und Brot zu bringen.

Wichtiger noch als die europäische Harmonisierung ist es, internationale Vereinbarungen und Normen zur Regulierung des globalen Umfelds auszuarbeiten. Es sollte möglich sein, international gegen unfaire Handelspraktiken vorzugehen, denn nur so können Verbraucher weltweit sich darauf verlassen, dass sie, wenn etwas schief geht, keinerlei Einbußen hinnehmen müssen.

Regulieren oder nicht regulieren – das ist hier die Frage

Aus globaler Perspektive könnte der Onlife-Handel von überstaatlicher Gesetzgebung, Aufsicht und Strafverfolgung enorm profitieren. Dies wäre der beste Weg, um bei Missbrauch von Marktmacht strenge Strafen durchzusetzen. Junge Startups und mittelständische Unternehmen wollen lieber weniger Vorschriften auf nationaler Ebene. Sie wünschen sich möglichst viel unregulierten Raum für Geschäfte in Ballungsräumen, um die Bürde hoher Verwaltungskosten zu vermeiden. Regierungen wären klug beraten, allen großen und kleinen Unternehmen auf nationaler Ebene die Freiheit zur Selbstregulierung zu gewähren. So würden faire Wettbewerbsbedingungen entstehen, wie Unternehmen sie sich wünschen, und jungen und innovativen Händlern böten sich dadurch Erfolgschancen.

Welthandelsplattform

Der Gründer und CEO von Alibaba, Jack Ma, sprach sich im Jahr 2015 für die Einrichtung einer Welthandelsplattform aus. Das wäre quasi eine digitale Variante der bekannten Welthandelsorganisation (WTO).[18] Internationale Handelshemmnisse sollten weitestgehend aufgehoben werden, um kleinen und mittleren Unternehmen die Möglichkeit zu bieten, weltweit mit Waren und Dienstleistungen zu handeln. Laut Ma sind solche Unternehmen bedeutende Innovationsfaktoren, und sie werden sich früher oder später selbst zu neuen globalen Akteuren entwickeln. Nach seiner Vorstellung sollten hierbei die Unternehmen die Führungsrolle übernehmen, denn sind sie sich erst einmal mit anderen Unternehmen einig, dann besteht keine Notwendigkeit für die Politik, Zeit mit komplexen multilateralen Treffen und Verhandlungen zu vergeuden.

Die vernetzte Gesellschaft

Im Laufe der Zeit haben mehr als nur einige wenige renommierte Denker das Ende des Kapitalismus als vorherrschendes Wirtschaftsmodell vorhergesagt. Jeremy Rifkin ist davon überzeugt, dass der Trend zu einer stärker kollaborativen Wirtschaft unübersehbar ist und nicht aufgehalten werden kann. Autor Don Tapscott glaubt an einen Wandel hin zum Kapitalismus 2.0. Das Internet bringe Menschen, Wissen und Fähigkeiten zusammen, die Wachstum, gesellschaftliche Weiterentwicklung und Wohlstand im Kontext einer nachhaltigeren Welt befeuern können. Tapscott beschreibt, dass er festgestellt habe, dass die Wirtschaft sich sozialer ausgerichtet habe und Unternehmen und Einzelne gemäß ihren gemeinsamen Bedenken, Anstrengungen und Herausforderungen kooperierten.[19] Der britische Schriftsteller Paul Mason spricht bereits vom Postkapitalismus. Auch er ist zuversichtlich, dass es einen Wandel hin zu einer egalitären Gesellschaft geben wird.[20]

Allerdings werde es noch Jahrzehnte dauern, bis unser gegenwärtiger Kapitalismus überholt ist. Was wir sicher wissen, ist, dass wir den Beginn einer *vernetzten Gesellschaft* erleben: einer Onlife-Gesellschaft, die durch die Zusammenarbeit von Regierungen, digitalen vernetzten Unternehmen und Digital Citizens entsteht. Gerade in dieser vernetzten Gesellschaft werden wir erleben, wie sich der Handel unter dem Einfluss der unaufhaltsamen Digitalisierung noch tief greifender verändern wird. Ich erwarte, dass die Verbraucher am Ende als wirkliche Sieger aus diesem Kampf hervorgehen werden. Sie werden nämlich von all diesen regulierten globalen Einkaufsplattformen und -ökosystemen bestmöglich verhätschelt werden. Gleichzeitig werden regional und national operierende Handelsunternehmen versuchen, sie zu verlocken und verführen, indem diese sich in den kommenden zehn Jahren neu erfinden. Diese Unternehmen werden in den deregulierten Ballungsräumen ein gemeinsames Ziel verfolgen: dem Verbraucher immer wieder aufs Neue die ultimative Customer Journey zu bieten.

Im Onlife-Handel kann wirklich alles gekauft werden, und alle Informationen, die jemals jemand über ein Produkt oder einen Service benötigt, stehen direkt zur Verfügung. Die mächtigen Onlife-Kunden und -Händler wissen genau, wie wertvoll personenbezogene Daten sind. Unternehmen werden Rohstoffe besser nutzen und ihre Fertigungs- und Lieferverfahren bis zur höchsten Effizienzstufe rationalisiert haben. Dadurch können Waren und Dienstleistungen sehr viel einfacher neu produziert und wiederverwendet werden. Letzten Endes werden neue Technologien und ihre Anwendungen unsere Chancen auf Gesundheit, Glück und Wohlstand erhöhen.

Die größte Bedeutung wird die neue vernetzte Gesellschaft in den Entwicklungsländern haben. Die neue digitale Infrastruktur wird in den Ländern der Dritten Welt insbesondere Gesundheits- und Energieversorgung, Bildung und Finanzdienstleistungen ermöglichen und auf diese Weise zur Armutsbekämpfung und zur Steigerung des Binneneinkommens durch den E-Commerce beitragen.

Ein anderes Szenario

Es ist aber auch durchaus möglich, dass sich die Dinge in eine ganz andere Richtung entwickeln. 2016 warnte die Global Commission on Internet Governance, dass sich das Internet durchaus für Machtmissbrauch durch Regierungen und Unternehmen instrumentalisieren ließe.[21] Die Kommission verurteilte die Zensur durch Länder wie China, Iran und Russland und sprach sich für Netzneutralität aus. Sie beschuldigte Facebook und Google, die Mitgliedschaft in ihren Plattformen für Menschen in Entwicklungsländern, die einen Internetzugang erhalten würden, verpflichtend zu machen. Nach Angaben der Kommission ist dies ein typisches Beispiel für Machtmissbrauch. Aufgrund der Förderung von »Zensur, digitaler Spionage, Manipulation und zielgerichteter Profitgier«[22] würde dem Internet eine Grundsanierung gut anstehen.

Datenschutz ist ein weiterer kritischer Punkt. Anscheinend sind Menschen nur allzu bereit, ihre Privatsphäre aufzugeben, wenn dies die Gesellschaft sicherer machen würde. Jeffrey Ullman, Professor an der Universität von Stanford, meint sogar: »Die Welt wäre ein sicherer Ort, wenn wir genau wissen, wer die Guten und wer die Bösen sind. Sicherheit muss Vorrang vor dem Bedürfnis nach Datenschutz haben«.[23] Übrigens: Wussten Sie, dass Ullman Fakultätsberater bei der Promotion von Google-Gründer Sergey Brin war? Er ist bei Weitem nicht der Einzige, der diese Einstellung vertritt. Ebenfalls zur Aufgabe ihrer Privatsphäre bereit sind viele Menschen, wenn ihnen im Gegenzug ein längeres und gesünderes Leben versprochen wird. Tatsächlich sind die meisten Onlife-Konsumenten durchaus bereit, ihre Daten teilweise preiszugeben, um im Gegenzug besser funktionierende Apps, verlockendere Angebote, Preisvorteile oder eine höhere Servicequalität zu erhalten.

Im digitalen Zeitalter stehen die traditionellen Sicherheitsnetze Einzelner wie auch ganzer Gesellschaften unter erheblichem Druck. Natürlich kann *theoretisch* jeder von den Neuerungen des digitalen Zeitalters profitieren, aber das bedeutet nicht, dass es auch jeder tut. Jüngste Berichte zeigen, dass sich der Zuwachs bei den Internetzugängen weltweit in den letzten zehn Jahren deutlich abgeschwächt hat. Das bedeutet, dass die Chancen der digitalen Revolution für Milliarden der ärmsten Menschen wie auch solcher, die in sehr abgelegenen Regionen leben, außer Reichweite bleiben werden.[24]

Die vollständige Abhängigkeit vom Internet kann angesichts seiner Verwundbarkeit durchaus der größte Preis sein, den wir als Gesellschaft zahlen müssen. Praktisch jede Form unverzichtbarer Infrastruktur basiert heute auf dem Internet. Das macht uns verletzlich. Zudem vergrößert diese Abhängigkeit auch die Kluft zwischen Menschen mit und ohne Internetzugang. Wenn wir nichts tun, wird die Abhängigkeit von den globalen Technologieriesen und Einkaufsökosystemen noch stärker werden.

Das Volksinternet

Andrew Keen ist Autor, Unternehmer – und einer der größten Kritiker des Internets. Ich lernte Keen vor einigen Jahren nach einem Vortrag kennen, den er in Amsterdam darüber gehalten hatte, dass wir uns am Scheideweg befinden.[25] Genauso wie beim Start des Internets im Jahr 1995 haben wir auch heute die Möglichkeit, seine Zukunft nach unseren Bedürfnissen zu gestalten. Ich habe seine Bücher Das digitale Debakel[26] und How to Fix the Future[27] in einem Rutsch durchgelesen. Darin vertritt Keen die Ansicht, dass die wohlklingenden Versprechungen des Internets – dass nämlich Mensch und Computer in wunderbarer Symbiose die Welt verbessern würden – sich nicht erfüllen würden. Er macht deutlich, dass das Internet vielmehr die Ungleichheit zwischen den Menschen vergrößere und zum Verlust von Arbeitsplätzen geführt habe – ganz zu schweigen davon, dass der Mensch auf ein Produkt ohne Macht oder Identität reduziert werde. Nach Keens Meinung kann nicht einmal die intelligenteste Technologie die schwierigsten Probleme unserer digitalen Welt lösen. Das können nur Menschen. Wenn wir als eine Art »Volksinternet« (Internet of People, IoP) zusammenarbeiteten, wären wir in der Lage, eine bessere Welt aufzubauen – für uns und für unsere Kinder.[28]

Die Kontrolle wieder übernehmen

Dieses Weltuntergangsszenario muss jedoch nicht Wirklichkeit werden. Eine dezentrale vernetzte Gesellschaft, die nach dem Bottom-up-Prinzip agiert, kann dies verhindern. Durch Dezentralisierung können bürgerliche Initiativen die Macht zurückerobern, und die gut organisierte Zusammenarbeit Einzelner kann genügend Schlagkraft erzeugen, um etablierte Institutionen zu stürzen.[29]

Ich erkenne bereits, wie ein neues Bewusstsein allmählich aufkeimt. Vielleicht könnte man es als neue Denkweise oder frische Mentalität bezeichnen. Ich habe Unternehmen gesehen, die offensichtlich daran interessiert sind, Automation, künstliche Intelligenz und nachhaltiges Geschäft auf ein neues Niveau zu heben, ohne die menschlichen Grenzen aus den Augen zu verlieren. Es gibt viele Entwicklungen in der Smart und der Sharing Economy, der Kreislauf- und der glokalen Wirtschaft, die alle in dieselbe Richtung deuten. Ich glaube, wir werden – langsam, aber sicher – die Kontrolle über unser Leben zurückgewinnen und dadurch verantwortungsvollere und durchdachtere Entscheidungen treffen. Bereits jetzt lassen sich erste Anzeichen dafür erkennen.

Ja, wir stehen *in der Tat* an einem Scheideweg, aber es ist keineswegs zu spät, die Richtung zu ändern und das Steuer herumzureißen. Im Jahr 1995 – am Vorabend der Internetrevolution – konnte sich wirklich niemand vorstellen, was da auf uns zukommt. Jetzt aber hatten wir Gelegenheit, aus dem ungezügelten Optimismus der ersten Jahre sowie seiner Schattenseite, dem Opportunismus, unsere Lehren zu ziehen. Wir können neue Wirtschaftsmodelle für eine gerechtere Gesellschaft entwerfen. Wir können in Geschäftsmodelle investieren, die im Leben der Menschen wirklich etwas bewegen. Wir können das Prinzip vom Menschen als Maß aller Dinge bei allem, was wir tun, im Auge behalten. Gemeinsam werden wir – d. h. die Regierenden, die Unternehmen *und* die Verbraucher – uns die Chance, den digitalen Fortschritt zu beherrschen, nicht entgehen lassen.

Dies erfordert einen Wandel, eine Revolution, eine geänderte Denkweise. Schließlich sind wir es gewohnt, in traditionellen Strukturen und Systemen zu denken, die unsere eigenen Interessen über alles andere stellen. Doch selbst in der Trump-Ära des Protektionismus und der Priorisierung eigener Interessen ist diese Strategie langfristig nicht tragfähig. Wir müssen auf eine Vision von der Menschheit zusteuern, die auf gegenseitigem Respekt gegenüber der Individualität jedes einzelnen Menschen beruht.

Wenn wir uns in Richtung einer vernetzten Gesellschaft bewegen wollen, werden es Menschen sein, die am Ende den Unterschied ausmachen. Wann immer sich Menschen an die Arbeit machen, um Probleme der neuen Welt zu lösen, werden sich ihre Entscheidungen von denen unterscheiden, die von Unternehmen getroffen würden, weswegen wir Letzteren diese wichtige Aufgabe besser nicht überlassen. In jedem einzelnen gesellschaftlichen Bereich – vom CEO bis zu den Teenagern, die die Regale befüllen – muss sich jeder von uns am Riemen reißen und Initiative und Unternehmergeist zeigen. Legen wir Mut, Tapferkeit und Hartnäckigkeit an den Tag – etwas, das wir alle sicherlich besitzen. Schließlich hat die Gesellschaft auch früher schon industrielle und politische Revolutionen überlebt. Der amerikanische Soziologe W. F. Ogburn prägte den Begriff des *cultural lag* (dt. »kulturelle Phasenverschiebung«). Hiermit beschreibt er den Zeitraum, in dem Menschen mit immensen (technologischen) Veränderungen konfrontiert werden.[30] Es dauert einfach immer eine Zeit lang, bis alte Werte, Gedankenkonzepte und Verhaltensmuster hinterherkommen und sich an neue Realitäten anpassen.

Ich möchte an dieser Stelle meinen ältesten Sohn zitieren (und mit ihm vielleicht sogar seine ganze Millennial-Generation):

Am Ende wird's schon gut gehen.

Danksagung

Ich bin recht lange mit der Idee zu diesem Buch schwanger gegangen. Erstmals mit dem entfernten Gedanken, ein eigenes Buch zu verfassen, habe ich im Mai 2013 gespielt. Daraufhin begann ich mit ersten Recherchen. Die ersten Worte habe ich dann am 10. Januar 2014 in New York geschrieben. Meine Tätigkeit für Thuiswinkel.org und Ecommerce Europe ermöglichten es mir, die ganze Welt zu bereisen, und in den letzten Jahren habe ich fast alle Kontinente besucht. Infolgedessen konnte ich mit vielen Führungspersönlichkeiten, CEOs, Geschäftsführern, Journalisten, Managern, Aufsichtsräten, Studierenden, Gesetzgebern und Aufsichtsbehörden, Wissenschaftlern und – was wohl am wichtigsten ist – mit einer großen Zahl aktueller und ehemaliger Mitarbeiter von vielen Hundert verschiedenen Organisationen und Unternehmen sprechen.

Zunächst möchte ich mich bei John Numan vom Verlagshaus Nubiz für das unerschütterliche Vertrauen bedanken, das er von Anfang an in die Produktion der deutschsprachigen Ausgabe meines Buchs gesetzt hat. Er hat auch die niederländische Ausgabe für Business Contact verlegt, und ich begleitete ihn bei seinem Unterfangen, einen neuen Wirtschaftsverlag zu gründen. Ich möchte mich bei seinem gesamten Team bedanken, das für Redaktion, Übersetzung, Korrekturlesen, Fotos, Cover- und Innengestaltung und das Marketing verantwortlich ist, vor allem aber bei Martha, Ellen, Sander und Bart. Ihr alle habt ausgezeichnete Arbeit geleistet.

Für dieses Buch haben viele Menschen hart gearbeitet. Einige davon haben mich auf interessante Quellen hingewiesen, mir Bücher und Artikel geschickt und mich mit einem endlosen Informationsfluss versorgt. Ich möchte allen meinen Dank aussprechen. Besonders danken möchte ich all jenen, die das Buch gelesen haben, und vor allem denjenigen darunter, die mir schonungslose Kritik zuteilwerden ließen. Sie hat dieses Buch besser gemacht.

Vielen Dank für die konstruktive Kritik und die ermutigenden Kommentare. Ich möchte – in alphabetischer Reihenfolge – allen meinen Mitarbeitern und Kollegen, Unternehmern, engen Freunden, Wissenschaftlern, Geschäftspartnern und guten Bekannten danken, die ihre Beiträge zu dem einen oder anderen Kapitel geleistet haben: Jorij Abraham, Martijn Aerts, Christiaan Alberdingk Thijm, Paul

Alfing, Dennis van Allemeersch, Prisca Ancion-Kors, Joachim de Boer, Arjan Bol, Arjen Bonsing, Gijs Boudewijn, Bart Combée, Peter Cras, Michel Delissen, Inge Demoed, Hans Dijkzeul, Kees Gabriëls, Henk Gianotten, Pieter van de Glind, Marlene ten Ham, Just Hasselaar, Ank van Heeringen, Michel Hodes, Jouke Hofman, Martijn Hos, Mark van der Horst, Johan Jelsma, Kitty Koelemeijer, Douwe Lyclama, Harmen van der Meulen, Cor Molenaar, Guus Munten, Paul Nijhof, Ed Nijpels, Elaine Oldhoff, Frank Oostdam, Gino van Ossel, Margreeth Pape, Fer van de Plas, Walther Ploos van Amstel, Menno van der Put, Jan-Willem Roest, Joost Romein, Vincent Romviel, Daniel Ropers, Sophie van Rooij, Stefanie Ros, Michel Schuurman, Roy Scheerder, Jerry Stam, Joost Steins Bisschop, Daan Weddepohl, Gert van de Weerthof und Eelco van Wijk.

Ich danke ferner dem Vorstand von Thuiswinkel.org dafür, dass mir die Möglichkeit gegeben wurde, dieses Buch zu schreiben.

Ein besonderes Dankeschön geht an meine eigenen Redakteure und die (kritischen) Leser. Zunächst einmal vielen Dank an Mikkie Hogenboom und Richard van Welie, meine Kollegen bei Thuiswinkel.org, die jedes einzelne Kapitel mindestens zweimal redigiert haben. Ein besonderer Dank gilt Margreeth Pape, Paul Alfing, Elaine Oldhoff und Arjen Bonsing, deren Mitwirkung an den Kapiteln zu Kreislaufwirtschaft, Zahlungen und Kundenbetreuung von unschätzbarem Wert war. Herzlichen Dank auch an meinen Kollegen Wilbert Schreurs, den kennenlernen zu dürfen ich im vergangenen Jahr das Vergnügen hatte. Während unseres gemeinsamen Weges zu einem künftigen Projekt ließ er stets alles stehen und liegen, wenn ich ihn bat, noch ein Kapitel zu bearbeiten oder zu kommentieren – egal, zu welcher Tages- oder Nachtzeit. Mein Dank gilt schließlich dem Forscher meines Vertrauens, Niels van Straaten, der beim Recherchieren wie beim Schreiben stets akribisch und fleißig vorgegangen ist. Ich werde glückliche Erinnerungen an die vielen Freitage behalten, die wir gemeinsam mit der stundenlangen Arbeit an diesem Buch verbracht haben.

Last but not least möchte ich meiner geliebten Frau Gertje für ihren unermüdlichen und ständigen Zuspruch und ihre Unterstützung beim Verfassen dieses Buches und auch bei der Vorbereitung der englischen Ausgabe danken. Ich bewundere ihre unendliche Geduld mit mir, wenn ich während der gemeinsam verbrachten Zeit mit meinen Gedanken schon wieder ganz woanders war. Unseren ersten gemeinsamen Urlaub ohne Laptop, Tablet, Bücher und haufenweise Notizen konnte ich kaum erwarten, und im Sommer 2017 war es dann endlich so weit.

Ich möchte auch unseren Kindern danken, allen voran Pelle. Als sein Vater auf die Idee kam, seinen Kindheitstraum zu verwirklichen, wohnte er – als Einziger – noch zu Hause.

Ich möchte mich bei meinem Verleger John dafür bedanken, dass er es mir ermöglicht hat, das Buch im Frühjahr 2019 für die englische Neuauflage zu überarbeiten. Als ich es noch einmal las, war ich erstaunt festzustellen, wie zutreffend das Bild war, dass wir anhand der Beispiele gezeichnet hatten: die Trends, Entwicklungen und Prognosen für den Handel, deren Richtigkeit wir bestätigen, deren Wert wir bestärken und die wir teilweise sogar hatten wahr werden lassen.

Die globalen Veränderungen und Transformationen im Handelssektor sind weltweit anerkannt, und das ist meiner Einschätzung nach auch der Grund dafür, dass das vorliegende Buch es bis in alle Winkel der Welt schafft.

Ich bin sehr stolz, dass mein Buch in vollständig aktualisierter Fassung von 2019 jetzt ins Deutsche übersetzt und in Österreich veröffentlicht wird. Vielen Dank an Rainer Will für den Glauben an unser gemeinsames Projekt und dafür, dass er die Umsetzung dieses Buchs möglich gemacht hat.

Wijnand Jongen, Februar 2019
www.wijnandjongen.com

Über den Autor

Wijnand Jongen genießt weltweites Renommee als Autor, Keynote-Speaker und Zukunftsforscher zu Themen aus den Bereichen Handel und E-Commerce. Er ist Mitbegründer und Vorsitzender des Vorstands von Ecommerce Europe und Gründer und CEO des niederländischen E-Commerce-Verbandes Thuiswinkel.org.

Er ist Mitglied von FIRAE, einer Allianz globaler Marktführer aus der Handelsbranche, die in enger Beziehung mit dem US-amerikanischen Einzelhandelsverband NRF (National Retail Federation) steht.

Mitte der 90er Jahre trat Jongen als Mitbegründer und CEO von Macropolis in Erscheinung, dem ersten niederländischen Onlineshopping-Portal. Jongen studierte an der Universität Amsterdam in den Niederlanden sowie am Randolph Macon College und an der Averett University in den Vereinigten Staaten.

www.wijnandjongen.com

Anmerkungen und Quellenangaben

Einleitung

1. Auf www.wikipedia.org finden Sie Definitionen zu den Begriffen »Handel« und »E-Commerce«.

KAPITEL 1: Die Onlification der Gesellschaft

1. Zitat Jack Ma in einem Brief an die Alibaba-Aktionäre, Oktober 2016.
2. »The Internet As Mass Medium«, Merrill Morris und Christine Ogan, Journal of Computer-Mediated Communication, Indiana University, Juni 2006.
3. www.ec.europa.eu.
4. The Onlife Manifesto. Being Human in a Hyperconnected World, Luciano Floridi, Springer, 2015.
5. The Fourth Revolution, Luciano Floridi, Oxford University Press, 2014, S. 43 (dt. Die 4. Revolution. Wie die Infosphäre unser Leben verändert, Suhrkamp Verlag, 2015).
6. Networked. The New Social Operating System, Lee Raine und Barry Wellman, The MIT Press, 2012.
7. »4 Companies That Dominate Your Everyday Life«, www.investopedia.com, 17. August 2015.
8. »Online social integration is associated with reduced mortality risk«, William Hobbs, Moira Burke, Nicholas Christakis, James Fowler. PNAS, Jg. 113, Nr. 46. www.pnas.org, 31. Oktober 2016.
9. »Accepting Facebook friend request may lengthen users' lives, study says«, Elizabeth Elizalde, www.nydailynews.com, 5. November 2016.
10. »Why Do People Use Facebook?«, Ashwini Nadkarni und Stefan G. Hofmann, Personality and Individual Differences, Februar 2012, Jg. 52(3): S. 243-249.
11. »Networked Individualism: What in the World Is That?«, Lee Rainie und Barry Wellman, networked.pewinternet.org, 12. Mai 2012.
12. Quote of Barry Wellman, Elsevier, 18. April 2015.
13. »How artificial intelligence will affect retail's future«, Karl Young, www.mytotalretail.com, 14. Januar 2018.

14. »Three impacts of artificial intelligence on society«, Anthony Delgado, www.forbes.com, 13. Juni 2018.
15. Basierend auf einer Anpassung von The Onlife Manifesto, www.ec.europa.eu.
16. »A Chip in Your Brain Can Control a Robotic Arm. Welcome to Braingate«, Madhumita Venkataramanan, www.wired.co.uk, 1. Mai 2015.
17. »Social Media and Political Engagement«, Lee Raine, Aaron Smith, Kay Lehman Schlozman, Hendry Brady und Sidney Verba, PewResearch-Center, www.pewinternet.org, 19. Oktober 2012.
18. The Third Industrial Revolution. How Lateral Power Is Transforming Energy, The Economy and the World, Jeremy Rifkin, Palgrave Macmillan, 2011 (dt. Die dritte industrielle Revolution: Die Zukunft der Wirtschaft nach dem Atomzeitalter, FISCHER Verlag, 2014).
19. The Third Industrial Revolution. How Lateral Power Is Transforming Energy, The Economy and the World, Jeremy Rifkin, Palgrave Macmillan, 2011 (dt. Die dritte industrielle Revolution: Die Zukunft der Wirtschaft nach dem Atomzeitalter, FISCHER Verlag, 2014).
20. The Fourth Industrial Revolution, Klaus Schwab, Weltwirtschaftsforum, 2016 (dt. Die Vierte Industrielle Revolution, Pantheon Verlag, 2016).
21. www.statista.com.
22. »Alibaba's New Retail could be what makes American retail great again«, Chris Walton, www.forbes.com, 8. August 2018.
23. »Alibaba's Intime Acquisiton Mirrors Amazon's Physical Store Drive«, Rachel Gunter, www.marketrealist.com, 20. Januar 2017.
24. »Alibaba's New Retail Integrates E-commerce, Stores & Logistics: Is This The Next Gen of Retail«, Deborah Weinswig, www.forbes.com, 14. April 2017.
25. »Alibaba Makes Another Big Push Into Brick-and-Mortar Retail«, www.fortune.com, 20. Februar 2017.
26. »The future of retail is happening right now in China«, Adam Najberg, www.alizila.com, 25. Mai 2018.
27. »Hema: reinventing grocery retail«, Wijnand Jongen, , 13. September 2018.
28. »A virtual empire«, Suchit Leesa-Nguansuk, Bankok Post, 6. Februar 2017.
29. »Getting Physical: Online Retailers Move Offline«, Barbara Thau, www.chainstoreage.com, 7. Mai 2013.

30. »Amazon will consider opening up to 3,000 cashierless stores by 2021«, Spencer Soper, www.bloomberg.com, 19. September 2018.
31. »Why Would Amazon Open Physical Stores«, Trefis Team, www.forbes.com, 11. Februar 2016.
32. »Alibaba and Amazon move over, we visitied JD's connected grocery store in«, Rita Liao, www.techcrunch.com, www.techcrunch.com, 16. November 2018.
33. »JD.com expands 7Fresh stores across China as it takes on Alibaba's Hema stores«, Danielle Long, www.thedrum.com, 24. September 2018.
34. »Zalando opens two new outlet stores«, Stefan van Rompaey, www.retaildetail.eu, 16. August 2018.
35. »Zalando denkt über Glitzer-Shops nach – und 3-D-Druck«. Jonas Rest, www.manager-magazin.de, 29. April 2017.
36. 36»Zalando buys streetwear retailer Kickz, outlook dents shares«, Emma Thomasson, www.in.reuters.com, 1. März 2017.
37. »Amazon opens pop-up stores throughout Europe«, www.retaildetail.eu, 11. November 2018.
38. »Amazon's Treasure Truck rolling up to Whole Foods stores across U.S. starting today«, Nat Levy, www.geekwire.com, 30. Januar 2018.
39. »Here's How Amazon Could Disrupt Health Care (Part 1, 2 and 3)«, Chuncka Mui, www.forbes.com, 7. Februar 2018.
40. »Why Unilever Really Bought Dollar Shave Club«, Jing Cao und Melissa Mittelman, www.bloomberg.com, 20. Juli 2016.
41. www.origami.com
42. »M-Pesa users to send cash abroad«, Constant Munda, www.businessdailyafrica.com, 6. November 2018.

KAPITEL 2: Onlife-Retail in der Smart Economy

1. Big Data: A Revolution That Will Transform How We Live, Work, and Think, Viktor Mayer-Schönberger und Kenneth Cukier, Houghton Mifflin Harcourt, 2013 (dt. Big Data: Die Revolution, die unser Leben verändern wird, Redline Verlag, 2013).

2. Sie wissen Alles, Yvonne Hofstetter, C. Bertelsmann, 2014.
3. »Gartner 2015 Hype Cycle: Big Data is Out, Machine Learning Is In«, Bhavya Geethika, www.kdnuggets.com, August 2015.
4. »Data is giving rise to a new economy«, The Economist, 6. Mai 2017.
5. »Gartner Says Smart Cities Will Use 1.1 Billion Connected Things in 2015«, Pressemitteilung, www.gartner.com, 18. März 2015.
6. »The results are in: Retail's Holy Grail is… Beacons«, Mike Butler, www.linkedin.com, 1. August 2017.
7. »At Store After Store, a Pitch by Phone«, Mark Scott, www.nytimes.com, 2. Dezember 2014.
8. »Five Pieces of Tech That Are Set to Transform the High Street«, Jack Torrance, www.managementtoday.co.uk, 12. Juni 2015.
9. »How Bluetooth Beacons Will Transform Retail in 2016«, Kenny Kline, www.huffingtonpost.com, 15. Januar 2016.
10. »How technology will reinvent the retail store«, Kobi Elbaz, www.mytotalretail.com, 24. April 2018.
11. »Window to the world«, Forschungen im Shopping Tomorrow-Programm von Thuiswinkel.org, BBP Media, Januar 2019.
12. »Timberland Creates Its First Digitally Connected Store«, Hilary Milnes, www.digiday.com, 18. Januar 2016.
13. »Digital sporting goods retailers: Decathlon and Intersport push«, www.ixtenso.com, 31. August 2018.
14. »Cramming More Components onto Integrated Circuits«, Gordon E. Moore, Electronics Magazine, S. 4, University of Texas, 1965.
15. Het Financieele Dagblad, Erwin van den Brink, 9. Januar 2016.
16. »The Emerging of ›Internet of Things‹«, Mark Fell, www.carre-strauss.com, 2014; Angaben wie durch den Autor auf der Grundlage von Cisco-Daten interpretiert.
17. »Morgan Stanley: 75 Billion Devices Will Be Connected To The Internet Of Things By 2020«, Tony Danova, www.businessinsider.com, 2. Oktober 2013.
18. »Internet of Things Market to Reach $1,7 Trillion by 2020«, IDC, Steven Norton, The Wall Street Journal, 2. Juni 2015.
19. »Unlocking the Potential of the Internet of Things«, report from McKinsey Global Institute, www.mckinsey.com, Juni 2015.

20. The Circle, Dave Eggers, Hamish Hamilton, 2013.
21. »Teslamania«, Arthur van Leeuwen, Elsevier, 1. Februar 2014.
22. »The WHO, WHY and HOW Augmented Reality Will Dominate Retail in 2018«, Jeff Tremblay, www.mytotalretail.com, 11. Februar 2018.
23. »M&S Enters the World of VR with Loft Homeware Tour«, Katie Deighton, www.eventmagazine.co.uk, 15. September 2015.
24. »How Oculus and Cardboard Are Going to Rock the Travel Industry«, Jennifer Parker, www.bloomberg.com, 19. Juni 2015.
25. »An Amadeus company, Navitaire, unveils the world's first Virtual Reality travel search and booking experience«, Candice Vallantin, www.amadeus.com, 25. April 2017.
26. »Mixed Reality: The Future of Augmented and Virtual Reality«, Dennis Williams, www.augment.com, 24. Januar 2017.
27. »Snapchat strikes familiar chord with shoppable AR lens for Nicki Minaj's new album«, Tommy Palladino, www.mobile-ar.reality.news, 8. November 2018.
28. www.shoppingtomorrow.nl, Produktvisualisierung, Thuiswinkel.org, Januar 2014.
29. ebd.
30. www.statista.com, 14. Februar 2018.
31. »12 Things We Can 3D Print in Medicine Right Now«, Bertalan Meskó, www.3dprintingindustry.com, 26. Februar 2015.
32. »Asda Launches 3d Printing Service: Offering Customers a Chance to Clone Themselves As Tiny Figures«, Kirstie McCrum, www.mirror.co.uk, 28. Mai 2015.
33. »37 Marketplaces to Share, Buy and Sell Designs for 3D Printing«, Blog Mathilda, www.makingsociety.com, 11. Juli 2013.
34. »Amazon Enters 3d Printing Race«, tj McCue, www.forbes.com, 31. Juli 2014.
35. »Amazon Files Patent for Mobile 3d Printing Delivery Trucks«, Brian Krassenstein, www.3dprint.com, 25. Februar 2015.
36. »3D Body Scanning: Fitting the future«, Hein Daanen, www.amfi.nl/3d-body-scanning-fitting-future, 2018.
37. »Nike CEO Mark Parker Said the Brand Is Working on 3D-Printing Flyknit Sneakers«, Riley Jones, www.uk.complex.com, 30. März 2016.

38. »3D printing: Good for Retail? Tesco CIO Says So«, Colin Neagle, www.networkworld.com, 27. September 2013.

39. »Zalando denkt über Glitzer-Shops nach – und 3-D-Druck«, Jonas Rest, www.manager-magazin.de, 29. April 2017.

40. »3D printing: a threat to global trade«, ING Report, September 2017.

41. »Is this the rise of the retail robots?«, Cate Trotter, LinkedIn, 11. April 2017.

42. »Rise of the machines? Amazon's army of more than 100,00 warehouse robots still can't replace humans because they lack ›common sense‹«, Aaron Brown, 5. Juni 2018.

43. »Where's the Sugar? Supermarket Robot Creates Product Maps As It Takes Stock«, Ben Coxworth, www.gizmag.com, 18. April 2016.

44. »Walmart's new robots are loved by staff – and ignored by customers«, Erin Winick, www.technologyreview.com, 31. Januar 2018.

45. »Mobile Experiments«, Katie Evans, Internet Retailer, September 2016.

46. »Is Artificial Intelligence the Answer to Retail Challenges? An Internet Retailer Report, sponsored by IBM«. www.digitalcommerce360.com, 2017.

47. Interview mit Werner Vogels. Klaas Broekhuizen und Sandra Olsthoorn, Het Financieele Dagblad, 20. Februar 2017.

48. Franka Rolvink Couzy, Het Financieele Dagblad, 24. Juni 2016.

49. Zitat Hugh Fletcher, Global Head of Consulting, Salmon Ltd.

50. »Are the Robots About to Rise? Google's New Director of Engineering Thinks So«, Carole Cadwalladr, www.theguardian.com, 22. Februar 2014.

51. The Singularity is Near, Ray Kurzweil, Viking, Februar 2013 (dt. Menschheit 2.0: Die Singularität naht, Lola Books, 2014).

52. Nick Kivits, Het Financieele Dagblad, 10. September 2016.

53. »Partnership on AI Formed by Google, Facebook, Amazon, IBM and Microsoft«, Alex Hern, www.theguardian.com, 28. September 2016.

54. Klaas Broekhuizen, Het Financieele Dagblad, 30. September 2016.

55. »CIO Explainer: What is Blockchain?«, Steven Norton, The Wall Street Journal, www.blogs.wsj.com, 2. Februar 2016.

56. »Weekly Focus: JD.com opens up blockchain platform«, Eileen Yu, www.retailtechnews.com, 22. August 2018.

57. The Blockchain Revolution, Don und Alex Tapscott, Penguin, 2016 (dt. Die

Blockchain-Revolution: Wie die Technologie hinter Bitcoin nicht nur das Finanzsystem, sondern die ganze Welt verändert, Plassen Verlag 2016).

58. »Here's Why Blockchains Will Change The World«, Don und Alex Tapscott, www.fortune.com, 8. Mai 2016.

59. The Blockchain Revolution, Don und Alex Tapscott, Penguin, 2016, S. 161 (dt. Die Blockchain-Revolution: Wie die Technologie hinter Bitcoin nicht nur das Finanzsystem, sondern die ganze Welt verändert, Plassen Verlag 2016).

60. Reinventing Capatalism in the Age of Big Data, Victor Mayer-Schönberger und Thomas Ramge, John Murray, Januar 2018 (dt. Das Digital: Markt, Wertschöpfung und Gerechtigkeit im Datenkapitalismus, Econ, 2017).

61. »Schutz personenbezogener Daten«, www.ec.europa.eu.

62. »WhatsApp, Facebook and Google face tough new privacy rules under EC proposal«, Samual Gibbs, www.theguardian.com, 10. Januar 2017.

63. Interview mit Professorin Lokke Moerel, De Brauw Blackstone Westbroek, Het Financieele Dagblad, 15. Februar 2014.

64. Interview mit Ökonomin Susan Athey, Michael Persson, de Volkskrant, 13. Juni 2014.

65. »How Target Figured Out A Teenage Girl Was Pregnant Before Her Father Did«, Kashir Mill, Forbes, 16. Februar 2012.

66. »How Companies Learn Your Secrets«, Charles Duhigg, The New York Times, 16. Februar 2012.

67. Big Data: A Revolution That Will Transform How We Live, Work, and Think, Viktor Mayer-Schönberger und Kenneth Cukier, Houghton Mifflin Harcourt, 2013, S. 276 (dt. Big Data: Die Revolution, die unser Leben verändern wird, Redline Verlag, 2013).

68. »Saving Big Data from Big Mouths«, Cesar A. Hildalgo, www.scientificamerican.com, 29. April 2014.

69. »The Eight Most Common Big Data Myths«, Joerg Niessing, knowledge.insead.edu, 5. März 2015.

70. »The Backlash Against Big Data«, www.economist.com, 20. April 2014.

71. Time Magazine, 25. Dezember 2006.

72. Richard Smit, Het Financieele Dagblad, 16. Januar 2016.

73. Zitat Martijn Hos, Leiter Öffentlichkeitsarbeit Thuiswinkel.org, 14. Januar 2016.

KAPITEL 3: Verbraucher in der Sharing Economy

1. »Share My Ride«, Mark Levine, www.nytimes.com, 5. März 2009.
2. »Free Music, at least while it lasts«, David Carr, The New York Times, 8. Juni 2014.
3. The Age of Access, Jeremy Rifkin, Tarcher/Putnam, 2000 (dt. Access. Das Verschwinden des Eigentums: Warum wir weniger besitzen und mehr ausgeben werden, Campus Verlag, 2007).
4. »When is Ours Better Than Mine? A Framework for Understanding and Altering Participation in Commercial Sharing Systems«, C. P. Lamberton und R. L. Rose, Journal of Marketing, 76(4), S. 109-125, 2012.
5. »The Sharing Economy: Seizing the Revenue Opportunity«, Retrieved, 16. Juni 2015.
6. »Consumer Intelligent Series. The Sharing Economy«, PwC, 2015.
7. Stuffocation, James Wallman, Spiegel & Grau, 2016.
8. What's Mine Is Yours: The Rise of Collaborative Consumption, Rachel Botsman und Roo Rogers, Harper Business, 2010.
9. »10 Ideas That Will Change The World«, Bryan Walsh, Time, 17. März 2011.
10. Rachel Botsman bei TedxSydney 2010.
11. What Are the Drivers of the Sharing Economy and How Do They Change Customer Behavior?, Lea Scholdan und Niels van Straaten, Erasmus-Universität, 24. Juni 2015.
12. What's Mine Is Yours: The Rise of Collaborative Consumption, Rachel Botsman und Roo Rogers, Harper Business, 2010.
13. »Couchsurfing is not for commercial use, but what does that mean, exactly?«, Beitrag von Rachel, www.support.couchsurfing.org, 14. Dezember 2018.
14. »Seeds of Apple's New Growth In Mobile Payments, 800 Million iTunes Accounts«, Nigam Arora, www.forbes.com, 24. April 2014.
15. »The top 10 streaming music services by number of users«, Hugh McIntyre, www.forbes.com, 25. Mai 2018.
16. IFPI Global Music Report 2016, www.ifpi.org, 12. April 2016.
17. »Is Uber shortchanging drives? As part of lawsuit, over 9,000 now say yes«, Cyrus Farivar, www.arstechnica.com, 16. Februar 2018.

18. »105 Airbnb Statistics and Facts«, Craig Smith, www.expandedramblings.com, 13. Dezember 2018.
19. AlixPartners, www.alixpartners.com, 4. Februar 2014.
20. »Future of Carsharing Market to 2025«, Frost Sullivan, www.frost.com, 2. August 2016.
21. »IKEA Enters ›Gig Economy‹ by Acquiring TaskRabbit«, Tiffany Hsu, www.nytimes.com, 28. September 2017.
22. »Why Brands Should Pay Attention to Collaborative Consumption«, Ana Andjelic, www.theguardian.com, 8. Mai 2014.
23. »Daimler and Geely start car sharing service in China«, Tony Verhelle, www.newmobility.news, 10. Oktober 2018.
24. The Third Wave: The Classic Study of Tomorrow, Alvin Toffler, Bantam, 1980 (dt. Die dritte Welle. Zukunftschance. Perspektiven für die Gesellschaft des 21. Jahrhunderts, Goldmann, 1983).
25. Makers: The New Industrial Revolution, Chris Anderson, Crown Business, 2. Oktober 2012 (dt. Makers: Das Internet der Dinge: Die nächste industrielle Revolution, München 2013).
26. The Third Industrial Revolution. How Lateral Power Is Transforming Energy, The Economy and the World, Jeremy Rifkin, Palgrave Macmillan, 2011 (dt. Die dritte industrielle Revolution: Die Zukunft der Wirtschaft nach dem Atomzeitalter, FISCHER Verlag, 2014).
27. The Zero Marginal Cost Society, Jeremy Rifkin, Palgrave Macmillan, 2014 (dt. Die Null-Grenzkosten-Gesellschaft. Das Internet der Dinge, kollaboratives Gemeingut und der Rückzug des Kapitalismus, Frankfurt/New York 2014).
28. »Beyond Uber and Airbnb: The Future of the Sharing Economy«, Alex Stephany, Los Angeles Times, 28. Mai 2014.
29. What's Mine Is Yours: The Rise of Collaborative Consumption, Rachel Botsman und Roo Rogers, Harper Business, 2010.
30. »Chaos at the world's most valuable venture-backed company is forcing Silicon Valley to question its values«, Katy Steinmetz und Matt Vella, TIME Magazine, 26. Juni 2017.
31. »The Sharing Economy Isn't ›Collaborative Consumption‹, It's ›Disaster Capitalism‹«, Alexandra Le Tellier, Los Angeles Times, 5. Juni 2014.

32. »The Case Against Sharing«, Susie Cagle, www.medium.com, 27. Mai 2014.

33. »To Get a Fair Share, Sharing-Economy Workers Must Unionize«, Susie Cagle, Aljazeera America, 27. Juni 2014.

34. »TrustCloud Provides Quality Assurance for the Sharing Economy«, Michael Sacca, Cocktail San Francisco, 19. Oktober 2014.

35. »The Evolution of Trust«, David Brooks, The New York Times, 30. Juni 2014.

36. »An Analysis of the Labor Market for Uber's Driver-Partners in the United States«, J. V. Hall und A. B. Krueger, www.nberg.org, 2016.

37. »Uber, Airbnb and Consequences of the Sharing Economy«, J. Penn und J. Wihbey, Research Roundup, 2015.

38. »The Dark Side of ›Sharing Economy‹ Jobs«, Catherine Rampell, The Washington Post, 26. Januar 2015.

39. »In the Sharing Economy, Works Find Both Freedom and Uncertainty«, Natasha Singer, The New York Times, 16. August 2014.

40. »In the Sharing Economy, a Rift over Worker Classification«, Scott Kirsner, The Boston Globe, 17. August 2014.

41. »Hiring Independent Contractors: Why Everyone Will Be Doing It By 2020«, Jen Cohen Crompton, Business2Community, 14. Oktober 2014.

42. »Working in America«, The Aspen Institute, 2. Dezember 2014.

43. »Three Challenges for the Sharing Economy and Collaborative Consumption Initiatives«, Michel Bauwens, p2p Foundation, 1. Januar 2013.

44. »Eerlijk delen. Waarborgen van publieke belangen in de deeleconomie en kluseconomie«, Dr. ir. Rinie van Est und Dr. Magda Smink, Rathenau Instituut, Mai 2017.

45. »Uber Faces Federal Inquiry Over Use of Greyball Tool to Evade Authorities«, Mike Isaac, www.nytimes.com, 4. Mai 2017.

46. »EU Backs Sharing Economy in Boost for Uber and Airbnb«, Julia Kollewe und Rob Davies, www.theguardian.com, 2. Juni 2016.

47. »Europäische Agenda für die kollaborative Wirtschaft«, Europäische Kommission, 2. Juni 2016.

48. Share, Pieter van de Glind und Harmen van Sprang, Business Contact, 2016.

49. »Sharing Economy Revenues set to Triple, Reaching $20 Billion Globally by 2020«, Juniper Research, www.juniperresearch.com, 23. Mai 2016.

50. »Assessing the Size and Presence of the Collaborative Economy in Europe«, Robert Vaughan und Raphael Daverio, PwC UK, April 2016.
51. »How the Millennial Generation and a New ›Sharing Economy‹ Are Transforming the Way Cities Function«, Ron Cassie, Baltimore Magazine, Januar 2014.
52. »The Current and Future State of the Sharing Economy«, Niam Yaraghi und Shamika Ravi, www.brookings.edu, 29. Dezember 2016.
53. Casper Thomas, De Groene Amsterdammer, 25. September 2014.

KAPITEL 4: Nachhaltiges Einkaufen in der Kreislaufwirtschaft

1. »Amazon's No Show on Sustainability«, Marc Gunther, www.theguardian.com, 20. Dezember 2012.
2. Waste to Wealth, Peter Lacy und Jakob Rutqvist, Palgrave Macmillan, 2015 (dt. Wertschöpfung statt Verschwendung, Redline, 2015).
3. »›Cars Are Parked 95% of the Time.‹ Let's Check!«, Paul Barter, www.reinventingparking.org, 22. Februar 2013.
4. »2030: A ›Perfect Storm‹ of Global Resource Shortages«, Clinton Global Initiative, John W. Schoen, www.cnbc.com, 23. September 2013.
5. »UN Projects World Population to Reach 8.5 Billion by 2030, Driven by Growth in Developing Countries«, www.un.org, 29. Juli 2015.
6. »Has the Earth Run Out of Any Natural Resources«, Brian Palmer, www.slate.com, 20. Oktober 2010.
7. »IKEA tests renting out furniture as eco-friendly plan«, Tim Wallace, www.telegraph.co.uk, 24. Januar 2018.
8. Circulaire Economie: Innovatie meten in de keten, J. Potting et al., PBL/Universiteit Utrecht, Den Haag, 2016, S. 15.
9. »Manifest circular e-commerce«, Margreeth Pape, Thuiswinkel.org, Januar 2017.
10. »The 2017 Dimensional Weight Pricing Changes You Need To Know«, Jillian Hufford, www.nchannel.com, 26. April 2017.
11. »Amazon Cuts Shipping Fees in Threat to Alibaba's U.S. Business«, Spencer Soper, www.bloomberg.com, 15. Juni 2016.
12. »The Carbon Majors Debate: CDP Carbon Majors Report 2017«, CDP, www.cdp.net, Juli 2017.

13. »Donald Trump doesn't think much of global warming«, Chris Cillizza, www.edition.cnn.com, 8. August 2017.
14. »Retailers' Challenge: How to Cut Carbon Emissions as E-Commerce Soars«, Aaron Cheris, Casey Taylor, Jennifer Hayes und Jenny Davis-Peccoud, www.bain.com, 18. April 2017.
15. »What's Really Driving China's $1 Billion Dollar Bike-Sharing Boom?«, Paul Armstrong und Yue Wang, www.forbes.com, 20. Juni 2017.
16. »China's bike-sharing frenzy has turned into a bubble«, Michelle Toh, www.money.cnn.com, 29. Dezember 2017.
17. »Project Ara Lives: Google's Modular Phone Is Ready for You Now«, David Pierce, www.wired.com, 20. Mai 2016.
18. MVO Nederland, www.mvonederland.nl, April 2016.
19. »H&M Ups Its Green Game«, Joelle Diderich, www.wwd.com, 4. April 2017.
20. »H&M's Latest Conscious Collection Is Their Best Yet For Sustainable Fashion«, Susan Devaney, www.huffingtonpost.com, 24. März 2017.
21. »People & Planet Positive. IKEA Sustainability Strategy for 2020«, www.ikea.com, Juni 2014.
22. »Retailers' Challenge: How to Cut Carbon Emissions as E-Commerce Soars«, Aaron Cheris, Casey Taylor, Jennifer Hayes und Jenny Davis-Peccoud, www.bain.com, 18. April 2017.
23. Waste to Wealth, Peter Lacy und Jakob Rutqvist, Palgrave Macmillan, 2015 (dt. Wertschöpfung statt Verschwendung, Redline, 2015).
24. »Remaking the Industrial Economy«, Hanh Nguyen, Martin Stuchtey und Markus Zils, McKinsey & Company, Februar 2014.
25. »Moving Towards a Circular Economy«, Markus Zils, McKinsey & Company, Februar 2014.
26. Waste Conference, Frank Hopstaken und Kees Wielenga, 30. Oktober 2014.
27. »Amazon's No Show on Sustainability«, Marc Gunther, www.theguardian.com, 20. Dezember 2012.
28. »Can Amazon's New ›Dream Team‹ Fix the Company's Sustainability Reputation?«, Marc Gunther, www.theguardian.com, 2. Februar 2016.
29. »Environmental Responsibility Report«, Apple, 2016.

30. »Apple makes ›closed loop‹ recycling pledge«, Tim Bradshaw, The Financial Times, 20. April 2017.

31. »Microsoft Has Been Using 100% Renewable Energy for Its US Operations Since 2014«, Laurent Giret, www.winbeta.com, 22. März 2016.

32. »Sustainable Development Goals: 17 goals to transform our world, www.un.org, 25. September 2015.

33. Liza Jansen, Het Financieele Dagblad, 23. April 2016.

34. This Changes Everything, Capitalism vs. the Climate, Naomi Klein, Simon & Schuster, 2014 (dt. Die Entscheidung: Kapitalismus vs. Klima, S. Fischer, 2015).

35. Liza Jansen, Het Financieele Dagblad, 23. April 2016.

36. »Japan's 2011 Earthquake, Tsunami and Nuclear Disaster. Economic Impact on Japan and the Rest of the World«, Kimberly Amadeo, useconomy.about.com.

37. »Ukraine Crisis: Why It Matters to the World Economy. How Ukraine Crises Affects Your Money«, Mark Thompson und Gregory Wallace, CNNMoney, 3. März 2014.

38. »Paris climate agreement: World reacts as Trump pulls out of global accord – as it happened«, Elle Hunt. www.theguardian.com, 2. Juni 2017.

KAPITEL 5: In der Plattformwirtschaft gilt: The Winner Takes It All

1. Being Digital, Nicholas Negroponte, Random House, 1996 (dt. Total digital. Die Welt zwischen 0 und 1 oder Die Zukunft der Kommunikation, Goldmann, 1997).

2. www.legatum.com, 2018.

3. »Cisco VNU Global IP Traffic Forecast«, 2016-2021.

4. Internetnutzer weltweit, www.internetlivestats.com, 4. Januar 2019.

5. »Globalization: Made in the USA«, Gary Grappo, www.fairobserver.com, 29. Juli 2016.

6. Caroline de Gruyter, NRC Handelsblad, 4. August 2016.

7. »Saving Globalization and Technology from Themselves«, Rich Lesser, Martin Reeves und Johann Harnoss, www.bcgperspectives.com, 26. Juli 2016.

8. »The EU Should Take the Side of the Losers of Globalization«, Paul de Grauwe, www.socialeurope.eu, 4. Juli 2016.

9. »Saving Globalization and Technology from Themselves«, Rich Lesser, Martin Reeves und Johann Harnoss, www.bcgperspectives.com, 26. Juli 2016.

10. »Are you in the top one percent of the world?«, Daniel Kurt, www.investopedia.com, 29. Oktober 2018.

11. www.wikipedia.org und www.dfbonline.nl.

12. www.brainyquote.com.

13. »Kartellrecht: Kommission verhängt Geldbuße in Höhe von 2,42 Mrd. EUR gegen Google wegen Missbrauchs seiner marktbeherrschenden Stellung als Suchmaschine durch unzulässige Vorzugsbehandlung für eigenen Preisvergleichsdienst – Factsheet«, www.europa.eu/rapid/press-release_MEMO-17-1785_de.htm, 27. Juni 2017.

14. »Search Engine Marketshare, StatCounter Global stats«, www.gs.statcounter.com, November 2018.

15. »Google is fined billions: encouragement for (web)stores«, Wijnand Jongen, Blogpost auf www.wijnandjongen.com, 28. Juni 2017.

16. »More product searches start on Amazon«, Krista, www.retail.emarketeer.com, 7. September 2018.

17. »Amazon Commands Almost Half of All Product Searches, and Marketeers Are Ignoring Omnichannel«, Stewart Rogers, www.venturebeat.com, 6. Oktober 2015.

18. »Amazon and the ›Profitless Business Model‹ Fallacy«, Eugene Wei, Blogpost auf »Remains of the Day«, 26. Oktober 2013. Eugene Wei war von 1997 bis 2004 als Stratege bei Amazon tätig.

19. www.expandedramblings.com, 11. Dezember 2018.

20. »The Market is Underestimating Amazon«, Ken Kam, www.forbes.com, 27. Mai 2016.

21. www.iresearchchina.com, 27. Juni 2018.

22. »Walmart, Amazon top world's largest retail companies«, Peter Carbonara, www.forbes.com, 6. Juni 2018.

23. »Amazon moves the needle with marketplace sales«, Krista Garcia, www.retailemarketeer.com, 20. Juli 2018.

24. »Amazon reports nearly $2 billion in profit, blowing past Wall Street expectations for holiday quarter«, Katie Roof, www.techcrunch.com, 1. Februar 2018.

25. Hanneke Chin-A-Fo und Toef Jaeger, NRC Handelsblad, 19. September 2014.
26. »2017 FBA Fee Changes and What They Mean For You«,
www.channeladvisor.com, 24. Januar 2017.
27. »Amazon private label brands competing with its advertisers«, Jim
Leichenko, www.kantarmedia.com, 17. September 2018.
28. »Third-Party Resellers and Amazon: A Double-Edged Sword in ECommerce«,
Jennifer Rankin, www.theguardian.com, 23. Juni 2015.
29. »Has Amazon re-invented High Street Shopping?«, Paul Skeldon,
www.internetretailing.net, 21. Juni 2017.
30. The End of Power, Moisés Naím, Basic Books, 2013.
31. Interview mit Moisés Naím, Wouter van Noort, NRC Handelsblad,
8. August 2015.
32. »Amazon Says It Puts Customers First. But Its Pricing Algoritm Doesn't«,
Julia Angwin und Surya Mattu, 20. September 2016.
33. Red de winkel!, Cor Molenaar, Academic Service, 2013.
34. »The Guardian View on the Automated Future: Fewer Shops and Fewer
People«, www.theguardian.com, 29. Februar 2016.
35. »Amazon will consider opening up to 3,000 cashierless stores by 2021«,
Spencer Soper, www.bloomberg.com, 19. September 2018.
36. »Amazon Opens Checkout-Free ›Amazon Go‹ Grocery Store to the Public in
Seattle«, Mitchel Broussard, www.macrumors.com, 22. Januar 2018.
37. »Trump, a ›blessing in disguise‹ for retailers?«, Wijnand Jongen, Blogpost
auf www.wijnandjongen.com, 14. November 2016.
38. »Amazon's Monopsony Is Not O.K.«, Paul Krugman, www.nyt.com,
20. Oktober 2014.
39. »Amazon to start collecting state sales taxes everywhere«, Chris Isidore,
www.money.cnn.com, 29. März 2017.
40. »EU fines Google $5.1 billion in Android antitrust case«, Adam Satariano
und Jack Nicas, www.nytimes.com, 18. Juli 2018.
41. »French economy minister files lawsuit against Amazon«,
www.chicagotribune.com, 18. Dezember 2017.
42. »Austrian retailers file antitrust complaint against Amazon«, Carlos Jasso,
www.reuters.com, 10. Dezember 2018.

43. »Amazon tax«: Britain is reportedly mulling over a special tax to help local online retailers, finance minister says«, Sam Meredith, www.cnbc.com, 10. August 2018.

44. »Fusionskontrolle: Kommission verhängt gegen Facebook Geldbuße von 110 Mio. EUR wegen irreführender Angaben zur Übernahme von WhatsApp«, http://europa.eu/rapid/press-release_IP-17-1369_de.htm, 18. Mai 2017.

45. Besteuerung der digitalen Wirtschaft: Kommission schlägt neue Maßnahmen vor, damit alle Unternehmen in der EU faire Steuern zahlen, www.europa.eu, 21. März 2018.

46. »Ruling That Apple Led E-Book Pricing Conspiracy Is Upheld«, Brian X. Chen, www.nyt.com, 30. Juni 2015.

47. Platform revolution, Geoffrey Parker, Marshall van Alstyne und Sangreeth Choudary, Norton, Januar 2017 (dt. Die Plattform-Revolution im E-Commerce: Von Airbnb, Uber, PayPal und Co. lernen: Wie neue Plattform-Geschäftsmodelle die Wirtschaft verändern, mitp, 2017).

KAPITEL 6: Mehr Einfluss für die Onlife-Verbraucher

1. »How millennials became the selfie generation: self-esteem, narcissism, or something more?«, Dunja Djudjic, www.diyphotography.net , 15. Mai 2018.

2. »The millennial moment – in charts«, Cale Tilford, www.ft.com, 6. Juni 2018.

3. »The Digital Native Advance«, Ken Hughes, www.kenhughes.info.

4. »Digital Natives, Digital Immigrants Part 1«, Marc Prensky, On the Horizon, September/Oktober 2001, 9. Jahrgang, Nr. 5.

5. »Amazon promises college students two-minute orders«, Jefferson Graham, www.usatoday.com, 15. August 2017.

6. »Digital Natives, Digital Immigrants Part 1«, Marc Prensky, On the Horizon, September/Oktober 2001, 9. Jahrgang, Nr. 5.

7. Aging and health, Weltgesundheitsorganisation, 5. Februar 2018.

8. »Think older people are technophobes? Think again«, Lucas Jackson, www.ampweforum.org, 23. Mai 2017.

9. »Older Adults and Technology Use«, Aaron Smith, www.pewinternet.org, 3. April 2014.

10. »Apple And IBM Are Joining Forces To Help Care For The Eldery: In Japan«, Ann Brenoff, The Huffington Post, 30. April 2015.
11. »Accessibility«, Shawn Lawton Henry und Liam McGee, www.w3c.org.
12. »Internet advertising expenditure to exceed US $200 bn this year«, www.zenithmedia.com, 26. März 2017.
13. »Change Consumer Behavior with These Five Levers«, Keith Weed, Harvard Business Review, www.hbr.org, 6. November 2012.
14. W. L. Tiemeijer, C. A. Thomas und H. M. Prast (red.), Wetenschappelijke Raad voor het Regeringsbeleid (WRR), S. 50 der digitalen Version.
15. Beschreibungen und Profile auf Grundlage der Forschungen für Shopping2020, Fachgruppe Käuferverhalten, durchgeführt von der GfK, Dezember 2013.
16. The Amazon Report, IR Research, August 2017.
17. »Saving, Scrimping and … Splurging? New Insights into Consumer Behavior«, Max Magni, Anne Martines und Rukhshana Motiwala, McKinsey & Company, März 2016.
18. www.statista.com.
19. Adblock Report 2017, www.pagefair.com, 1. Februar 2017.
20. E-Mail-Austausch Bart Combée, Leiter der niederländischen Verbraucher-organisation Consumentenbond, 25. Mai 2016.
21. »Global Powers of Retailing 2017«, Jahresforschungsbericht von Deloitte, veröffentlicht von Stores Media, Januar 2017.
22. Omnichannel in retail: het antwoord op e-commerce, Gino van Ossel, Uitgeverij Lannoo, 2014.
23. »Marketers Need to Drastically Rethink the Customer Decision Journey«, Greg Satell, www.forbes.com, 12. Oktober 2015.
24. http://www.slideshare.net/1000t/ikea-presentation-61846053.
25. Bonsing|Mann Customer Journey Model, www.arjenbonsing.com.

KAPITEL 7: Orientierung: Der N=1-Effekt

1. Bericht der Shopping2020-Fachgruppe Orientierung, Januar 2014.
2. »Chinese Influencers: Internet celebrities (Wang Hong) vs bloggers«, www.wgsn.com, 27. Februar 2017.
3. Kijken, kijken … anders kopen, Cor Molenaar, Academic Service, 2015.

4. »KOL influential marketing: word of mouth marketing at incredible scale«, Wijnand Jongen, www.wijnandjongen.com, 12. September 2018.
5. »How E-Commerce Brands Can Leverage Influencer Marketing for More Sales«, Shane Barker, www.inc.com, 17. September 2017.
6. »When Shoppers Demand a Seamless Experience, What Can Digital Shelves Deliver«, Thomas E. Bornemann, www.ey.com, 2015.
7. »Zero-Moment of Truth: Redefining the Consumer Decision-Making Process«, IRI, Oktober 2009.
8. ZMOT. Winning the Zero Moment of Truth, Diana Howell, Google/Wook, 2009.
9. »Mobile eCommerce stats in 2018 and the future online shopping trends of mCommerce«, Justin Smith, 19. Dezember 2018.
10. Studienreise zu IBM, San Francisco, 12. September 2016.
11. »Macy's Integrates IBM Watson into Its Mobile Site«, April Berthene, www.internetretailer.com, 21. Juli 2016.
12. »How companies are using IBM Watson's AI to power business success«, www.computerworld.com, 7. September 2018.
13. Studienreise zur National Retail Federation (NRF) Big Show, New York, Januar 2019.
14. »Using Oculus Rift to Maximize eCommerce Shopper Engagement and Product Experiencing While Disrupting and Reducing Showrooming«, Richard Lee, www.pillarsupport.com.
15. »Can We Use Oculus Rift in E-Commerce in the Near Future?«, Szymon Stoczek, www.divante.co, 13. April 2015.
16. »Is E-Commerce in Oculus Rift's Future?«, Wendy Parish, www.marketingdive.com, 30. März 2015.
17. »Facebook Mulls Commerce Through Virtual Reality Goggles«, Deepa Seetharaman, The Wall Street Journal, www.blogs.wsj.com, 27. März 2015.
18. »Alibaba Will Let Consumers Shop the World's Stores via Virtual Reality«, Frank Tong, www.internetretailer.com, 9. Juli 2016.
19. »How these retailers use augmented reality to enhance the customer«, Alexandra Sheehan, www.shopify.comv, 21. Februar 2018.
20. »Amazon's smart mirror patent teases the future of fashion«, Kaya Yurieff, www.money.cnn.com, 3. Januar 2018.

21. »The best augmented reality glasses 2019: Snap, Vuzix, ODG, Sony & more«, Paul Lamkin, www.wareable.com, 9. November 2018.
22. »Google Glass is back with hardware focused on the enterprise«, Darrel Etherington, www.techcrunch.com, 18. Juli 2017.
23. »Product visualization«, www.shoppingtomorrow.nl, Thuiswinkel.org, Januar 2014.
24. »From ›makeover mirrors‹ to virtual reality and HOLOGRAMS: The clever new retail technologies set to make your shopping experience a breeze«, Laura House, www.dailymail.co.uk, 25. Juli 2017.
25. »Google is developing a ›red button‹ to disable AI in the event of a threat«, Space, www.earth-chronicles.com, 23. Januar 2018.

KAPITEL 8: Auswahl – das neue Entscheidungsparadigma

1. »When Choice is Demotivating: Can One Desire Too Much of a Good Thing?«, S. Iyengar und R. Lepper, Journal of Personality and Social Psychology, 2000.
2. The Paradox of Choice, Barry Schwartz, Harper Perennial, 2004 (dt. Anleitung zur Unzufriedenheit: Warum weniger glücklicher macht, Econ, 2004).
3. Blogpost auf www.wijnandjongen.com.
4. »The Future of Online Grocery in Europe«, Nicolo Galanta, Enrique Garcia Lopez und Sarah Moore, McKinsey & Company, 2013.
5. »Alibaba's Ele.me goes on 3 billion yuan summer spending spree to fight competition«, Cate Cadell, www.reuters.com, 24. Juli 2018.
6. »From Amazon to Alibaba, grocer's pain is endless«, Andrea Felsted, 6. August 2018.
7. »20 Interesting HelloFesh statistics and facts«, www.expandedramblings.com, 31. Oktober 2018.
8. »Grocery Shopping Might Be Less Painful with This Smart Cart«, Stacey Higginbotham, www.gigaom.com, 11. Februar 2015.
9. »Smart shopping trolleys: moving towards commerce 3.0«, Europac, www.europacgroup.com, 28. August 2018.
10. »Grocery Store Without Checkout Lines«, Leena Rao, www.fortune.com, 6. Dezember 2016.

11. »JD.com launches 7Fresh supermarket«, www.insideretail.asia.com, 4. Januar 2018.

12. Why We Buy. The Science of Shopping, Paco Underhill, Simon & Schuster, New York, 1999 (Ausgabe von 2009; dt. Warum kaufen wir? Die Psychologie des Konsums, Econ, 2000).

13. »Compare.com CEO's Vision for the Future: Right or Wrong«, Don Jergler, Insurance Journal, 21. April 2015.

14. www.statista.com; Daten für Sommer 2018.

15. »Amazon Patent Would Block Comparison Shopping In Stores«, David Z. Moss, www.fortune.com, 17. Juni 2017.

16. »The five big announcements from Google I/O«, Dave Lee., www.bbc.com, 18. Mai 2017.

17. »Consumers Have Spoken: 2016 Is the Year of ›Webrooming‹«, Sara Spivey, www.marketingland.com, 29. Juli 2016.

18. »The changing face of the fitting room«, www.gdruk.com, 26. Juli 2018.

19. »Winning the Shopping Micro-Moments«, www.adwords.blogspot.in, offizieller Google-Blog, 15. Juli 2015.

20. »Google Is Making Shopping on a Smartphone Much Easier«, Victor Luckerson, TIME, www.time.com, 15. Juli 2015.

21. »Google to Add ›Buy Button‹ to Its Mobile Search Ads«, Phil Wahba, Fortune, 15. Juli 2015.

22. »Facebook enhances its online shopping feature«, Elias Jahshan, www.retail-gazette.co.uk, 24. März 2017.

23. »Here's how people shop on Pinterest«, ivoisin@ivoisin, www.business.pinte-rest.com, 8. März 2018.

24. »Shoppers Flock to Apps, Shaking Up Retail«., Gerg Bensinger, The Wall Street Journal, www.wsj.com, 13. April 2016.

25. Diese Gliederung basierte auf den fünf Grundbedürfnissen entsprechend der Definition im Kundenrelevanzmodell in: F. Crawford und R. Mathews, The Myth of Excellence, Three Rivers Press, 2003. Ich habe dieses Modell unter anderem unter Verwendung der Arbeiten von Gino van Ossel in Omnichannel in retail, Uitgeverij Lannoo, 2014, S. 53, angepasst.

26. »Would ›the Internet of Smell‹ Revolutionize Online Food Shopping?«, www.quora.com, 9. Juni 2015.
27. »Introducing Google Nose«, www.googlenosebeta.com, 1. April 2013.
28. »How To Digest the Omnichannel Elephant«, Abschlussbericht der Fachgruppe Auswahl, Shopping2020, Januar 2014.
29. »Amazon Dash Is Here: Push Button, Get Stuff«, Samantha Murphy Kelly, www.mashable.com, 30. Juli 2015.
30. »Shortcuts to shopping: everything you need to know about Amazon Dash«, Husain Sumra, www.the-ambient.com, 30. August 2018.
31. »AWS IoT 1-Click – use simple devices to trigger lambda functions«, Jeff Barr, www.aws.amazon.com, 16. Mai 2018.
32. »Let's Call The Amazon Echo What It Is«, Greg Kumparak, www.techcrunch.com, 6. November 2014.
33. »The killer app of the decade: WeChat in China (4)«, Wijnand Jongen, Blogpost auf www.wijnandjongen.com, 4. September 2015.
34. »Target innovates in-store beacon marketing with newsfeed-like content stream«, Chantal Tode, www.retaildive.com, 5. August 2018.

KAPITEL 9: So bezahlt man morgen: Kaufen ohne Klicken in der Blockchain

1. Blockchain Revolution. How the Technology Behind Bitcoin Is Changing Money, Business and the World, Don und Alex Tapscott, Penguin, 2016 (dt. Die Blockchain-Revolution: Wie die Technologie hinter Bitcoin nicht nur das Finanzsystem, sondern die ganze Welt verändert, Plassen Verlag 2016).
2. »How close are we to a cashless society?«, Alara Basul, www.bobsguide.com, 7. April 2017.
3. »Nearly 1 in 2 payment transactions in Europe are now contactless«, Roland Moore-Colyer, Keurmars Afifi-Sabet, www.itpro.co.uk, 17. September 2018.
4. The mobile payments series: China, www.emarketeer.com, 7. November 2018.
5. »Contactless card transactions: a technology whose time has come?«, Will Hernandez, 2. August 2018.
6. Powershift, Alvin Toffler, Bantam Books, 1990 (dt. Machtbeben. Powershift. Wissen, Wohlstand und Macht im 21. Jahrhundert, Econ, 1990).

7. »The Smartphone Becomes The Mobile Wallet«, www.nielsen.com, 23. Februar 2016.
8. »Global Digital Payments to Reach $3,6 Trillion This Year, Juniper Research Find«, www.Juneperresearch.com, 21. März 2016.
9. Mark Schenkel, Het Financieele Dagblad, 11. April 2015.
10. »Facial recognition – the future of cashless payment in China«, www.atimes.com, 20. Dezember 2018.
11. »Shanghai Commuters Hail Virtual Supermarket«, Malcolm Moore, T he Telegraph, 5. August 2011.
12. »The curious comeback of the dreaded QR-code«, David Pierce, www.wired.com, 17. Juli 2017.
13. »Alibaba to Expand in Hong Kong with Smart Cards«, Juro Osawa und Michelle Yuan, Digits Tech News & Analysis, The Wall Street Journal, 19. Februar 2014.
14. »Swedish commuters can use futuristic hand implant microchip as train tickets«, Helen Coffey, www.independent.co.uk, 16. Juni 2017.
15. »The new way to pay: Contactless fingernails«, www.finextra.com, 15. Juli 2016.
16. »The rise of the cashless city: There is this real danger of exclusion«, Adam Forrest, The Guardian, 9. Januar 2017.
17. »Ally Financial target shopaholics with ›Splurge Alert‹«, www.finextra.com, 21. April 2016.
18. »WeChat users in China can now gift friends a Starbucks coffee via chat«, Jon Russell, www.techcrunch.com, 10. Februar 2017.
19. Im ersten Positionspapier zum Thema Online-Zahlungen vom März 2002 forderte das niederländische E-Commerce-Unternehmen die niederländischen Banken auf, ein einheitliches, interoperables System für Online-Zahlungen auf der Grundlage von Online-Banking zu entwickeln.
20. Die aktuellen Zahlen zu iDeal sind zu finden unter: www.currence.nl/producten/ideal/kerncijfers-ideal.
21. »MyBank Pilots Digital Identity Solution«, www.pymnts.com, 6. Juni 2016.
22. »The Big Banks Are Becoming ›Dumb Pipes‹ As Fintech Take Over«, www.cbinsights.com, 9. Juni 2016.
23. Identity is the New Money, David Birch, London Publishing Partnership, 2014.

24. »Google waves good-bye to Hands Free payment app«, Dan Graziano, www.cnet.com, 2. Februar 2017.
25. Identity is the New Money, David Birch, London Publishing Partnership, 2014.
26. »Inside the Jordan refugee camp that runs on blockchain«, Russ Juskalian, 12. April 2018.
27. »Blockchain beyond the hype«, World Economic Forum, www.weforum.org, 23. April 2018.
28. »Utility Settlement Coin Aims to Set Industry Standard for Central Banking Digital Cas«, Giulio Prisco, www.nasday.com, 25. August 2016.
29. https://99bitcoins.com/who-accepts-bitcoins-payment-companiesstores-take-bitcoins/.

KAPITEL 10: Zustellung: Das Dilemma der letzten Meile

1. Margreeth Pape und Ken Zschocke, Thuiswinkel.org, August 2016.
2. Bericht der Shopping2020-Fachgruppe Zustellung, Januar 2014.
3. »Out of milk? Co-op is using tiny selfdriving ›Starship‹ robots to deliver shopping around Milton Keynes«, Phoebe Weston, www.dailymail.co.uk, 4. Mai 2018.
4. »Domino's Will Begin Using Robot's To Deliver Pizza's In Europe«, Jeremy Kahn, www.bloomberg.com, 29. März 2017.
5. »This self-driving car could deliver groceries to your doorstep«, Sarah Cahlan, www.nbcnews.com, 18. Juli 2018.
6. »Amazon to Launch Delivery Service That Would Vie With FedEx, UPS«, www.wsj.com, 9. Februar 2018.
7. »Alibaba wants to build logistic network that can handle 1 billion packages a day«, Eileen Yu, 31. Mai 2018.
8. Innovation in onlife retail delivery, Magreeth Pape, Studie auf Thuiswinkel.org, August 2016.
9. »Disruption: Is Amazon a Retailer or a Logistics Company?«, Carlos Cordon, Pablo Caballero und Teresa Ferreiro, www.imd.org, 2016.
10. »Why Is Google Focusing on Google Express«, Trefis Team, www.forbes.com, 24. Februar 2016.
11. »Amazon now dominates Google in product search«, Dan Alaimo, www.retaildive.com, 7. September 2018.

12. »Your New Life as an UberRUSH Courier«, Dan Roe, www.bicycling.com, 15. Juli 2016.

13. »Uber's Latest Experiment Is Uber Cargo, A Logistics Service in Hong Kong«, Jon Russell, www.techcrunch.com, 8. Januar 2015.

14. Results Survey Barriers to Growth, Studie von Ecommerce Europe, www.ecommerce-europe.eu, 2015.

15. www.deliverineurope.eu, online seit September 2016.

16. »The Business Case for the Harmonised Parcel Label«, Ecommerce Europe, GS1, Thuiswinkel.org, Shopping Tomorrow, www.ecommerce-europa.eu, Juni 2017.

17. »Top 10 reasons (and solutions) for shopping cart abandonment«, Stephan Serrano, www.barilliance.com, 28. Februar 2018.

18. »Managing purchases and returns for retailers«, Abschlussarbeit von Alec Minnema. Universität Groningen, 26. Januar 2017.

19. Logistics Trend Radar, DHL Customer Solutions & Innovation, Version 2016.

20. Pulse of the Omni-Channel Retailer. How Retailers Are Adapting to the Changing Needs of the Flex Shopper, UPS, Version 2016.

21. »5 Major logistics trends shaping logistic management in 2018«, Adam Hughes, 19. Juni 2018.

22. Internet of Things in Logistics. A Collaborative Report by DHL and Cisco on Implications and Use Cases for the Logistics Industry, DHL Trend Research | Cisco Consulting Services, 2015.

23. »Amazon now delivers packages straight to car boots«, Samuel Gibbs, 24. April 2018.

24. »Ford concept uses drones and self-driving van for deliveries«, Stefanie Fogel, www.engadget.com, 28. Februar 2017.

25. »Swedish innovation takes grocery shopping into the future – Swedish companies first to test in-fridge delivery for groceries«, www.postnord.com, 30. Januar 2018.

26. »Perfecting Last Mile Delivery Process in Ecommerce Logistics«, Kapil Khanna, www.netsolutionsindia.com, 10. November 2015.

27. »How Amazon Is Making Package Delivery Even Cheaper«, Reuters, www.fortune.com, 18. Februar 2016.

28. »JD's New On-Demand Delivery Service Opens Up to Anyone with a Bike«, Josh Horwitz, www.techinasia.com, 14. Mai 2015.
29. »What is big data in the parcel shipping industry?«, Chad Beville, www.reveelgroup.com, 20. März 2018.
30. »Drone deliveries are no longer pie in the sky«, Amit Regev, www.forbes.com, 10. April 2018.
31. »Domino's delivers world's first ever pizza by drone«. David Reid, www.cnbc.com, 16. November 2016.
32. »Amazon and US are betting big on drone delivery«, Jeff Desjardins, www.businessinsider.com, 11. März 2018.
33. »Amazon patents show flying warehouse that sends delivery drones to your door«, Lora Kolodny, www.techcrunch.com, 28. Dezember 2016.
34. »Asia Pacific consumers lead the way in drone delivery«, www.nl.worldpay.com, 25. Juli 2018.
35. »Disconnect: Drone Delivery Is Not the Future of Ecommerce«, C. Custer, www.techinasia.com, 12. November 2015.
36. »Amazon is issued patent for delivery drones that can react to screaming, voices, flailing arms«, Hamza Shaban, www.washingtonpost.com, 22. März 2018.
37. »Commercial drones are here: the future of unmanned aerial systems«, Palela Cohn, Alastair Green, Meredith Langstaff und Melanie Roller, McKinsey & Company, 17. Dezember 2017.
38. www.twinklemagazine.nl, 24. Mai 2016.
39. Wouter Keuning, Het Financieele Dagblad, 29. April 2014.
40. Diese Tabelle basiert auf dem so genannten DESTEP-Modell. Dieses verbindet Trends und Entwicklungen aus sechs gesellschaftlichen Perspektiven (demografisch, wirtschaftlich, soziokulturell, technisch, ökologisch und politisch).
41. »The Future of Retail Is Fast, Free Delivery«, Kathleen Kusek, www.forbes.com, 14. Mai 2016.

KAPITEL 11: Kundenbetreuung: Kundendienst wird Kundennähe

1. »A Zappos Employee Had the Company's Longest Customer-Service Call at 10 Hours, 43 Minutes«, Richard Feloni, www.uk.businessinsider.com, 26. Juli 2016.

2. Delivering Happiness, Tony Hsieh, Hachette, Januar 2011 (dt. Delivering Happiness: Wie konsequente Kunden- und Mitarbeiterorientierung einzigartige Unternehmen schaffen, Vahlen, 2016).

3. »Why Amazon's Anticipatory Shipping Is Pure Genius«. Praveen Kopalle, Professor für Marketing an der Tuck School of Business am Darmouth College, www.forbes.com, 28. Januar 2014.

4. »Amazon and Anticipatory Shippling: A Dubious Patent?«, Steve Banker, www.forbes.com, 24. Januar 2014.

5. Boo Hoo. $135 million, 18 Months. A Dot.com Story from Concept to Catastrophe, Ernst Malmsten, Erik Portanger und Charles Drazin, Arrow Books, 2001.

6. »7 Chatbot use cases that actually work«, Daniel Faggella, www.emerj.com, 14. Dezember 2018.

7. »Mobile Messaging and Bots: The Next Frontier of Customer Service«, Judith Aquino, www.1to1media.com, 25. Juli 2016.

8. »Amelia is more than a voice assistant«, Evan Dashevsky, www.ipsoft.com, 26. Juli 2018.

9. »Amazon Echo vs Google Home: the smart speaker battle is heating up«, Steve Ranger, www.zdnet.com, 15. August 2018.

10. »The next evolution in customer care: ›Okay Google, open Hydro Ottawa‹«, Julie Lupinacci, www.obj.da, 3. Oktober 2018.

11. »Amazon unveils Echo Look, a selfie camera to help you choose what to wear«, Samual Gibbs, www.theguardian.com, 26. April 2017.

12. »Amazon Want the Echo To Be Your Personal Robot Butler«, Hayley Tsukayama, The Washington Post, 25. Juni 2015.

13. »How Closely Is Amazon's Echo Listening?«, Hayley Tsukayama, The Washington Post, 11. November 2014.

14. »Goodbye Privacy, Hello ›Alexa‹: Amazon Echo, the Home Robot Who Hears It All«, Rory Carroll, www.theguardian.com, 21. November 2015.

15. »Understanding Financial Consumers in the Digital Era«, www.cgi.com, 2015.

16. www.lark.com.

17. Ilse Zeemeijer, Het Financieele Dagblad, 25. April 2015.

18. Who Cares. Moving Towards a Total Customer Care Experience in 2020, Shopping2020, Capgemini, Januar 2014.

19. »Build platforms, not walls. The new platform economy«, Wijnand Jongen, Blogpost auf www.wijnandjongen.com, 21. April 2017.

KAPITEL 12: Neue Geschäftsmodelle

1. Businessmodels of the future, Shopping2020, www.shoppingtomorrow.nl, Januar 2014.
2. Platform Strategy. How to Unlock the Power of Communites and Networks to Grow Your Business, Laure Claire Reillier und Benoit Reillier, Routledge, 2017.
3. De kracht van platformstrategie, Cor Molenaar, Boom, Mai 2017.
4. »How Alibaba Makes Money? 2016 Update«, Jitender Miglani, www.revenuesandprofit.com, 6. Juli 2016.
5. »The Marketplace Race«, Thad Rueter, Internet Retailer, www.internetretailer.com, Januar 2014.
6. Weitere Informationen können Sie beispielsweise dem Blogpost von Marcel Weiss, erschienen auf www.earlymoves.com am 19. November 2015, entnehmen.
7. »From Transactions to Relationship«, IBM Global Business Services, Januar 2013.
8. »The Future of Shopping in Three Trends«, J. J. Colao, Forbes, 4. August 2014.
9. Travel Tomorrow. The Future Customer Journey of Travel. ANVR, Travel Tomorrow, Cap Gemini, 2015.
10. »Role of Social Media in Online Travel Information«, Xiang & Gretzel, Tourism Management, 31, 2010, S. 179-188.
11. »Stop treating distribution channels like they don't matter«, Matt Suggs, www.blog.hubspot.com, 3. Oktober 2018.
12. Het nieuwe winkelen, Cor Molenaar, Pearson Education, 2009.
13. »Antitrust: Commission Publishes Initial Findings of E-Commerce Sector Inquiry«, Pressemitteilung der Europäischen Kommission, 15. September 2015.
14. »Karl Lagerfeld Lobbies EU on Internet Sales«, www.euobserver.com, 11. Februar 2009.
15. Die Europäischen Union untersagte Preisabsprachen in den Römischen Verträgen von 1957.

16. »Manufacturers Find Reasons to Sell Online, Survey Says«, Armando Roggio, Practical Ecommerce, 10. Juni 2014.
17. »New research shows a good brand website is more important than ever«, Peter Roesler, www.inc.com, 21. August 2017.
18. »P&G Goes Online to Compete for Sales«. Jonathan Birchall, Financial Times, 19. Mai 2010.
19. »Unilever Looks to Marry In-Store Sampling With E-Commerce«, Adweek, 5. Februar 2014.
20. Jeroen Bos und Richard Smit, Het Financieele Dagblad, 1. Mai 2017.
21. Marijke van Moll, Jungle Minds, April 2013.
22. »Strategizing Direct-To-Consumer E-Commerce: When Should Manufacturers Dive In?«, Benny Blum, Marketing Land, 17. Januar 2014.
23. »Why Manufacturers Can No Longer Afford to Wait to Sell Direct to Customer«, Alex Becker, Multichannel Merchant, 5. August 2014.
24. Het einde van het midden, Farid Tabarki, Uitgeverij Atlas Contact, 2016.
25. »In China's Taobao villages, e-commerce is one way to bring new jobs and business opportunities to rural areas«, Xubei Luo, www.blogs.worldbank.org, 22. November 2018.
26. The Innovator's Dilemma, Clayton Christensen, Harvard Business School Publishing, Mai 1997 (dt. The Innovators Dilemma: Warum etablierte Unternehmen den Wettbewerb um bahnbrechende Innovationen verlieren, Vahlen, 2011).
27. Reengineering Retail. The Future of Selling in a Post-Digital World, Doug Stephens, Figure1 Publishing Inc., 2017.
28. »Disrupt or Destroy Your Own Business to Make It Stronger«, Rajesh Srivastava, www.foundingfuel.com, 1. Juni 2015.
29. »The Future of Retail Is Extreme«, Tom Goodwin, www.linkedin.com/pulse/future-retail-extreme-tom-goodwin, 18. Februar 2017.

KAPITEL 13: Arbeiten und Lernen im Onlife-Handel

1. »King Ludd is Still Dead«, Kenneth Rogoff, www.isole24ore.com, 2012.
2. The Future of Skills: Employment in 2030, www.nesta.org.uk, 9. September 2017.

3. »Harnessing automation for a future that works«, James Manyika, Michael Chui, Mehdi Miremadi, Jacques Bughin, Katy George, Paul Willmot und Martin Dewhurst, McKinsey & Company, Januar 2017.

4. »Robots Will Take Jobs, but Not as Fast as Some Fear, New Report Says«, Steve Lohr, www.nytimes.com, 12. Januar 2017.

5. Rise of the Robots: Technology and the Threat of a Jobless Future, Martin Ford, Basic Books, 8. Mai 2015 (dt. Aufstieg der Roboter: Wie unsere Arbeitswelt gerade auf den Kopf gestellt wird - und wie wir darauf reagieren müssen, Plassen, 2016).

6. »The story of why Kodak went from photography giant to bankrupt, Alex Cooke, www.fstoppers.com, 4. Juni 2018.

7. »Where Machines Could Replace Humans – and Where They Can't (Yet)«, Michael Chui, James Manyika und Mehdi Miremadi, McKinsey Quarterly, Juli 2016.

8. »Robots Are Coming for Your Job: And Faster Than You Think«, Szu Ping Cahn, www.telegraph.co.uk, 21. Januar 2016.

9. »900,000 UK Retail Jobs Could Be Lost by 2025, Warns BRC«, Kamal Ahmed, www.bbc.com, 29. Februar 2016.

10. »The robot that takes your job should pay taxes, says Bill Gates«, Kevin J. Delaney, Quartz Media, 17. Februar 2017.

11. »Experts sign open letter slamming Europe's proposal to recognize robots as legal persons«, George Dvorsky, 4. April 2018.

12. »5 Things to know about the future of jobs«, Vesselina Stefanova Ratcheva, Weltwirtschaftsforum, www.weforum.org, 17. September 2018.

13. »Digital economy invents new job fields«, Ma Si. China Daily, European Weekly, 20.-26. Januar 2017.

14. Thinking Fast and Slow, Daniel Kahneman, Penguin Books, 2012 (dt. Schnelles Denken, langsames Denken, Penguin Verlag, 2016).

15. De Talentafdeling, Kees Gabriëls, Van Duuren Media B.V., 2016.

16. Reinventing Organizations. A Guide to Creating Organizations Inspired by the Next Stage of Human Consciousness, Frédéric Laloux, Nelson Parker, 2014 (dt. Reinventing Organizations: Ein Leitfaden zur Gestaltung sinnstiftender Formen der Zusammenarbeit, Vahlen, 2015).

17. »Inside the revolution: a retail giant's workplace reform«, Corporate Rebels, www.corporate-rebels.com, 3. Mai 2018.
18. »Walmart Labs: our journey to change the way the world shops«, Jeremy King, www.medium.com, 14. Februar 2018.
19. Interview mit Steve Muylle, Professor an der Vlerick Business School in Belgien, Franka Rolvink Couzy, Het Financieele Dagblad, 12. November 2016.
20. »By 2025, millennials will comprise three-quarters of the global workforce«, www.catalyst.org, 20. August 2018.
21. »What Millennials Want in the Workplace (And Why You Should Start Giving It to Them)«, Rob Asghar, www.forbes.com, 13. Januar 2014.
22. »The Will to Change the World«, Krishna Kumar VR, China Daily, European Weekly, 12-18. Juni 2015.
23. »Holacracy and Self-Organization«, Zapposinsights.com.
24. »California Dreaming. What Makes Silicon Valley's Iconic IT Companies Tick?«, Jeanne Harris und Russell Hancock, Accenture, 2016.
25. »Alibaba Launches Recruitment Program for International Talent«, Tom Brennan, www.alizila.com, 20. Mai 2016.
26. »How Walmart Is Fighting Retail Rivals in the ›War of Talent‹«, Brian Sozzi, www.thestreet.com, 2. Juni 2016.
27. https://www.ted.com/talks/ken_robinson_changing_education_paradigms
28. The Race Between Education and Technology, Claudia Goldin und Lawrence F. Katz, Harvard University Press, März 2010.
29. »70-20-10: Origin, Research, Purpose«, Charles Jennings, www.charlesjennings.blogspot.nl, 13. August 2016.
30. »The Learning Economy«, Bengt-Åke Lundvall und Björn Johnson, Journal of Industry Studies, 1994.

KAPITEL 14: Der Aufstieg der vernetzten Gesellschaft

1. The Onlife Manifesto. Being Human in a Hyperconnected World, Luciano Floridi, Springer, 2015.
2. »Exclusive: dramatic slowdown in global growth of internet access«, Ian Sample, www.theguardian.com, 18. Oktober 2018.
3. Ulko Jonker, Het Financieele Dagblad, 16. April 2016.

4. The Net Delusion: The Dark Side of Internet Freedom, Evgeny Morozov, Public Affairs, 2012.
5. »Imperial Ambitions«, www.economist.com, 9. April 2016.
6. »Google kills another mysterious ›moonshot‹«, Maya Kosoff, www.vanityfair.com, 12. Januar 2017.
7. »American tech giants are making life tough for startups«, www.economist.com, 2. Juni 2018.
8. Alibaba investierte 2,6 Mrd. US-Dollar in Intime, übernahm 2018 die verbleibenden Anteile an Ele.me, investierte 4,6 Mrd. US-Dollar in Sunning and hat eine Mehrheitsbeteiligung an Cainiao.
9. Verandering van tijdperk. Nederland kantelt, Jan Rotmans, Aeneas, 2014.
10. Modernism: The Lure of Heresy, S. Gay, W. W. Norton & Company, 2007.
11. Yvonne Zonderop, De Groene Amsterdammer, 8. Mai 2014.
12. Loi de Cadenas oder Padlock Law, 1936.
13. Fair-Trade Law, www.brittanica.com.
14. »American Account: Fear of Change Puts Europe at Odds with US Tech«, Irwin Stelzer, www.thesundaytimes.co.uk, 7. Dezember 2014.
15. https://ec.europa.eu/priorities/digital-single-market_en.
16. Position Paper Ecommerce Europe, www.ecommerce-europe.eu.
17. »Helping Europe's startups to succeed and grow«, Andrus Ansip, www.ec.europa.eu, 5. März 2018.
18. »Jack Ma: Free Trade is a Human Right, Small Firms Need More Help«, Eileen Yu, www.zdnet.com, 18. November 2015.
19. The Digital Economy. Rethinking Promise and Peril in the Age of Networked Intelligence, Don Tapscott, McGraw Hill Education, 2015.
20. »The End of Capitalism Has Begun«, Paul Mason, The Guardian, 17. Juli 2015.
21. »One Internet«, Global Commission on Internet Governance, das Centre for International Governance Innovation und das Royal Institute for International Affairs, www.internetsociety.org, Juni 2016.
22. Huib Modderkolk, de Volkskrant, 22. Juni 2016.
23. Franka Rolvink Couzy, Het Financieele Dagblad, 13. Februar 2016.
24. »Why internet access is a human right«, www.theweek.co.uk, 19. Oktober 2018.

25. Andrew Keen, FD Lectures, 30. Juni 2016.
26. The Internet Is Not the Answer, Andrew Keen, Atlantic Monhtly Press, 2015 (dt. Das digitale Debakel, Random House, 2015).
27. How to Fix the Future, Andrew Keen, Atlantic Monthly Press, 2018 (dt. How to fix the future. Fünf Reparaturvorschläge für eine menschlichere digitale Welt, Deutsche Verlagsanstalt, 2018).
28. »How to fix the future: staying human in the digital age«, John Naughton, 4. März 2018.
29. Rob de Lange, Het Financieele Dagblad, 30. April 2016.
30. Social Change with Respect to Culture and Original Nature, W. F. Ogburn, B. W. Huebsch, 1922 (dt. Kultur und sozialer Wandel, Luchterhand, 1969).

Index